동성결혼은
사회를
어떻게
바꾸는가

When Gay People Get Married

리 배지트

김현경, 한빛나 옮김

류민희 감수

동성결혼은 사회를 어떻게 바꾸는가

When Gay People Get Married

민음사

첫 번째 결혼 연구 대상이 되어 준
돌아가신 부모님 빌과 베티,
그리고 이론을 실행에 옮기도록 도와준
아내 엘리자베스 실버에게
이 책을 헌정합니다.

봄다운 봄을 기다리며

전수안 (전 대법관)

나는 동성애 또는 동성애자를 지지하지 않는다. 이성애 또는 이성애자를 지지하지 않는 것과 마찬가지다. 백인을 지지하고 흑인을 반대하거나 경상도 사람을 지지하고 전라도 사람을 혐오하는 따위의 일을 하지 않는 것과 같은 이유에서다. 동성애냐 이성애냐 하는 것은 어느 한쪽을 지지하거나 반대할 대상이 아니며, 이해하거나 이해가 부족하거나 몰이해한 우리가 있을 뿐이라고 생각해 왔다.

하여 책을 손에 잡기 전까지만 해도 동성애나 양성애, 트랜스젠더 등의 성 소수자 문제를 어느 정도 안다고 자만하였으나, 내가 알던 지식은 여러 국면의 극히 일부에 불과하였음을 이 책을 통해 알게 되었다. 동성 결혼이 허용되기만 하면 동성애자가 망설임 없이 결혼을 선택하리라는 예단은 그저 편견이었으며, 동성 결혼이 동성애자뿐 아니라 이성애자에게도 영향을 미쳐 결혼에 대한 태도를 성숙하게 하고 지역 사회를 유의미하게 변화시킨다는 저자의 분석은

7

인류의 결혼 제도와 젠더, 경제, 문화, 인문적 관점까지를 아우르는 광범위한 것이었다. 저자의 연구와 저술에 경의를 표하며, 한국에서의 번역본 출간을 환영한다.

　무엇보다 이 책이 한국에서도 성소수자 내지 동성 결혼에 대한 이해를 깊고 넓게 하는 계기가 되었으면 한다. 이해는 여전히 부족하고, 전망은 아직 밝다기보다 어둡기 때문이다.

　저자는 동성 결혼이 헌신과 사랑이라는 결혼의 핵심 가치에 터 잡은 것임을 환기하면서, 동성 결혼의 허용이 결혼율 감소, 이혼율 증가, 혼외 출산 증가 등 결혼 제도의 약화로 이어질까 우려하는 일련의 주장이 근거 없이 제기되었음을 실증적 방법으로 논증한다.

　저자가 거주하는 미국에서도 2003년 동성 간 성행위를 처벌하는 법률은 위헌이라는 연방 대법원 판결(Lawrence v. Texas)을 신호탄으로 2013년에는 동성 결혼 커플에게 세금·주택·보건 등 혜택을 배제한 결혼 보호법에 대한 부분 위헌 판결(U.S. v. Windsor)이 있었고, 마침내 2015년 6월 26일 동성 결혼을 금지하는 법률은 모두 위헌이라는 판결(Obergefell v. Hodges)이 선고되었으나, 논쟁의 여진은 여전히 진행 중이다.

　우리 사회도 동성 결혼을 찬성하는 여론의 비율이 2001년의 17%에서 2014년에는 35%로 높아진 것으로 조사되었다. 그중 20대에서는 66%, 30대는 50%가 찬성인 반면 60대 이상에서는 반대가 76%라는 조사 결과를 볼 때, 이런 추세라면 지금의 젊은 세대가 노년이 되는 20~30년 후에는 찬성 여론이 우세할 것으로 예측해 볼수도 있다. 그러니 참고 기다리라고 말하면 될까? 20대의 동성애자는 그때쯤이면 중년이 되고 30, 40대는 노년이 된다. 60대의 동성애자는 30년 후 사랑하는 이에게 청혼을 하고 결혼할 수 있을까. 비종교인의 경우 찬성과 반대가 엇비슷한 반면 종교인들의 반대율이 높고, 특정 종교의 경우 압도적으로 그 비율이 높은 것도 이해하기 어렵다. 이웃을 사랑하라는 성경 말씀은 동성애자를 제외한 나머지 사람들만 사랑하라는 뜻이었을까. 동성애자는 창조주가 아닌 다른 누가 창조하였다는 말인가. 2000년도까지는 덜 종교적인 국가가 동성 결혼 도입에 더 관용적이었으나(유럽의 1차 도입국들), 이후로는 종교성과 관용성 사이에 상관관계가 없다는 것이 저자의 분석이다 (캐나다, 스페인 등).

역지사지는 인간의 본성에 반하여 말만큼 쉽지 않은 일이지만, 그래도 이렇게 한번 생각해 보자. 이성애자인 당신은 눈길이 절로 끌리는 이성을 멀리하고 동성 친구를 사랑하고 친밀한 관계를 맺는 일이 의지나 노력으로 가능할까? 불가능할 것이다. 그럼에도 그 반대는 가능하며 그래야 한다고 생각하고 있지는 않은가? 동성애자가 국가 권력을 장악하여 전 국민에게 동성 결혼만을 허용하고 이성과의 결혼은 금지하는 사회를 상상해 보자. 동성애자에게 동성 간 결혼을 금하는 것과 이성애자에게 이성 간 결혼을 금하는 것은 무엇이 다르다고 할 수 있을까.

유엔의 세계 인권 선언 제1조는 "모든 사람은 태어날 때부터 자유롭고 존엄성과 권리에 있어 평등하다. 사람은 이성과 양심을 부여받았으며 서로 형제애의 정신으로 대해야 한다."라고 한다. 동성애와 동성 결혼의 금지는 이러한 보편적 인권에 대한 침해다. 인류가 '사람'과 '동성애자' 두 종으로 분류되는 것은 아니지 않은가. 프랑스 인권 선언의 자유와 평등, 미국 독립 선언의 생명·자유·평등·행복과 같은 인류 보편의 가치가 동성애자를 제외한 나머지 사람을 위한 것이 아니듯이 말이다.

결혼이란 남자와 여자가 하는 것이라는 생각은 사회 다수의 통념이지만, 남자와 남자, 여자와 여자가 사랑할 수밖에 없도록 태어난 사람들의 입장에서 보면 그렇게 생각하는 사람들의 숫자가 다수인지 소수인지는 무의미하며, 다수의 생각에 맞추기 위해 사랑이 불가능한 이성과 결혼할 수는 없을 터다. 사랑하는 사람과 결혼할 수 있어야 한다는 생각은 특별한 생각도, 비정상적인 생각도 아니며, 그것이 가능한 법과 제도를 요구하는 것은 인간과 시민의 기본적인 권리 행사다. 그런 소박한 생각과 행동이 어찌 가끔씩 광장에서 질시와 혐오의 대상으로 비하되고 폄하되는가. 이보다 더한 인권 침해가 어디 있겠는가.

저자는 네덜란드 사람들에게서 이런 말을 들었다고 한다. "이 나라에 동성 결혼이란 건 없어요. 그냥 모두에게 똑같은 결혼이지." 그럼에도 저자가 전하는 동성 결혼을 앞둔 라헐과 마리아너의 이야기는 낯설지가 않다. 라헐의 어머니 유딧은 딸의 계획을 듣고 소리친다. "친구들한테 뭐라고 말해야 해? 딸이 결혼한다고 말하면 친구들이 '남편은 뭐하는 사람이야?'라고 물을 텐데. 난 남편이 여자라고 말해야 하잖아. 이거 참, 뭐라고 해야 하지." 네덜란드에서도 엄마는 당황한다. 어느 나라 엄마든 아직은 당황할지도 모른다. 물론 이야기가 거기서 끝나지는 않는다. 결혼을 준비하면서 당황은 점차 기쁨으로 바뀐다. 엄마의 이런 변화를 놓치지 않고 저자는 정치적 논쟁이 종료되고 문화적 적응이 시작되었음을 알린다.

피천득 교수는 "1월이 되면 새봄은 온 것이다."라고 했다. "자정이 넘으면 날이 캄캄해도 새벽이 된 거와 같이, 날씨가 아무리 추워도 1월은 봄"이라고 했다. 하물며 벌써 3월 초다. 이 책을 읽는 분들에게도 봄다운 봄이 올 날을 기다린다.

낯선 길에 대한 여행안내

김조광수 (영화감독)

어릴 때 소꿉놀이를 하면 꼭 결혼식을 했었다. 다른 친구들이 밥 지어 먹는 부부 놀이나 병원 놀이를 할 때 난 내 짝꿍과 함께 결혼식을 올리곤 했다. 내가 결혼식을 좋아했던 건 동화책 때문이었다. 내가 좋아했던 동화들은 항상 성대한 결혼식으로 끝맺음을 했었다. 결혼식은 사랑에 빠진 커플들의 해피엔드의 징표였고 난 그 주인공이 되고 싶었다.

동성애자인 걸 깨닫게 되면서 내 꿈은 산산조각이 났다. 내 인생에서 결혼은 없는 거였고 그건 바로 나의 엔딩은 해피엔드가 아니라는 뜻이었다. 받아들이기 힘들었지만 현실의 벽은 너무 높았다.

유럽 여러 나라들이 동성 결혼을 법제화했다는 소식을 들으며 난 다시 꿈을 꾸게 되었다. 하지만 결혼은 혼자 결심한다고 할 수 있는 것이 아니었다. 진지한 관계로 발전한 남자 친구에게 결혼에 대해 이야기를 꺼내 보았지만 말도 안 되는 소리라며 손사래를 쳤다. 그의 인생에는 결혼이라는 선택지는 없었던 것이다. 그렇게 결혼이 나오는 상관없는 것이 되어 갈수록 나는 더 목말라했다. 그러던 어느 날 김승환 씨를 만났다. 그와 사귄 지 1년 정도 되던 날 결혼 이야기를 꺼냈는데, 다행스럽게도 그의 인생 계획에는 결혼이 들어 있었다. 나의, 아니 우리의 결혼은 그렇게 시작되었다.

8년을 사귀었고 5년 정도 동거를 했던 우리 커플에게도 결혼은 특별한 것이었다. "평생 함께하기로 하는 약속"을 지킬 만큼 나는 준비가 되어 있는지, 김승환 씨를 그만큼 사랑하는지, 그와 행복할 수 있을지 끊임없이 생각해야 했다. 수없이 많은 질문과 대답을 통해 결혼을 하겠다고 마음먹었고 우리는 실행에 옮겼다.

우리 사회에서 동성 커플의 결혼은 여전히 익숙지 않은 예외 사례다. 그건 우리 가족들은 물론이고 우리 부부에게도 마찬가지다. 우리는 새로운 경험을 하고 있다. 마치 낯선 나라를 방문한 것과 같은 느낌을 받는다. 여행안내 책자는 없는지 궁금하던 때 이 책을 만났다. 나에겐 선배들일 수 있는 다른 나라 사람들의 이야기를 통해 우리 부부는 구체적인 여행 계획을 짤 수 있게 되었다. 그래서 다시 설렌다. 참 고마운 일이다.

나는 왜 '결혼'이 하고 싶었는가

김승환 (레인보우팩토리 대표)

이 책을 읽으며 나는 배우자인 김조광수 감독과의 결혼을 선택하고 2013년 9월 7일 공개적으로 "당연한 결혼식"을 올리고 법적 권리를 쟁취하기 위한 소송을 하면서 겪었던 여러 가지 현실적인 난관과 고민을 떠올렸다.

당시 나에게는 과연 내가 배우자와의 관계를 국가 제도를 통하여 승인받기 원하는 것인지, 그렇다면 어떠한 제도를 원하는 것인지에 관한 고민이 많았다. 당연하게도 이런 고민을 한 동성애자는 내가 처음이 아니었을 터다. 이 책의 저자인 리 배지트 교수는 나와 비슷한 고민을 했던 커플들의 이야기를 들려준다.

동성 결혼으로 결혼의 의미가 변하거나 이성애자의 결혼 행태가 달라질까? 동성애자들은 왜 결혼하려고 할까? 시민 결합 정도면 충분하지 않을까? 주변의 이성애자 가족과 동료 들은 동성 부부를 어떻게 받아들일까? 사회는 동성 부부를 어떻게 받아들일까? 도대체 동성 결혼이 허용되면 이 사회에 무슨 일이 생길까? 이러한 수많은 질문들을 우리나라보다 먼저 동성 결혼이 법제화된 국가에서 살아가는 사람들의 이야기가 담긴 이 책을 통해 확인할 수 있게 되어 기쁘다.

나는 우리의 결혼식이 "결혼 평등과 파트너십의 제도화"에 대한 사회 쟁점을 전달하는 공적 행사이며 소송은 당연한 권리를 쟁취하기 위한 고통스럽지만 정당한 주장이라는 사실을 누구보다 잘 알고 시작하였다. 그럼에도 그 과정 속에 올바른 대의를 향해 달려가는 상대방에 대한 불만이 생겼던 이유를 생각해 보고 싶었다. 결국 결혼이란 제도와 권리도 지극히 개인적이면서도 서로에 대한 사랑과 헌신이 그 출발이기 때문이 아닐까. 우리에게는 그렇게 지극히 개인적인 일이기도 했다.

돌이켜 보면 우리의 결혼식과 권리 투쟁의 과정은 결국 바로 내가 원했던 것이었다. 하지만 우리 부부는 아직까지 법적인 권리를 보장받지 못하고 있다. 한국도 너무 늦지 않기를 바란다.

한국어판 발간에 부쳐

동성 커플의 결혼 평등처럼 전 세계적인 사회 이슈가 많지는 않다. 더블린에서 로스앤젤레스, 하노이에서 부에노스아이레스, 시드니에서 서울까지, 레즈비언, 게이, 양성애자, 트랜스젠더(LGBT)들의 마음속에 있던 작은 희망의 씨앗이 평등과 사랑에 대한 본격적인 공론의 장을 꽃피웠다. 이 논의의 결실로 지금껏 20개 국가에서 동성 커플에게 결혼을 개방했다.

이 책은 그 변화와 영향에 관한 것이다. 내가 이 연구를 시작했을 때에는 유일하게 네덜란드에서만 동성 커플에게 결혼할 권리를 부여했다. 2004년 내가 사는 매사추세츠에서 결혼 평등이 실현되자 미국 내에서 논쟁이 격화되었고, 사회 과학자들이 대답함 직한 중요한 질문이 들려왔다. 동성애자들이 결혼을 바꿀까? 아니면 결혼이 동성애자들을 바꿀까? 우리가 너무 빨리 변하고 있나? 다른 나라에서의 논쟁의 중심에도 이런 질문들이 자리했다. 이 책에서 나는 네덜란드의 경험과 동성 커플에 대한 법적 인정을 대안적 형태로 제도화한 여타 국가들의 경험을 바탕으로 몇 가지 답변을 제시한다.

이 책의 내용은 인터뷰와 인구 통계학적 자료, 국가 간 비교를 바탕으로 했고 국가 간 비교나 미국 내 주 간 비교를 하는 점점 많은 사회 과학 연구를 통해 더욱 확실하게 뒷받침되었다. 결혼 개방은 결혼 제도를 해치지 않는다. 동성 커플은 이 제도에 포함되기를 원한다. 동성 커플은 이성 커플이 그러하듯 상징적이고 현실적인 이유에서 결혼한다. 그들은 서로에 대한 사랑과 헌신을 (친구들과 가족들 앞에서) 표현하고자 한다. 동성 커플에게 결혼할 권리를 부여한다고 다른 누군가의 결혼 가치가 감소되지는 않는 듯 보인다. 다시 말해 이성애자들이 결혼할 가능성이 낮아지지도 이혼할 가능성이 높아지지도 않는다.

LGBT에게 결혼이 얼마나 중요한지 보여 주는 증거는 점점 늘고 있다. 결혼은 특히 정신 건강과 신체 건강, 의료 보험 가입, 가족의 수용과 관련하여 동성 커플의 삶을 더 나아지게 만들 수 있다. 심지어 결혼하지 않은 LGBT도 자신이 사회에서 더욱 평등하게 대우받고 포용된다고 느낀다. 그러나 결혼 평등이 거부당할 때 사회적·법적 낙인으로 인해 LGBT의 건강이 나빠지고 경제적 피해가 발생한다.

이러한 증거들이 얼마나 믿을 만할까? 2008년 주민 투표로 결혼 평등을 중단시켰던 캘리포니아의 주민 발의 8호에 대한 항소심인 미국 연방 법원 재판(후에 홀링스워스 대 페리(Hollingsworth v. Perry)로 알려졌다.)에서 판사 본 워커(Vaughn Walker)가 아주 비슷한 질문을 했다. 워커는 동성의 결혼이 허용됨으로써 사회에 발생할 피해에 대한 증거를 요청했다. 역사학, 심리학, (내가 속해 있는) 경제학, 정치학 분야의 많은 전문가가 증인으로 출석한 이후, 판사는 결혼 평등이 제도로서의 결혼이나 자녀에게 해를 끼치리라는 신뢰할 만한 증거를 발견하지 못했다고 밝혔다. 그러나 워커가 보기에 동성 커플이 결혼을 거부당함으로써 겪는 피해는 매우 명백했고, 따라서 주민 발의 8호가 법의 동등한 보호를 보장하는 미국 헌법을 위반했다고 판결했다. 결국 2013년 캘리포니아의 결혼 평등은 되살아났다.

이 책에서 묻는 나의 세 번째 질문은 변화의 속도에 관한 것이며, 이 책이 발간된 지 몇 년이 지난 지금은 그 속도를 볼 수 있는 자료가 더 많아졌다. 미국에서 20년 이상 진지한 논쟁이 벌어지는 동안, 처음에는 법적 변화가 아주 점진적으로 이루어졌다. 2009년 이 책이 출판되었을 때, 단 3개 주에서만 동성 결혼이 허용되었다.(그중 한 곳인 캘리포니아에서는 아주 잠깐 동안만 결혼이 허용되었다.) 그 후 몇 년간 법원 결정과 입법 활동으로 더 많은 주에서 결혼이 개방되었는데, 그곳은 모두 정치적으로 가장 진보적이고 동성애에 가장 관용적인 주였다. 이 기간 동안 오바마 대통령의 지지, 양당 정치인들의 뒷받침, 점점 더 효과적인 LGBT 운동, 유명 인사들의 커밍아웃, 종교 지도자들의 지지 증가, 주요 기업들의 지원과 함께 미국의 여론이 급변했다. 2015년 미국 대법원이 모든 주에서 동성 커플의 결혼을 금지할 수 없다고 판결한 즈음에는, 미국 인구의 압도적 다수가 동성 커플이 결혼할 권리를 얻어야 한다는 데 동의했다. 미국에서는 대중, 입법 기관, 법원이 보조를 맞추어 갔다.

동성애자들이 미국이나 아일랜드, 아르헨티나, 남아프리카 공화국에서 결혼할 수 있는 지금, 전 세계적인 변화의 속도는 어떨까? 다른 나라의 LGBT들은 이전에는 상상할 수 없던 것이 지금은 가능해졌음을 알게 된다. 국제적인 뉴스 매체와 개인 간의 소셜 미디어 연결로 경험을 공유하고 새로운 곳에서 대화와 운동을 시작한다.

물론 각 국은 현지 문화와 정치를 기반으로 그 국가만의 고유한 궤적을 그리며 움직일 터다. 확실히 이러한 논의는 동성 커플이 아직 법적으로 인정받지 못하는 한국에서도 분명히 진행되고 있다. 2013년 한국에서 한 동성 커플이 공개적으로 결혼식을 올렸고, 법원의 혼인 신고 수리 거부에 대해 이의를 제기했다. 2016년에 발의될 예정인 생활 동반자법은 동성 커플이나 동거 중인 이성 커플이 당면한 중요한 현실적 요구에 대한 논의의 장을 열 터다. 이러한 사건들은 동성 커플에게 왜 법적 인정이 필요한지, 그저 현실적 요구에 부응하는 것으로 충분할지와 같은 중요한 질문에 대해 토론할 기회를 만든다.

한국의 2014년 갤럽 여론 조사 자료는 새로이 부상하는 이 논의가 다른 나라에서 본 것과 어느 정도 비슷한 역동을 보일 것임을 시사한다. 갤럽 여론 조사에서 동성 커플에게 결혼할 권리를 부여하는 데 한국인의 35%만이 지지하는 것으로 나타났지만 이 수치는 2013년의 25% 지지에서 크게 증가한 것이다. 19~29세 응답자의 66%, 30대 응답자의 50%가 결혼 평등을 지지했다는 사실에서 미래의 변화가 어느 곳에서 시작될지가 분명히 드러난다. 다만 개신교인의 지지는 특히 낮아 22%에 불과한데 이는 한국에서의 대중적 담론에도 종교를 기반으로 LGBT의 권리에 반대하는 이들의 목소리가 포함될 것임을 시사한다.

한국에서 새롭게 부상하는 이 논의가 서로를 존중하는 분위기 속에서 발전되기를 바란다. 그리고 그것이 동성의 결혼권 인정 또는 거부가 초래할 결과에 대해 가장 신뢰할 만한 증거에 입각한 건설적인 담론으로 만들어지는 데에 이 책이 보탬이 되었으면 한다.

2016년 3월
리 배지트

차 례

일러두기

- 이 책의 원전은 미국에서 2009년에 출간되었기 때문에 현재의 법적·제도적 상황과 다른 부분이 있을 수 있다.
- 이 책에서는 gay를 동성애자로, gay male을 게이로, LGBT를 레즈비언, 게이, 양성애자, 트랜스젠더로 번역하였다. 또 domestic partner를 가정 동반자, civil union(영국의 경우 civil partnership)을 시민 연대로 번역하였다.
- 독자의 이해를 돕기 위해 옮긴이가 주석을 단 부분이 있다. 이 경우 원주인 후주와 구분하기 위해 각주로 처리했다.

감사의 글

교사는 학생의 뇌리에 무엇이 잊히지 않고 남아 있을지 좀처럼 알 수 없고, 때로 알아차리는 데 오랜 시간을 들인다. 이 책의 출발은 20년 전으로 거슬러 올라간다. 로이드 울먼 교수님은 미국의 제도를 제대로 이해하고 싶다면 반드시 국제 비교 연구를 해야 한다고 말씀하셨다. 나는 이 생각을 어딘가에 접어 두었다가 제대로 된 연구 주제를 찾은 후에 다시 꺼냈다. 그러니 교수님께 때늦은 감사를 드리지 않을 수 없다. 울먼 교수님의 수년간 지지와 지도에 감사드린다.

너무 일찍 우리 곁을 떠난, 나의 친구이자 동료인 레슬리 위팅턴과 론다 윌리엄스에게도 결혼에 대해 배웠다. 이 두 사람의 생각, 우리가 함께 나눈 대화는 이 책에 고스란히 담겨 있다.

결혼에 대해 생각하고 집필하는 수년간 여정에 기꺼이 함께하면서 내용을 바로잡아 주고 나아지게 해 준 많은 친구와 동료에게 깊이 감사드린다. 랜디 알벨다, 재니스 보한, 메리 보노토, J. B. 콜리어, 매티아스 다이브스, 빌 에스크리지, 낸시 폴브르, 게리 게이츠, 게르트 헤크마, 메리 킹, 마리에카 클로위터, 잭 크레이머, 리즈 쿠쿠라, 홀닝 로, 토니 레스터, 호야 미스라, 리사 무어, 토리 오스본, 제니 피저, 잉리트 로베인스, 애덤 로메로, 글렌다 러셀, 브레드 시어스, 에번 울프슨, 도리나 웡에게 말이다.

특히 초고를 세심하게 읽고 의견을 준 토드 브라우어, 엘런 르윈, 조너선 로치, 엘리자베스 실버와 익명의 심사 위원들께 감사드린다. 이분들의 아낌없고 통찰력 있는 지적으로 더 좋은 책을 만들 수 있었다. 이 프로젝트를 마무리하는 데 필요했던 여러 연구 과제를 훌륭하게 도와준 리즈 쿠쿠라, 게일 와이즈, 에이미 페레러, 다르시 포틀, 나오미 골드버그, 크리스 라모스, 맨디 도브를 비롯한 몇몇 분들에게도 감사드린다. 색인 작업을 탁월히 마쳐 준 마틴 툴릭에게 고마움을 전한다. 이 프로젝트를 완료할 수 있었던 것은 세 군데 기관에서 일하는 행운을 누린 덕분이다. 성적 지향 및 성별 정체성 관련 법과 공공 정책을 연구하는 UCLA 로스쿨의 윌리엄스연구소 구성원들에게 심심한 감사를 표한다. 윌리엄스연구소의 기부자, 특히 길파운데이션과 에블린월터하스주니어재단에도 감사드린다. 2년 동안 이 책을 위해 필요한 시간과 자원을 이곳들에서 지원받았다. 특히 성적 지향 연구 분야에서의 최고의 두뇌 집단과 작업할 수 있어서 매우 기뻤다. 이 프로젝트를 위해 안식년을 주고, 연구를 지원해 준 매사추세츠대학교(애머스트) 경제학과와 공공정책

행정센터에도 고마움을 전한다. 매사추세츠대학교 인문학·미학 학제 간 세미나로 1년간 활발하게 진행된 「결혼과 대안」 세미나의 참석자들 또한 고맙다. 암스테르담대학교 사회과학대학원의 환대와 지원에도 감사의 말씀을 전한다.

이 책은 여러 가지 맥락으로 진행된 발표와 세미나에서 받은 피드백에서 큰 도움을 얻었다. 린츠대학교, 스톡홀름대학교, 암스테르담대학교, 미국정치학회(American Political Science Association), 국제페미니스트경제학회(International Association for Feminist Economics), 예일대학교, 예일 로스쿨, 매사추세츠대학교 공공정책행정센터, 뉴스쿨대학교, 미국정책학회(Association for Public Policy Analysis and Management), UCLA 로스쿨, UCLA 사회학과, 코네티컷대학교, 툴사동성애자역사프로젝트(Tulsa Gay and Lesbian History Project), 미국가족관계학회(National Council on Family Relations), 미국심리학회(American Psychological Association)에서 진행된 것들이었다.

두 집단의 도움이 없었다면 이 책의 출간은 불가능했을 터다. 인터뷰에 응해 준 네덜란드 커플들과 이들을 찾는 데 도움을 준 분들이다. 커플을 구성하는 데 도움을 준 잉리트 로베인스, 게르트 헤크마, 매티아스 다이브스, 빌럼 더블라위, 이오 더부르, 마르타 맥드빗퓌흐, 린 맥드빗퓌흐 그리고 글로리아 베커르에게 고마움을 전한다. 이 연구에 참여한 커플들은 너그럽게 자신들의 생각과 경험을 함께 나누어 주었다. 이들에게 대단히 많이 배웠다. 이 책에서 이들의 이야기가 제대로 다루어졌기를 바란다.

마지막으로 매사추세츠, 코네티컷, 네덜란드 그리고 세상 어디에서나 나의 아내인 엘리자베스 실버의 사랑과 뒷받침이 없었다면 이 책을 시작하지도, 끝내지도 못했을 것이다.

1장
시작하며: 또 다른 관점

2008년 미국의 여름은 동성 커플에게 사랑과 언약의 계절이었다. 캘리포니아에서 동성 커플의 결혼을 인정하자 며칠 동안 수천 명의 게이와 레즈비언 커플이 주 전역에서 결혼 증명서를 받기 위해 줄을 섰다. 캘리포니아 반대편에 위치한 매사추세츠는 동성 결혼권을 보장한 첫 번째 주이며, 이제는 다른 주에 거주하는 동성 커플도 매사추세츠 경계 안에서 결혼할 수 있도록 허용됨으로써 완전한 평등을 위한 마지막 발걸음이 내딛어졌다.

그해 여름 나는 캘리포니아와 매사추세츠를 오가며 지냈는데, 두 주 법원에서 기념비적인 판결이 나오는 사이 정책 지형에서 정말 놀라운 변화가 일어났다. 나는 스스로 이 문제에 정통한 낙관론자라고 자부하지만 2008년의 이 시나리오는 2~3년 전만 해도 상상조차 할 수 없었음을 인정해야겠다.

2003년 나에게도 교수라는 직업의 진정한 보상이랄 수 있는 안식년이 처음으로 주어졌다. 엘리자베스와 나는 이 멋진 기회를 이용해 오랜 터전을 떠나 타국에서 1년을 보내기로 결심했다. 둘만의 모험을 준비하다 보니 이등 시민의 본모습이 더욱 도드라졌다. 꽤 괜찮은 두 사람분 월급으로 지내다가 나 혼자 받는 월급의 절반 정도로 살아야 한다는 것은 주머니가 엄청 얇아진다는 뜻이다. 엘리자베스의 무급 휴가 동안 내야 할 의료 보험료가 어느 정도인지 깨달았을 때 계획의 실현을 장담할 수 없었다.

만약에 내 이름의 '리(Lee)'가 남부 출신 부모님이 나의 두 할머니의 이름(메리와 버지니아 리)을 따서 첫딸의 이름을 지으려 한 의도를 보여 주는 것이 아니라 사내아이임을 나타내는 것이었다면 엘리자베스와 나는 주소지인 매사추세츠에서 결혼할 수 있었을 터다. 그리고 내 의료 보험으로 엘리자베스도 보장받았을 것이다. 그러면 수천 달러가 절약된다. 합산해서 소득세 신고를 한다면 더 아낄 수 있다. 심지어 미국으로 돌아올 때 세관 신고서도 한 장만 쓰면 된다. 그러나 우리 관계를 인정하는 어중간한 조치조차 꺼리는 이 나라와 매사추세츠 때문에 때때로 폭발하는 분노로 여행을 앞둔 흥분이 싸늘히 식는 것이 현실이었다.

이후 매우 대조적인 경험이 시작되었다. 우리의 목적지인 네덜란드에서는 2001년부터 동성 결혼이 허용되었다. 하지만 우리 중누구도 네덜란드 국민이거나 영주권자가 아니기 때문에 결혼 자격이 없다고 했다. 임시 거주 신청서를 작성하기 위해 출입국관리소에 갔을 때 마주한 신청서 양식은 우리에게 충격과 기쁨을 선사했다. 암스테르담대학교의 방문 교수로서 취업 및 거주 허가를 받은 것은 나뿐이었지만 엘리자베스도 파트너로서 거주 허가를 받을 수 있었다. 체크 항목에 표시를 하고 우리가 파트너로 5년 동안 함께 살았다는 진술서에 서명하는 것으로 충분했다. 담당 공무원은 우리가 서류 뭉치와 돈을 들고 함께 그의 앞에 섰을 때 눈 하나 깜빡이지 않았다.

우리가 최종적으로 임시 거주 허가를 받던 날 네덜란드 정부는 우리의 관계를 법적으로 인정한 첫 번째 정부가 되었다. 당시 느낌은 결혼하면 이런 기분이겠지 하고 상상했던 것과 어느 정도 비슷했다. 가족 중 (임시지만) 혼자 돈을 버는 사람으로서 나는 엘리자베스를 보살피고 내 수입을 함께 사용한다는 약속을 해야 했다. 엘리자베스는 공식적으로는 네덜란드에 있어야 할 이유가 전혀 없음에도 단지 우리가 가족이기 때문에 나와 함께 지내야 했다. 나는 그녀가 함께 있기를 바랐고, 그녀도 나와 함께 있고 싶어 했다. 우리의 관계를 기꺼이 인정하고 존중하는 네덜란드의 정책은, 나의 모국인 미국과 다른 여러 나라의 덜 진보적인 정책을 보상해 주며 우리가 정말 다른 나라에 있다는 사실을 심오한 방식으로 알렸다.

암스테르담에 도착하고 나서 우리는 새롭고 흥미로운 사람들을 많이 만났다. 그중에서도 새로 사귄 친구와 지인이 들려준 두 가지 이야기가 단연 인상적이었다.

우리는 저명한 네덜란드 레즈비언 페미니스트 간담회에 초대받아 네덜란드 문화를 처음 맛보았다. 간담회 후 북적거리는 리셉

션 자리에서 나는 다른 참석자들과 인사를 나누면서 네덜란드에 있는 동안 동성 결혼에 대해 연구할 계획이라고 밝혔다. 참석한 여성들이 너도 나도 똑같은 대본을 읽듯 거의 비슷한 이야기를 건넸다. "아, 결혼요. 그건 이성애자들을 위한 가부장적 제도예요. 전 페미니스트이고 결혼을 믿지 않아요. 물론 결혼하지 않았고요."

무리에서 벗어나 바 앞에 줄을 서면서 나는 다른 여성과 같은 대화를 시작했다. 페미니스트 학자였는데, 편의상 그녀를 마르티나라고 부르겠다. 마르티나는 프로젝트에 대한 내 설명을 흥미롭게 들으면서 내가 방금 전 자기 파트너와도 이야기를 나누었다고 알려주었다. 사실 그녀의 파트너는 내가 만나 본 가장 맹렬한 결혼 반대론자였다. "아주 맹렬히 반대하죠." 마르티나가 다시 확인해 주었다. 하지만 그녀가 부드러운 목소리로 아쉬워하며 덧붙였다. "저는 결혼하고 싶어요."

다른 두 친구인 스테퍼니와 잉리트(둘 역시 가명)는 낭만과는 거리가 멀었던 결혼 이야기를 우리에게 들려주었다. 페미니스트인 스테퍼니는 "결혼을 증오"하지만 둘이 공동으로 회사를 소유했기 때문에 회계사의 충고에 따라 결혼하기로 결정했다. 처음 결혼에 대한 이야기를 나눌 때 스테퍼니는 20년 동안의 두 사람 관계에서 결혼이 별로 중요하지 않은 단계였다고 얼른 일축했다. 우리가 좀 더 알게 된 후 결혼이라는 주제가 다시 등장했을 때에야 나머지 이야기까지 모두 들을 수 있었다.

스테퍼니와 잉리트는 오전 9시에 시청에서 결혼하기로 일정을 잡았는데, 이른 아침에는 무료 예식이 가능하기 때문이었다.(검소한 네덜란드인들에게 비인기 시간대를 채우는 데 좋은 유인책이 되었을 것이다.) 둘은 스테퍼니의 여동생과 친구 몇 명을 초대했다. 간단한 예식이 끝나고, 참석자들은 운하에서 배를 타고 샴페인과 과일을 들며 축하연을 즐겼다. 참고로 선상 피로연 역시 네덜란드 결혼식의 흔한 풍경이다.

배를 타는 동안 스테퍼니는 충동적으로 휴대 전화를 꺼내서 아버지에게 결혼 소식을 알렸다. 아버지가 결혼식에 초대받지 못해 속상해하자 스테퍼니는 놀랐다. 그리고 아버지가 딸 인생의 중요한 행사를 보지 못했다며 울기 시작했을 때 스테퍼니는 놀라 기절할 뻔했다. 스테퍼니에게는 아니더라도 최소한 아버지에게는 중요한 일이었던 것이다. 아버지를 결혼식에 초대하지 않은 일로 사이가 틀어졌고, 몇 해 전 아버지가 돌아가실 때까지 스테퍼니는 부녀 관계를 회복하지 못했다.

초반에 이렇게 대조적인 이야기를 들은 덕분에 나는 동성 결혼을 허용한 나라에서 결혼이 함의하는 더 커다란 의미를 보게 되었다.

첫째, 법 제도로서 결혼은 국가에 막대한 권력을 부여해 어떠한 가족이 법적으로 존재하는지 여부와 많은 경우 실제로 한 가족이 지속될지 여부를 인정하도록 했다. 네덜란드 이민법이 나와 엘리자베스에게 그랬듯이, 이 권력은 커플이 말 그대로 함께 있을 수 있도록 허용한다. 혹은 의료 보험 혜택이나 연금 수당처럼 두 사람이 살아가는 조건을 결정할 수도 있다.

둘째, 유동적인 법 제도로서 결혼은 늘 바뀌어 왔다. 간담회 연회에서 만난 네덜란드 레즈비언이 결혼에 의문을 품었던 것은 최소한 일정 부분 여성에게 결혼이 의미하는 역사성 때문이다. 20세기만 떼어 놓고 보면 미국과 일부 유럽에서 결혼은 대개 여성의 독립성을 말살하던 것에서 두 배우자가 서로와 국가에 대해 갖는 성 중립적(gender-neutral) 권리와 의무의 묶음으로 이동했다. 하지만 결혼이 여성의 삶에 미치는 영향에 대한 우려는 당연한 것이며 계속되고 있다. 특히 결혼 당사자들이 전통적인 성 역할에서 벗어나고자 한다면 더욱 그렇다.

셋째, 한 개인의 결정으로서 결혼에 발을 들여놓을지를 선택하는 데는 복잡하고 때로는 무의식적인 동기와 걸림돌, 어쩌면 두 개인 간 곤란한 거래까지 얽혀 있다. 연회에서 만난 일부 레즈비언 페미니스트에게는, 오랜 세월 결혼권을 부정당했다는 사실 자체가 결혼이 결함 있는 제도임을 보여 주는 증거였다. 가족법의 보호 밖에서 살아온 긴 역사는 국가의 승인 없이 새롭고 창의적인 방식으로 관계의 사회적 정당성을 확립하는 밑바탕이 되기도 했다. 따라서 결혼 가능성이 열렸다고 반드시 모든 동성 커플이 시청으로 몰려가 결혼하지는 않을 터다. 결혼의 득실에 확신이 없는 네덜란드 페미니스트들은 특히나 그러지 않을 터다. 그러나 얼마나 많은 커플이 결혼할지, 어떤 커플이 결혼할지를 예측하기는 쉽지 않다. 마르티나 커플처럼 양 당사자가 결혼 결정에 대해 이견을 품을 수 있기 때문이다.

넷째, 뿌리 깊은 사회적·문화적 제도로서 결혼은 우리가 항상 환영하지는 않는 방향으로, 통제할 수 없는 방식으로 강력한 힘을 보여 준다. 스테퍼니 부친의 격한 반응은 결혼이라는 행위가 두 당사자 외의 많은 사람에게도 커다란 의미와 가치가 있음을 말해 준다. 결혼은 두 당사자 주위를 벽으로 둘러싸는 것이 아니라, 오히려 두 사람이 원하든 원치 않든 부부와 그 둘의 사회적 테두리 안에 있는 다른 사람들을 연결하는 경험이다. 아이러니하게도 여러 인구통계학자들이 이성 커플에 대한 "결혼의 비제도화"를 당연하게 받아들일 즈음, 다시 말해 기혼자의 삶의 방식을 규정하는 결혼의 사회적·법적 의미가 퇴색해 가는 시점에 게이와 레즈비언 커플들의 경험은 결혼이 지속적인 타당성과 의미가 있음을 반증한다.

나는 유럽의 동성 결혼을 연구하기 위해 네덜란드로 갔고, 그랬기 때문에 앞서 말한 두 이야기는 동성 결혼이 허용되고 2~3년이 흐른 시점에, 결혼이 동성 커플에게 어떤 의미인지에 대한 강렬한 첫인상을 남겼다. 나는 이 이야기들을 이해하려고 네덜란드 생활 초반 줄곧 노력했고, 일상생활에서 동성 결혼에 대한 뉴스와 분석을 접하려는 노력도 멈추지 않았다. 아이러니하게도 내가 암스테르담에서 연구하는 동안 미국에 동성 결혼이 도착했다. 2003년 11월, 여행을 떠난 지 두 달이 되었을 때 고향에서 엄청난 소식이 들려왔다. 매사추세츠 주 대법원이 주 내의 동성 결혼을 법적으로 금지할 수 없다고 판결한 것이다. 석 달 후에는 샌프란시스코 시장 개빈 뉴섬(Gavin Newsom)이 샌프란시스코 내 동성 결혼을 허용했고 이는 법원에서 금지 명령이 내려지기 전까지 유지되었다. 2004년 5월 우리가 미국으로 돌아가기 직전에 매사추세츠에서 동성 커플이 결혼식을 올리기 시작했다.

이 거대한 사건들의 틈바구니에서 나와 내 파트너는 고국에서 맹렬하게 벌어지는 법적·정치적·문화적 논쟁을 놓치지 않고 따라갔다. 나 역시 게이와 레즈비언의 결혼에 대한 경제학적 연구를 오랜 기간 해 온 터라 학자적 관점으로 관련 공개 토론에 참여했다. 사실 이 책의 많은 부분이 현재까지 미국이나 다른 나라에서 계속되는 공개 토론에서 영향받았다. 유럽 사람들과 이야기하고, 동성 커플에게 결혼할 권리를 부여한 유럽의 경험에 대해 읽으면서, 미국을 비롯한 여러 나라에서 벌어지는 결혼 논쟁에 공통된 주제가 많다는 점을 알았다.

한편 동성 커플에게 결혼할 권리 또는 결혼의 일부 권리와 의무를 부여하는 유럽 국가가 는 것은, 동성 결혼이 미국에서 어떤 의미가 있을지 예측하는 데 유럽이 어느 정도 도움을 주는 사회적 실험실이 된다는 점에서 아주 중요하다. 덴마크에서는 1989년부터 게이와 레즈비언 커플이 파트너로 등록할 수 있었다. 네덜란드의 동성 커플은 2001년부터 결혼할 수 있었다. 두 나라를 비롯한 여러 나라의 정치적·문화적 경험은 미국에서 생길 몇 가지 중요한 질문 앞에서 미래를 보여 주는 수정 구슬이 될 수도 있다.

종교적·법적 주장은 논외로 하고 내가 들은 정치적·문화적 논쟁의 중요한 질문은 다음과 같이 압축된다.

첫째, 동성애자가 결혼을 변화시킬까? 꼬마 닭 우화*처럼 어떤 사람들은 동성 커플에게 결혼할 권리를 주면 이성 결혼이 붕괴되고, 심지어 우리가 아는 서구 문명이 파멸하리라고 주장한다.

- 가족연구위원회(Family Research Council)의 토니 퍼킨스(Tony Perkins)는 2008년 캘리포니아에서 동성 결혼이 시작되기 전 "시계가 오후 5시 1분(태평양 표준시)을 가리키면 수천 년 동안 이어진 정상적인 결혼의 존속을 위협하는 캘리포니아의 판결이 공식적인 효력을 발휘합니다. 향후 5개월 동안 사회적 혼란을 촉발하고 미국의 전주가 엄청난 피해를 입을 것입니다."[1]라고 주장했다.
- 페이스투액션의 설립자인 재닛 폴저(Janet Folger)는 "저는 캘리포니아(그리고 나머지 모든 주)에서 결혼이 수호되기를 기도하며 활동합니다. 결혼뿐 아니라 문명을 생각하기 때문입니다. 우리가 하나님께 순종한다면, 하나님은 우리가 마땅히 누려야 할 판결을 준비해 두실 겁니다."[2]라고 말했다.
- 저술가이자 결혼 전도사인 매기 갤러거(Maggie Gallagher)는 "이 (동성 결혼) 전쟁에서 지는 것은 아이에게 아버지와 어머니가 필요하다는 신념을 지키지 못한다는 의미입니다. 결혼 논쟁에서 진다는 의미입니다. 정부 권한을 제한하지 못한다는 의미입니다. 미국 문명을 지켜 내지

* 나무에서 떨어진 도토리를 머리에 맞고는 하늘이 무너진다고 동네방네 소문을 내고 다닌 꼬마 닭이 등장하는 우화로, 원인을 분석하지도 않은 채 잘못된 믿음을 맹신하는 군중 심리를 다뤘다.

못한다는 의미입니다. 이는 완전한 패배를 의미합니다."[3]라고 말했다.

이 문제에 대해 반대편에서는 많은 낙관적인 페미니스트들이 동성 결혼을 계기로 이성 결혼에 아직 남아 있는 난제인 성 역학이 재정립되면서 결혼에 변혁이 일어나기를 희망한다.[4] 이 두 가지 입장 사이에 있는 많은 사람들은 동성 커플의 결혼이 가져올 미지의 결과를 걱정한다.

둘째, 결혼이 동성애자를 변화시킬까? 일부에서는 그리되기를 희망한다. 동성 결혼이 가능해지면 게이들이 서로에게 한층 충실한 연애 관계, 안정적인 관계를 유지할 것이며,[5] 게이와 레즈비언이 더 넓은 문화에 잘 동화되리라고 주장한다.[6] 하지만 결혼 평등 반대론자들은 게이와 레즈비언이 결혼을 통해 아무 이익도 얻을 수 없으리라고 믿는다.[7] 게이, 레즈비언, 양성애자 커뮤니티 내의 일부 사람들은 동성애자의 고유한 삶이 부정적으로 변질될까 봐 두려워한다.[8]

셋째, 미국에서 어떤 식으로 변화가 일어나야 할까? 즉각적으로 아니면 서서히? 결혼의 대안이 필요할까? 일부 사람들은 사회적으로 어떤 파급 효과를 미치는지 알 수 있도록 동성 커플의 권리 확장이 점진적으로 진행되기를 원한다.[9] 정치 스펙트럼에서 훨씬 오른쪽에 위치한 사람들은 미국, 특히 버몬트, 매사추세츠, 캘리포니아에서 일어난 큰 변화를, 원치 않는 대중에게 강요된 비민주적 사법 적극주의(judicial activism)의 일례로 본다. 동성애자 커뮤니티의 일부 사람들은 변화 속도가 너무 빠르기 때문에 정치적 반발에 직면했다며, 결혼의 대안 제도를 만드는 것이 동성 커플이나 다른 유형의 가족을 위해 나은 방식일 수 있다고 주장한다.

기실 공개 토론에서 이런 질문이 특별히 세심하거나 통찰력 있게 다루어지지는 않는다. 한쪽에서 비관적인 예측이 나오면 동성 커플의 결혼을 반드시 허용해야 한다고 생각하는 사람들은 대부분 어리둥절한 표정으로 대응한다. 이러한 동성 결혼 옹호자들은 다른 커플들에게 결혼 기회를 확대하는 것이 어째서 결혼을 훼손한다는 것인지 이해하기 어려워했다. 때로는 농담으로 대응했다.

- 하원 의원 바니 프랭크(Barney Frank)는 1996년 결혼 보호법(Defense of Marriage Act)의 맥락에 동성 결혼 반대자들의 공포심이 내포된 점을 조롱했다. "결혼 보호? 옛날 V-8 주스 광고처럼 들리네요. 마치 이 법안이 통과되지 않으면 이 나라의 모든 이성애자 남자들이 (이마를 탁 치며) '남자와 결혼하면 좋았을 텐데!'라고 말하기라도 할 것처럼요."[10]
- 1990년대 텔레비전 토론회에서, 당시 휴먼라이츠캠페인의 회장이었던 엘리자베스 버치(Elizabeth Birch)는 세 번 결혼한 보수적인 하원 의원 밥 바(Bob Barr)에게 "저기 의원님, 좀 헷갈리는데요. 지금 어떤 결혼을 보호하고 계신 겁니까? 당신의 첫 번째 결혼인가요, 아니면 두 번째? 세 번째?"[11]라고 물었다.
- 《뉴요커》최근 호에 나온 만화 역시 무엇 때문에 이렇게들 야단법석인지 이해하기 어려워하는 자유주의자의 입장을 보여 준다. 한 여

자가 여행 가방 두 개에 짐을 싸서 열려 있는 문 쪽으로 향한다. 그리고 깜짝 놀라며 당황하는 남편에게 자신이 왜 떠나는지를 설명한다. "우리 결혼에는 전혀 문제가 없지만, 동성 결혼의 공포로 결혼 제도는 완전히 끝장났어요."[12]

한쪽에서는 문명의 종말을 걱정하고 다른 쪽에서는 어리둥절해하며 농담을 던지니 논리적인 토론의 여지를 찾기 어렵다. 심지어 매사추세츠에서 동성 결혼을 허용한 지 4년이 지난 2008년이 되어서도 이 이슈에 대한 감정적 열기는 식을 기미가 보이지 않는다. 토론에서 보이는 이 단절은 양측이 전혀 다른 관점에서 결과적으로 서로 다른 이야기를 한다는 데 어느 정도 기인한다.[13] 정치 스펙트럼에서 보수 쪽에 위치한 사람들은 이 문제를 광의의 문화적 관점에서 바라보는 경향이 있다. 예컨대 '결혼'의 의미는 무엇이며, 그 의미가 어떻게 변화할 것인가? 정치 스펙트럼에서 좀 더 진보적인 쪽에 있는 사람들은 인간 행동에 대해 협소한 개인주의적 견해를 취한다. 사람들이 결혼하기로 결심한 이유가 상대방의 어떤 독특한 면에 반했기 때문이라면 소수의 사람들이 완전히 다른 집단인 동성의 누군가와 결혼하기로 했다는 것 때문에 결혼하겠다는 자신들의 마음(혹은 결혼 상태를 유지하겠다는 마음)이 왜 변한다는 말인가?

이 쟁점 그리고 변화의 증거라고 제시하는 것에 대해 생각하는 방식을 바꾸는 것이 두 입장 간 간극을 좁히는 생산적인 길일지도 모르겠다. 내 생각에 이 토론은 명사이자 아이디어로서 결혼에 부여되는 의미에 대한 생각과 결혼 행위, 즉 결혼하겠다는 개인의 선택에 대한 생각 사이의 차이를 부각한다. 명사인 결혼과 동사인 결혼하기는 물론 밀접하다. 결혼의 문화적·사회적 광의는 개인이 결혼하게 하는 사회적 동기를 부여하기도 하고, 개인에게 사회적 압력을 가하기도 한다. 결혼 결정과 기혼자 경험이 모여 더 큰 결혼의 사회적·문화적 의미가 형성되고, 어쩌면 성 정체성에 대한 더 큰 문화적 이해가 가능해질 것이다. 그럼에도 나는 이 두 가지, 즉 결혼 개념과 결혼 행위를 구분하였는데, 특히 유럽에서 동성 커플에게 결혼 또는 그에 상응하는 권리를 부여한 것이 어떤 영향을 미쳤는지 규명하려 할 때 무엇을 검토해야 할지 파악하는 데 유익하기 때문이다. 우리는 커플이 실제로 내린 결정도 살펴보아야 하고, 동성 커플의 결혼이나 파트너십 등록제는 물론, 게이와 레즈비언의 문화적 의미도 연구해야 한다.

문화와 행동에 미치는 효과를 설명하는 논거들은 지금까지 대체로 사실이 아니라 단순한 믿음에 기반을 두었다. 1989년에서 2000년 사이에 법적으로 등록한 동성 커플에게 여러 가지 중요한 권리를 부여한 여덟 개의 1차 도입국(덴마크, 스웨덴, 노르웨이, 아이슬란드, 네덜란드, 벨기에, 프랑스, 독일)의 실제 경험에 대해 몇몇 사람들이 세심한 분석을 제시하였다.[14] 이들 국가에는 수년간 경험이 쌓여 있다. 캘리포니아와 코네티컷 주 대법원이 동성 결혼을 허용하는 판결을 내린 후 2008년에 재점화된 미국 내 논쟁을 이해하는 데 이들의 경험을 참고할 수 있다.(하지만 이 책이 인쇄될 즈음 캘리포니아에서는 투표를 통해 동성 결혼권을 무효화했고, 이 투표에 대한 위헌 소송이 법원에 제기된 실정이다.*) 핀란드, 캐나다, 뉴질랜드, 스페인, 남아프리카 공화국, 룩셈부르크, 스위스, 슬로베니아, 체코, 영국 등 많은 국가들이 비교적 최근에 목록에 이름을 올렸다. 하지만 이 나라들에서 무슨 일이 생기는지는 앞으로 한동안 알 수 없을 것이다. 표 1.1에 이 15개국에서 동성 커플이 법적으로 선택할 수 있는 세 가지 일반 유형, 즉 완전한 결혼권, 파트너십 등록제를 통한 준결혼권, 보다 협소한 결혼의 권리와 의무 묶음을 요약해 놓았다. 이 책에서 유럽의 경험을 결혼과 변화에 관한 주요 주제를 연구하는 사회적 실험실로 이용하여, 지금까지 미국이 겪어 온 바와 나란히 비교해 본다.

2장은 동사에 대한 논의다. 즉 동성 커플은 왜 결혼하기로 결심하고, 그 과정을 보면서 결혼의 의미에 대해 어떤 것을 배울 수 있을지에 대한 논의로 시작한다. 네덜란드 커플의 인터뷰를 통해 이성 커플과 다른 점도 일부 있고, 어느 정도 비슷한 점도 있다는 점을 알게 된다. 하지만 차이점보다는 공통점이 놀랍고 흥미롭다.

3장에서는 실제 동성 결혼율이나 파트너 등록률을 국가별로 비교한다. 동성 결혼률이나 파트너 등록률이 낮다고 알려져 있는데, 이것이 결혼에 대한 경시나 결혼의 필요성을 느끼지 못한다는 증거인지 조사하려는 목적이다. 하지만 법적으로 관계를 인정받을 것인

---

*   2010년 8월 연방 1심 법원이 이 투표가 위헌이라고 판결하였고, 2012년 2월 연방 항소 법원에 이어 2013년 6월 연방 대법원에서도 위헌이 확정됨에 따라 투표의 효력은 상실되었다.

표 1.1 전국적으로 동성 파트너십이 인정되는 국가[15]*

국가(시행 시기)	결혼의 권리와 의무	제외된 결혼의 권리와 의무 예
네덜란드(2001) 벨기에(2003) 스페인(2005) 캐나다(2005) 남아프리카 공화국(2006) 노르웨이(2009)	**결혼** 전부 또는 거의 전부	결혼한 레즈비언이 출산한 자녀의 비생물학적 부모에게 친권 지위 부여(네덜란드, 벨기에) 입양권(벨기에)
덴마크(1989) 노르웨이(1993) 스웨덴(1994) 아이슬란드(1996) 네덜란드(1998) 핀란드(2001) 뉴질랜드(2005)(시민 결합) 영국(2005)(시민 결합) 스위스(2005) 헝가리(2009)	**파트너십 등록제** 거의 전부	교회에서 결혼할 권리(덴마크, 노르웨이, 스웨덴, 아이슬란드, 핀란드) 공동 입양권(덴마크, 노르웨이, 아이슬란드, 핀란드, 헝가리) 보조 생식 기술 접근권(덴마크, 노르웨이, 아이슬란드, 헝가리)
프랑스(1999) 벨기에(1999) 독일(2001) 체코(2006) 슬로베니아(2006) 룩셈부르크(2004)	**동거 등록제** 채무에 대한 법적 책임, 공동 재산, 합산 과세, 주택, 보험(프랑스) 부양 의무, 부동산 공동 소유, 상속, 연금과 의료 보험, 이민(독일) 채무에 대한 상호 책임, 공동 주택 보호(사망 시 종료), 부양 의무(벨기에)	상속권, 자녀 관련 권리, 별거 수당(프랑스) 국가 지원 재정 혜택(독일) 상속권, 별거 수당, 과실로 인한 파트너 사망 시 손해 배상 청구권, 입양권, 시민권(벨기에)

* 이 표는 이 책이 출간된 2009년 당시 동성 파트너십이 인정되는 국가들을 요약한다. 2016년 3월 현재 전국 단위에서 동성 결혼이 인정되는 국가는 모두 20개국으로 증가했다.

지 조사하려는 목적이다. 하지만 법적으로 관계를 인정받을 방법이 여러 가지라면 대부분의 동성 커플과 이성 커플이 똑같이 결혼을 선택한다는 사실을 발견했다.

4장에서는 동성 커플이 이성 커플의 결혼 선택을 어떤 식으로든 변화시켰는지 알아보기 위해 국가들의 인구학적 변화를 깊숙이 들여다보았다. 동성 결혼의 인정으로 이성 결혼이나 이혼 행동의 측정치는 크게 변화하지 않았다. 또 결혼관, 주로 결혼이 구시대적 제도라는 생각 역시 동성 커플에게 법적 권리를 부여하는 것과는 관련 없다는 결과도 제시한다. 5장에서는 똑같은 질문을 네덜란드의 문화적 관점에 적용해 보았다. 이를 위해 네덜란드 동성 커플의 결혼에 대해 이성애자인 가족과 친구, 기타 사회 제도가 어떻게 반응하는지를 참고한다.

6장과 7장에서는 각도를 조금 달리해 결혼이 동성애자를 변화시킬지 살펴본다. 6장에서는 동성 커플이 경험한 결혼의 긍정적인 이익, 특히 사회·법 제도에 새로이 완전히 포함되었을 때의 이익을 살펴본다. 7장에서는 주로 네덜란드 커플과의 인터뷰를 이용해서, 법적 평등의 최고 성과인 '결혼 접근권(access to marriage)'이 레즈비언과 게이에게 압박감을 주었을 수 있고, 시간이 지나면서 그들의 정체성에 상당한 변화를 일으켰을 수도 있다는 주장을 펼친다.

8장과 9장에서는 유럽과 미국에서 일어난 변화를 정치적 관점에서 직접적으로 살펴본다. 그 전에 유럽의 정치적 경험을 이용해 미국의 정책 변화를 이해하려는 시도에 대해 간략하게나마 설명해야 할 것 같다. 다른 나라의 정책 모델은 미국에 유용하지 않다는 점이 정치적으로 자명하다고 여겨진다. "우리는 다르다."라는 이유로 다른 나라에서 일어나는 일은 미국인에게는 중요하지도 흥미롭지도 않다고 하는 '미국 예외주의(American exceptionalism)'라는 개념이 늘 비장의 무기로 사용되었다. 그리고 최근까지도 미국 내 정책 토론에서 유럽의 사례들은 눈에 띄게 중요한 역할을 하지 못했다. 일부 유럽 국가에서 아주 흥미로운 사회 복지, 의료 보험, 노동 시장, 아동 보호 정책을 시행하면서 미국 학자와 일부 정치가의 상상력을 사로잡았지만 그 영향력은 제한적이다. 지난 몇 년간의 정치 동향은 대외 정책이나 국내 정책에 있어서 미국인을 미국에 가두어 둔 것처럼 보인다. 많은 미국인들이 조지 W. 부시 대통령의 독단주의에 불편을 느끼면서 학술지에서 이야기하던 유럽과의 관계에 대한 논쟁을 주류 매체로 옮겼다.

아이러니하지만 놀랍지는 않게도 미국 동성애자 단체들도 그들 나름의 독단주의를 펼쳐 왔다. 게이와 레즈비언의 사회 운동은 유럽과 미국 두 대륙에서 상당히 독립적으로 발생했다. 동성애자 관광객들은 자주 대서양을 오가며 왕래했지만, LGBT(레즈비언, 게이, 양성애자, 트랜스젠더) 정치 활동가들과 이들의 운동은 훨씬 왕래가 드물었다. 동성애자 사회 운동을 다루는 몇몇 연구자들이 말하듯이 유럽의 동성애자 단체들은 미국에 비해 훨씬 조직적으로, 함께 뭉친다.[16] 세계적으로 고립된 미국의 동성애자 운동은 유럽 국가 간, 심지어 세계의 다른 지역까지 아우르는 동성애자·양성애자 단체 사이의 *끈끈한* 연계와 극명하게 대조된다.

예컨대 미국에서 가장 큰 두 동성애자 정치 단체인 휴먼라이츠 캠페인과 미국게이레즈비언태스크포스(National Gay and Lesbian Task Force)*의 웹사이트를 보자. 두 사이트 모두에 다른 나라의 법제 발전에 대한 참고 자료가 얼마 없으며, 다른 나라의 단체로 연결되는 링크도 없다. 반면 네덜란드의 비슷한 단체인 COC의 홈페이지에서 버튼 하나를 클릭하면 전 세계적으로 연결된 네트워크가 기록된 페이지가 나온다. 벨기에는 국제레즈비언게이연합(International Lesbian and Gay Association, ILGA)**의 본거지며, 이 단체는 유럽뿐 아니라 세계 여러 지역의 동성애자 인권 운동과 연계되어 있다.

하지만 최근의 진전으로 미국 내 평등 결혼에 관한 논쟁에서 국제 비교의 역할이 중요해졌다. 첫 번째 진전은 2003년 캐나다 온타리오에서 북미 최초로 동성 결혼을 허용했을 때였다. 캐나다 3개 주 법원이 동성 결혼 배제를 폐지한 후에는 캐나다 연방 정부가 전국적인 동성 결혼 허용안을 발의했다.[17] 그 결과 캐나다의 모든 동성 커플이 2005년부터 평등한 결혼권을 얻었다. 미국의 게이, 레즈비언 커플은 자주 국경을 넘어 캐나다로 가서 결혼식을 올렸다. 실질적 효력은 없을지라도 결혼의 상징적인 가치를 원했기 때문이다.

---

* 2014년에 단체명이 미국LGBTQ태스크포스(National LGBTQ Task Force)로 변경되었다.

** 현재는 명칭이 International Lesbian Gay Bisexual Trans and Intersex Association으로 바뀌었으나 약자는 그대로 ILGA를 사용한다.

세계화의 두 번째 자극은 미국 내부에서 시작되었다. 2003년 7월 로렌스 대 텍사스(Lawrence v. Texas) 사건에서 미국 대법원은 동성 간의 성 접촉을 범죄화하는 소도미법을 폐지했다. 앤서니 케네디(Anthony Kennedy) 대법관이 다수 의견에서 언급한 몇 가지 근거에 많은 법조인들이 놀랐다. 소도미법 폐지를 정당화하기 위해 유럽인권재판소(European Court of Human Rights)의 결정과 다른 국가들의 조치를 인용했기 때문이다.

다른 나라 역시 상호 합의 아래 성인 동성애자 간에 친밀한 행위를 할 수 있는 권리가 보호받아야 한다는 주장과 일치하는 조치를 취하고 있습니다. ……이 소송에서 원고들이 요구하는 것은 이미 다른 여러 나라에서 인간 자유의 필수 불가결한 부분으로서 받아들여집니다. 미국에서는 개인의 선택을 제약함으로써 얻는 정부의 이익이 더 정당하거나 시급하다고 본 적이 없습니다.[18]

다음번 대법원 결정에서는 어디에서 유럽의 영향이 튀어나올까? 로렌스 소송에서 안토닌 스칼리아(Antonin Scalia) 대법관은 반대 의견을 통해 다음 순서로 동성 결혼에 빗장이 열리는 곳은 미국이 될 것이라 경고하면서 캐나다 법원의 결정을 언급했다.[19]

보수적인 저술가들은 스칼리아 대법관의 경고를 즉시 포착하였다. 매사추세츠의 결혼 결정 이후에 저술가 스탠리 커츠(Stanley Kurtz)는 보수 매체인《위클리 스탠더드》와《내셔널 리뷰 온라인》에서 유럽의 동성 결혼과 결혼의 감소 추세를 끼워 맞추기 시작했다. 커츠는 유럽의 인구 통계학에 관한 기존의 학술 자료나 신문, 잡지 기사를 바탕으로, 스칸디나비아 국가*와 네덜란드의 경험은 미국에서 게이와 레즈비언의 결혼이 허용될 경우 맞이할 끔찍한 미래를 보여 준다고 주장하였다. "동성 결혼이 결혼 제도를 망가뜨릴 것인가? 벌써 망가뜨렸다."[20] "다름 아닌 결혼 자체의 존립이 걸린 문제다."[21] 평등한 결혼의 폐해에 관한 이 새롭고 뭣보다 세속적인 주장이 지역 토론회와 신문 사설란, 법정 의견서에 등장하기 시작했으며, 심지어 연방 헌법 결혼 수정안에 관한 상원 토론회에서도 거론되었다.

8장에서는 유럽과 미국의 버몬트, 캘리포니아의 경험을 바탕으로 결혼의 대안 제도가 동성 커플의 완전한 평등을 향해 가는 전환기적 지위일 때에만 유용하다는 주장을 펼친다. 대서양 양편에서의 경험은 동성 커플의 새로운 법적 지위가 때로 미래의 변화를 가로막고, 다른 유형의 가족 구조에도 그다지 유익하지 않음을 알려 준다.

9장에서는 미국 내 동성 커플 관련 결혼법의 변화가 유럽 국가에서의 변화와 매우 비슷한 양상임을 보인다. 미국 50개 주와 워싱턴 D. C.에는 결혼 접근성에 관한 별개의 법체계가 있다. 연방정부는 보통 가족 문제에 관한 법을 각 주(워싱턴 D. C.도 가끔 포함)의 판

---

* 덴마크, 노르웨이, 스웨덴, 아이슬란드를 말한다.

단에 맡겨 두기 때문이다.[22] 이 책을 쓰는 지금도 동성 커플에게 결혼을 허용할지 다른 대안적 지위를 마련할지에 대해 각 주가 독립적으로 판단할 수 있다.* 지금까지는 매사추세츠, 캘리포니아, 코네티컷 세 곳에서만 동성 결혼을 허용했다. 캘리포니아의 경우 2008년 11월의 선거로 동성 결혼이 막을 내렸다. 뉴욕에서는 다른 주나 국가에서 동성 결혼을 한 경우에 인정한다. 버몬트, 뉴저지, 뉴햄프셔, 코네티컷은 시민 결합(civil union) 제도를 통해 동성 커플에게 주에서 제공 가능한 모든 권리와 의무를 부여하며, 캘리포니아와 오리건의 가정 동반자(domestic partnership) 지위도 마찬가지다. 하와이의 호혜적 수혜자(reciprocal beneficiary) 지위, 워싱턴과 뉴저지의 가정 동반자법(domestic partner law), 메인의 가정 동반자 등록(domestic partner registry)은 모두 동성 커플에게 비교적 제한적인 권리를 부여한다. 미국에서 관찰되는 이 다양한 양태는 유럽에서 본 것과 아주 비슷하다. 9장에서 말하겠지만 변화의 속도도 매우 비슷하다. 유럽에서의 변화를 예측하는 데 사용한 정치적·사회적 요인이 미국의 변화를 예측하는 데도 사용된다. 합리적이고 자연스럽게 변화가 일어나고 있고, 진보적인 주들이 앞장서면서 나머지 주들에게 선례를 제공할 터다.

대서양 건너편에서 동성 커플을 인정하는 유용한 변화가 점점

---

* 이 책의 출간 당시에는 동성 결혼의 허용 여부를 주별로 독립적으로 판단하였으나 2015년 6월 26일 미 연방 대법원에서 동성 결혼이 헌법상 권리로 인정되면서 미국 전주에서 법제화되었다. 이어지는 문장에서도 이 점에 유의하여야 한다.

47

크게 주목받기 때문에 유럽의 동성 결혼 경험을 자세히 살펴보는 것은 미국인에게 생산적인 작업이다. 학자의 입장에서 이 일은 다소 벅차기도 하다. 우선 한 가지 이유는, 내가 개괄적으로 나열한 주요 질문들이 여러 분야의 사회 과학 연구와 이론에 걸쳐 있기 때문이다. 이것은 이론 세계만이 아니라 실제 세계에서 어떤 일이 일어나는지를 이해하기 위해 경제학자가 흔히 사용하는 도구 상자에 광범위한 방법론이 추가된다는 의미다. 결국 나는 결혼을 고민했거나 결혼한 실제 동성 커플을 다수 인터뷰함으로써 새로운 데이터를 수집했다. 네덜란드와 미국에서 게이, 레즈비언, 양성애자, 이성애자를 대상으로 한 설문 조사 자료들을 참고했다. 다른 여러 나라에서 결혼, 가족, 사회 정책, 정치적 행위자, 게이와 레즈비언 커뮤니티에 관한 정보를 모았다. 다른 학자들과 상의하고 그들의 연구를 공부했다. 그리고 이 책의 핵심이자 정치적 논쟁의 핵심에 있는 주요 질문에 대한 해답을 찾기 위해 이 모든 자료를 신중하게 해석하고 분석할 수 있는 새 기술을 배웠다. 그러니까 경제학자로서 받은 훈련과 경험이 이 연구에 어쩔 수 없이 녹아 있지만 나는 이 책을 다학제적 사회 과학 연구자의 성과물로 분류하고 싶다.

비록 이 책이 사회 과학 연구를 기본으로 하지만 나는 서론을 본인의 이야기로 시작했다. 나에게 결혼은 단순히 학문적 주제에 그치지 않는다. 엘리자베스와 내가 네덜란드에 도착했을 때 우리는 네덜란드 법으로도, 미국 법으로도 결혼할 수 없는 처지였다. 매사추세츠에 있는 집으로 돌아왔을 때는 세상이 바뀌어 있었다. 우리도 수천 동성 커플과 수백만 이성 커플이 내려야 했던 결정과 마주했다. 결혼할 것인가?

연구서에서 사적 이야기를 하는 것이 이상하게 보일 수도 있다. 여기에서 이야기를 하든 하지 않든 나의 경험과 입장은 적어도 내가 이 주제에 얼마나 열정을 품는지, 내가 어떤 질문을 할지를 결정한다. 이것이 꼭 내가 어떤 쪽으로든 편향되어 있다거나 내 결론이 오염되었다는 뜻일까? 당연히 그렇지 않다고 생각한다. 경제학자 식으로 표현하자면 가족에 관해서라면 누구에게나 기본 데이터가 있다. 우리 스스로의 삶이 대개 첫 번째 '관측값'이 된다. 경험을 통해 자신을 둘러싼 세상을 어떻게 보고 해석할지 알아 가는 것은 결혼 평등 찬성론자나 반대론자에게 똑같이 보편적이다. 내가 인터뷰한 여러 네덜란드 커플이나 나 자신의 이야기처럼 실제 사람들이 말하는 결혼에 대한 이야기를 포함시키는 것은 논쟁에서 대체로 빠져 있던 지식을 한 겹 더한다는 점에서 가치가 있다. 개괄적이고 추상적인 숫자와 막강한 문화적 제도를 그 법의 영향을 받는 개인 삶과 연결시키는 고리가 사람들의 사적인 이야기다.

개인적인 관점의 영향을 인지하지 못할 때 대부분의 연구에 문제가 생긴다. 지난 20년간 경제학자로서 훈련받고 연구하면서 내가 세운 가설을 스스로 의심하고 다른 학자들의 세심하고 철저한 검증대 위에 나의 아이디어를 올려놓은 후 기꺼이 재고하고 수정하는 일의 중요성을 체득했다. 연구자 간 의견 교환은 토론과 건설적인 비판을 만들어 내며, 이 책에서의 내 생각과 결론도 이런 과정을 거

쳤기 때문에 한결 나아졌으리라고 믿는다.

　그런데 솔직히 말하면 이 책을 쓰면서 역으로 내가 영향을 받았다고 느끼기도 했다. 인터뷰이에게 들은 것, 공개 토론에 참여하면서 읽고 생각한 것이 결혼관과 결혼에 대한 개인적 결정에 지대한 영향을 미쳤다. 듣고 생각하고 토론하는 것은 개인과 사회를 변화시키는 강력한 힘이다. 이 책이 던지는 중요한 질문을 함께 곰곰이 생각해 보는 시간에 독자들을 초대하려 한다.

　용어에 대해 한마디 하려고 한다. 네덜란드인은 "이 나라에 동성 결혼이라는 건 없어요. 그냥 모두에게 똑같이 결혼이죠."라고 즉각 얘기한다. 생각해 보면 맞는 말이다. 동성 커플이나 이성 커플이나 법적 지위는 동일하다. 따라서 동성 결혼(gay marriage 또는 same-sex marriage)이라는 별도 용어를 쓸 필요가 없다. 이 책의 주제에 들어맞는 더 나은 용어는 아마 동성 커플의 동등한 결혼 접근권(equal access to marriage for same-sex couples) 정도일 것이다. 분명 이렇게 쓰는 것이 맞지만 문장이 복잡해지는 것을 피하기 위해 많은 경우 '동성 결혼(same-sex marriage)'이라고 썼다. 또 이 책에서의 동성 결혼은 대부분 레즈비언, 게이와 관련된 것을 말한다. 양성애자 역시 동성 파트너와 결혼하거나 결혼하고 싶어 할 수 있지만 최근 연구에 따르면 양성애자 대부분은 이성 파트너와 결혼하는 것으로 나타났다.[23]

2장
결혼을 왜 하느냐고?: 결혼의 가치

　달빛이 비치는 밤, 암스테르담의 어느 다리 위에 있다고 상상해 보라. 퍽 운치 있는 운하의 도시, 심지어 몇몇 장소는 낭만적인 청혼 장소로 유명하다. 그런 다리 위에서 리즈는 파트너 파울리너에게 초조한 마음으로 청혼했다. 하지만 그 즉시 겁을 먹고 취소해 버렸다.

　"처음 청혼했을 때 네가 좋다고 했는데, 사실 그 대답을 듣고 겁에 질렸던 것 같아." 몇 년 후 그들이 사는 교외의 아늑한 집에 놀러 갔을 때 리즈가 파울리너에게 당시 일을 상기시켰다. "파울리너가 승낙하자 '아, 어떡하지? 이건 아닌데.' 싶었어요." 낭만적인 순간은 리즈의 갑작스러운 변심에 금세 식어 버렸다.

　파울리너는 그때 느낀 감정의 롤러코스터를 떠올렸다. 처음에는 "청혼을 승낙하기가 정말 두려웠는데 그냥 마음이 이끄는 대로 대답했어요. 정말 웃긴 게, 전 어떤 것에도 헌신하는 유형이 못 되거든요. 근데 결혼하겠다고 말하고 나니까 리즈가 그냥 꽁무니를 빼는 거예요. '아, 너무 바보 같아. 도대체 왜 결혼하겠다고 한 거야?' 싶었죠."라고 말했다.

리즈는 충격과 망설임에서 회복된 후에 다시 한 번 파울리너에게 결혼해 달라고 말했다. 하지만 이번에는 파울리너가 거절했다.

파울리너는 왜 거절했을까? "처음부터 이게 (리즈의) 현실적인 제안 같다는 느낌이 많이 들었어요. 그래서 원하지 않았어요." 파울리너가 말했다.

"제가 세금 문제를 말하듯 한 게 걸린 것뿐이에요." 리즈가 쭈뼛쭈뼛하면서 시인했다.

"맞아." 파울리너가 웃으면서 맞장구쳤다.

"제 실수였어요. 그 일이 있은 후 한참 동안 파울리너가 결혼하겠다고 하지 않았거든요." 리즈가 인정했다.

파울리너는 낭만적인 말을 기대했다. "결혼한다면 물론 그것은 두 사람이 서로 사랑하기 때문이죠. 그건 분명했어요. 그것만으로 괜찮다는 걸 알았죠. 그래도 정말로 낭만적이었음 했어요. 딱 한 번 하는 거잖아요."

세 번째 청혼은 성공적이었지만 리즈가 제대로 된 이유로 결혼하려 한다는 것을 파울리너에게 확신시키는 데 또 1년이 걸렸다. 그제야 파울리너가 마침내 청혼을 받아들였다.

파울리너와 리즈의 이야기를 들으면서 두 사람이 초기에 이성과 감정의 충돌을 겪었지만 마침내 결혼에 골인했다는 사실에 안도

한다는 것을 알았다. 결혼을 낭만적으로 바라보는 파울리너의 관점은 헌신을 약속하는 것에 대한 불안과 충돌을 일으켰다. 그들은 이미 견고한 관계를 구축했지만 파울리너의 결혼관은 리즈의 다소 현실적인 관점과 맞지 않았다. 이 커플은 결혼을 다르게 보았기 때문에 관계가 지속되는 동안 각자 자신의 감정과 목표뿐 아니라 상대방의 감정과 목표에도 주의를 기울이면서 난관을 돌파해야 했다.

이성 커플이 결혼에 대한 비슷한 불확실성으로 고전한다는 점을 아는 사람에게는 이 이야기가 친숙하고 평범하게까지 들리겠지만 동성 커플에게는 결혼 고민이 결코 일상적이지 않은 놀라운 경험이다. 동성 파트너와의 결혼 결정은 얼마 전까지만 해도 레즈비언과 게이 대부분이 자신이 내리게 되리라고는 전혀 기대하지 못했던 일이다. 하지만 동성 커플이 결혼을 결심하는 이유와 결혼 여부를 살펴보면 동성 결혼에 관한 공개 토론에서 등장하는 중대한 질문으로 바로 접근할 수 있다. 21세기에 결혼이란 무엇인가? 동성 커플은 이성 커플과 같은 방식으로 결혼과 결혼 행위에 대해 생각할까? 동성 커플은 결혼하기를 정말로 원하고, 필요를 느낄까?

동성 커플에 관한 이런 질문들에 답할 수 있는 데이터는 사실 아직 없다. 간단한 수치가 몇 가지 있을 뿐이다. 네덜란드의 경우 5만 3000쌍 정도로 추정되는 동성 커플 가운데 8000쌍이 결혼했다. 그리고 10% 정도가 파트너로 등록해 결혼에 상응하는 권리와 의무를 지닌다.[1] 이 두 가지 법적 지위를 합하면 약 25%의 동성 커플만이 관계를 법적으로 인정받은 셈으로, 네덜란드 이성 커플의 80%

가 관계를 법적으로 인정받는 것과는 대조를 이룬다. 다른 나라의 공식적인 통계 기관 역시 상대적으로 적은 동성 커플이 결혼했거나 파트너로 등록했다고 보고한다.[2]

정치적 논쟁이 끝나고 동성 커플이 자유롭게 결혼하게 된 후에는 결혼 결정을 마치 동성애자와 양성애자 커뮤니티에서 결혼에 대한 호오를 가리는 것처럼 생각할 수 있다. 일부 논객은 네덜란드와 스칸디나비아 국가에서 결혼했거나 파트너로 등록한 커플 수가 상대적으로 적음을 발견하고는 이 통계가 동성 커플이 결혼을 경시하거나 이데올로기적 이유로 결혼에 반대한다는 증거라고 해석했다.[3] 어쩌면 그들은 동성 커플이 "잘못된 이유로", 즉 "단지 혜택을 위해서" 결혼을 원한다고 주장하는지도 모른다. 네덜란드와 스칸디나비아 국가에서는 결혼의 실질적 혜택이 별로 없기 때문에 소수의 동성 커플만이 결혼하는 것이라고 합리적으로 예상할 수 있다. 커플들이 결혼하는 이유를 자세히 살펴보면 이들이 결혼 제도를 어떻게 생각하는지가 밝혀질 것이며, 결혼 제도와 상호 작용을 통해 동성 커플들이 어떻게 변화하는지가 드러날 수도 있다.

숫자만으로는 커플이 결혼하거나 결혼하지 않는 이유를 알 수 없기 때문에 나는 정보원, 즉 결혼에 대해 기꺼이 이야기하고자 하는 네덜란드 동성 커플을 찾아 나섰다.[4] 인터뷰한 커플 가운데는 네덜란드 민족 출신이 아닌 경우도 포함되었다. 따라서 동성 결혼이 중요한 이슈인지 아닌지를 민족별로도 어느 정도 살펴볼 것이다.[5] 내가 인터뷰한 열아홉 커플들은 그들의 관계가 어떻게 발전했는지,

둘을 맺어 준 운명적인 사건부터 결혼에 대해 상의하는 지금에 이르기까지의 우습고 놀랍고 감동적인 이야기를 들려주었다. 동성 커플은 오랫동안 아웃사이더처럼 느껴 왔기 때문에 결혼을 결정하기까지 이성 커플이 경험하는 일반적인 자기 성찰과 협상 이상이 수반되었다. 게이나 레즈비언이 결혼하기로 결심할 경우 그들의 동반자들은 때때로 단지 법적 지위가 바뀌는 것 이상을 경험했다.

앞서 언급했듯이 네덜란드 커플은 선택할 수 있는 관계의 종류가 유별나게 많고, 나와 이야기를 나눈 커플들은 선택 가능한 모든 관계를 보여 준다. 네 커플은 파트너십 등록제를 선택했고, 아홉 커플은 결혼했으며, 한 커플은 인터뷰 몇 개월 후에 결혼할 계획이었고, 두 커플은 떨어져 살지만 함께하는(living apart together) 관계였다. 파트너십 등록제를 선택한 네 커플 중 셋은 파트너십 등록제가 가능해진 이후 3년 동안 동성 커플의 결혼이 가능하지 않았기 때문에 그랬지 당시 결혼이 가능했다면 아마 결혼했을 것이다. 이러한 유사성 때문에 이 장에서는 이 세 커플을 법적으로 결혼한 커플과 같은 범주로 묶기로 한다. 3장에서는 파트너십 등록제 대신 결혼을 선택한 이유를 좀 더 깊이 탐구해 본다. 하지만 결혼하지 않은(혹은 아직은 결혼하지 않은) 다섯 커플도 자신들의 관계가 결혼만큼이나 의미 있고, 사회적으로 인정받을 가치가 있다고 인식했다. 그러므로 이 두 집단이 왜 다른 법적 지위를 택했는지 이해하는 것은 간단한 문제가 아니다. 결국 인터뷰 후 숫자에 대한 내 견해는 크게 바뀌었다. 왜 이렇게 많은 동성 커플이 결혼을 선택했느냐는 질문이 어쩌면 더 적절할 것이다.

선택의 중요성

동성 커플이 결혼과 관련하여 내리는 결정에서 무언가를 알아내기 위해 우선 결혼과 연관된 '선택'의 다양한 의미를 분류해야 했다. 공개 토론의 장에서나 동성 커플과 토론하는 동안에도 너무나 다양한 선택이 등장하기 때문이다. 예를 들면 선택권이 있는 것과 선택하는 것은 다르다. 동성 커플에게 결혼의 가능성이 열렸다는 것은 동성 커플이 선택권을 얻었다는 의미다. 이 장에서는 열아홉 커플이 실제로 행한 개인적 선택에 주로 초점을 맞춘다. 그러나 인터뷰를 하면서 '선택'이라는 단어가 매우 다양한 방식으로 사용되는 것을 들었기 때문에 여기에서는 개인적인 선택의 요소들을 네덜란드 커플들이 경험한 역사적·사회적 맥락 안에서 간략히 설명하면서 시작하겠다.

역사적으로 동성 결혼에 대한 논쟁은 동성애자 권리 운동 진영의 정치적 선택을 반영했다. 전부는 아니겠지만 대부분의 유럽과 북미 국가에서는 동성애자·양성애자 단체 주도로 동성 커플의 결혼권을 쟁취하려는 정치적 노력이 적극적으로 펼쳐진(혹은 펼쳐졌)다. 이 모든 국가에서 동성애자·양성애자 커뮤니티의 일부 사람들은 이 운동의 정치적 목적인 결혼권에 이견을 품었다. 이 문제에 대해서는 7장과 9장에서 자세히 논한다.

아네커와 이사벨러는 결혼하지 않았으며, 1980년대에 대안적인 선택을 계획한 페미니스트 단체의 일원이었다. 아네커는 이 계획을 "정치적 선택과 개인적 선택의 분리"라고 명명했다. 파트너인 이사벨러는 "우리는 결혼에 반대했어요."라고 말했다. "동성 결혼을 위해 싸울 수도 있겠지만 모든 결혼에 맞서 싸우는 편이 더 나아요. 결혼이라는 개념 자체를 타도하자는 거죠." 결혼 폐지가 불가능해 보이자 이사벨러는 관점을 바꾸었다. "결혼하고 싶어 하는 동성애자도 결혼을 선택할 수 있어야 해요. 그래서 우리 둘의 일에 대해서는 신념을 바꾸지 않았지만 동성애자의 결혼권을 위해서는 싸우려고 해요." 내가 인터뷰한 사람들은 모두 동성 커플에게 결혼 선택권이 주어져야 한다고 믿었다. 심지어 자신들은 결혼하고 싶어 하지 않거나 결혼권을 쟁취하는 것이 자신의 정치적 우선순위가 아닌 경우에도 마찬가지였다.

이러한 정치적 선택과 동성애자·양성애자 운동의 정치적 승리의 결과로 네덜란드 동성 커플은 이성 커플과 마찬가지로 선택권을 지닌다. 각 커플의 개인적 선택과 무관하게 선택권 자체에는 중요한 효과가 있다. 게이인 얀은 거주하는 동네에서 가장 먼저 다른 남성과 결혼한 축에 들었는데, 선택권의 큰 중요성을 알게 되었다. "비록 결혼하지 않는다 해도 결혼을 선택할 권리는 있어요. 그건 우리 관계가 이성애자들의 관계와 동등하다는 느낌을 줘요. 우리 관계도 똑같은 수준입니다. 우리 관계도 똑같이 중요해요."

네덜란드 상황에서 선택의 또 다른 중요한 측면은, 사실 동성 커플과 이성 커플 모두 국가로부터 법적으로 인정받는 선택지가 최소 네 가지라는 것이다. 커플이 어느 정도의 법적 인정을 피하는, 거의 유일한 방법은 따로 사는 것이다. 일단 커플이 일정 기간 이상 함께 살면 정부는 그들을 특정 목적을 공유하는 하나의 단위로 인정한다. 유언장과 동거 합의서(samenlevingscontract)에 서명하면 기본적인 권리와 의무를 추가할 수 있다. 동거 커플은 계약서가 없더라도 세금, 자녀 양육, 이민 그리고 다른 영역에서 결혼의 권리와 의무 가운데 75%를 획득한다.[6] 결혼과 동거의 가장 큰 차이는 관계가 끝날 때 발생한다. 비공식적 관계로 지낸 커플은 자동적인 상속권이 없으며, 결혼하지 않은 경우 공동 명의 재산의 분할이나 별거 수당에 대한 사항은 동거 합의서에 포함되지 않는 한, 법으로 정해져 있지 않다.

파트너십 등록제는 동성 커플에게 결혼권에 상응하는 대안으로 1998년에 생겼다.[7] 동성 커플이든 이성 커플이든 모두 파트너로 등록할 수 있으며, 결혼의 권리와 의무 대부분을 얻는다. 파트너십 등록제는 결혼에 비해 종료하기가 쉽고, 일부 시민권과 양육권의 발생이 결혼의 경우와 다르다. 하지만 두 지위는 매우 유사해서 내가 인터뷰한 파트너십 등록 커플 넷 중의 셋은 커플 가운데 최소 한 사람이 스스로 결혼했다고 생각했다.[8]

2001년 4월부터 마침내 네덜란드의 동성 커플에게 결혼 접근권이 주어졌다. 유일하게 남은 차이는 이성 커플의 경우 결혼한 여성이 낳은 아이를 남편의 법적 자녀로 간주하는 반면 동성 커플에게는 동일한 추정이 적용되지 않는다는 점이다. 동성 커플(그리고 이성 커플)을 어느 정도 인정하는 기본적 지위뿐만 아니라 이렇게 다양한 종류의 선택 가능성을 주는 곳은 네덜란드가 유일하다. 이 다양한 선택이 가능한 가운데 열아홉 커플이 결혼에 관한 결정을 내렸다.

이처럼 흔치 않은 다양한 선택 가능성에서 드러나는 또 다른 사실은 네덜란드와 그 외 유럽 국가, 북미에서 결혼은 성인이 되고 부모가 되고 완전한 시민의 자격을 갖기 위한 사회적 의무라기보다 개인적인 선택의 문제라는 점이다. 몇몇 인터뷰이는 "당연히 해야 하니까" 결혼하던 시절은 지났다고 말했다. 커플들은 법적 차원에서뿐 아니라 문화적 차원에서도 선택권을 지닌다. 아이러니하게도 인터뷰이 가운데 나이가 제일 적은 라헐과 마리아너에게는 이런 사회적 기대의 변화와 이에 수반된 법적 지위의 변화가 실제로 두 사람의 결혼 결심을 심리적으로 쉽게 만들었다. 라헐은 설명했다. "기혼과 미혼 사이에 큰 차이가 없어요. 그리고 결혼할 필요가 없다는 사실이 결혼을 더 선택할 만한 걸로 만들어요. 당연히 결혼해야 했던 때라면 우린 안 했을 거예요."

그러나 사람들이 다른 방식으로 '선택'이라는 단어를 사용할 때는 어떤 특정한 사람과 결혼하기로 선택하는 데 개인적이고 사회적인 중요성이 반영되었다. 린에게는 마르타와 결혼할 선택권이 있는 것과 그 선택을 하는 것이 중요한 지점이었다.

그러니까 오빠나 언니가 그랬던 것처럼 "바로 이 여자예요."라고 공개적으로 말할 수 있기를 바랐어요. 우리 가족에게는 그럴 수 있다는 게 좀 중요해요. 공개적으로 "이것이 제 선택입니다."라고 선언하는 것 말이에요. 내게 그 선택권이 있다는 것, 그리고 오빠가 20년 전에, 언니가 25년 전에 그랬던 것처럼 자유롭게 그 선택을 할 수 있다는 것이 완벽하게 느껴졌어요. 바로 이거다 싶었어요. 당연한 게 드디어 이루어진 거죠.

린에게는 결혼을 통해 그녀가 선택한 사람이 마르타임을 공표하는 것이 가족에게 마르타도 이제 한 가족이라고 말하는 방법이었다.

이 장의 나머지 부분에서는 이런 '선택'의 상이한 의미에 각인된 것과는 약간 다른 관점에 초점을 맞춘다. 정치적으로 부여된 결혼할 권리와 특정한 법적 선택지, 사회적·문화적 특수 상황, 다른 사람과의 개인적 관계가 동일하다고 가정했을 때 왜 어떤 커플은 결혼을 선택하고 다른 커플은 그러지 않을까? 커플들이 경험한 여타의 '선택'과는 차원이 다른, 개인의 선택이자 커플 공동의 선택인 이 결정은 동성애자 커뮤니티와 사회 전반에 있어서 결혼의 함의에 관한 중요한 정보를 밝혀 준다.

결정하기

나는 암스테르담에서 오래된 지역에 위치한 라헐과 마리아너의 아파트를 방문했다. 그들은 결혼 선물로 받은 에스프레소 기계로 커피를 내려 주면서 결혼식에 대해 이야기했다.

마리아너는 네 쪽짜리 청첩장을 제작해서 그들의 아파트에 들어올 수 있는 한 많은 친구와 가족에게 보냈다. 초대장 첫 장에는 "무슨 일일까요?"라는 질문이 적혀 있었다. 그 밑에 조그만 글씨로 "마리아너와 라헐이 결혼합니다."라는 답이 적혀 있었다. 둘째 장에는 "어디에서일까요?"라고 묻고 장소를 적어 놓았다. 셋째 장에는 시간과 날짜가 나와 있었다. 그리고 네 번째 장은 답 없이 그저 더 많은 질문을 불러일으켰다. "왜일까요?"

이 초대장 때문에 둘은 왜 결혼하는지에 대해 수없이 이야기해야 했다. "사람들이 계속해서 물었어요."라고 마리아너가 그때를 떠올렸다. 하지만 마리아너와 라헐은 질문들을 피하지 않았다. 라헐이 말했다. "우리가 왜 결혼하는지 확실히 몰랐기 때문에 네가 이런 초대장을 만들었던 것 같아."

사람들이 왜 결혼하기로 또는 결혼하지 않기로 선택하는지, 특히 당사자들조차 그 이유를 확실히 모를 때, 우리가 그 이유를 어떻게 알 수 있을까? 한 가지 분명한 방법은 라헐과 마리아너의 친구들처럼 당사자에게 물어보는 것이다. 나도 인터뷰마다 초반에 같은 질문을 던졌다. 내가 들은 직접적인 답변들은 유익했으며, 대개는 커플의 결혼관과 결혼하거나 결혼하지 않기로 선택한 중요한 이유가 담겨 있었다. 이러한 명시적인 대답 외에도 인터뷰를 계속하면서 결혼관과 문화적 관념 역시 살펴보았다. 왜냐하면 그러한 내용이 응답자 스스로 내린 결혼 결정에 관해 인터뷰 초반에 한 말을 재확인 또는 보완해 주거나 심지어 처음에 한 말과 모순되기도 했기 때문이다. 마지막으로 결정에 영향을 주었을지 모를 조건을 찾기 위해 인생 경험도 조사했다.

사회 과학자는 대체로 인터뷰에서 얻은 정보를 걸러 내 이론화하는 접근 방식을 택한다. 경제학자는 사람들이 나름의 행복, 주로 물질적인 행복을 위해 결혼이라는 의도적이고 합리적인 선택을 한다고 주장한다. 법적 결혼으로 보호되는 서로에게 헌신적인 커플은 가족생활에서 중요하게 생각되는 것들, 예컨대 음식, 물품, 자녀 등에 대한 준비가 잘되도록 가정에서 분업을 효율적으로 하게 된다. 결혼의 매력을 부각하는 결혼에 따른 보상도 법적 지위와 함께 얻는다. 미국의 동성 결혼 이슈에서 두드러지는 골자는 수많은 법적·재정적 혜택에 대한 동등한 접근의 필요성이었다. 이는 재정적 안정과 다른 현실 문제들이 커플의 결정에 매우 중대한 역할을 한다는 경제학자들의 주장이 완전히 틀린 말은 아님을 보여 준다.

경제학자의 이론을 제외하면 개별 커플이 결혼하거나 결혼하지 않기로 선택하는 이유에 대한 이론을 찾기는 어려워 보인다. 몇몇 사회학자는 결혼 결정이 관계가 지속되는 동안 통과하게 되는 단계를 규정하는 '각본' 일부라고 본다. 인류학자는 결혼 행위를 형성하는 문화적 제약과 규범에 초점을 맞춘다. 동성 커플은 부부가 전통적으로 경험하는 사회적 인정의 문을 두드리기 위해서나, 특히 아이를 낳을 계획이 있다면 결혼이 연인 관계의 다음 단계로 여겨져 결혼하는 것일 수도 있다. 이 모든 관점은 커플이 결혼하도록 하는 그럴듯한 사회적·문화적 압박을 시사한다. 하지만 이런 관점들은 특히 오랜 기간 함께한 헌신적인 커플들이 이런 압박이 있음에도 결혼하지 않는 이유는 거의 설명하지 못한다.

인구 통계학자는 부부와 결혼 제도 밖에서 함께 사는 커플의 차이에 주목한다. 몇몇 연구를 보면 미국에서 동거하는 사람들과 결혼한 사람들에게는 서로 다른 특징이 있다. 동거가 아닌 결혼을 선택하는 사람들은 종교적·정치적으로 진보적이지 않음은 물론 자녀를 두겠다는 의지가 강하고, 전통적인 성 역할 관념을 고수하며, 개인적 자유에 높은 가치를 두지 않는 경향이 강하다.[9] 인구 통계학자 캐슬린 키어넌(Kathleen Kiernan)은 동거의 결정이 원치 않는 상태를 피하려는 의식적 결정과 관계있으리라는 결론을 내린다.

> 특히 여성에게 동거는 결혼 계약에 전형적으로 내포된 의존성의 거부를 상징한다. 여성은 결혼이라는 법적 계약이 동반자 관계에서 힘의 균형을 바꾸거나 관계의 형평성을 해치지 않을까 걱정한다. 다른 한편으로 누군가에게는 동거가 불안에 대한 대응일 수도 있다. 예를 들면 이혼율의 상승으로 결혼에 투자하는 것이 위험하다는 인식이 증가했을 수 있고, 동거의 등장은 이 불확실성에 대한 논리적 대응일지 모른다.[10]

따라서 결혼이 자녀 계획, 헌신과 상호 의존에 대한 신념과 일치하면서 성 역할 및 안정적인 관계의 가능성에 대한 신념과 부딪치지 않는다면 커플은 결혼하기로 결정할 터다.

모든 사회 과학론과 연구가 이성 커플에 대한 것이기는 해도 동성 커플에 관한 문제의 출발점으로 삼기에는 나쁘지 않다. 나는 동성 커플과 대화를 나누면서 결혼 여부의 결정이 모든 사회 과학 분야의 요인과 엮인 복잡하고도 다층적인 과정임을 목격했다. 그림 2.1은 그 과정의 여러 조각을 보여 준다. 나의 접근 방식과 다른 사회 과학자들의 접근 방식이 겹친다는 점을 감안하면 이성 커플의 의사 결정 과정도 다소 유사할 것이다. 하지만 여기에 나와 있는 일부 요인은 게이, 레즈비언 커플과 훨씬 관련 깊다.

인터뷰한 커플들은 개인적 특성 등 중요한 사전 조건이 비슷했다. 나중에 좀 더 논의하겠지만 이 커플들의 관계 역시 대부분 헌신적이고, 수년 이상 지속된 것이다. 결혼 결정을 터놓고 고민하는 지점에 도달하기 위해서는 사건이 필요하다. 결혼 가능성을 생각하거나 재고하게 하는 기폭제는 낭만적일 수도 있고 현실적일 수도 있다. 그러나 이 커플들에게 비슷한 사전 조건과 비슷한 잠재적 동기가 있음에도 실제 법적 지위는 다르다는 사실은 결혼 결정이 분명 그 밖의 다른 요인에 영향받음을 의미한다.

지금 소개하는 세 단계 의사 결정 과정은 왜 비슷해 보이는 커플들 가운데 일부는 결혼하기로, 일부는 결혼하지 않기로 선택하는지 보여 준다. 경제학자로서 이 과정을 재정적·사회적·감정적 측면에서 결혼의 이익과 비용을 저울질하는 과정으로 그려 보고 싶다. 그러나 이익과 비용 모두 경제학자들의 일반적인 생각과는 다르다. 일단 동기가 생기면 연인은 결혼이 어떤 가치인지 생각한다. 여기에

그림 2.1

사전 조건	기폭제(스파크)	가치	결림돌	과정	성과

개인
- 교육
- 소득
- 나이

낭만적 충동

개념으로서의 결혼
- 사생활
- 서약
- 역할
- 구식

재정립 → 결혼이 개념을 바꿈

커플

사랑 + 헌신
= 딱 맞는 사람을 찾았음

현실적:
- 보금자리
- 자녀

법적 체계 : 수당

보여짐 : 서로에게 서약

파트너와의 의견 불일치

거부 → 법적 지위

협상

자기 성찰

사회
- 법적 선택지
- 정치적 상황

- 결혼식 참석
- 뉴스를 듣다가
- 연구에 응하다가

보여짐 : 정치적 선언

보여짐 : 가족, 친구를 향한 선언

가족이 사회적 인정 거부 (특히 모친)

소규모

설득

대규모

결혼식과 피로연 : 규모와 형식

65

서 가치는 (법적·금전적 혜택처럼) 실용적이든 감정적이든 가시적이든 정치적이든 상관없다. 이 가치는 커플이나 개인마다 다르다. 커플은 각자의 정치적 신념이나 결혼의 타당성에 대한 의견 불일치, 결혼에 대한 부모의 반대와 같은 비금전적 걸림돌에 자주 직면한다. 하지만 극복 불가능하지는 않다. 의식적이든 무의식적이든 개인과 커플은 걸림돌을 극복하기 위해 재정립이나 협상, 설득 같은 절차를 활용한다.

내가 설명하고자 하는 가장 확실한 결과물은 결혼 상태다. 이 절차와 연관된 다른 두 결과물도 살펴보았다. 때때로 어떤 결혼 반대론자가 결혼했을 때의 표면적인 모순은 '결혼'이라는 개념을 재정립함으로써 해소되었다. 기혼 커플에게는 개인이나 커플의 이데올로기적 신념뿐만 아니라 예식과 축하연 같은 형식 역시 결혼의 가치를 보여 주었다.

결혼 선택 과정을 이렇게 부분별로 떼어 놓았다고 해서 이 하나하나가 신중하고 의식적인 결정을 위해 모든 커플이 거쳐야 하는 개별 단계라는 뜻은 아니다. 나와 이야기를 나눈 사람들 중 일부에게는 결혼을 하거나 하지 않은 확고한 이유가 있었지만 일부에게는 없었다. 두 경우 모두 의사 결정이 단번에 이루어지지 않았다. 일부 인터뷰이는 지금도 파트너와 주기적으로 결혼에 대해 농담조로나 진지하게 대화를 계속한다. 무엇보다 나는 전하고자 하는 흥미로운 이야기들을 분류해서 전하기 위해 이런 틀을 정했다. 또한 동성 커플에게 결혼 제도가 개방되면서 결혼이 어떻게 변했고 동성애자와 양성애자가 어떻게 변했는지를 설명하는 데 유용한, 흥미롭고 중요하지만 대부분 연구되지 않은 역학 관계를 드러낼 수 있다는 점도 고려했다.

사전 조건: 딱 맞는 사람 찾기

이 책에 등장하는 연인들 대부분에게는 내가 기본적인 사전 조건이라 부르는 공통점이 있으며, 이것이 그들의 결정에 영향을 미친다. 모든 커플이 네덜란드라는 동일한 법적·정치적 환경에서 살고 있다. 네덜란드는 소수자에 대한 관용의 역사로 유명하지만 지금은 이슬람 국가 출신 이민자들의 동화(同化)와 이 이민자에게 여성이나 게이, 레즈비언에 대한 평등한 대우라는 네덜란드의 가치를 수용할 역량이 있는지에 관한 논쟁이 치열하게 벌어지는 현장이기도 하다. 일부 보수적인 이슬람교도에게는 동성 결혼을 허용하는 법이 특히나 받아들이기 어려운 정책으로 여겨진다.

인터뷰할 커플들을 선정하기 위해 내 인맥에 의존했기에 이들에게는 유관한 사전 조건 역시 공통적으로 있다.[11] 이들은 대부분 나와 비슷하게 대학 교육을 받은 중산층 중년에 속한다.[12] 이러한 조건들은 커플의 결정 방식과 이유에 영향을 미친다. 로프가 지적했던 것처럼 그들은 교육을 많이 받았고 수입이 많기 때문에 동거 계약과 파트너십 등록제, 결혼 사이의 복잡한 법적 차이를 구별할 수 있거나 구별해 줄 사람을 고용할 수 있다. 자신에게 잘 맞는 특수한 합의서를 만들기 위해서는 변호사의 도움이 필요하기에 법적 관계를 원하더라도 소득이 낮은 사람들에게는 결혼이나 파트너십 등록제가 접근성이 높을 터다. 소득 수준이 낮은 게이나 레즈비언, 동성 커플이 분명 존재하지만 이 연구에는 이러한 집단이 나타나 있지 않다. 저소득 커플들은 경제적인 사전 조건이 다르기 때문에 다른 결정을 내릴 수 있고, 이 책에서 내가 간략히 그려 본 의사 결정 과정과는 다른 과정을 따를 수도 있지만 일부 요인은 소득과 상관없이 동일하게 작용하리라는 생각이 강하게 든다.[13]

이러한 기본적 요소 외에, 결혼 이야기가 나올 가능성이 생기기에 앞서 파트너 간 관계가 사랑이나 어느 정도의 헌신, 관계 지속에 대한 기대로 특징지어지는 단계에 도달해야 했다. 마르타는 오랫동안 결혼의 가능성을 생각했으며 "딱 맞는 사람을 찾고서, 결혼하고자 마음먹는다면 결혼이 즐거우리라 생각했어요."라고 말했다. 파울리너가 "결혼은 로맨틱해야 해요. (결혼에는) 우선 사랑이 있어야 해요."라고 말했던 것을 떠올려 보라.

모든 인터뷰이는 수년간 서로 로맨틱하고 친밀한 관계를 맺고 있었다. 비슷한 점이 많더라도 결혼이 선택지가 되기 전에 꼭 맞는 사람을 찾는 것이 얼마나 중요한지가 두 가지 측면에서 드러난다.

첫째, 결혼 전에 두 사람이 함께한 기간에 얼마간 차이가 있었다. 결혼하지 않은 두 커플은 관계의 장기적 안정성에 의문을 표시했고, 그 의심이 결정을 이끌었다. 파울은 자신과 함께 살기 위해 네덜란드로 이민 온 야비르와의 관계에서 결혼이 아닌 파트너 등록제를 선택한 이유를 설명했다. "야비르는 훨씬 젊기에 그와의 미래를 확신한 적이 한 번도 없었어요. 이 관계가 오래갈 거라 생각하지 않는 거죠. 처음부터 그렇게 생각했어요." 파울은 의구심 탓에 결혼에 담긴 사회적 메시지는 배제한 채 야비르에게 시민권을 제공하는 현실적 목적을 달성할 수 있는 법적 지위로서 파트너 등록제를 선택했다.

난시와 요안 역시 국적이 다른 커플로, 함께 지내는 데 어려움을 느꼈다. 그들에게 닥친 각종 난관을 고려하면 결혼 단계로 넘어가는 것은 요안 입장에서는 시기상조였다. 요안은 아직 미국에 거주했고, 네덜란드에서 제대로 직장을 찾지 못한 터였다. 난시는 아이를 길렀고, 시간제로 일하면서 여전히 전 파트너와 살고 있었다. 요안은 그 단계의 관계에서 결혼이 자신들에게 필요한 것, 즉 한집에서 같이 살 현실적인 방안이 되지 못할까 봐 걱정했다.

관계 수준의 중요성을 알기 위한 두 번째 방법은 커플들이 들려준 각 관계의 역사를 보는 것이었다. 인터뷰이 대부분은 함께 살면서 가계 재정을 함께 책임졌다. 두 커플은 인구 통계학자가 말하는 "떨어져 살지만 함께하는" 관계였지만 함께 밤을 보내고 식사하는 등 일상생활 전반을 함께했다. (파울을 제외한) 모두가 사랑을 말했고, 그 관계를 가까운 미래까지 지속하고픈 바람과 기대를 표현했다. 기혼자 모두 결혼으로 돌진하기 전에 이 지점에 도달했다.

결혼을 선택하기 전에 많은 커플이 이미 관계에 대해 개인적으로 헌신을 다짐했다. 파울리너의 경우 헌신을 다짐하는 시점이 결혼하기 한참 전에 찾아왔다. 파울리너가 그때를 떠올렸다. "저한테 중대한 헌신 서약의 시점은 그녀가 직장을 비롯한 모든 걸 포기하고…… 나와 살겠다고 미국에서 건너왔을 때였던 거 같아요. 우리 둘 다 정말 헌신적이 되었다고 느꼈던 순간이었어요. 결혼식은 굉장히 특별하고 낭만적이었고, 결혼했다는 사실이 정말 기뻤어요. 하지만 제게 진정한 다짐의 시점은 결혼하기 한참 전이었죠."

연인이 결혼하기 위해서는 헌신과 사랑의 단계에 필히 이르러야 하는 듯 보였지만 결혼을 향해 나아가도록 만들기에 이 단계만으로 충분하지는 않음을 짚어 봐야 한다. 인터뷰한 비혼 커플들도 모두 이 지점에 도달했다. 결혼에 이르기 위해서는 그 이상이 필요했다.

기폭제(스파크)

커플이 결혼을 고려하도록 만들기 위해서는 일종의 기폭제가 논의의 불을 당겨 커플을 의사 결정 모드로 몰아가야 한다. 결심하는 동기는 때로는 무작위적으로 보였고, 때로는 그렇지 않았다. 어떤 경우에는 압박이 현실적 관심사에서 기인하였고 다른 결정, 예컨대 함께 집을 사거나 아이를 갖는 일과 연관될 때가 많았다. 다른 경우에는 대체로 로맨틱한 충동이 기폭제가 되었다. 또 다른 커플의 경우에는 친구나 가족의 부추김이 원인이 되기도 했다.

현실적 압박

마르타와 티네커에게 왜 결혼을 결심했는지 물었을 때 두 사람은 오래 생각하지 않았다. "아이요." 마르타가 바로 대답했고, 티네커도 동의했다. 아들 알베르트의 생모 마르타와의 결혼은 티네커에게 알베르트와 관련한 일을 결정할 '친권'을 부여했다. 언젠가는 티네커가 법적으로 알베르트를 입양해서 온전한 친권을 얻을 수도 있다. 특히 자녀가 있거나 자녀 계획이 있는 다섯 커플은 모두 결혼을 하거나 파트너로 등록했다.

마찬가지로 라우라와 리아도 함께 아파트를 샀을 때 현실적인 이유로 파트너로 등록했다. 라우라가 말했다.

파트너십 등록이 우리 둘의 생활을 법적·재정적으로 정비하는 아주 쉬운 방법처럼 보였어요. 한 사람에게 무슨 일이 생기더라도 우리가 본질적으로는 결혼한 거나 다름없기 때문에 적어도 리아가 내 자산에, 그리고 내가 리아의 자산에 접근할 수 있는 건 분명해요. 우리 삶을 재정적으로 통합한다는 면에서 파트너십 등록이 최선이라고 모두들 말했죠.

사실 현실적인 동기가 라우라와 리아를 한 번 더 움직였다. 인터뷰 당시 두 사람은 막 리아의 임신 사실을 알게 되어 마르타와 티네커가 그랬듯 라우라에게 동일한 친권을 보장하기 위해 파트너십 등록에서 결혼으로 변경하려던 참이었다.[14]

현실적 측면에서의 결혼의 중요성은 비혼 커플과 나눈 인터뷰에서도 등장했다. 아나와 요커는 단지 결혼할 그럴듯한 이유를 찾지 못했지만 그들이 결혼을 현실적으로 만들어 주는 일반적인 조건 가운데 하나를 경험하지 않았다는 사실을 알았다. 왜 결혼하지 않았는지 묻자 아나가 대답했다. "어려운 질문인데……. 그냥 둘이 함께 살기만 한다면 결혼이 전혀 필요하지 않기 때문이죠, 아이만 원치 않는다면요. 물론 우리는 아이를 원치 않고요. 우리가 집을 같이 살 때가 되면 정말 결혼에 대한 의식적 선택을 하겠지만요."

그러나 이 장의 앞부분에서 리즈의 현실적인 청혼을 파울리너가 거절한 이야기에서 보이듯 현실적 필요성은 프러포즈의 이유가 되기 어렵다. 몇몇 커플과의 토론 중에 실용주의의 역설이 등장했다. 에릭과 이야기를 나누었을 때 그와 야머스는 심지어 둘의 관계를 어떤 식으로든 공식화할 필요성에 대해 1년 이상 논의했음에도 유언장 작성이나 동거 계약을 하지 않은 상태였다. "단지 우리 관계의 재정적 문제를 해결하겠다는 목적만으로 결혼하고 싶지는 않아요. 하지만 둘 사이의 재정적 문제를 해결하려다 보니 결혼을 생각하게 됐네요. 딜레마에 빠진 거죠." 에릭은 통찰력 있게 꿰뚫어 보았다.

파울리너와 리즈는 결혼의 현실적인 의미에 대한 대화는 의식적으로 멀리하는 대신 결혼의 낭만적이고 정치적인 측면에 초점을 맞추면서 이 딜레마를 해결했다. 결혼이 그저 재정적 측면을 해결하기 위한 것이 아니라 사랑하고 헌신하는 관계를 분명히 하기도 한다면 현실적 필요가 결혼의 주요 동기가 될 수 있다. 이러한 역설은 동성 커플이 단지 결혼의 현실적인 혜택만을 추구한다고 비판하는 동성 결혼 반대론자들이 틀렸음을 말한다. 정서적 헌신이 이미 자리 잡은 위에 현실적인 부분이 자리하기 때문이다.

낭만적 충동

당연히 애정 역시 결혼의 동기가 된다. 그런데 강렬한 로맨틱한 감정은 예상치 못하게 찾아오는 경우가 많다. 암스테르담에 있는 집 안, 햇살 가득한 식탁에 둘러앉은 엘런은 지금처럼 햇살이 눈부시던 과거의 어느 날 곧 다가올 사스키아와의 결혼으로 이끌렸던 순간을 떠올렸다. 엘런은 한 친구와 오토바이를 타고 네덜란드의 시골 지역을 가로지르며 여행 중이었다. 놀랍게도 느긋한 여행이 난데없이 로맨틱한 감정에 휩싸이게 만들었다. "프리슬란트의 시골에서 오늘처럼 아름다운 5월의 햇살 아래 앉아 있었는데…… 사스키아에게 나와 결혼해 달라고 말하는…… 내가 바라는 장면이 펼쳐지는 거예요. 너무 놀랐어요." 엘런은 놀라서 웃었다.

사회적 압력

인터뷰한 이들에게는 꽤 다양한 사회적 부추김이 작용했다. 어떤 커플들은 웨딩드레스 가게를 지나치거나 뉴스를 듣다가, 결혼식에 참석하다가 갑자기(심각하든 심각하지 않든) 결혼에 대한 대화를 시작했다. 심지어 나의 인터뷰 요청이 몇몇 비혼 커플에게 결혼에 대한 논의를 다시 시작하도록 부추기기도 했다. 결혼하지 않은 이성애자들이 부모님이나 친구, 다른 가족들에게 결혼을 강요당한다는 이야기는 자주 접한다. 동성 커플의 경우는 어떨까? 린은 "우리한테 결혼 압박은 없죠!"라며 농담을 던졌다. 하지만 사실 비혼 동성 커플들은 모두 친구나 가족에게 결혼에 대해 질문을 받거나 독려를 넘어 압력까지 받았다고 이야기했다.[15]

왜 라헐과 결혼했느냐고 묻자 마리아너는 처음에는 대중 매체에서의 토론이 자신의 머릿속에 결혼이라는 생각을 집어넣었으리라고 생각했다. 하지만 라헐이 마리아너에게 상기시켜 주었다. "사실 네 할아버지가 결혼 이야기를 꺼내셨어. 우리가 너희 할아버지와 저녁을 먹는데 할아버지가 우리한테 물었잖아. '왜 너희는 결혼을 안 하니? 이제 결혼할 수 있게 됐잖아, 근데 왜 안 해?'"

마리아너가 이어 이야기했다. "할아버지가 저녁 내내 결혼에 대해 말씀하셨어요. 질문들을 쏟으시면서요. '봐, 둘이 서로 사랑하잖아, 그런데 왜 안 해? 그리고 결혼이 이제 가능하잖아. 결혼은 너희가 할 수 있는 최고의 일이야!' 이내 우리는 제대로 설득당했죠."

결정하기

낭만적이든 현실적이든 사회적 이유에서든 일단 스파크가 일어나 최소한 커플 중 한 명이 결혼을 생각하도록 동기 부여가 되면 그 사람은 개인적인 고려와 파트너와의 협상이 수반되는 적극적인 의사 결정 과정에 들어가야 한다. 그리고 결혼하지 않기로 한 번 이상 결정한 커플들의 경우 이 과정이 때때로 반복되다가 결국 결혼을 하고 나서야 끝났다.

결혼의 가치

커플과 개인이 결혼의 가치를 인식하는 것이 이 과정의 핵심이었다. 네덜란드는 여러 가지 목적으로 비혼 커플을 법적으로 인정했기 때문에 대개 유형의 물질적 혜택이 커플의 결정에 영향을 주지 않았다. 놀랍게도 한 커플만이 결혼으로 얻은 물질적 혜택을 꼭 집어 말할 수 있었다. 빌럼은 항공사에서 일했는데, 파트너로 등록되었다는 이유로 헤르트에게 항공권 수당을 지급했다. 앞서 말했듯이 커플 대부분에게 결혼의 현실적인 가치는 금전적 혜택에 있는 것이 아니라 법적 틀을 이용하는 데 있었다. 법적 틀은 동거 합의서나 유언장 같은 개별 법률 문서보다 광범위한 동시에 간단하다. 법적 틀의 실용적인 가치는 자녀가 있거나 자녀 계획이 있는 커플에게 가장 명확했다. 이들은 모두 결혼하거나 파트너로 등록했다. 앞서 말했듯이 결혼은 생물학적 부모가 아닌 경우에도 자녀에 대한 공동 권한을 부여했고, 입양을 수월하게 도왔을 터다. 단순히 현실적인 무언가를 원하는 커플이라면 최소한 네덜란드에서는 다른 법적 선택이 가능하다. 커플을 대상으로 한, 비교적 규모가 큰 설문조사에 따르면 네덜란드의 동성 커플과 이성 커플 모두 현실적인 동기로 관계의 공식화를 고려한다는 점에 공통점이 있었으며, 다만 결혼한 커플보다는 파트너십 등록제를 택한 커플에게 현실적인 이유가 더 중요한 것으로 나타났다.[16]

커플들은 결혼의 다른 혜택이 최소한 현실적인 가치만큼 중요하거나 대개는 현실적 가치보다 중요하다고 보았다. 커플들은 서약

75

을 표현하고 싶어 하기 때문에 결혼의 정서적이고 표현적인 가치를 가장 중요히 생각했다.[17] 마르타가 지적했듯이 어떤 면에서 결혼은 파트너에게 선언하는 것이다. "저한테 결혼은…… 서약이에요. 그러니까 드렘펄(drempel) 같은 거죠." '문턱'이라고 린이 통역했다. 마르타가 계속 이야기했다. "당신이 건너가는 문턱 같은 거죠." 헤르트는 결혼이 파트너와 세상에 선언하는 것이라고 말했다. "하지만 '등록'은 당신이 여생을 그 자리에 있겠다고 서로와 세상 사람들에게 그냥 말하는 거예요. 서로에게 약속하는 겁니다."

서로와 또 다른 사람들에게 이 약속을 선서하는 것은 결혼하는 사람들에게 가치 있는 일이다. 마리아너는 "결혼은 관계에 특별한 차원을 가져옵니다."라고 지적했다. "그냥 단지 서로 사랑한다고 말하는 게 아니라 함께할 거라고 말하는 거죠. 다른 사람이 아닌 바로 이 사람과 함께한다는 겁니다. 저한테는 그냥 같이 사는 것, 둘이서만 이러쿵저러쿵하는 것과는 정말 다르게 느껴져요. 그리고 지금은 모두가 알아요. 그래서 결혼이 저한테는 특별해요."

심지어 철저한 결혼 반대주의 페미니스트들도 결혼 서약의 힘을 인정했다. 아나는 결혼할 의사가 없지만 "음, 헌신과 공개적 약속이라, 멋진 구석이 있어요. 그 점을 부정하지는 않을래요."라고 인정한다.

국가가 승인한 공개적 서약이 너무 강력해서 결혼을 선택할 수 있기 전부터 쌓아 온 관계가 결혼 제도에 압도될까 봐 염려했다. 이사벨러는 결혼 전 보낸 시기의 가치가 폄하될까 봐 걱정했다. 이사벨러가 아네커와 16년을 산 후에 결혼한다면 결혼 시점이 진지한 관계의 시작점으로 오인될 수도 있다. "내일 결혼하는 건 멍청한 일이에요. 그렇게 되면 4~5년 (후에) 결혼 5주년을 축하하게 되겠죠." 이사벨러가 부정했다. "안 돼요! 이전 시기에 대해 불공정해지는 거예요."

비슷하게 리아도 결혼의 공개 부분에 대해 상반되는 감정을 품었다. "사랑하는 사람들이 우리 약속의 증인이 되는 예식에는 관심 없어요. 하지만 모든 사람이 우리의 서약은 분명히 알겠죠. 아주 명백히." 리아는 자신과 라우라가 그 서약을 깨지 않도록 매우 신중해야 했다고 주장했다. "우리가 파티를 한다면 결혼이 아닌 다른 이유로 할 거예요. 우리가 함께하는 삶, 우리 둘이 인생을 함께하게 되는 걸 기념하는 파티를 열고, 친구들도 불러서 같이 축하하는 거죠."

인터뷰 당시 의사 결정 과정에서 열심히 씨름 중이던 한 커플을 통해서 사회적 선언으로서의 결혼의 영향력에 대한 생생한 사례를 볼 수 있었다. 난시, 요안과 대화하는 동안 난시는 요안에게 프러포즈한 이유를 설명하느라 애먹었다. 요안은 아직 난시에게 답을 주지 않았다. 공식적인 인터뷰를 마친 후 요안과 나는 샌프란시스코에서 전개되는 여러 사건에 대해 수다를 떨었다. 당시는 샌프란시스코 시장이 동성 결혼을 허용한 참이었다. 그곳에서의 결혼은 법적으로 무효화될 가능성이 컸는데(결국 그리되었다.) 요안이 그 결혼식들의 감정적인 파급력에 대해 이야기하자 난시가 갑자기 인터뷰에서 빼먹은 말을 다급하게 큰 소리로 이야기했다.

"아, 아마 그 감정적인 부분요." 난시가 말을 꺼냈다. "결혼에는 감정적인 부분이 상당히 크죠." 요안이 동의했다.

난시가 계속 이야기했다. "우리가 결혼한다면 지금 심지어 같은 나라에 살고 있지도 않으니까 말도 안 되는 일이기는 한데, 하지만⋯⋯." 요안이 난시를 대신해서 말을 맺어 주었다. "하지만 우리도 그 감정적인 힘을 알게 되겠죠."

그러고 나서 난시가 자신의 가족과 친구들이 그녀가 네덜란드에 사는 여자 친구를 찾아보기를 원했다는, 인터뷰 때 나누었던 이야기를 넌지시 꺼냈다. 난시에게 물었다. "그래서 결혼을 했다면 그 상황에서 결혼은 뭘 의미한다고 생각해요?"

난시가 대답했다. "그 사람들이 아마 우리 결혼이 진지한 거구나, 혹은 진짜구나 하고 느꼈을 것 같아요." 난시가 단호하게 덧붙였다. "그러니까 결혼하고 나서 같이 살지 않더라도 말이에요. 그럴 수 있잖아요." 그리고 결혼은 요안이 다른 나라에 사는 동안에도 가족과 친구에게 둘의 관계를 '진짜'로 자리매김시켜 줄 것이다. 심지어 한집에 살지 않는 상황에도 결혼은 다른 사람들이 이해하지 못할 수 있는 관계를 규정하는 능력이 있다. 커플은 다른 사람들에게 자신들의 관계가 무엇을 의미하며, 어떤 대우를 받아야 하는지 표현하기 위해 결혼을 활용할 수 있다.

일부 커플이 하고 싶어 한 다른 종류의 선언은 정치적인 것이었다. 이 선언은 성 역할(평등한 네덜란드와 불평등한 미국에서 선명한 대조를 이룬다.)에 관한 것일 수도 있고, 국가가 동성애자의 관계와 이성애자의 관계를 동등하게 수용하는 것에 관한 것일 수도 있다. 리즈가 말했다. "결혼했다고 말하는 것과 파트너십 등으로 등록했다고 말하는 것은 급이 달라요. 특히 미국에서 온 사람에게 말할 때 그래요. '아니요, 실제로 결혼했어요.'라는 식으로 말하는 것이, 그게 진짜 선언이에요. 국가가 결혼에 동의했다는 의미이기 때문이죠. 그리고 이제 우리는 이성 커플들과 똑같은 권리를 얻습니다." 엘런의 파트너 사스키아 역시 동등함이라는 메시지를 전하고자 한다. "엘런은 이성 커플의 관계와 정말로 같은, 아주 똑같은 관계를 우리가 맺고 있다는 사실을 부모님에게 보여 주는 상징으로서 결혼을 원했어요."

그러나 정치적 선언을 하는 사람들에게는 맥락이 가장 중요하다. 몇몇 커플은 그들이 관용적인 사회적·법적 환경에서 산다는 사실 때문에 네덜란드에서 결혼의 정치적 요소가 무뎌졌다고 했다. 하지만 그렇더라도 다른 나라에 살았더라면 본인들의 견해와 행동이 달랐으리라고 인정하기도 했다. 로프는 결혼이라는 생각에 보통은 반대하지만 놀랍게도 "지금 내가 미국에 살고 있다면 결혼했을 거예요."라고 말했다. 로프는 결혼을 선택하지 않았지만 결혼할 권리에는 가치를 부여했다.

결혼하는 이유는 다른 면에서도 중요했다. 나는 결혼식의 규모와 커플이 인지하는 결혼의 특별한 혜택 사이의 놀라운 연관성을 발견했다. 결혼의 현실적 가치 때문에 결혼한 커플들은 법으로 요구되는 증인들 외에 한두 명이 더 참석한 가운데 작은 예식을 했다.

이 커플들은 식이 끝나면 나가서 커피를 마시거나 간단히 식사한 후에 일상생활로 돌아갔다.

반대로 세상 앞에서 서약을 공표하기 위해 결혼하는 커플은 예식을 크게 거행했고, 때로는 엄청나게 정성을 들였다. 한 커플은 시청까지 말을 타고 갔다. 많은 가족과 친구들 앞에서 댄서 두 명이 결혼에 관한 소품을 공연한 후에 무대 위에서 결혼했다. 한 커플은 결혼식의 주제를 세계 일주로 기획하고, 많은 사람을 초청해 신혼여행 자금을 보태도록 했다. 그 밖의 다른 커플들은 특별한 날을 축하하기 위해 대규모 파티를 열었다. 마지막으로 종교적 이유로 결혼한 커플은 없었으며, 시청에서 법으로 요구되는 예식을 마친 후에 교회에서 결혼식을 올린 커플도 없었다. 1950년 이후로 결혼한 네덜란드 이성 커플의 대략 50%가 교회의 축복을 받으며 결혼한 것과는 달랐다.[18] 이처럼 결혼의 가치와 선택하는 예식의 과시적 요소 사이의 분명한 연관성은 결혼 선택에 있어 동기의 중요성을 재확인해 준다.

몇몇 커플들은 제대로 된 연료가 있을 때 스파크가 일면 결혼에 대한 욕구에 불이 붙었다. 이런 경우에는 결혼의 현실적 혹은 표현적 가치를 인식하는 것만으로도 비교적 수월하게 커플이 시청 결혼식장으로 향했다. 그러나 대부분 자신들을 방해하는 요인들과 씨름해야 했다.

결혼으로 가는 길의 걸림돌과 우회로

몇몇 커플이 결혼으로 생길 수 있는 불리한 점들을 어렴풋이 인식하고 있거나 이야기했지만 결혼으로 가는 길의 걸림돌은 결혼으로 인한 재정적 부담과는 관계가 없다. 대신 이 걸림돌들은 세 단계의 분석을 관통한다. 내부적·개인적 단계에서 서약한다는 것에 대한 걱정이 개인들을 머뭇거리거나 그만두게 한다. 또한 때로는 결혼에 대한 기대가 개인의 정치적 원칙이나 결혼에 대해 생각하는 방식과 충돌했다.

다른 걸림돌은 외부적이다. 가끔 둘 중 한 사람은 결혼하고 싶어 하는데 한 사람은 원치 않거나 망설이기도 했다. 파울리너와 리즈의 이야기는 파트너 사이의 상호 작용이 얼마나 복잡해질 수 있는지를 보여 준다. 둘 다 결혼하기를 원했지만 이유는 달랐다. 결혼은 보여 주는 것에 그 '이유'가 중요했다. 또 다른 사회적 걸림돌은 친구와 가족의 반응이었다. 동성 커플의 결혼에 대해 가족 구성원들이 항상 찬성하지는 않는다. 결혼 반대주의를 고수하는 친구들은 결혼을 고려하는 이들에게 부담을 주었다.

일부 커플은 이 걸림돌을 넘기 위해 결혼이라는 개념을 재정립하고 협상하고 설득하는 전략을 사용하면서 먼 길을 돌아 결혼에 이르렀다. 어떤 경우에는 이 걸림돌들이 결혼이라는 선택지를 완전히 차단했다.

헌신에 대한 우려

앞서 말했듯이 파울과 야비르는 파트너로 등록했는데, 파울이
자신들의 관계가 지속적이지 않으리라 예상했기 때문이었다. 파울
에게 결혼은 별로 내키지 않는 헌신이었다. "결혼은 평생을 위해 선
택하는 인생의 중요한 결정이죠. 야비르와는 확신이 없어요." 간단
히 말해 파울과 야비르에게는 결혼을 위해 반드시 필요한 사전 조
건인 장기적 헌신이 없었다.

심지어 오래 사귄 커플조차 때로는 법적으로 승인된 서로에 대
한 헌신의 서약을 기꺼워하지 않았다. 이들의 우려는 커플들이 이
전통적인 평생의 약속을 진지하게 생각한다는 사실, 그 약속을 하
고 싶어 하지 않거나 할 수 없다는 사실을 말해 준다. 에릭은 파트
너와 했던 걱정을 설명했다. "서로에게 영원히 충실하겠다는 서약
을 우리 둘 다 좀 이상하다고 느껴요. 음…… 지켜지지 않을 거라
생각하니까요. 물론 그러고 싶고, 지금 감정은 너무 좋고, 이게 가
장 중요하지요. 하지만 5년 후에 어떨지는 모르잖아요. 그리고 이런
연애를 다시는 하면 안 된다거나 절대 변심하면 안 된다는 결정을
왜 지금 해야만 하죠?"

에릭의 우려는 내가 이야기를 나눈 동성 커플이 지닌 현대적
결혼에 대한 매우 현실적인 관점을 강조한다. 이론적으로 이 헌신
은 한평생 지속되는 것이지만 현실에서는 결혼이 자주 끝난다. 서
구의 여러 국가에서 결혼이 사별로 끝날 확률과 이혼으로 종료될
확률이 비슷하다.[19] 몇몇 커플들의 지적처럼 결혼을 끝내는 것은 결

혼하지 않은 관계를 정리하는 것보다 법적으로나 감정적으로 훨씬 복잡하다. 다시 말해 결혼을 의심하는 커플들은 자신들의 가족이나 사회적 관계망에서 이혼의 불행만큼이나 결혼의 불행을 참고했을 가능성이 있다. 에릭과 야머스 모두 함께 살면서도 불행해 보이는 기혼 커플들을 직접 보았다. 에릭은 이런 커플들을 만나고 온 후에 서로 쳐다보면서 '이 사람들은 왜 결혼한 거야?' 생각했다고 기억했다. 흥미로운 반전이다. 즉 어떤 사람들은 결혼이 "죽음이 당신들을 갈라놓을 때까지"라는 약속에도 불구하고 이혼으로 끝날까 봐 두려워하고, 어떤 이들은 단지 그 약속 때문에 끝나야 할 결혼이 이혼으로 이어지지 못할까 봐 두려워한다.

그러나 이들은 서약과 법적인 약속을 분명히 구분했다. 북부 작은 마을에 있는 아름다운 자기 집 정원에 앉아 이사벨러는 16년간 파트너로 지낸 아네커와 법적인 서약을 하고 싶어 하지 않은 이유를 설명했다. "여생을 함께 보내면서도 그 어떤 제도에도 서약하지 않는다는 생각이 여전히 좋아요. 약속을 할 수는 없겠지만 한편으로는 내가 어떻게 살고 있으며, 내가 얼마나 아네커와 헤어지고 싶지 않은지 알아요. 이런 게 이론과 실천이지요. 실제로 난 아네커를 떠나지 않을 거예요. 하지만 종이 위에 이 약속을 쓸 필요는 없다고 생각해요." 이사벨러가 웃으며 말했다. 함께하겠다는 의도면 충분했다. 약속은 현실적인 차이를 만들지도 못하면서 이상을 해칠 뿐이기 때문이었다.

결혼 개념에 대한 정치적 반대

이사벨러와 아네커는 함께하겠다는 맹세에도 신경 쓰였지만, 결혼하지 않겠다고 결정한 가장 큰 이유는 결혼에 대한 뿌리 깊은 정치적 반대였다. I장 에피소드에서 엿볼 수 있듯이 결혼에 대한 페미니스트들의 불신은 여러 유럽 국가나 심지어 미국과 마찬가지로 네덜란드에서도 흔하다.[20] 라우라가 이야기한 것처럼 많은 페미니스트들이 "결혼은 남자의 노예가 되는 것과 같다."라고 주장해 왔다. 결혼이라는 법 제도가 시대와 장소를 불문하고 여성의 지위를 남성의 지위에 종속시켰음은 결혼의 역사에서 분명히 드러난다.[21] 미국과 서유럽의 많은 레즈비언들은 결혼과 기타 성차별 제도에 대한 페미니스트의 비판이 맹렬하던 1960~1970년대에 커밍아웃을 했고, 이 레즈비언들은 여전히 결혼에 대해 비판적인 경우가 많아서, 이것이 결혼을 가로막는 강력한 개인적 장벽으로 남았다.

내가 인터뷰한 대부분 여성은 페미니스트라고 자처하거나 페미니스트적 가치를 표현했다. 아나는 결혼을 강력하게 반대하면서 열변을 토했다. "결혼에 대해 가장 싫은 점은 이 제도의 모든 정치적·종교적 역사입니다. 결혼은 가부장제와 자본주의 등의 수단이에요. 결혼식장에 가서 축복하기 꺼려지는 이유죠."

아네커와 이사벨러도 적극적인 페미니스트 경험을 바탕으로 비슷하게 비판했다. 그들은 결혼이 여전히 억압적 제도일 수 있다고 믿었다. 아네커가 설명했다. "예전보다는 훨씬 나아졌어요. 그래도 결혼에 딸린 많은 규제들은 여전히 억압적이에요. 여성뿐 아니라 개인에게요. 독신자는 부부에 비해 불이익을 받는다고 생각해요." 두 사람은 여성이 무엇보다 결혼 제도 바깥에서 자신의 삶을 살 능력을 갖추어야 할 필요성을 여전히 강하게 느꼈다.

로프는 페미니즘을 바탕으로 하지는 않았지만 결혼에 대한 비슷한 이데올로기적 반대를 피력했다. "사회를 개인주의적 관점에 따라 조직하는 편이 나을 것 같아요. 어떤 종류의 관계를 몇 명과, 어떤 사람과 맺을지 사람들이 선택할 수 있는 거죠. 모든 사람을 커플로 묶는 것보다 나은 조직 방법이에요."

어떤 사람들은 결혼이 사적이고 개인적인 관계에 국가를 개입시킨다고 판단해서 반대했다. 개인적 수준에서든 정치적 수준에서든 어떤 개인들에게는 사생활이 중요했다. 심지어 기혼자나 파트너십 등록자 중에서도 일부는 결혼의 이런 면을 좋아하지 않았다. 마르흐릿은 국가의 권위에 굴복하는 것에 저항했다. 즉 "나는 '자, 당신들은 이제 결혼했습니다. 평생 동안 좋을 때나 나쁠 때나……'라고 말해 줄 공식적인 누군가가 필요하지 않아요. 내가 생각하고 할 일이지 다른 누군가가 나한테 그러라고 말할 문제는 아니에요." 라우라도 국가의 역할에 문제가 많다고 늘 생각했다. "결혼은 개인적인 삶의 규정에 국가를 연루시키는 거예요. 저한테는 끔찍해 보여요."

정치적 걸림돌 해결하기

결혼에 대한 이러한 정치적 견해는 일부 커플에게는 잠재적으로 중대한 걸림돌이 되었다. 이 커플들은 결혼에 대한 개인적인 반대로 현실적인 면에서 자신들의 관계를 체계화할 다른 방식을 활용할 수 있었다. 예컨대 동거 합의서는 결혼에 대한 상충하는 압박의 가능성을 줄일 수 있었다. 그러나 어떤 사람들에게는 강한 로맨틱한 충동이 원칙과 정면충돌했다.

엘런이 느긋하게 휴가를 즐기다가 갑작스럽게 파트너 사스키아와 결혼하는 '환영'을 보았던 것을 떠올려 보라. 엘런은 결혼이 이성애자들을 위해 고안된 가부장적 제도라는 점에서 오랫동안 반대해 왔고, 심지어 예전에는 친구의 결혼식에 참석하는 일조차 거부했다. 그래서 그 '환영'을 본 엘런은 개인적인 위기를 겪었다.

"그러고 나서 이런 생각이 들었어요. 이게 뭐지? 절대 용납할 수 없는 건데!" 엘런은 그때의 생각을 떠올렸다. "그래서 결혼이 생각해 볼 만한 것이라고 내면의 페미니즘을 납득시켜야 했어요. 이런 감정, 이런 로맨틱한 감정을 느꼈다는 것은 실제로 하찮은 일이 아니잖아요."

석 달 동안 고뇌한 후에 엘런은 자신의 결혼이 정치적으로 중요한 행위라고 의도적으로 재정립함으로써 결국 결혼하고 싶은 로맨틱한 욕구와 강한 결혼 반대주의적 신념 및 역사를 화해시켰다. 그녀는 결혼이 결혼권을 쟁취하려는 과거의 정치적 노력을 존중하는 동시에 점차 가시적으로 세를 확장하면서 동성 커플의 결혼 허용을 반대하는 보수 세력과의 현재의 투쟁을 돕는 일이라고 믿었다. "한편으로 우리는 결혼이 가능한 역사적 시기에 사니까 그것에 가치를 두고 활용하자는 거죠." 그녀의 결론은 이랬다. "그리고 두 번째는 상황이 점점 악화되는 이런 때에 어떤 선언으로 삼는 겁니다."

페미니스트적 신념을 품은 다른 이들은 결혼을 다른 방식으로 재정립했다. 미리암은 결혼에 반대하는 페미니스트적 주장을 잘 알았지만 그녀 자신이 다른 여성과 결혼하는 것이 페미니즘과 상충한다고 생각하지 않았다. 동성 커플은 결혼이 여성에게 보다 평등해지도록 만드는 데 도움이 될 수 있다. 그녀는 주장했다. "그러니까 (결혼을) 바꾸는 방법은 우리가 동성애자로서 여성과 결혼하는 거예요. 내가 남자와 사귀었다면 절대 결혼했을 거라고 생각하지 않아요. 구식이잖아요. 하지만 우리는 지금 전통을 타파하는 거예요."

인터뷰에서 상당수가 "결혼은 뷔르헤르레익(burgerlijk)"이라고 말했으며, 커플들은 자신들의 이런 관점을 극복하기 위해 비슷한 재정립을 사용했다. 이들은 내가 알아듣도록 뷔르헤르레익을 번역해 주었는데, 고지식, 구식, 전통적, 조잡한 또는 부르주아적이라는 뜻이라 했다. (정치적 반대와는 달리) 이런 우려는 커플이 결혼하는 데 중대한 걸림돌은 아닌 것으로 보였지만 결혼하고 싶은 마음과 결혼을 부르주아적 예식으로 보는 것 사이의 불편한 긴장감은 어떻게든 해결할 필요가 있었다.

라헐과 마리아너의 경우에는 이러한 느낌을 극복하는 데 결혼식 주례를 보기로 한 공무원이 도움을 주었다. 라헐은 그 공무원에게 "내 생각에 동성 결혼은 조잡한 거 같아요."라고 말했다. 하지만 그 공무원은 그 주장을 논박할 준비가 되어 있었다. "글쎄요, 그건 그냥 당신 옷에 그려진 호랑이 무늬 같은 거예요. 조잡하지만 입고 나면 그렇지 않아요!" 라헐이 이 이야기를 했을 때 우리는 모두 웃었지만 그 공무원의 말은 심각한 내적 갈등에서 벗어나는 방법을 보여 주었다. 결혼을 사적인 선언으로 만들고, 세부적 내용, 특히 동성 파트너의 선택을 개인화하는 것은 동성 커플의 결혼을 조잡하거나 고지식하지 않은 것으로 만든다. 네덜란드에서는 커플들이 보통 결혼하지 않고 함께 살기 때문에 라헐과 마리아너는 전통주의를 비틀 수 있었다. "요즘은 결혼하지 않는 것보다 결혼하는 것이 훨씬 대안적이에요."

파트너와의 의견 불일치

두 사람이 같은 것을 원하는 경우에는 결정을 내리기가 비교적 수월하다. 그러나 가끔 한 사람은 결혼을 원하고 다른 사람은 원하지 않았다. 엘런은 결혼하겠다고 스스로 확신한 후 파트너인 사스키아도 스스로의 반대를 극복하도록 설득하기 위해 수개월을 더 노력해야 했다. 파트너 모두 동의해야 했고, 사실 공무원 앞에서도 문자 그대로 결혼에 동의해야 하기 때문에 한 사람이 다른 생각을 품는다면 분명 커플의 결혼은 충분히 방해될 수 있다.

나는 열아홉 커플 중에서 자신들을 '혼합 결혼(mixed marriages)'이라고 생각하는 의견 불일치의 사례를 많이 보았다. 이 용어는 미국에서는 주로 다른 인종 간 혹은 다른 종교 간 결혼을 이르는 말인데 네덜란드에서는 아이러니하게도 이런 경우에 사용되었다. 결혼 반대주의자인 파트너는 페미니스트적 이데올로기에 근거한 관점을 지닌 경우가 많았다. 각 커플은 의견 차이에 대해 터놓고 의논했고, 결혼 반대주의자인 파트너는 결혼 찬성주의자인 파트너의 의견이 중요하다고 인정했다. 이 장벽을 해소하기 위한 커플들의 주된 전략은 협상이었다.

명시적이든 암묵적이든, 결혼을 둘러싼 협상은 신념이 확고한 사람에게 유리해 보였다. 예를 들면 요커는 아나의 이데올로기적 결혼 반대에 동의하지 않았지만, 결혼하고 싶은 욕구도 강하지 않아서 커플이 결혼에 관한 엇갈리는 욕구를 절충해야 하는 지점까지 이르지는 않았다. 그러나 의견 불일치의 가능성이 끓어넘치기 직전이었다. 내가 둘이 결혼하게 될 어떤 상황을 상상할 수 있는지 물어보자 다음과 같은 대화가 오가면서 두 사람의 신념 사이에 형성된 긴장감이 드러났다. 물론 장난스러운 것이었지만 말이다.

아나: 내 마음을 바꿀 만한 이유가 생각나지 않아.

요커: 정말?

아나: 응, 정말 없는 것 같아.

요커: (웃으면서 아나에게 살짝 기대며) 청혼해도 거절하겠네?

아나: 그냥 네가 청혼하지 않기를 바라지, 거절하기 힘들 테니까.

아나의 확고한 생각이 그 시점에 둘 관계를 법적으로 독신인 초기 상태 그대로 유지시키는 것 같았다. 미래의 어떤 시점에, 예컨대 집을 구입할 때 생기는 현실적 필요성 때문에 요커가 아나에게 결혼을 좀 더 강하게 요구하게 될지도 모른다.(얼마 전 아나가 메일을 보내 자신들이 집을 샀지만 결혼이 아니라 동거 합의서에 서명하기로 했다고 알려 주었다.)

에릭도 비슷한 이야기를 했다. "나 혼자 결정하는 거였다면 우리는 벌써 결혼했을 거예요. 야머스와의 관계는 이상하게도 일주일 만에…… 나는 영원히 완전히 그의 것이고 이 감정이 절대 변하지 않을 것임을 정말 알았기 때문이에요. 야머스가 저보다 결혼에 주저한다고 생각해요. 하지만 결혼하지 않았다고 불만스럽기만 할 정도로 중요한 문제는 절대 아니에요."

때로는 두 사람 모두 확고하다. 이런 경우 내적 모순을 절충하는 방식으로 앞에서 이야기한 재정립과 유사한 과정이 관찰되었다. 엘런을 비롯한 페미니스트들처럼 라우라 역시 결혼을 혐오했고, 이것이 그녀의 결혼 결정에 영향을 미쳤다. 라우라가 설명했다. "저야말로 1970년대의 2차 페미니즘 운동가 출신이고, 그런 저에게 결혼이란…… 여성의 종속을 상징해요. 사유화하는 거죠. 그래서 결혼하고 싶다고 생각한 적이 평생 한 번도 없었어요. 심지어 결혼이 가능해진다 해도요." 그러나 라우라의 파트너 리아는 결혼에 대한 이러한 정치적 분석을 공유하지 않았다. "정말이지 그런 것에 신경 쓰지 않아요." 짧게 말했지만 단호했다. 라우라가 말했다. "리아가 (결혼을) 조금은 더 감상적이고 좀 낭만적으로 생각하기도 해요. 리아는 무척 결혼하고 싶어 하고, 성대한 잔치를 열고 싶어 하는데 전 반대죠. 혹시 모르죠, 언젠가는 그렇게 될지도. 하지만 전 아직이에요."

라우라의 내적 재정립 과정의 복잡함은 그녀와 리아가 결혼하지 않을 것이라고 말하는 듯 보인다는 점에 가장 잘 드러났다. 그러나 사실 앞서 말했듯이 이 둘은 수년간 파트너로 등록되어 있었고, 인터뷰 일주일 뒤에 파트너십을 결혼으로 전환할 준비를 하고 있었다. 이에 대해 질문하자 라우라는 인정했다. "바꾼다고 크게 달라지는 건 없어요. 그래서 이렇게 하는 이유도 설명하기 힘드네요. 다만 리아는 우리가 결혼했다고 말하고 싶을 거예요." 우리는 모두 웃었다. 리아가 받아쳤다. "나야 진작에 그렇게 말하고 다녔지!" 파트너십 등록제는 두 사람 모두에게 필요한 것을 주었다. 리아는 자신들이 결혼했다고 말할 수 있고, 라우라는 결혼하지 않았다고 생각할 수 있다.

그럼에도 곧 닥쳐올 법적 결혼으로의 전환이라는 명백한 사건은 절충하기가 훨씬 어려웠다. 라우라는 이 전환의 의미를 재정립하면서 자신이 여전히 거부할 수 있는 전통적인 결혼상, 즉 공식적이고 공개적인 축하 행사에 초점을 맞추었다. 공개적인 부분을 포기함으로써 리아의 눈에는 자신들이 결혼한 것으로 비치는 반면 라우라의 눈에는 전통적인 의미에서 결혼한 것은 아니라고 보일 수 있는 것이다. 이처럼 축하 행사나 결혼의 격식 측면의 활용은 다음에 다룰 친구나 가족의 반대에 부딪힌 커플들에게도 유용한 것으로 나타났다.

거부당하면 어떡하나

동성 커플은 네덜란드에서 법적으로 결혼할 수 있지만 동성 결혼이 항상 따뜻하게 받아들여지는 문화라는 의미는 아니다. 5장에서는 이성애자 가족이나 친구들이 동성 커플의 결혼을 어떻게 보는지 그들의 반응을 자세히 살펴볼 것이다. 여기에서는 허락되지 않을 가능성이나 그런 현실이 동성 커플의 결정에 어떤 영향을 미치는지를 관심 있게 살펴본다. 마르타는 동성 커플이 당면한 위험을 지적했다. "게이와 레즈비언이 결혼하기 힘든…… 또 다른 이유는 이런 거예요. 거부당하면 어떡하지? 자기 인생에서 중요한 사람들이 '안 돼, 적절한 일이 아닌 것 같아.' 혹은 '난 반대야.'라고 하면 어떡해요?"

인터뷰이 대부분은 친구들이나 가족이 아무 반응도 하지 않거나 긍정적으로 반응했다고 했지만 일부 개인들은 적극적인 반대에 직면했다. 자녀의 연애와 결혼이 때로는 부모의 결혼관과 갈등을 빚었다. 특히 어머니가 아들이나 딸이 동성 파트너와 법적인 결혼을 계획한다는 말을 들었을 때 힘들어하는 것 같았다.

엘런의 어머니는 엘런과 사스키아의 계획에 부정적인 반응을 보였다. "엄마는 '결혼은 가정을 꾸리기 위한 거고, 너는 가정을 꾸리지도 않을 건데 어떻게 결혼할 수 있다고 생각하는 거니?'라고 물었어요. 그러니까 '동성 결혼은 같은 결혼이 아니야.'라는 게 엄마의 생각이었어요. 엄마는 사스키아를 내 파트너, 내 연인으로 완전히 받아들이기 어려워했어요. 그런데 우리 관계를 공식화하는 단계가 됐으니 힘겨우셨던 거죠."

하지만 그들의 이야기가 엘런 어머니의 반대로 끝나지는 않았다. 엘런은 어머니가 결혼 계획에 일단 익숙해진 후 다가올 결혼과 관련한 어머니의 점진적인 심경 변화에 대해 알려 주었다. "엄마가 찾아와서 재정적인 도움을 주고, 들떠서 이것저것 물어봤어요." 엘런이 사용한 것과 같은 설득의 전략에는 직접적인 논의나 부모에게 생각을 정돈할 시간을 주는 전략까지 포함되었을 터다.

어떤 커플들의 상황은 좋게 해결되지 않았다. 빌럼의 어머니는 예전에 친척의 동성 결혼식에 참석한 적이 있음에도 그와 헤르트의 결혼을 반대하면서 빌럼에게 상처를 주었다. 빌럼이 그 갈등에 대해 설명했다. "엄마는 두세 달 전에 '왜 결혼하려고 하니? 그게 필요해?'라고 물어보기도 했어요. 전 의아했죠. 그걸 왜 물어요? 나는 더 이상 애가 아닌데. 정말 놀랐어요. 엄마가 나를 위해 기뻐해 줄 수 없다는 사실에요." 어머니의 반응 때문에 빌럼은 어머니를 결혼식에 초대하지 않았고, 이후 3년 동안 연락하지 않았다.

부모님의 허락을 받지 못했다는 것을 결혼하지 않은 이유로 꼽은 사람은 아무도 없었다. 하지만 부모님의 부정적인 반응은 커플이 결혼식과 축하연의 규모와 형식을 정하는 데 영향을 미쳤다. 앞에서 언급했듯이 커플들은 결혼할지 여부에 대해 갈등하는 감정을 절충하는 방식으로 결혼 축하연의 역할을 재정립했다. 마찬가지로 커플들은 사회적 불인정이라는 장벽에 맞추어 하객 명단을 만들었다. 빌럼은 반대하는 어머니를 초대하기 거부했다. 같은 식으로 어떤 커플은 결혼식이나 커플의 계획에 참견하면서 반대나 불편을 표현한 부모나 친척들을 초대하지 않았다.

동성 커플이 결혼을 바꾸었을까

동성 커플들이 걸림돌을 전략적으로 벗어나거나 도저히 극복할 수 없는 걸림돌을 만나면 포기하기 때문에, 도착 지점에서의 모습은 법적으로 단순한 형태를 띤다. 즉 일부 커플은 결혼하고 일부는 파트너로 등록하며 나머지는 법적으로 비혼 상태로 남는다. 그러나 같은 지점에서 끝나는 것처럼 보일지라도 그 지점까지 가는 경로는 커플마다 다르다. 결혼을 하게 되는지, 어떻게 결혼하게 되는지는 삶의 환경과 결혼의 가치에 대한 견해, 결혼에 대한 걸림돌, 그 걸림돌을 받아들이거나 회피하는 과정 등의 상호 작용에 따라 결정된다.

결혼하는 사람들을 보면 논리가 친숙하게 들리고, 그 논리는 이성 커플에게서 듣는 것과 유사하다. 이 연구에서 동성 커플이 결혼하기(동사)로 선택하는 이유는 자녀가 있거나 어떤 현실적인 이유가 있거나 서로와 세상 사람들에게 자신들의 헌신을 확인하고 표현하고 싶기 때문이었다. 파트너로 등록하고 결혼과 거의 동일한 법적 혜택을 받을 수도 있지만, 둘 중에서 선택할 수 있는 커플 중 한 커플을 제외한 모든 커플이 등록제를 거부하고 결혼을 선택했다. 마찬가지로 아나 코르테버흐(Anna Korteweg)의 네덜란드 비혼 인구에 대한 연구에서 보이듯이 게이, 레즈비언 커플 또래의 이성애자들도 결혼에 대해 비슷한 견해를 품는다.[22] 이성 커플들은 결혼으로 인생이 달라지리라고 항상 확신하지는 않지만 결혼하는 편이 나은 현실 상황(특히 아이를 가졌을 때)을 고려한다. 코르테버흐의 연구에서 무엇보다 중요한 것은, 커플이 결혼에 대해 상의하면서 각자가 관계에 얼마나 헌신적인지가 드러남으로써 결혼이 애정의 바로미터 역할을 한다는 것이다.

불러불키(Boele-Woelki)와 동료들이 실시한 2006년 네덜란드 기혼 및 파트너십 등록 커플에 대한 조사에서도 동성 커플이 이성 커플과 비슷한 방식으로 동기가 유발되는 것으로 나타났다.[23] 결혼한 동성 커플 및 이성 커플의 대략 60%가 결혼을 선택한 가장 중요한 이유로 감정적 이유를 들었고, 각 집단의 40%는 현실적인 이유로 관계의 공식화를 고려하게 되었다고 대답했다. 파트너십 등록을 선택한 동성 커플과 이성 커플 역시 동일한 이유로 파트너십 등록제를 선택했다. 즉 현실적인 이유로 정식 커플 승인을 받았지만 결혼 제도에 대한 우려가 남아 있었다는 것이다.

인터뷰이 중 결혼하지 않은 이들 역시 비혼 이성애자들과 비슷한 이야기를 했다. 네덜란드에서는 비혼 이성 커플이 점점 증가하고 있다. 30~39세 네덜란드 인구 중 3분의 I이 비혼 파트너와 살고, 이들 중 절반은 결혼 계획이 없다.[24] 인구 통계학자들은 전체적으로 네덜란드 인구 3분의 I이 평생 결혼하지 않으리라고 추정하며, 이들 대부분이 파트너와 동거하리라 보았다.[25] 네덜란드의 동성 커플과 이성 커플은 매우 유사한 이유에서 결혼을 원하지 않거나 계획하지 않는다. 결혼 계획 없이 동거하는 이성 커플을 대상으로 한 조사에서, 4분의 3은 "결혼이 관계에 전혀 보탬이 되지 않는다."라는 이유로 결혼을 거부하는 것으로 조사되어 이 커플들이 결혼의 실용적·정서적·문화적 혜택을 필요로 하지 않는다는 점을 보여 주었다.[26] 이성 커플들 가운데 결혼 생각이 없는 다른 이유를 말하는 사람은 적었는데, 그 이유들 역시 내 인터뷰에서 나타난 것과 비슷했다.(이유별로 20% 미만이다.) 즉 결혼에 반대하거나 파트너가 결혼을 원하지 않거나 서약하고 싶지 않거나 아이를 가질 계획이 없다는 것이었다.

그럼에도 네덜란드 동성 커플 인터뷰를 통해 이들이 내적으로 결혼에 대해 망설이고 있음이 드러났고, 나는 이런 조정 과정이 아마 동성 커플에게 더 흔하게 나타나리라고 생각한다. 특히 선택 과정에서 바뀌는 것은 커플의 법적 지위만이 아니다. 결혼관 또한 때때로 바뀌었다. 내가 관찰한 변화는 주로 결혼의 정치적 의미를 재정립하는 것이었다. 나와 이야기한 레즈비언과 게이 들은 결혼의 정치적 성격, 특히 여성이나 게이, 레즈비언과 관련된 결혼의 정치적 성격을 뼈저리게 알았다. 이들은 네덜란드 등지에서 동성 결혼의 기회를 열기 위한 정치적 노력이 진행되는 것을 보면서 살았고, 지금은 네덜란드에서 동성 결혼 이슈가 이슬람권 국가 이민자들의 사회 동화에 관한 정치 논쟁을 따라잡는 것을 목도하고 있다.

나아가 페미니스트들은 역사적으로 여성의 권리 상실과 관련된 제도로 편입하는 데 반대하는 경우가 많다. 그러나 파트너가 자신의 정치적 신념에 동의하지 않는 경우에는 페미니스트들은 이런 이데올로기적 신념과 결혼을 둘러싼 상반된 감정과 욕구를 절충해야 했다. 정치적 상황은 일부 페미니스트들이 결혼하는 행위를 진보적 정치 선언으로 재정립하고 결혼이라는 생각을 페미니즘적인 것으로 볼 수 있게 했다. 이런 재구성에서, 두 여자 혹은 두 남자의 결혼은 남편과 부인의 전통적 성 역할을 약화할 수 있다.

결혼이 구식이거나 고지식하다는 생각은 동성 커플이 자신들의 이성애자 형제자매나 친구로부터 받아들인 것이었다. 이런 생각이 동성 커플의 결혼 결정을 방해했지만 많은 동성 커플들이 자신들만의 해결 방법을 찾아냈다. 진정하고 사적인 방식으로 진행되는 한 개인의 결혼이 이러한 걱정을 해결할 수단으로 보였다. 젊고 유행에 민감한 (그리고 이성애자인) 세대에게는 결혼이 조잡하게 느껴질 수 있다. 라헐도 한때 그렇게 생각했다. 하지만 네덜란드라는 상황에서 결혼하기로 한 라헐의 선택은 "심지어 훨씬 대안적"이었다.

마지막으로 동성 커플이 상반되는 결혼관을 절충하거나 사회적 불인정에 대응하기 위해 주로 결혼식과 축하연 같은 결혼의 문화적 과시 요소를 조정하는 경우가 있다. 이는 문화 제도로서의 결혼에 또 다른 잠재적 변화의 가능성을 암시할 수도 있다. 그러나 동성 커플의 예식에 나타나는 다양성은 네덜란드 이성애자의 결혼식에 나타나는 다양성과 아주 비슷하다. 하지만 동성 커플의 결혼식에는 세 가지 잠재적인 차이점이 있었다. 첫째, 내가 인터뷰한 아홉 커플 중 누구도 교회의 축복 속에 결혼하지 않았다. 둘째, 일부 레즈비언 커플은 결혼에 관한 페미니스트적 정치 원칙을 표출하는 데 예식을 이용했다. 셋째, 동성 커플들이 초대할 하객을 선별하는 데 비교적 신중했다. 예컨대 가족 중 누군가가 부정적으로 반응했다면 결혼식에 초대하지 않는 경우가 있었다. 하지만 이 전략은 커플에게 반드시 행복하고 스트레스가 적은 혼인을 위해 채택된 것이다.

전반적으로 동성 커플이 결혼할지 여부를 결정하고 실제로 결혼하면서 겪는 과정과 이성 커플이 겪는 과정의 유사점이 차이점보다 두드러진다. 동성 결혼의 결과로 결혼 개념과 의미가 보다 넓은 문화 속에서 어떻게 변화하였는지에 대해서는 4장에서 다시 다룬다.

미국 내 논쟁과의 관련성

이 시점에서 네덜란드 커플들의 경험이 미국의 동성 결혼 논쟁에 대해 무엇을 시사해 주는지 묻는 것이 타당해 보인다. 이 경험들이 미국의 경험에 적용될 수 있으리라고 보이는 한 가지 명백한 이유는 내가 인터뷰한 34명 가운데 6명이 미국 출신이라는 점이다. 서로 국적이 다른 게이, 레즈비언 커플은 많은 국가에서 특히 취약한데, 미국에서 외국인 배우자에게 주어지는 우호적인 이민자 지위가 동성 파트너에게는 주어지지 않기 때문이며, 일부 동성 커플이 네덜란드 같은 곳으로, 내가 인터뷰한 몇몇 커플의 표현처럼 "사랑의 망명"을 떠나게 한다.

보다 중요한 것은 수년간 몇몇 학자들이 미국에서 동성 커플의 서약식을 연구해 왔으며, 최근 한 연구는 매사추세츠에서 결혼한 동성 커플들을 조사했다는 점이다. 최근까지 대부분의 언약식에 법적 의미가 없었지만 이 연구들은 미국 커플들이 다른 나라의 동성 커플들과 비슷한 동기를 품었고, 비슷한 걸림돌에 직면했음을 발견했다. 그리고 일부 동일한 요인들이 다른 나라에서도 중요한 것으로 나타났다. 동성 커플들은 서로에게 헌신의 뜻을 표현하기 위해, 친구들과 가족에게 자신들의 관계가 진지함을 표현하기 위해 언약식을 치렀다.[27]

결혼의 법적·물질적 혜택은 매사추세츠에서 결혼하기로 결정하는 데 중요한 역할을 하고, 결혼이 법적인 선택지가 아닌 경우에는 커플들이 결혼에 대한 바람을 공표하는 데도 주요한 역할을 한다.[28] 여러 가지 물질적 혜택의 중요성을 강조한다는 면에서 미국의 커플은 네덜란드 커플과 다소 다른데, 네덜란드에서는 결혼으로 얻는 재정적 혜택이 있기는 해도 훨씬 적다. 내가 네덜란드에서 관찰하고, 다른 이들이 덴마크, 노르웨이, 스웨덴에서 본 것처럼 이주권과 같은 혜택의 현실적 가치는 일부 커플에게 중요했다.[29] 그 밖의 다른 법적 혜택도 두 나라 모두에서 결혼을 매력적으로 부각하는 것 같다. 나는 이 다른 법적 혜택을, 네덜란드 커플의 표현처럼 커플의 삶을 하나로 엮어 주는 법적 틀로 해석한다. 그레첸 스티어스(Gretchen Stiers)와 엘런 르윈(Ellen Lewin)의 연구는 미국인의 언약식에서 정치적 메시지와 정치적 저항이 수면 위로 떠오르는 복잡한 절차를 보여 주지만 대다수 미국 커플의 결혼 결정에서 페미니즘 이

외의 정치적 요인은 비교적 중요하지 않은 것으로 나타난다. 네덜란드 커플들과 마찬가지로 결혼 선택이 미국이나 파트너 등록제가 있는 다른 국가에서 반드시 순응이나 전통에의 항복을 의미하지는 않았다.[30]

　미국 등 나라에서 동성 결혼을 막거나 결혼을 원하는 것을 막는 유사한 걸림돌은 주로 결혼이 가부장적 제도라는 페미니스트적 주장이었다. 섹터(Schechter)와 동료들은 일부 매사추세츠 커플들이 그런 이유로 비혼을 선택했다고 보고했고, 에스크리지와 스페데일은 덴마크에서 유사한 주장을 들었다.[31] 나아가 미국 커플은 결혼관이나 결혼의 과시적 요소에 대한 의견이 항상 일치하지는 않았고 이 점이 결혼을 결정하는 데 방해가 되었다.[32] 미국에서 언약식을 치른 커플 대부분처럼 이미 함께 사는 관계를 위해 정서적으로나 다른 방식으로 '투자'해 온 커플들에게 결혼은 사회적으로나 경제적으로 불필요해 보일 수 있다.[33]

　네덜란드와 미국의 커플들은 선택지가 다소 다름에도 어느 정도 유사한 난관에 봉착했다. 나의 연구는 실제로 결혼이라는 법적 선택지가 있는 상황에서 네덜란드의 커플들이 어떻게 개인적 차원의 난관과 커플 차원의 난관을 극복했는지를 다른 연구들보다 직접적으로 다룬다. 적어도 일반적인 수준에서 커플들은 결혼에 수반되는 법적 권리와 의무를 이해했으며 결혼을 단순한 동거나 언약식과 구별했다. 그러나 결혼이나 언약 결정이 여러 나라에서 유사하게 나타난다는 점은, 커플이 법적으로 인정받지 못할 때조차 예식이 서약과 의미의 중요한 표지라는 다른 연구의 주장에 힘을 실어준다.

　종합적으로 볼 때 이 열아홉 커플은 네덜란드에서 기혼 동성 커플과 미국에서 결혼할 혹은 결혼하려 한 수많은 동성 커플 가운데 일부만을 대변하지만 이들의 다양한 경험은 커플들에게 중요한 요인을 이해하는 출발점을 제공한다. 물론 이 인터뷰만으로 동성 커플 사이에서 이 요인들이 얼마나 일반적인지를 말하기는 어렵다. 그러나 나의 여러 조사 결과는 더 큰 규모의 네덜란드 커플 조사와 아주 비슷한 경향을 보이며, 인터뷰를 통해 가까이에서 지켜본 모습은 커플들의 의사 결정 과정을 심층적으로 이해하기 위해 진행할 추후 연구에 유익할 것이다.[34]

3장
다른 선택은 없다

커플들의 이야기와 결정이 2장에서 본 것처럼 복잡다단하기 때문에 동성 커플의 결혼에 대한 선택이 반영된 수치 자료를 들여다봐야 한다. 국가에서 동성 커플을 법적으로 인정하기 시작하고 얼마 지나지 않아서 유럽 학자들은 파트너로 등록한 커플의 수가 의외로 적다는 점을 알았다. 예를 들면 덴마크에서는 16년이 지난 후 2641쌍이 등록했고, 노르웨이에서는 1993년부터 2004년 사이에 1808쌍이 등록했다. 스웨덴에서는 10년 동안 4000쌍을 조금 넘겼다.[1] 네덜란드에서는 2007년 현재 거의 1만 700쌍이 결혼했고,[2] 파트너십 등록된 커플을 합산하면 2005년 현재 최소 22%의 네덜란드 동성 커플이 관계를 법적으로 인정받았다.[3] 영국에서는 13개월 후인 2006년 말까지 1만 8000쌍이 시민 결합(civil partnership)으로 진입했으며, 이 역시 동성 커플 8만 쌍의 22%에 해당한다.[4]

미국의 동성 결혼 반대자인 매기 갤러거(Maggie Gallagher)와 조슈아 베이커(Joshua Baker)는 국가(또는 매사추세츠처럼 주)별로 결혼한 동성 커플의 수를 합산하고 이것을 레즈비언과 게이 인구 추정치와 비교했다. 갤러거와 베이커는 동성애자 인구의 결혼율이 1%에서 17% 사이로 '낮은' 수준이라고 발표했지만 이러한 낮은 비율로부터 특정 결론이 도출되지는 않는다고 단언했다.[5] 그러나 다른 논객들은 이 보고서를 인용해서 이 낮은 비율을 동성애자들이 실제로 결혼할 권리를 원하지 않는다거나 필요로 하지 않는다는 증거로 해석했다.[6]

물론 모두가 갤러거 등이 계산한 비율이 비정상적으로 낮다고 생각하지는 않는다. 0%였던 동성애자의 결혼율이 결혼의 문이 열리자마자 54%(2006년 현재 18세 이상 미국인 가운데 기혼자 비율)가 되리라 예상하는 것이 어쩌면 비현실적이다.[7] 동성애자들 사이에서 결혼에 대한 억눌린 수요가 해소되는 데는 수년이 걸릴 것이고, 개방 이후 초기에 결혼한 커플들은 이전에 오랫동안 서로에게 헌신해 온 커플일 가능성이 높기 때문에, 동성 결혼율의 연간 변화는 최근 연간 결혼율의 전형적인 모습에서 벗어나 있다.

동료인 게리 게이츠(Gary Gates)는 비혼 이성애자의 연간 결혼율 역시 매해 상당히 낮은 수준이며, 그런 관점에서 볼 때 동성 커플의 결혼율이 낮은 것은 아니라고 주장했다. 또 동성 결혼의 수치가 그동안 억눌렸던 수요가 해소된 후에도 급격하게 떨어지지는 않을 것이라고 추정했다. 커플들이 점차 결혼하게 됨에 따라 독신 동성애자의 전체 규모가 줄어들고, 따라서 비혼 동성애자의 결혼율은 해마다 상승한다는 것이다. 이 논란은 동성 결혼의 비율을 이성애자의 통상적인 결혼 표지와 비교할 때는 어느 정도 주의가 필요함을 말한다.

그럼에도 결혼율에는 동성 커플의 결혼관이 반영되기 때문에 동성 결혼을 둘러싼 정책 논쟁에서 동성 커플의 결혼율은 중요한 데이터가 된다. 다만 국가 간 결혼율의 차이를 보면 다른 고려 사항도 짐작할 수 있다. 상황을 고려해 결혼율을 살펴보면 커플이 결혼을 하거나 하지 않는 이유에 대해 더 잘 알 수 있기 때문에 이 장 전반부에서는 국가별 결혼율을 결혼하는 이유가 될 만한 여러 가지 척도와 비교해 본다. 이 비교를 통해 결혼 동기에 대한 현재의 이론으로는 높낮이를 불문하고 국가의 서로 다른 결혼율을 설명하기 어렵다는 점이 드러난다. 따라서 국가별 결혼율을 결혼에 대한 신념을 반영하는 지표로 쓸모 있게 사용하기는 어렵다.

이 장의 후반부에서는 커플들이 결혼율이나 파트너십 등록률을 통해 결혼의 의미와 위상에 대해 더 많은 것을 알려 줄 측면에 초점을 맞추자고 제안한다. 네덜란드에서 동성 커플과 이성 커플이 이 두 가지 법적 지위를 선택하는 양상은 비슷하며, 따라서 어느 지위를 선택하는지는 결혼의 사회적·문화적·개인적 가치에 대한 인식의 차이를 반영한다. 수치로도 드러나고 네덜란드 동성 커플들의 말에서도 알 수 있듯이 동성 커플과 이성 커플이 선택할 수 있는 관계가 나열된 새로 만들어진 메뉴판에서 결혼은 항상 가장 많이 선택되었다.

왜 더 많은 동성 커플이 결혼하지 않을까

2장에서 들여다본 개인들의 결정 모습은 수치에 제기되는 질문에 대한 그럴듯한 새로운 해답을 들려준다. 2장에서 기술한 네덜란드 커플 인터뷰를 보면 결혼율이 낮은 이유가 복잡하면서도 서로 밀접하게 연관된다.

- 오랫동안 함께한 커플들은 법률 서류와 사회적 지지를 통해 대안을 만들어 냈으며, 이것이 결혼의 실용적 가치를 떨어뜨린다.
- 네덜란드(와 다른 여러 유럽 국가)에서 동거하는 동성 커플들은 결혼의 일부 권리와 의무를 지니며, 결혼이 담당해야 하는 일부 사회 보장 기능을 국가가 맡고 있는데, 이것이 결혼의 실용적 가치를 다시 한 번 떨어뜨린다.
- 동성 커플은 이성 커플에 비해 자녀를 가질 확률이 낮고, 이는 자녀를 이유로 결혼하려는 수요를 줄인다.
- 커플들은 친구와 가족들에게 관계를 인정받기 위해 열심히 노력했고, 결혼은 결혼 이전의 노력과 결혼 전에 관계를 맺은 시간의 의미를 퇴색시킬 수 있다.
- 일부 동성 커플들은 자신들에 대한 유서 깊은 배제와 연관된 결혼의 개념과, 결혼 제도에 대한 이데올로기적 신념과 관련된 결혼의 개념에 대해 정치적 반대 의견을 품는다.

일부 요인은 이성 커플보다 레즈비언, 게이 동성 커플에게 특유하거나 강력한 요인인데, (명백하게) 낮은 결혼율은 이러한 영향력이 복합적으로 작용한 결과일 터다. 일부 이성 커플도 비슷한 압박을 경험하겠지만 동성 커플에게는 결혼권의 생소함과 자신들만의 방식으로 고유의 관계를 맺어 온 오랜 세월이 그 효과를 증폭했을 것이다.

결정을 하면서 이러한 요소들을 맞닥뜨리는 것 외에도 실제 결정 과정에서는 현재 서로에게 헌신적인 커플에게조차 시간이 필요하다. 인터뷰한 커플들처럼 결혼을 고려하는 어느 커플에게나 복잡한 동기와 생각이 개입하고, 비중이 적더라도 결혼 회의론자가 존재한다면 많은 커플의 결혼식이 지체되거나 무산될 가능성이 있다. 인터뷰를 모두 끝낸 후 나는 동성 커플이 직면한 상황과 장벽을 고려할 때, 결혼과 파트너십 등록 비율은 예상보다 높다는 결론에 수월하게 도달했다.

하지만 초기의 숫자들은 온갖 추측을 난무하게 했다. 시간이 흐르면서 통계 이면에 담긴 이유를 잘 이해할 수 있어야 하는데, 다른 사람들이 주장하는 일부 이유는 만족스럽지 않다. 데일 카펜터(Dale Carpenter), 폴 바넬(Paul Varnell), 윌리엄 에스크리지(William Eskridge), 대런 스페데일(Darren Spedale) 등 몇몇 저술가들은 동성 관계에 대한 법적·제도적 지원의 부족을 감안하면 역사의 이 시점에 게이와 레즈비언이 서로에게 헌신하는 커플 관계를 맺을 확률은 이성애자에 비해 낮으리라고 한목소리로 주장했다.[8] 유럽 국가에서 동성애자들이 커플이 되는 비율에 대한 데이터는 없지만 미국의 최근 연구는

25~50%의 레즈비언과 게이가 헌신적인 관계를 맺고 있다고 밝혔다.[9] 이 패턴이 네덜란드와 다른 유럽 국가에서 동일하더라도 이것이 실제 동성 커플의 낮은 파트너십 등록 및 결혼 비율을 설명하지는 못한다. 네덜란드의 이성 커플 8할이 결혼이나 파트너십 등록을 한 데 비해, 동성 커플은 22%에 그쳤다.

앞의 저술가 가운데 일부는 이 낮은 비율이 동성 커플에게 결혼이 생소하다는 점을 반영한다고 주장했다.[10] 이 주장이 일리 있어 보이지만 이는 나와 이야기를 나눈 게이와 레즈비언 들이 떠올린 어린 시절의 결혼에 대한 환상과 기대를 제대로 감안하지 않은 것이다. 이 낮은 비율을 설명하려 하는 사람들은 한 나라의 '결혼 문화'가 중요하다는 증거로 매사추세츠의 많은 동성 커플이 결혼한다는 점을 언급한다. 유럽보다는 미국의 결혼 문화가 강하기 때문이다.[11] 그러나 미국 동성 커플의 결혼율과 등록률은 미국 이성 커플과 비교하면 여전히 낮다. 그리고 스칸디나비아 국가에서는 수년 동안 그 결정에 대해 생각할 시간이 있었지만 우리가 예상했던 것처럼 새로운 연인 관계가 생기고 발전하면서 등록 커플이 크게 증가하지 않았다.

저술가들은 또 다른 그럴듯한 이유를 대기도 했는데 결혼 개념에 대한 반대처럼 내가 관련 있다고 본 요인들과 유사했다.[12] 그러나 왜 이데올로기적 장벽이 문제인지를 제대로 이해하려면 나와 이야기를 나눈 몇몇 커플처럼 일부는 결국 그 장벽을 넘을 수 있게 된다는 사실 또한 고려해야 한다. 바넬, 에스크리지, 스페데일이 제기한 그럴듯한 설명은 사회적 낙인과 차별에 대한 두려움 때문에 커플들이 정체성을 숨긴 채 공개적인 등록을 피한다는 것이다. 그러나 나와 이야기를 나눈 비혼, 비등록 커플들은 직장에서나 가족들에게 관계를 많이 공개한 상태였으므로 정체성을 숨기려 한다는 것만으로는 비혼 커플들의 결정을 충분히 설명하지 못한다. 한 레즈비언은 가족들에게 커밍아웃을 하지 않았지만 결혼했으며, 자신이 레즈비언이라는 사실을 숨기는 것보다 결혼했다는 사실을 숨기는 것이 어렵지는 않음을 깨달았다고 했다.

비교적 적은 커플들과 인터뷰한 자료 대신 국가별 동성 파트너십 등록률 및 결혼율을 보다 자세하게 비교하다 보면, 결혼율을 낮추는 한 가지 특정 요인을 분리해 내기 어렵다는 점이 다시금 드러난다. 이 책에서 나는 결혼의 실용적 가치와 문화적 가치를 측정하기 위해 국가별 파트너십 등록률을 비교하여 몇 가지 경향을 찾아보고자 한다. 결혼의 실용적 가치가 낮은 국가에서 파트너십 등록률이 낮을까? 아니면 결혼을 구시대적이라고 생각하는 국가에서 파트너십 등록률이 낮을까? 만약 이런 경향이 나타난다면 결혼율이 낮은 이유는 동성 커플들이 결혼의 혜택을 느끼지 못하거나 결혼 제도를 싫어하기 때문이라고 짐작할 수 있다.

파트너십 등록률을 측정하기 위해서는 신중한 척도 구성과 몇 가지 조정이 필요하다. 나는 덴마크, 스웨덴, 노르웨이, 아이슬란드, 네덜란드, 벨기에에서 파트너십 등록 커플들을 모두 합했다.(프랑스에서는 시민 연대 계약(Pacte civll de solidarité, PACS)에 등록한 동성 커플과 이성 커플의 수를 구분하지 않는다. 독일과 핀란드는 이 수치를 공개하지 않는 것 같다.) 그러고 나서 국가의 법과 인구 규모의 차이를 조정한 척도를 만들었다. 커플들이 시간이 흐른 후에 결혼하고, 일부 국가에서는 다른 국가에서보다 이 법을 더 오래전부터 시행했다는 사실을 감안하기 위해 그러한 법적 지위가 가능했던 기간 동안 파트너십을 등록하거나 결혼한 동성 커플 수의 연간 평균을 계산했다. 그다음 이 숫자를 2004년 각 국가의 15세 이상 비혼 인구로 나누었다. 이는 어떤 나라는 다른 나라에 비해 잠재적 동성 커플 인구가 더 많다는 사실을 고려하기 위해서였다. 비혼 인구 10만 명당 연간 파트너십 등록(혹은 결혼)의 조정된 비율은 덴마크 12.5 아이슬란드 13.7 노르웨이 10.9 스웨덴 13.0 네덜란드(파트너십 등록) 25.0 네덜란드(결혼) 39.8 벨기에(결혼) 77.3이다.

다음으로 각 국가의 조정 파트너십 등록률을 동성 커플의 결혼이나 파트너십 등록에 영향을 미칠 수 있는 몇 가지 요인과 대응해 그래프에 점으로 표시했다. 주어진 요인이 결혼과 밀접한 관련이 있다면 그래프에서 뚜렷한 패턴을 볼 수 있을 터다. 다시 말해 동성 결혼율이 높은 나라에서는 검토하는 특정 요인의 값 또한 높게(혹은 낮게) 나타날 것이다. 파트너십 등록이나 결혼의 비율과 그 요인의 상관관계가 통계적으로 유의한지도 테스트하였다.

안타깝지만 놀랍지는 않은 것이, 이러한 비교를 통해 드러난 표를 보면 왜 커플이 결혼이나 등록을 하거나 하지 않는지에 관해 많은 것을 설명해 주는 단일 요인은 없다는 점이다. 법학자 케이스 발데익(Kees Waaldijk)과 동료들은 결혼과 파트너십의 "법적 효과의 수준"이라는 척도를 만들었다. 2003년에 동성 커플에게 권리를 부여한 9개국에서 법률가들이 육아, 세금, 자산 분할, 상속, 건강 보험, 연금, 기타 요인 등의 측면에서 법적 기혼 부부의 권리 및 의무와 동거, 등록 또는 결혼한 동성 커플의 권리 및 의무를 비교하였다.[13] 나는 동성 커플이 단순히 동거하는 것과 대비해 결혼하거나 등록했을 때 경험하는 권리상·의무상의 이득을 파트너십 등록률과 비교했는데, 어떤 관련성도 발견되지 않았다.(표 3.1 참고) 그래프상의 점들은 아무렇게나 흩어져 있는 것처럼 보인다.

또 다른 비교에서는 각국의 사회 보장 지출을 살펴보았으며, 역시 뚜렷한 패턴은 없었다. 사회적 지출이 많을수록 파트너십 등록률이 낮다는 결과는 나오지 않았다.(표 3.2 참고. 약한 음의 상관관계가 있었으나 통계적으로 유의하지 않다.) 이상의 두 가지 비교를 통해 유럽에서는 결혼의 실용적 가치가 낮다고 결혼율이 낮아지지는 않음을 알 수 있다. 이는 결혼율이 어느 정도이든 마찬가지다.

결혼의 가치를 평가하는 다른 방법은 이성 커플과 동성 커플의 행동 비교다. 이 비교는 일부 논자들이 제기한 '결혼 문화' 설명론으로 귀결된다. 두 가지 훌륭한 척도가 사용되는데, 바로 이성 동거율(표 3.3 참고)과 이성 결혼율(표 3.4 참고)이다.[14]

동성 결혼율은 높지만 동거율과 결혼율이 낮은 벨기에를 제외한다면 이성 동거율 및 결혼율과 동성 커플의 등록률 및 결혼율 사이에 뚜렷한 연관성이 보이지 않는다.(벨기에를 포함해도 상관관계는 통계적으로 유의하지 않다. 다만 동거율과의 관계에서는 유의한 수준에 근접한다.) 즉 이러한 데이터를 통해 이성 커플의 결혼 동기 부족과 동성 커플의 등록률 및 결혼율 사이에 어떤 연관성을 뒷받침하는 증거도 찾을 수 없다.

그러나 파트너십 등록률과 결혼에 대한 신념 간의 한 가지 흥미롭고 뚜렷한 관계를 발견했다. 세계 가치관 조사(World Values Survey)는 다양한 국가의 응답자에게 결혼이 구시대적 제도라고 생각하는지 질문했다.(이 자료에 대해서는 4장에서 자세히 살펴본다.) 결혼이 시대에 뒤떨어진다고 생각하는 사람이 많은 국가에서 결혼율이 낮으리라고 예상하는 것이 타당하다. 예상대로 표 3.5는 결혼이 구시대적이라고 믿는 사람이 많을수록 이성 결혼율이 낮음을 보여 준다. 하지만 이러한 음의 상관관계가 통계적으로 유의하지는 않았다.

보다 놀라운 점은 표 3.6에 나타나는 동성 커플의 패턴은 그 반대라는 것이다. 즉 동성 커플의 등록률이나 결혼율은 결혼이 구시대적이라는 믿음이 설득력을 얻는 국가에서 더 높았다! 아마 이러한 관계는 2장에서 라헐이 말한 반전을 보여 주는 것 같다. 이성 커플에게 결혼은 고지식한 것일 수 있지만 동성 커플들은 자신들의 결혼이나 파트너십 등록제가 처한 상이한 정치적 맥락을 고려해 고지식한 면을 쉽게 못 본 체하고 넘어갈 수 있다고 느낀다. 혹은 결혼권과 등록권을 쟁취하기까지 피할 수 없었던 정치적 싸움을 생각하면 동성 커플들은 이성 커플에 비해 이 권리를 당연히 주어진 것으로 여기는 경향이 약할지도 모른다.

표 3.1   법적 이익 대비 파트너십 등록률

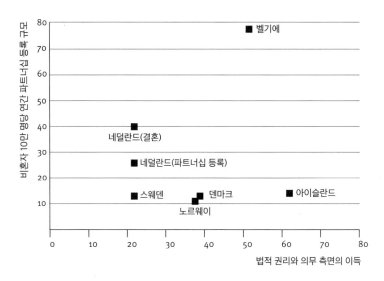

표 3.2   사회 보장 지출 대비 파트너십 등록률

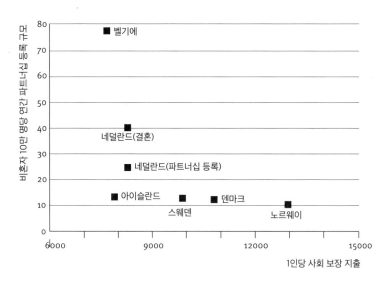

표 3.3   동거율 대비 파트너십 등록률

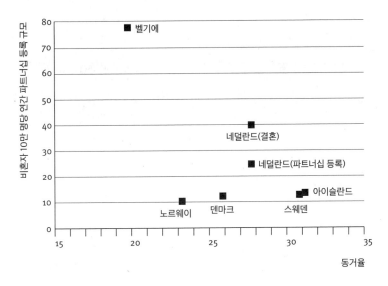

표 3.4   파트너십 등록률 대 결혼율

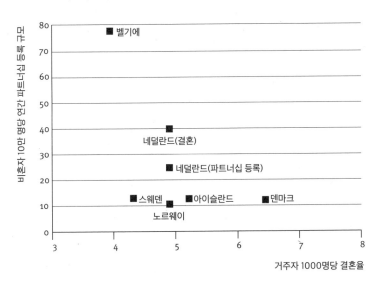

표 3.5   이성 결혼율 대 결혼은 구식이라는 생각

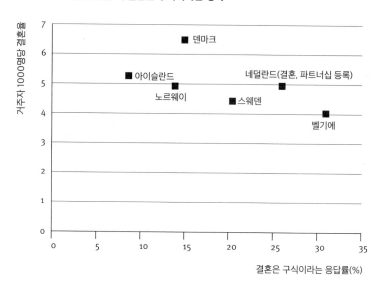

표 3.6   파트너십 등록률 대 결혼은 구식이라는 생각

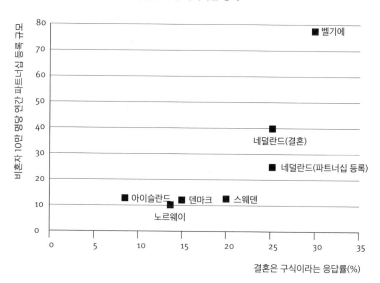

마지막 그래프의 숫자를 보면 결혼에 대한 신념의 잠재적 중요성이 확인된다. 초기에는 덴마크, 노르웨이, 스웨덴, 벨기에, 네덜란드의 등록이나 결혼 절차에서 남성 커플의 등록 건수가 여성 커플의 등록 건수를 크게 앞질렀다. 하지만 시간이 지나면서 여성들이 따라잡기 시작했고, 현재는 남성 커플과 여성 커플의 등록자 건수가 매년 비슷하다. 이러한 경향은 네덜란드 커플과의 인터뷰에서 결혼에 관한 특정 생각이 결혼을 결정하는 데 걸림돌이 되는 것으로 나타났던 결과와도 들어맞는다. 인터뷰에서 나타나듯 많은 레즈비언에게는 애초에 이데올로기적 장벽이 높았다. 전체적인 상황을 보면 시간이 흐르면서 여성들의 결혼관이 변했거나 여성들의 특정 욕구가 변하면서 결혼이 더 좋은 선택지가 되었음이 드러난다.

유럽과 미국에서의 게이, 레즈비언, 양성애자의 결혼에 대한 관심을 비교하면 결혼 결정에서 구체적인 혜택이 갖는 잠재적 중요성이 부각된다. 미국 커플들은 유럽의 동성 커플보다 결혼에 관심이 많은 것으로 보인다. 1990년대 초기에, 그레첸 스티어스는 매사추세츠에 거주하는 90명의 레즈비언과 게이에게(이들 중 78%에게 연인이 있었다.) 결혼이 가능해진다면 할 의사가 있는지 물었는데, 58%가 결혼할 것이라고 응답했다. 다른 증거를 보면 이후에도 미국에서 결혼에 대한 관심이 증가했음을 알 수 있다.

• 2003년 해리스인터랙티브와 위텍콤커뮤니케이션이 성인 동성애자, 양성애자 748명을 대상으로 실시한 온라인 조사에서 응답자의 78%가

헌신적인 관계라면 법적으로 결혼하기를 원한다고 말했다. 심지어 평균적인 동성애자보다 젊고 교육 수준이 낮은 경우에는 결혼을 원한다는 응답이 더 높았다.[15]

- 2001년 미국의 12개 주요 도시에 거주하는 405명의 동성애자, 양성애자를 대상으로 한 조사에서, 응답자 74%가 언젠가는 결혼할 것이라고 응답했다.[16]

- 뉴욕 10대 동성애자, 양성애자를 대상으로 한 최근 조사에서도 결혼에 대한 열망을 엿볼 수 있었는데, 61%의 젊은 남성과 78%의 젊은 여성이 동성 파트너와 결혼할 가능성이 매우 높다고 응답했다.[17]

기회가 주어지자 유럽의 동성 커플에 비해 훨씬 많은 미국의 동성 커플이 결혼하거나 등록한 것으로 보인다. 미국 인구통계국(U.S. Census Bureau)이 실시한 미국 지역 사회 조사(American Community Survey) 또한 동성 커플 통계에 대한 더 나은 데이터를 제공하며 적합한 비교 기준이 된다.[18] 버몬트에서는 2000~2007년 51%의 동성 커플이 시민 결합을 맺었다.[19] 매사추세츠에서는 결혼을 선택할 수 있게 된 첫 3년 동안 10만 385쌍 이상의 동성 커플이 결혼했는데, 이는 매사추세츠에 거주하는 동성 커플의 44%에 해당한다. 2008년 캘리포니아에서 잠시 동안 동성 커플의 결혼을 허용하기 전에 캘리포니아의 동성 커플들 가운데 44% 이상이 가정 동반자로 등록했다.

그러나 미국에서는 91%의 이성 커플이 결혼하므로 게이나 레즈비언 커플에 비해 이성 커플이 결혼할 가능성이 여전히 높다. 동성 결혼율은 계속 상승하기 때문에 어느 순간에는 이성 결혼율을 따라잡을 가능성도 존재한다. 그리고 미국에서는 여성 커플이 결혼하거나 등록할 확률이 남성 커플에 비해 높아서 유럽의 패턴과는 반대며, 이는 자녀 양육과 관련된 결혼의 실용적 가치의 중요성을 보여 준다. 미국에서는 게이 가정보다 레즈비언 가정에서 자녀를 키우는 경우가 많으며, 미국 동성 커플의 출산율은 네덜란드와 스칸디나비아 국가의 동성 커플에 비해 높은 수준이다.

3장에서는, 동성 커플 가운데 4분의 1만 결혼하거나 등록한 네덜란드에 비해 미국의 동성 커플들이 더 많이 결혼하는 몇 가지 이유를 제시한다.

- 네덜란드보다 미국에서 직장 의료 보험 등 결혼에 수반되는 혜택이 더 많다.
- 네덜란드와 달리 미국에서는 동성 커플이 동거만 해서는 취득할 수 있는 명시적인 권리나 의무가 없다.
- 미국 동성 커플의 자녀 양육률이 더 높다. 미국 인구 총조사에 따르면 대략 남성 커플 5쌍 중 1쌍, 여성 커플 3쌍 중 1쌍이 가정에서 자녀를 키운다. 유사한 네덜란드 데이터를 보면 동성 커플의 9%만이 자녀와 함께 산다.[20]
- 미국의 결혼율이 더 높다. 종교적이기 때문일 수 있고, 다른 가치(4장의 논의 참고)가 더 높기 때문일 수도 있다. 이런 측면이 동성 커플(그리고 이성 커플)이 결정을 내리는 문화적 맥락을 변화시킨다.

종합하면 네덜란드에서의 증거와 미국 동성 커플 연구에서의 발견은 결혼하지 않겠다는 결정이 결혼 제도에 대한 경멸이나 완전한 거부를 반영하지는 않음을 알려 준다. 오히려 네덜란드와 미국의 동성 커플들은 결혼을 중대한 단계로 보며 파트너에 대한 헌신과 함께하려는 의지 없이는 결혼을 약속하지 않는다. 많은 이들에게 자녀를 갖겠다는 결정은 중요한 법적·문화적 연결 관계를 통해 결혼과 연관된다. 결혼하지 않기로 결정한 사람들은 때때로 결혼의 제도적 측면에 대해 의견을 달리하지만 2장에서 언급했고 5장에서도 더 논의하듯이 그런 생각은 영향받기 쉽고, 시간이 지나면서 변하는 것으로 보인다. 커플의 결정에 영향을 미치는 요인들의 복잡성과 커플이 결정을 내리는 법적·사회적 맥락의 다양성은 이성 커플에 비해 동성 커플의 결혼율이 낮은 이유를 설명하는 데 확실히 유용하다.

결혼의 대안 선택하기: 진짜 대 고작 이것

동성 커플의 결정을 포착하는 한 가지 확실한 방법은 결혼하거나 등록한 동성 커플의 비율을 보는 것이지만, 지금까지 이 장에서 살펴본 것처럼 이 비율은 결혼에 관한 신념 표명과 분명 다르다. 내 생각에는 선택을 다른 관점으로 보면 일반적인 결혼의 가치에 대한 동성 커플의 견해에 대해 훨씬 더 흥미로운 사실을 알게 될 것 같다. 2장에서 이야기했듯이 네덜란드에서는 모든 커플이 관계의 공식화 여부와 방식을 다양하게 선택할 수 있다. 이 장의 후반부에서는 동성 커플과 이성 커플이 결혼의 대안과 비교해 결혼을 어떻게 생각하는지 살펴본다. 관련 이야기와 통계 모두 커플이 선택할 수 있는 여러 공적이고 법적인 선택지 가운데 결혼이 가장 우위에 있음을 분명히 보여 준다.

'결혼'이라고 부르지 않는 대신 결혼의 거의 모든 권리와 의무를 동성 커플에게 부여하는 정치적 타협의 결과 1998년 모든 네덜란드 커플은 파트너로 등록할 권리를 쟁취했다. 내가 인터뷰한 대부분의 동성 커플은 결혼과 파트너십 등록제의 일부 법적 차이를 알았지만 그 차이점들을 사소하게 여겼다.(흥미롭게도 앞서 말했듯이 이들은 동거와 결혼의 법적·실용적 차이점 역시 비교적 사소하다고 보았다.) 동성 커플과 이성 커플 모두가 결혼과 파트너십 등록제 중 하나를 선택할 수 있도록 허용되어야 한다는 생각도 대부분이 지지했다. 그럼에도 결혼이나 등록 여부에 상관없이 거의 모든 이들이 파트너십 등록제에 대한 거부감을 드러내며 결혼에 비해 사회적·문화적으로 이류라고 확실히 인식했다.

인터뷰이 가운데 파트너십을 등록한 네 커플은 모두 결혼이 법적으로 가능해지기 전에 그 지위를 선택한 경우였다. 네 커플 중 파울과 야비르 커플만 결혼보다 파트너십 등록제를 선호했다. 2장에서 말했듯 파울은 자신이 그렇게 결정한 이유를 확실히 인지했다. "결혼은 평생을 위해 선택하는 인생의 중요한 결정이라고 생각해요. 야비르와는 확신이 없어요. 이것이 제가 결혼하지 않은 직접적인 이유입니다." 파울이 설명했다. 영속성은 결혼의 법적 이상이 아니라 문화적 이상이고, 영속성에 대한 문화적 기대가 없는 또 다른 선택지가 있다는 것이 파울에게는 유용했다.

파트너로 등록한 다른 세 커플은 결혼이 다를 뿐 아니라 어떤 점에서는 나은 지위라고 생각했다. 헤르트와 빌럼은 파트너십 등록(그리고 예식)을 결혼이라고 불렀다. 둘은 주말 내내 정성 들여 준비한 결혼 축하연을 벌이면서 이날을 기념했고, 하객이 마련해 준 축의금으로 바로 세계 여행을 떠났다. 두 사람은 자신들의 파트너십 관계를 공식적으로 결혼으로 전환하지 않았다. 전환으로 얻게 될 변변치 않은 법적 이익보다 전환에 소요될 시간과 비용(수백 유로)이 크다고 생각했기 때문이다. 라우라와 리아는 나와 이야기를 나눌 당시 일주일 후 파트너십에서 결혼으로 전환할 예정이었다. 그리고 이네커와 디아나는, 파트너십 등록제는 "진짜가 아니라 기독교 정당을 기쁘게 해 주려는 것"이기 때문에 가능했더라면 결혼을 선택했을 것이라 암시했다.

기혼 커플들은 당연하게도 파트너십 등록제에 가장 적대적이었다. 이들은 명백한 선택의 상황에 놓여 있었고, 결혼을 선택했다. 그러나 결혼이나 등록을 하지 않은 커플들조차 파트너십 등록제가 자신들에게 훨씬 바람직하지 않은 형태라고 말했다. 이 두 집단에 속하는 커플이 파트너십 등록제를 보는 시각은 경멸부터 결혼이 더 우월하다는 식으로 분명하게 신념을 밝히는 것까지 다양했다. 아이가 생기자마자 파트너인 미리암과 결혼한 마르흐릿은 말했다. "파트너십 등록제는 개떡 같아요. CDA(네덜란드 기독민주당)스럽죠. 파

트너십 등록제는 고작 이 정도밖에 안 되는 거예요." 로프는 사회가
커플보다는 개인을 중심으로 조직되는 것을 선호하기 때문에 결혼
에 반대하지만 파트너십 등록제는 결혼보다 "심지어 더 우스꽝스
러운" 것이라고 생각했다.

　'등록 파트너' 지위의 무미건조함은 결혼이 풍부한 감정적 의
미를 띠는 것과 극명하게 대조된다. "모든 이들이 결혼으로 나아가
는 전 단계로 파트너십 등록제가 괜찮다고 생각했고, 이 점에서 파
트너십 등록제를 지지했어요." 아네커가 회상했다. 그녀는 등록도
결혼도 하지 않았다. "하지만 개인적 차원에서는…… 등록하고 싶
지 않아요. 회계사의 보고서 결과처럼 들리잖아요. '등록 완료.'"

　오토와 브람의 결혼 결정은 감정적이면서 영적인 것이었고, 파
트너십 등록제와는 맞지 않았다. 오토는 이 대안적 제도에 대해 별
로 좋게 말하지 않았다. "결혼 결정은 정말이지 감정적인 것이에요.
영적이라고까지 말할 생각은 아니었지만 지나고 보니 매우 영적이
었어요. 결혼은 감정에 따라 결정하는 것입니다. 그런데 파트너십
등록제는 이름부터가 매우 실용적으로 들리죠. 문서를 작성한다,
계산한다 그리고 셈을 맞춰 본다 하는 것처럼요."

　2006년 불러불키 연구진의 조사는 선택권이 있는 커플들에게
파트너십 등록제가 매우 다른 것을 의미한다는 의견을 뒷받침한
다. 그들이 조사한 커플 가운데 파트너십 등록 커플은 결혼을 선택
한 커플에 비해 자신들이 관계를 공식화한 이유로 현실적인 근거를
언급하는 경향이 컸다. 기혼 커플들은 감정적이고 상징적인 이유로

결혼을 선택했다고 응답했다.

내가 인터뷰한 대부분의 네덜란드 커플들은 역사적 맥락에서 파트너십 등록제가 평등을 향해 나아가는 좋은 단계임을 알았지만 결혼이 명백히 더 나은 것이라고 믿었다. 이들에게 결혼은 보다 완전한 법적 지위나 법적 평등을 상징했다. 엘런과 사스키아는 결혼하는 것에 관해 생각하기 시작할 때 파트너십 등록을 고려했다. 그러나 그들은 이성애자들이 하는 '진짜'를 해야 한다고 결심했다. "우린 아주 똑같은 사람이에요. 그 이하로는 안 합니다." 엘런이 힘주어 말했다.

결혼에는 함축되어 있는 사회적 함의가 최근의 정치적 발명품인 파트너십 등록제에는 결여되어 있기 때문에 많은 네덜란드 커플들은 결혼이 낫다고 보았다. 마르타와 린은 파트너십 등록제 대신 결혼을 선택했는데, 결혼은 실체가 있다는 것이 그 이유였다. 린에게 결혼은 "이 사람이 여생을 함께하기 위해 내가 선택한 바로 그 여자입니다."라는 선언이었다. 그녀의 오빠와 언니가 결혼할 때 그랬던 것처럼 말이다. 파트너십 등록제로는 그 같은 메시지를 전할 수 없었다.

결혼은 특별한 메시지를 전할 뿐 아니라 그 메시지는 받는 사람이 이해할 수 있는 것이다.[21] "결혼의 멋진 점 중 하나가 사람들이 뭔지 안다는 거예요. 두 살짜리도 결혼을 이해해요. 결혼은 사회적 맥락화된 개념이라, 모든 사람이 그 의미를 알아요." 마르타가 지적했다. 다른 커플들은 파트너십 등록제와 달리 결혼의 의미는 다른 국가에서도 받아들여진다는 점을 지적했다. 다른 국가에서 네덜란드 동성 커플의 결혼은 인정해 주지만 파트너십 등록제는 인정해 주지 않는 경우도 있다.

네덜란드는 커플에게 다양한 법적 선택지를 제공한다는 면에서 독보적이지만 다른 나라에서는 결혼에 미치지 못하는 여러 지위에 대한 비슷한 부정적 감정 때문에 등록률이 낮다고 설명할 수 있을 것이다. 에스크리지와 스페데일은 덴마크의 낮은 파트너십 등록률이 파트너십은 '진정한' 결혼이 아니라는 사실에 기인한다는 견해를 일축한다. 이들은 파트너십으로 등록하겠다는 덴마크 커플들의 결정을 결혼으로 보고, 사회적 차원에서는 파트너십 등록제가 결혼과 같은 대접을 받는다고 주장한다. 그러나 덴마크의 동성 커플들은 결혼을 선택할 수 없기 때문에(이성 커플은 파트너십 등록제를 선택할 수 없다.) 결혼이 가능하다면 현재의 선택지인 파트너십 등록제를 차선책으로 보게 될지 알 방법이 없다.

어떤 지역에서는 결혼이 아닌 지위라는 문화적·정치적 상징이 게이와 레즈비언 커플에게 차이와 열등함이라는 아주 분명한 메시지를 전달한다. 결혼의 여러 대안적 제도에는 일반적으로 예식이 빠져 있고, 유럽이나 북미의 문화적·사회적 삶 속에서 자리 잡히지 않았다. 결혼과 관련이 있다는 것을 제외하면 그 의미를 강화하는 문화적 의례나 이해가 결혼의 대안적 제도에는 존재하지 않는다. 동성 커플들이 기지를 발휘해 언약을 기리는 자신들만의 의식을 만들어 왔지만 결혼과 비공식적이거나 법적인 효력이 적은 서약 간의 불평등은 뚜렷하게 남아 있다.[22] 동성 커플에게 허용된 결혼의 여러 대안이 결혼보다 열등하게 고안되었다는 것을 그들은 분명하고 정확하게 인식한다.

예컨대 프랑스에서 이성 커플은 결혼할 때 증인들과 함께 시청으로 간다.[23] 이 커플은 결혼하러 온 다른 사람들과 함께 결혼식을 위해 마련된 특별한 방 밖에서 기다린다. 차례가 되면 둘은 시장이나 지정된 대리인 앞에서 혼인 서약을 한다. 이와는 확연히 다르게 프랑스에서 동성 커플을 인정하는 가장 강력한 법적 형태인 시민 연대 계약에 등록하려는 동성 커플은 증인도 필요 없이 1심 법정에 가서 법원 서기 사무실에서 합의를 등록한다. 어떤 의례 절차도 없고 이날을 기념하기 위한 특별한 과시 요소도 없다. 이 커플은 등록을 기다리는 동안 빚이나 집주인과의 분쟁에 관한 법원의 판단을 구하는 다른 사람들과 대기실을 함께 써야 할 수도 있다. 인류학자 윌프리드 로(Wilfried Rault)는 이등 시민의 지위를 상기시키는 이런 상황들을 "상징적 폭력"이라고 명명했다. 동성 커플들은 자신들의 열등한 지위를 분명하게 인식하며, 이를 보상하기 위해 예복을 갖춰 입고 친구와 친척들(법원 서기의 사무실에 들어가지 못하고 문 앞에서 기다려야 한다.)을 부르고 등록이 끝난 후에 있을 사적인 예식이나 축하연을 준비하는 데 최선을 다한다.

심지어 평등한 국가인 스웨덴조차 파트너십 등록과 결혼 사이에 차이를 둔다. 옌스 뤼드스트룀(Jens Rydström)은 결혼과 파트너십의 민간 예식에 존재하는 비교적 사소한 차이가 상징적 불평등을 강화한다고 주장한다. 예를 들면 이성 커플에게는 주례를 맡은 공무원이 두 사람이 결혼하였음을 '선언'하지만 동성 커플에게는 두 사람이 등록되었다고 '통지'한다. "이것이 파트너십을 더욱 계약처럼 보이게 합니다. 반면에 결혼은 거의 마법처럼 두 사람을 한 몸으로 변화시킵니다."[24] 결혼식은 이성 커플의 "다음 세대에 대한 책임"을 확인해 주는데, 등록 파트너들에게는 이러한 책임이 없고 따라서 책임이 상징적으로 부정된다.

유럽 커플들의 경험이 말해 주듯 결혼할 자격이 없는 상황에서 결혼의 대안은 한낱 차선책에 불과한 상징적이고 표현적인 의미를 띤다. 2008년 캘리포니아 주 대법원은 가정 동반자 관계의 이러한 결함을 언급했다. 즉 결혼과 비교할 때 가정 동반자 관계는 이등 시민이라는 표지가 될 수 있고, 사회적 이해도 더 낮다는 것이다.[25] 실제로 이러한 결혼의 법적 대안이 한계를 지니는 이유는 결혼이라는 행위에 사회적·문화적 의미를 부여하는 잘 발달한 사회적 제도로 연결되지 않기 때문이다. 일단 결혼이 가능해지면 이 상징적 사다리의 지위가 명확해진다. 다시 말해 결혼이 동성 커플들을 위해 만들어진 대안적 제도들을 이긴다.

선택지의 새로운 순위

각각의 법적 지위를 선택한 커플의 수를 비교하면 이들이 생각하는 결혼과 파트너십 등록제의 상대적 가치를 평가할 수 있다. 네덜란드에서만 모든 커플에게 두 가지 법적 선택이 열려 있으며, 이와 더불어 명시적인 계약이 있는 동거와 계약이 없는 동거를 선택할 수도 있다. 사실 국제 통계와 미국 통계에 나타나 있는 한층 일반적인 상황을 보면 네덜란드 커플의 인터뷰에서 본 것과 똑같이 대안적 제도에 대한 열망이 확실히 부족하다는 점이 드러난다. 동성 커플들은 이성 커플에 비해 이 새로운 법적 지위를 더 많이 활용하려 하지만 이것은 아마도 동성 커플이 선택 가능한 것 중에 결혼에 가장 근접한 지위를 원하기 때문일 것이다.

네덜란드에서는 1998~2007년 사이에 1만 401쌍의 동성 커플이 파트너로 등록했다. 매년 1040쌍이 등록한 셈이다. 그러나 동성 커플이 결혼을 선택할 수 있게 된 훨씬 짧은 기간(2001~2007년) 동안 거의 1만 700쌍이 결혼했다. 다시 말해 매년 1528쌍의 동성 커플이 결혼했다. 보다 중요하게 동성 커플의 파트너십 등록 건수가 2001년까지는 연간 1500~3000건이었는데, 2001년 이후부터는 연간 500~700건으로 급격하게 감소한 반면 결혼 건수는 그 두 배로, 동성 커플들의 강한 결혼 선호도를 보여 준다.

2001년 네덜란드 입법부에서 동성 커플에게 결혼을 개방할 때 파트너로 등록한 일부 동성 커플들이 결혼을 원할 수도 있음을 인식하였다. 그래서 새로운 법에는 파트너십 등록제에서 결혼으로, 혹은 그 반대로 전환할 수 있는 절차가 포함되었다. 파트너십에서 결혼으로 전환한 수치는 알 수 없다. 따라서 여기에서 언급하는 합계에는 일부 중복 집계된 사례가 있을 수 있다. 인구 통계학자 리스벳 스테인호프(Liesbeth Steenhof)는 네덜란드의 인구 등록부(파트너십 등록과 결혼을 구별한다.)를 이용하여 2005년까지 네덜란드에서 약 12%의 동성 커플이 결혼했으며, 10%는 파트너로 등록한 것으로 추정했다.[26] 그러므로 결혼이나 결혼과 거의 유사한 지위를 선택한 동성 커플의 비율은 최소 22%에 달한다.

이성 커플 역시 결혼에 찬성표를 던진다. 2007년까지 10년 동안 네덜란드에서 대략 3만 500쌍(연간 약 3700쌍)의 이성 커플만이 파트너로 등록했다. 네덜란드의 연간 결혼 건수가 7~8만 건에 이르는 것과 비교하거나 동거하는 이성 커플이 70만 쌍인 점을 고려하면 상당히 적은 수다.[27] 네덜란드의 기혼 커플이 350만 쌍, 비혼 커플이 70만 쌍이므로 파트너십 등록제 '채택률'은 비혼 이성 커플의 약 5.3%이고 결혼 여부와 상관없이 본다면 전체 이성 커플의 0.9%에 불과하다는 계산이 가능하다. 이성 커플에게 파트너십 등록제라는 대안이 생기면서 파트너십 등록제와 결혼 간의 전환 과정과 관련된 특이하고 새로운 현상으로 인해 흥미로운 사건이 발생하였다. 정책 입안자들은 이를 예상치 못했는데, 2007년까지 3만 7000쌍가량의 이성 커플이 파트너십으로 신규 등록한 것 외에도 2만 8567쌍의 이성 기혼 커플이 결혼에서 파트너십으로 전환하였다. 이러한 전환한 경우 등록한 파트너십 관계에만 '즉석 혼인 무효(flash annulment)' 또는 간소한 행정적 파경 절차를 통해 대부분 신속하게 결혼의 효력이 정지되었다.[28] 이러한 즉석 혼인 무효는 동성 커플에게 결혼권을 부여한 법이 의도하지 않은 결과였다. 그러나 네덜란드 인구 통계학자들은 2001년 이래 이혼 건수가 즉석 혼인 무효 건수보다 크게 감소했기에,[29] 파트너십 등록제로의 전환이 전체 결혼 종결 건수를 증가시키지는 않았다고 지적했다. 단지 종결의 방법을 바꾸었을 뿐이다.

물론 많은 네덜란드 이성 커플들이 결혼이나 파트너십 등록에 대해 신경 쓰지 않는다. 네덜란드에서는 2003년에 전체 커플의 17%에 이르는 70만 쌍(아마도 대부분 이성 커플)이 결혼 제도 밖에서 동거했다. 이 가운데 절반 정도가 동거 계약을 했다. 다시 말해 약 8.5%의 네덜란드 커플(대부분 이성 커플)이 관계를 법적으로 체계화하기 위해 결혼이나 파트너십 등록 대신 동거 계약을 선택한다. 내가 인터뷰한 동성 커플들을 근거로 판단해 보면 동거 계약은 담보 대출을 받거나 동거 커플을 위한 혜택을 받을 때 중요하며, 이것이 놀랄 만큼 높은 동거 계약률을 설명해 준다.

이성 커플의 관점에서 보면 관계를 법적으로 체계화하기 위한 선택으로 결혼이 확실한 1위이며, 사적인 동거 계약이 있거나 없는 동거가 그 뒤를 잇는다. 파트너십 등록제는 차이가 많이 나는 4위다. 비록 지금까지는 많은 동성 커플이 어떤 공식적인 법적 지위도 없는 단순 동거를 선택해 왔지만 게이와 레즈비언 커플들은 이성 커플과 마찬가지로 관계를 공식화하기로 결심할 때 결혼을 선택한다. 결혼에 관한 동성 커플과 이성 커플의 태도 간 유사점이 다시 한 번 뚜렷이 나타난다.

이렇게 효과적인 결혼에 대한 총투표 상황을 만든 나라는 네덜란드밖에 없다. 프랑스와 벨기에가 가장 근접해 있는데, 동성 커플을 위해 만들어진 지위를 이성 커플도 선택하게끔 허용한다. 안타깝게도 프랑스에서 "시민 연대 계약을 맺은" 이성 커플이나 벨기에서 법적 동거인으로 등록한 이성 커플에 대한 통계를 구할 수 없다. 심지어 프랑스에서는 국가가 시민 연대 계약을 동성 파트너와 이성 파트너로 세분화하여 추적하거나 보고하는 것을 법으로 금지했다.[30]

미국에서는 대략 25%의 게이, 레즈비언 커플이 주 차원에서 부여하는 법적 인정을 선택할 수 있다. 미국의 동성 커플들은 결혼이나, 권리와 의무 면에서 결혼과 매우 가까운 지위에 대해 가장 열광적이다. 앞서 이야기했듯이 매사추세츠에 사는 게이와 레즈비언 커플 들은 인상적인 결혼 추이를 보였는데, 결혼이 가능해진 첫해에 이들 중 37%가 결혼했다.[31] 그에 반해 시민 결합의 지위를 부여하는 주(버몬트, 뉴저지, 코네티컷)에서는 시행 첫해에 12%만이 등록했고, 가정 동반자 관계를 부여하는 주(캘리포니아, 워싱턴, 뉴저지, 메인, 워싱턴 D. C.)에서는 첫해에 겨우 10%만이 등록했다. 또 다른 시각에서는 첫해에 결혼과 동일하거나 거의 같은 권리를 부여하는 지위(주로 결혼과 시민 결합)로 등록하는 커플의 비율과 제한된 권리를 부여하는 지위로 등록하는 커플의 비율을 비교한다. 결혼과 준결혼 지위는 시행 첫해 21%의 커플을 끌어들인 반면 제한적인 지위는 첫해에 10%의 커플만을 끌어들였다.

캘리포니아와 뉴저지에서는 나이가 많은 이성 커플들 역시 가정 동반자 관계로 등록할 수 있는데, 이들이 어떤 행동을 취했는지 살펴보면 대부분이 결혼을 선호한다는 사실이 재확인된다.[32] 이들 가운데 극소수만이 가정 동반자 관계를 선택했다. 등록을 위해서는 파트너 가운데 한 명 이상이 62세 이상이어야 하기에 자격을 갖춘 대상이 제한적이기는 하지만 캘리포니아에서는 가정 동반자 관계 등록자의 5~6%만이 이성 커플이었다.[33] 캘리포니아의 2000년 총조사 자료에 따르면 이 숫자가 대상 연령 집단의 이성 커플 가운데 단 6%에 해당하며, 따라서 94% 내외는 비등록, 비혼으로 남았다. 뉴저지에서는 2004년 7월부터 2006년 5월까지 가정 동반자 등록 커플 4111쌍 중 90쌍만이 이성 커플이었다.[34] 이 숫자를 대상 연령 가운데 3400쌍의 이성 비혼 커플과 비교하면 2.7%라는 매우 낮은 채택률이 계산된다. 미국의 다른 지역에 대한 또 다른 연구에서는 대학 도시들의 가정 동반자 관계 등록 커플 중 10%만이 이성 커플인 것으로 조사되었다.[35] 이 역시 결혼 외의 선택지에 대해서는 이성 커플들이 매우 낮은 관심을 보인다는 사실을 시사한다.

흥미롭게도 이처럼 이성 커플 등록자가 적다는 사실은 가정 동반자에게 혜택을 제공하는 미국 고용주들의 경험과는 극명하게 대조된다. 이성 파트너 관계는 전체 등록 시스템에서는 극소수에 불과하지만 직장에서는 그 수가 동성 파트너의 수를 크게 앞지른다.[36] 아마도 커플로서의 완전한 법적·사회적 인정을 바란다면 결혼하면 되는 이성 커플에게는 이 대안적 지위의 상징성이 별 의미가 없거나 이성 커플에게 등록 의무가 덜 매력적이거나 그다지 구미가 당기지 않는 혜택이기 때문일 터다.

종합하면 지금까지 유럽과 미국의 커플들에게 부여된 대안적 법적 지위의 경험은 다음과 같은 몇 가지 결론을 말해 준다.

- 동성 커플은 자신들의 관계가 법적으로 인정되기를 원하며, 결혼과 가장 근접한 선택지를 선호한다.
- 동성 커플, 이성 커플 모두 다른 법적 형식보다는 결혼을 선호한다.
- 극소수의 비혼 이성 커플이 법적으로 인정되는 대안적 지위를 활용한다.

2장에서도 그랬듯이 여기에서 드러난 동성 커플의 결혼 결정 과정도 친숙한 광경이지 완전 새로운 무언가가 아니다. 누군가의 눈에는 네덜란드나 미국에서 결혼을 선택하는 동성 커플의 비율이 낮아 보일 수 있지만 역사적·사회적 상황을 고려할 때에는 높아 보인다. 네덜란드의 동성 커플은 이성 커플과 마찬가지로 관계를 체계화하고 공식화하기 위한 다양한 선택지 중에 결혼을 맨 꼭대기에 올려 둔다. 그리고 미국에서도 같은 일이 일어난다는 증거가 나타난다. 보다 다양한 국가들을 아우르는 조사에서는 이성애자 사이에서 결혼에 대한 회의론이 증가하는 경향에 동성 커플들이 저항하는 것으로까지 보이는 몇몇 증거가 나오고 있다.

4장에서는 동성 커플의 결혼 선택과 이성 커플의 결혼 결정 사이에 있을 만한 연관성에 대해 직접적으로 살펴본다.

4장
동성 결혼이 이성애자에게 미치는 영향

회색 구름이 하늘에서 내리누르듯 낮게 드리운 네덜란드의 겨울은 우울하기로 악명이 높다. 그러나 파트너십 등록이 마침내 가능해지고, 결혼과 거의 동일한 권리와 의무가 생긴 1998년 1월 1일은 네덜란드 동성 커플들에게 행복한 겨울날이었다. 3년이 조금 더 지난 후 네덜란드 의회는 동성 커플에게 완전한 결혼을 허용했다. 네덜란드의 하늘은 동성 커플에게 결혼 접근권을 준 대가로 더 낮아졌을까?

게이와 레즈비언이 동성의 누군가와 결혼할 수 있도록 허용한 것은 누가 누구와 결혼해도 되는지에 대한 원칙을 개방함으로써 부부의 성별 조합을 변화시킬 것이 분명하다. 앞서 2장과 3장에서 동성 커플이 결혼 여부를 고민할 때 현재의 결혼 제도에 신중하게 접근하는 모습을 설명하였다. 동성 커플들은 결혼 제도의 사회적 영향력과 결혼이 개인에게 미칠 잠재적인 영향을 중시하는 모습을 보였다. 만약 동성 커플이 어디에서나 결혼할 수 있게 된다면 결혼 제도에 어떤 변화가 생길까? 일부에서는 이 변화가 이성 커플의 결혼 결정이나 결혼 제도에 만성적인 악영향을 미칠 가능성이야말로 결혼 평등권을 지향하는 운동을 약화하거나 중단해야 할 한 가지 타당한 이유라고 주장해 왔다. 다시 말하면 일부 사람들은 보다 문화적 의미에서 결혼의 의미가 바뀌는 것을 두려워한다. 특히 이들은 결혼 개방이 이성 커플의 결혼 욕구를 감소시키고, 그럼으로써 자녀 양육에 대한 부모의 헌신과 관심이 줄게 되어 자녀들이 위협받으리라 우려한다.

미국에서 이러한 견해를 전파하는 가장 영향력 있는 저술가 중한 명이 보수 논객 스탠리 커츠다. 그의 주장은 결혼의 가장 중요한 목적이 아이를 갖는 것이라는 가정에 뿌리를 둔다. 커츠는 동성 결혼의 결과 이성애자들의 마음에서 결혼과 출산·양육 사이에 더욱 큰 괴리가 생겼다는 주장을 뒷받침하기 위해 스칸디나비아 국가와 네덜란드처럼 동성 커플의 파트너 등록을 처음으로 허용한 곳에서 결혼율이 점차 감소하고 결혼하지 않고 동거하는 이성애자가 증가하며 혼외 출산이 급격히 증가한다는 점을 지적했다. 그는 "동성 결혼은 결혼과 출산·양육 사이의 괴리 확대의 결과이자 원인이다."라고 결론 내렸다.[1] 다른 원인들로 이미 시작된 괴리 과정을 동성 결혼이 가속화하기 때문이라는 것이다. 동성 결혼의 장기적인 영향에 대한 그의 결론은 파괴적이기까지 하다. 그는 "결혼 자체가 거의 완전히 사라져 간다." "결혼은 소수 현상이 되고 있다." "우리는 스칸디나비아 국가에서 다름 아닌 결혼 자체의 종말이 다가오는 것을 지켜보고 있다."라고 결론 내렸다.[2] 커츠는 동거하는 사람들의 결별률이 더 높고, 비혼 부모가 키운 아이들의 성과는 더 낮기 때문에 이러한 추세가 자녀들에게 재앙이 될 것이라고 경고했다.

스탠리 커츠는 동성 결혼권에 반대하는 보수주의자들 사이에서 통설로 여겨지는 여러 가지 것들을 규정하기도 했다. 커츠는 인구 통계학 연구 결과를 탐독하는 독자며, 인구학적 통계 자료와 스칸디나비아 국가 및 네덜란드의 문화 트렌드를 분석한 자료를 바탕으로 구체적인 주장을 하나하나 끼워 맞췄다. 지난 2~3년 동안 다른 저술가나 학자들이 그랬던 것처럼 나 역시 커츠와 온라인과 지면을 통해 인구 통계학적 추세가 정말 정책 변화 때문인지에 대해 토론을 벌였다.[3] 나는 커츠의 결론이 대단히 잘못되었다고 생각하지만 그 관점은 생각해 볼 만한 중요한 것이다.

다른 사람들도 커츠의 편에 우르르 가담해서 그의 영향력을 입증했다. 2006년 연방 헌법 결혼 수정안에 관한 상원 토론회에서는 몇몇 상원 의원들이 커츠가 개발한 주제들을 표로 만들어 소개했다.[4] 보수적인 헤리티지재단(Heritage Foundation) 연구원들은 인구 통계학적 데이터가 "동성 결혼은 가족을 더 공고하게 만들지 않았으며, 가족의 쇠퇴를 가속화할 것"임을 보여 준다고 주장했다.[5] 가족학 연구와는 다소 연관성이 약한, 법을 비롯한 여러 학문을 연구하는 한 네덜란드 학자 집단에서 2004년 커츠와 놀랄 만큼 유사한 주장을 펼치는 '선언'을 발표했다.

다른 나라에서 동성 결혼 법제화의 찬반 토론이 격렬하다는 점에 비추어 볼 때 동성 결혼 법제화를 위한 장기간 캠페인이 가족의 쇠퇴라는 위험한 추세에 일조했다고 주장할 만한 확실한 과학적 증거가 아직까지는 없다고 보아야 한다. 그러나 네덜란드의 결혼 감소가 동성 결혼을 가능하게 하기 위한 성공적인 공공 캠페인과 관련 있다고 믿을 만한 타당한 이유들은 존재한다.[6]

내가 직접 만나 이야기해 본 네덜란드 인구 통계학자와 그 외 사회 과학자들은 이 견해에 동의하지 않았으며, 이 견해가 네덜란드 학자 사이에서는 확실히 소수 의견이라고 말해 주었다. 그럼에도 이 선언은 커츠의 핵심적인 주장 이면에 담긴 의견에 힘을 실어 준다.

커츠 등은 "반드시 결혼이 먼저, 그리고 자녀"가 결혼과 출산의 가장 중요한 연관성이라고 못 박아서 가정했기 때문에 결혼에 대한 생각이 변했다는 증거를 쉽게 제시할 수 있다. 결혼은 사랑과 헌신 또는 다른 어떤 것, 다시 말해 출산 이외의 다른 무언가에 관한 것이라는 견해를 표현하는 잘 알려진 사람이나 주요 인사를 찾아내기만 하면 되는 것이다. 이들은 동성애자의 권리에 대한 토론을 하는 동안 대중에게 나타나는 결혼에 대한 인식의 급격한 변화가 결정적 증거라고 주장한다. 국가에서 하는 그런 공개 토론은 정치인과 학자, 성직자, 언론의 결혼관을 드러내는 매우 눈에 잘 띄는 무대를 마련해 주며, 이런 생각이 사람들의 태도와 가정, 사회적 제도, 이성애자의 결정에 스며든다고 주장한다. 만약 그러한 잠재적인 여론 형성자들이 결혼을 출산이 아닌 다른 것에 기초한 제도로 설명하면 커츠는 그런 사람들이 결혼의 종말에 일조한다고 비난한다.[7]

역사학자를 비롯한 사회 과학자들은 커츠와 그의 동료들이 전파하는 결혼관이 협소하고 불완전하다는 점을 지적하며 대응했다. 역사학자 스테퍼니 쿤츠(Stephanie Coontz)는 결혼이 현대와 과거의 문화에서 단순한 출산 목적을 넘어 다른 많은 목적으로 기능했음을 보여 준다.[8] 쿤츠는 결혼이 가족과 더 큰 사회 단위를 연결하는 주된 방법이었다고 주장한다. 법적인 결혼은 이 연결 고리를 더 결속한 자산에 대한 협의를 공식화했다. 결혼에서 재산이나 인척 관계가 아닌 사랑의 측면이 강화된 것은 최근 일이다. 20세기에 들어 사람들의 수명이 길어지고 결혼 생활에서 자녀를 키우는 데 쏟는 시간이 줄어들며 경제적 압력으로 두 배우자 모두의 유급 노동이 더욱 중요해짐에 따라 가족생활과 가족법 역시 상황에 맞게 수정되었다.

가능한 또 다른 대응은 동성 커플이 일부 사람들의 예상보다 출산에 많이 관여함을 보여 주는 최근의 인구 통계학적 연구를 강조하는 것이다. 미국에서는 3분의 1가량의 레즈비언 커플이 자녀를 양육하고, 게이 커플 5쌍 중 거의 1쌍이 자녀를 키운다.[9] 최소 9%의 네덜란드 커플들이 자녀를 양육하는 한편 덴마크의 등록 커플 6쌍 중 1쌍이 자녀를 키운다.[10] 이 자녀들 가운데 몇 명이 동성 관계 안에서 태어났는지는 알 수 없지만 동성 커플들이 자녀 양육 과정의 어떤 단계에서 새로운 인간의 재생산에 관여한다는 점은 분명하다.

3장에서 일부 네덜란드 동성 커플이 자녀 계획 때문에 결혼했음을 보았다. 그리고 에스크리지와 스페데일은 파트너로 등록한 덴마크의 동성 커플들에게도 유사한 연관성이 있음을 보고했다. 5장에서 동성 커플들이 결혼에 대해 더 큰 문화적 변동을 유도할 수 있는 비정통적 개념을 품을 가능성에 대해 자세하게 살펴보겠지만 여기에서는 커츠 등에 의해 회자되는 이러한 보수적인 결혼관에서 이성 커플만이 재생산 능력을 지닌다고 가정한다는 정도만 지적한다. 자녀를 갖거나 양육하는 다양한 방법을 고려하면 통계는 사실상 다른 결과를 보여 준다.

그러나 유럽에서의 동성 결혼 '실험'을 재앙으로 보는 사람들의 힐난에 대응하는 직접적인 방법은 결혼 및 자녀 출산에 관한 이성애자의 행동에 나타나는 증거를 엄밀하게 들여다보는 것이다. 유럽에서 이성 커플이 결혼권이나 결혼과 유사한 권리를 동성 커플과 공유하게 되었을 때 이성 커플의 결혼 결정에 어떤 변화가 생겼을까? 우리가 결혼 행위와 결혼에 대한 견해라는 두 가지 측면에서 결혼 제도의 현재적 의미를 보기 때문에 나는 사람들이 결혼에 대해 어떻게 생각하고 어떻게 행동하는지 양 측면을 모두 살펴보고자 한다. 나는 커츠가 사용하는 것과 같은 데이터를 사용하지만(추가 자료도 사용) 커츠의 주장을 평가하기 위해 단순하지만 강력한 다음의 기준을 적용한다.

I. 가족 행동(결혼, 이혼, 동거, 혼외 출산)의 추세 변화가 동성 커플에게

파트너십이나 결혼을 허용하는 정책의 도입 시기와 일치하는가?

2. 파트너십 등록제가 있는 국가는 동성 커플에게 파트너십 등록권이 없는 국가와 달라 보이는가?

3. 정책 토론과 이성애자의 결혼에 대한 태도 및 행동 사이에 논리적 연관성이 있는가?

모든 증거가 각 질문에 대해 "아니요."라는 대답을 가리킨다. 결과적으로 이러한 추세나 이것과 동성 커플의 결혼권 이슈와의 연관성에 대한 나의 결론은 상당히 다르다. 다시 말해 이성애자들의 행동과 생각은 결혼 제도가 수십 년 전의 결혼과는 상당히 달라졌고 동성 커플이 결혼과 유사하거나 동일한 권리를 얻었더라도 결혼이 여전히 대다수 이성애자들의 삶에 유의미한 제도임을 보여 준다.

결혼과 이혼의 추세 파악

기본에서 시작해 보자. 이성애자들에게 결혼의 의미가 변했는지 알아보는 한 가지 방법은 동성 커플이 파트너십이나 결혼권을 얻음으로써 이성애자 본인의 결혼 의지나 이혼 욕구가 변했는지를 물어보는 것이다. 결혼을 규정하거나 결혼을 권유하는 사회적 상황이 어떤 면에서 크게 변했다면 이성애자의 개인적인 결정이 바뀌었을 수도 있다.

하지만 그러한 변화가 곧바로 일어나리라고 예상할 필요는 없을 것 같다. 문화는 하룻밤 사이에 변하지 않으며, 따라서 동성 커플에게 권리를 부여한 역사가 긴 국가들을 살펴보는 것이 타당하다. 1차 대상인 다섯 나라는 1989년의 덴마크, 1993년의 노르웨이, 1994년의 스웨덴, 1996년의 아이슬란드, 1998년(파트너십 등록제)과 2001년(결혼)의 네덜란드다. 이들 국가에서는 이성애자들의 행동에 부정적인 측면이 표면화되기에 충분할 만큼 오랜 기간 동안 동성 커플들에게 권리가 있었다.

사실 동성 커플이 파트너십 등록권이나 결혼권을 획득한 이후 숫자상으로는 결혼 행동에 뚜렷한 변화가 전혀 관찰되지 않는다. 표 4.1은 1960년 이래 각 국가별 인구 1000명당 연간 결혼 건수를 추적한다. 비교를 위해 미국의 수치도 포함하였다. 먼저 주목할 만한 것은 이 국가들의 경우 1960년대 후반이나 1970년대 초반에 가장 결혼율이 높았다는 점이며, 이후 10여 년간 결혼율이 떨어졌는데, 이는 결혼이 점차 덜 일반적이 되었음을 의미한다. 두 번째 특이점은 스웨덴에서의 결혼율 급등인데, 1989년 말까지 비혼 커플에게는 사별한 배우자의 연금을 주지 않기로 한 법 개정으로 1989년에 결혼율이 치솟았다. 정책 변화로 어마어마한 결혼 동기가 생겨난 스웨덴의 이 사례는 일회적이었지만 정책이 결혼 결정에 영향을 준다는 점을 시사한다.[11]

결혼 논쟁에서 들리는 과장된 수사 때문에 동성 커플이 결혼이나 등록을 할 수 있게 되면 스웨덴 사례와 비슷한 급격한 변화가 생기리라 예상할 수도 있지만 그런 극적인 결과는 확실히 일어나지 않았다. 여기에서 중요한 질문은 동성 커플이 권리를 부여받은 후

표 4.1   결혼율 비교

표 4.1   결혼율 비교

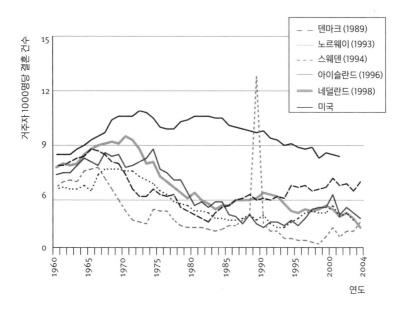

에 결혼이 어떻게 되었느냐는 것이다. 덴마크에서는 1980년대 초에 최저 결혼율을 기록했고, 동성 커플에게 파트너십 등록권을 주는 선구자적 결정을 내린 1989년까지 결혼율이 상승해 거주자 1000명당 결혼이 6건이었다. 그해부터 결혼율이 상승했고, 거주자 1000명당 결혼 7건 정도에서 꽤 안정적으로 유지됐다. 이는 지난 30년 동안 가장 높은 결혼율이다. 노르웨이와 스웨덴에서도 패턴이 동일했다. 동성 커플이 권리를 얻을 즈음에 결혼율이 역사상 가장 낮은 지점에 도달했고, 그 시점 이후부터 결혼율이 상승했다. 아이슬란드는 약간 달라 보인다. 결혼율이 상승하다가 동성 커플에게 등록권이 생기기 이전의 수준으로 돌아갔다.

법학자 윌리엄 에스크리지와 같은 일부 저술가들은 몇몇 국가들, 특히 덴마크에서의 최근 결혼율 상승을 동성 커플에게 권리를 부여함으로써 이성 결혼을 실제로 소생시켰을 가능성에 대한 증거로 지목했다.[12] 표 4.1을 보면 그러한 해석에도 주의 표시를 덧붙여야 함을 알 수 있다. 덴마크의 결혼율 상승은 파트너십 등록제를 도입하기 전부터 이미 진행 중이었기 때문이다.

초혼이 아니라 재혼이 많다는 이유로 스탠리 커츠는 결혼율이 좋은 척도가 아니라고 주장한다. 이 문제를 더 연구하는 데 이용할 만한 데이터는 없다. 그러나 스웨덴의 데이터는 초혼의 비중이 1970년대 말 이후로 결혼 3분의 2 정도에서 변동이 없음을 보여 준다. 다만 1989년 연금 정책의 변화와 관련된 특이한 급등 때문에 1990년이 지날 때까지 주민 1000명당 초혼 건수가 일정하게 나타나지 않았다. 1986년부터 노르웨이에서 행해진 결혼의 70~75%가 한 번도 결혼한 적이 없는 두 사람 사이의 결혼이었다.[13] 따라서 지난 몇 년간 스웨덴과 노르웨이의 결혼 증가에서는 초혼 비중이 높다.

네덜란드에서만 결혼율 추이가 다소 다르게 나타난다. 네덜란드에서는 1970년대 초반부터 결혼율 하락이 상당히 지속되었으며, 1998년에 동성 커플에게 결혼권을 부여한 이후에도 이 추세가 계속되었다. 하지만 나와 이야기한 네덜란드 현지의 인구 통계학자들은 동성 커플 인정이라는 변화가 결혼율 감소의 원인이라고 생각하지 않는다고 말했다. 얀 라턴(Jan Latten)은 2001년부터의 하락은 불경기로 초래된 결과라고 주장했고, 요프 하르선(Joop Garssen)은 결혼이 이제 출산의 변동을 뒤따르는데, 출산이 불경기 동안 감소했다고 지적했다.[14] 단기적으로 결혼율이 변동하는 이유가 무엇이든 장기적 관점에서 보면 최근 네덜란드의 수치는 대부분 장기적으로 결혼이 감소하는 추세를 반영한다.

유럽에서 특히 주목할 만한 가족 행동의 중대한 변화는 점점 많은 이성 커플이 결혼하지 않고 동거한다는 사실이다. 결혼율은 과거 20~30년 동안 감소했는데, 커플이 동거할 가능성이 더 크다는 것이 적어도 부분적인 원인이다. 안타깝지만 덜 공식적인 가족 관계를 추적하기가 결혼이나 이혼을 추적하는 것보다 어렵다. 하지만 몇몇 국가에서 이 데이터를 제공하고 있어서 어떤 변화가 있었는지 짐작할 수 있다. 1994년 덴마크에서는 이성 커플의 21%가 비혼이었고, 2004년에는 커플 가운데 22.1%가 비혼으로 변화가 매우 미미했다. 아이슬란드의 경우에는 2004년에 20%의 커플이 결혼하지 않고 동거했으며, 1997년에도 같은 비율이었다. 그런데 네덜란드의 상황은 더욱 빨리 변하고 있다. 1995년 13.1%의 이성 커플이 비혼이었는데, 이 비율이 2004년에는 17.5%로 증가했다.[15] 이렇듯 동거하는 커플 가운데 일부는 결국 결혼한다. 특히 아이가 생겼을 때 결혼하는데, 물론 그렇다고 모두 결혼하는 것은 아니다. 이들 국가에서 동성 커플에게 권리를 부여하기 전과 후의 동거율을 비교할 장기 시계열 자료는 없지만 9장에서 설명할 국가 간 비교를 보면 동성 파트너를 인정한 국가들에서의 동거율 증가는 법의 변화 이전에 발생한 것으로 나타난다.

동성 커플의 파트너십 등록이 시작된 후 이혼율 역시 거의 변화하지 않아서 이성애자의 결혼에 해를 끼친다는 증거가 전혀 되지 못한다. 표 4.2는 인구 1000명당 이혼 건수인 이혼 발생률을 보여 준다. 지난 20년 동안 스칸디나비아 국가나 네덜란드에서 이혼율은 거의 변화하지 않았다. 흥미롭게도 덴마크 인구 통계학자들은 1990년대 초의 결혼이 1980년대에 비해 오히려 안정적으로 보인다는 점을 발견했다.[16] 5년 내에 이혼으로 끝난 결혼의 비중이 1990년

표 4.2   이혼율 비교

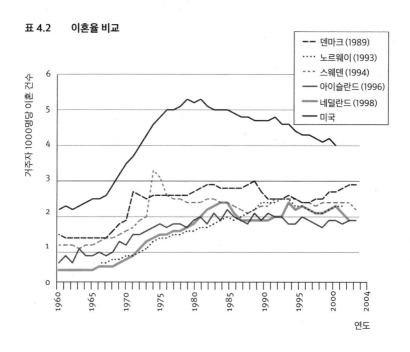

대 초에 감소했기 때문이다.

일부 인구 통계학 연구에서 기혼 커플의 이혼보다 동거 커플의 결별률이 높은 것으로 조사되었기에[17] 스탠리 커츠는 동거의 증가로 인해 이혼율이 관계 종결의 전체 규모를 축소해서 보여 준다고 주장한다. 결과적으로 이혼율로는 관계의 불안정성이 증가하는지 알 수 없으며, 이혼율을 볼 때 이 점에 반드시 주의해야 한다.

동거인들에 대한 연간 데이터가 희소하다는 점을 감안할 때 이 주장을 자세히 검토하기는 어렵다. 아이슬란드 데이터가 한 가지 있기는 하다. 이 데이터에서는 실제로 이혼율과 동거 커플의 결별 건수를 수집하고 공개했다. 기혼 커플의 이혼과 동거 커플의 관계 종결을 합치면 아이슬란드 커플의 전체 결별률을 알 수 있다. 1991년부터 파트너십 등록제가 시작된 1996년까지 커플의 연간 결별률은 아이슬란드인 1000명당 평균 4.6건이었다. 1997년부터 2004년까지는 1000명당 평균 4.7건으로 유의미한 차이가 없었다. 또한 미샤엘 스바레르(Michael Svarer)는 최근 연구에서, 스웨덴에서 결혼 전에 동거한 커플들은 결혼으로 직행한 커플들에 비해 이혼율이 이제는 더 낮다는 결과를 발견했다.[18] 동거의 추세와 동성 결혼권의 연관성과는 무관하게 동거가 유럽의 자녀들에게 피해를 준다는 주장에 대한 의문이 증가하면서 스칸디나비아 국가에서는 동거 중인 이성 연인 관계의 안정성에 관한 오래된 가정에 변화가 생기고 있다.

자녀에 대한 우려

결혼과 이혼이 성인의 행복에 미치는 영향을 잠시 한쪽으로 치워 두면 동성 커플에게 결혼할 권리를 부여하는 것에 대한 비판 대부분은 자녀의 위험에 관한 걱정이다. 알려진 두 가지 중요한 걱정은 자녀가 있는 커플이 결혼할 경우 이혼율이 더 높다는 가능성(파트너십을 인정하는 유럽 국가에서는 구체화된 적이 없는 결과)이나 그 부모들이 애초에 절대 결혼하지 않을 것이라는 가능성과 관련 있다.

스탠리 커츠 같은 비평가들이 결혼 감소의 증거로 제시하는 주요 척도는 비혼 여성에 의한 출생아 비중이나 혼외 출생률이다. 스칸디나비아 국가에서는 1970년대부터 혼외 출생률이 높았고 계속 증가해 왔으며, 모든 신생아의 절반 정도가 비혼모에게 태어났다. 표 4.3은 덴마크, 노르웨이, 네덜란드의 혼외 출생률을 연도별로 보여 준다. 이런 경우에는 표 하나가 수백 마디 말보다 효과적이다. 이들 국가에서 1989년을 기점으로 동성 커플에게 파트너십이나 결혼권을 주기 훨씬 전부터, 결혼이나 이혼에 변화가 나타났듯 혼외 출생률의 추세도 이미 뚜렷하게 자리 잡았다. 이미 높은 수준으로 존재하던 혼외 출생률을 동성 파트너십 등록이나 결혼권 탓이라고 말하는 것은 논리적으로 불가능하다.

그러나 커츠는 또 파트너십 등록제가 "이 제도를 더욱 훼손한다."(강조는 원문에 따름)라거나 결혼과 출산·양육 사이의 "간격을 동성 결혼이 더욱 확대했다."라는 교묘한 주장을 한다.[19] 즉 이미 나쁜 상태였지만 동성 결혼이 약화했다는 논지다. 하지만 이 주장 역시

표 4.3 혼외 출생률

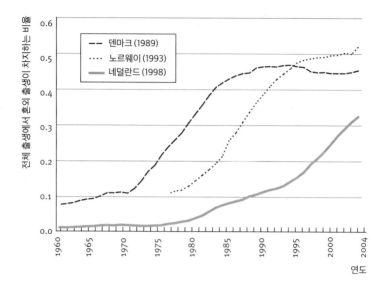

지지할 수 없다. 스칸디나비아 국가에서 혼외 출생률은 동성 커플에 대한 법적 인정이 생기기 훨씬 이전인 1970년대에 상승하기 시작했으며, 최근에는 스칸디나비아 국가에서 그 비율의 상승세가 사실상 둔화되고 있기 때문이다.[20]

예를 들면 1989년 덴마크에서 파트너십 등록법을 채택하기 이전인 1970년부터 1980년까지 10년 동안 덴마크의 혼외 출생률은 11%에서 33%로 세 배 증가했다. 그다음 10년 동안에도 증가했지만 그 폭은 줄어들어서 1990년에 46%가 되었다. 1989년에 파트너십 등록법이 통과된 후 덴마크의 혼외 출생률은 전혀 증가하지 않왔다.[21] 실상은 그 시점 이후 다소 감소하였다.

노르웨이의 혼외 출생률이 대폭 상승한 시점도 1993년 노르웨이의 파트너십 등록법이 통과하기 훨씬 이전이었다. 1980년대에 비혼 부모에게 태어난 아이의 비율이 16%에서 39%로 상승했다.[22] 1990년대 전반기에는 혼외 출생률이 비교적 천천히 증가하면서 1990년대 중반 50%에서 안정되었다.

이 장의 뒷부분에서 논의하겠지만 출생 시 어머니의 결혼 여부에 초점을 두는 것은 이들 국가에서의 결혼과 출산·양육의 관계를 호도할 수 있다. 결혼하지 않은 어머니에게서 태어난 아기들은 대부분 가정에서 양친 모두와 함께 살기 때문이다. 예컨대 자녀가 있는 네덜란드 가정의 91%는 결혼 여부와 상관없이 커플 중 한 명이 가구의 세대주다. 또한 커플 대부분은 자녀가 생기면 결혼한다.

그럼에도 커츠는 노르웨이에서 파트너십 등록법 때문에 커플이 맏이가 태어난 후 결혼할 의욕이 꺾였으며, 이것이 파트너십 등록법의 가장 큰 충격이라고 주장한다. 하지만 비혼 부모에게서 태어난 둘째, 셋째, 그다음 자녀의 숫자가 보여 주는 그림은 전반적인 추세와 동일하다. 1985년의 경우 둘째나 그다음 자녀 가운데 10%가 비혼 부모에게서 태어났고, 이 숫자는 노르웨이에서 파트너십 등록법을 통과시킨 1993년에 31%로 이미 세 배가 되었다.[23] 그다음 10년인 1994년부터 2003년 사이에는 41%까지만 증가하면서 차츰 안정세를 보였다. 비혼 부모에게서 태어난 첫째 자녀의 비중은 1994년부터 2003년 사이에 전혀 증가하지 않았다. 커츠의 주장대로 파트너십 등록법이 첫 자녀가 태어난 후에도 부모가 결혼할 필요를 못 느끼게 더욱 방해했다면 이 비율이 1993년 이후에 더 빠르게 증가했어야 한다. 하지만 실제로는 증가율이 현저하게 둔화되거나(둘째나 그다음 자녀의 경우) 완전히 멈추었다.(첫째 자녀의 경우)

커츠는 문화가 변화를 거듭하다가 "결혼을 지지하는, 마지막이자 가장 견고한 문화적 버팀목"에 부딪혔기 때문에 혼외 출생률의 안정세는 필연적이라면서 스칸디나비아 국가에 대한 논증을 강변했다.[24] 이 주장에 대한 구체적인 증거는 제시하지 않았다. 인구 통계학자 캐슬린 키어넌이 개발한 동거 단계 이론에 크게 의존해 노르웨이가 갑자기 마지막 단계로 진입하기 시작했다고 강력하게 주장할 뿐이다. 그는 혼외 출생률이 노르웨이의 보수적인 남부 주에서보다 진보적인 북부 주에서 높다는 것을 동성 커플에 대한 수용도와 혼외 출산에 상관관계가 존재한다는 추가적인 증거로 주로 제시한다. 더 보수적인 주에서는 짐작건대 문화적 장벽이 한때 혼외 출생률을 낮추었지만 지금은 동성 결혼의 맹공격에 이 장벽이 무너지고 이들 주에서 혼외 출생률이 증가하게 되었다.

지루한 반복으로 들리겠지만 노르웨이의 데이터를 검토해 보면 보수적인 주에서 비혼 부모에게 태어난 아이의 수는 동성 커플이 아무런 권리를 얻지 못했더라도 증가했을 것으로 보인다. 표 4.4는 1958년으로 거슬러 올라가 대표적인 5개 주의 혼외 출생률을 최근의 연간 데이터와 함께 보여 준다. 모든 주의 시계열 추세에서 이제는 낯익은 몇 가지 요점이 드러난다.

표 4.4   노르웨이의 주별 혼외 출생률

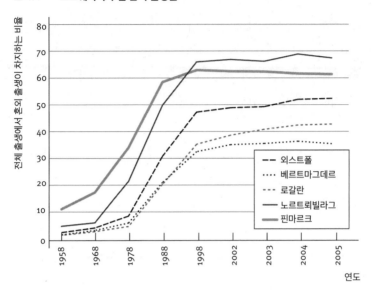

- 첫째, 일부 주의 혼외 출생률은 평균보다 항상 높거나 낮으며, 주별 편차는 50년 동안 거의 변함이 없다.
- 둘째, 노르웨이의 모든 주에서 1978년과 1988년 사이에 혼외 출생률이 크게 증가했다. 그다음 10년 동안에도 지속적으로 증가했으며, 이 시기(1994년)에 노르웨이에서 동성 커플에게 파트너 등록권을 부여했다. 그 이후 최근에는 거의 모든 카운티에서 상승세가 꺾이면서 추세가 비슷해졌고, 한 주(에우스트아그데르) 정도만 제외하고, 변화 속도가 대단히 둔화되었다. 만약에 2002~2005년 데이터를 이용해 미래를 예측한다면 지난 20년 동안 나타난 증가율은 나타나지 않을 터다.

• 셋째, 남부 몇 개 주의 혼외 출생률은 여전히 50% 미만인데, 이것
이 커츠에게는 중대한 지점인 것 같다. 커츠의 머릿속에 있는 이 가상
의 문턱을 넘어 버린 보수적인 주는 모두 1994년 이전에도 이미 그런
추세였다. 1994년 이전부터 이웃 주들을 추격하기 시작했던 여러 주
와 다를 게 없던 셈이다.

이러한 경향은 동성 파트너십이 노르웨이의 보수적인 주와 진보
적인 주에서 다른 효과를 보인다는 커츠의 가설을 전혀 뒷받침하지
못한다. 처음에 상대적으로 높은 비율로 시작했든 낮은 비율로 시작
했든, 주마다 후반의 추세는 동일했다. 즉 파트너십 등록제가 시작되
기 훨씬 전에 가파른 증가가 있었고, 그 이후에는 둔화되었다.

네덜란드는 스칸디나비아 국가와는 약간 다른 경향을 보이지
만 이곳에서도 동성 파트너십의 인정과 혼외 출생률의 증가 사이에
아무런 상관관계도 찾을 수 없었다. 하물며 인과 관계는 더더욱 볼
수 없다. 동거율이 높음에도 네덜란드인들은 결혼 전에 아이를 가
질 가능성이 스칸디아비아 국가 사람들보다 전통적으로 훨씬 낮았
다. 1988년 이전에는 신생아 10명 중 1명이 비혼 부모에게서 태어났
다.[25] 커츠는 동성 커플의 법적 인정으로 네덜란드의 비혼 출산·양
육이 스칸디나비아 국가와 같은 수준이 되어 버렸다고 주장한다.[26]
표 4.3에서 알 수 있듯이 네덜란드의 혼외 출생률은 1980년대 이래
로 꾸준히 증가했고, 1990년 초반 어느 시점부터 증가세는 다소 가
속화되었다. 그러나 이 가속 현상이 분명해진 것은 1995년이며, 이

는 네덜란드에서 파트너십 등록제를 도입한 1998년이나 동성 커플에게 결혼권을 준 2001년보다 훨씬 이전이었다. 이러한 추세는 첫째 자녀와 둘째, 그다음 자녀에 대해서도 사실상 거의 동일하다.

스칸디나비아 국가에 대한 논지가 빈약했기 때문인지 커츠는 인구 통계학적 변화와 정책 변화의 시점에 집중했다. 그는 "혼외 출산율이 낮은 국가에 동성 결혼이 도입되면 이 비율이 급격하게 상승할 수도 있다. 이것이 정확하게 네덜란드에서 일어난 일이다."라고 했다.[27] 그러나 이 경우에는 시점에 대한 주장 역시 타당하지 않다. 1984년부터 1994년 데이터 위에 자를 올려 보면 혼외 출생률이 꾸준하게 증가하는 것을 알아챌 수 있다. 1995년이나 1996년 이후의 비율은 자의 각도를 좀 더 크게 해야 그 뒤의 값을 찾을 수 있어서 이 비율이 더 빠르게 증가했음을 말해 준다.(회귀 분석 결과 1995년 즈음 상황이 변한 것으로 확인된다.) 어떤 연도에든 신생아 가운데 4분의 3가량은 직전 연도에 임신되었기 때문에, 비혼모에게(실제로는 대부분 결국 결혼하게 될 동거 중인 두 부모에게) 태어난 대부분의 '늘어난' 신생아들은 1994년과 1995년에 임신되었거나 의회에서 파트너십 등록제가 통과된 1997년 이전 몇 년 동안 임신되었다.

종합하면 나무에서 떨어진 도토리를 맞고 하늘이 무너진다는 식의 주장의 기본 요소 대부분이 이런 간단한 타당성 검증을 통과하지 못한다. 이성애자 행동 동향에서 변화가 나타난 시점은 동성 결혼권이나 파트너십 등록권이 인정된 정책 변화 시점과 일치하지 않는다. 그 동향은 1970년대나 1980년대에 이미 고착되었고, 국가에서 동성 커플의 권리를 인정한 이후 역전 현상이 발생하지도 않았다. 다시 말해 결혼율은 증가하고 이혼율은 감소하며, (대부분의 경우) 혼외 출생률은 동성 커플 등록이 가능해지기 이전과 비교해 증가하지 않았다. 네덜란드에서 혼외 출생률은 지속적으로 증가하고 있지만 최근의 추세는 동성 커플이 파트너 등록이나 결혼을 할 수 있게 되기 이전에도 수년 동안 지속되었다.

동성 파트너십 등록법과 혼외 출생 사이의 관련성에 대해 마지막으로 한 가지 더 점검하기 위해 2000년까지 파트너십 등록법이 도입된 국가와 도입되지 않은 국가 간의 추세를 비교해 보았다. 만약에 동성 파트너십의 법적 인정이 혼외 출산의 증가를 실제로 유도했다면 이 법을 도입한 국가에서 혼외 출생률이 이 법을 도입하지 않은 국가에서보다 크게 증가했어야 한다. 하지만 그런 결과는 나타나지 않았다. 사실 1990년대에 파트너십 등록을 인정한 8개 국가의 평균 혼외 출생률은 1991년 36%에서 2000년 44%로 8퍼센트포인트 증가했고,[28] 파트너십 등록을 인정하지 않았던 유럽연합 국가(스위스 포함)의 평균 혼외 출생률은 15%에서 23%로, 마찬가지로 8퍼센트포인트 증가했다. 즉 비율의 평균적인 변화는 파트너십 등록제를 채택한 국가나 채택하지 않은 국가나 똑같았으며, 이는 파트너십 등록제가 혼외 출생률을 더 큰 폭으로 증가시키지 않는다는 점을 보여 준다.

심지어 국가를 노르웨이처럼 전통적으로 혼외 출생률이 높은 국가와 네덜란드처럼 전통적으로 혼외 출생률이 낮은 국가 두 종류로 구분해서 보아도 파트너십 인정과 혼외 출생의 증가 사이에 연관성이 발견되지 않는다. 초기에는 혼외 출생률이 낮았던 다른 유럽 국가에서도 네덜란드에서와 같은 혼외 출생 급증(1990년 12%에서 2002년 29%)이 발생했다. 예를 들면 1990년대 동안 혼외 출생률이 아일랜드(1990년 17%에서 2002년 31%), 룩셈부르크(12%에서 23%), 헝가리(14%에서 32%), 리투아니아(7%에서 28%), 슬로바키아(9%에서 22%)에서 증가했으며, 동성 커플의 결혼이나 파트너십 등록을 허용하지 않은(혹은 2000년 이후에도 허용하지 않은) 모든 동유럽 국가에서도 증가했다.

커츠는 비교 대상 국가들에서 경제적 근대화와 성 해방, 피임접근성 미비가 복합적으로 작용해 혼외 출생이 증가했지만 이 요인들이 1990년대 네덜란드의 변화를 설명해 주지는 않는다면서 이의를 제기했다. 나아가 커츠는 낙태 가능성과 여성 인구 편입, 종교적 독실성 감소, 복지 제도의 확대, 동거 커플의 법적 인정, 개인주의 증가 등 동거율과 혼외 출생률의 상승에 대한 통상적인 설명이 네덜란드의 혼외 출생률 가속화와 시기적으로 일치하지 않는다고 주장한다. 1990년대 중반 혼외 출생의 급등이 이런 유력한 용의자들 탓은 아니었기 때문에 커츠는 동성 결혼이 유일하게 남은 논리적 설명이라고 주장한다.

하지만 소거법을 이용한 주장은 이 경우 설득력이 없다. 결혼 행동의 변화를 만든 여러 가지 문화적 영향력이 서로 복잡하게 얽혀 있기 때문에 문화적 변화와 행동의 변화 사이에 때맞춰 깔끔한 연관성이 만들어질 가능성은 낮다. 모든 가능한 원인들을 통제한 후 몇몇 설명은 버리고 다른 설명을 분리해 내는 통상적인 사회 과학적 접근법은 비교할 국가의 수가 이렇게 적은 경우에는 사용할 수 없다.

우리는 보이는 것만 알 수 있다. 다시 말해 네덜란드는 10년 정도 후에 다른 몇몇 국가들처럼 스칸디나비아 국가들의 S자 패턴을 따를 것 같다. 아마 조만간 네덜란드의 혼외 출생률 역시 안정화될 것이다. 어쨌건 결론적으로 네덜란드에서 이성애자 행동의 변화라고 말하는 것들은 동성 커플에게 파트너십 등록권을 부여하기 전에 발생했다.

몇 가지 추세에 관한 치밀한 논쟁은 숫자를 이해하고 싶어 하는 사람들에게는 흥미진진한 일이지만 이런 논쟁이 몇몇 시사점을 흐리기도 한다. 이 숫자들이 그 나라 아이들의 복지라는 측면에서 도대체 무슨 의미를 띠는가? 앞서 언급했듯이 어머니의 결혼 여부는 다음의 몇 가지 이유로 스칸디나비아 국가와 네덜란드에서 아이들의 가정이 얼마나 건실한지를 제대로 보여 주지 못한다.

- 이들 국가에서 아이를 낳은 비혼모 대부분은 그 아이의 아버지와 함께 살고 있다. 예컨대 노르웨이 통계청의 보고에 따르면 2005년에 48%의 노르웨이 신생아가 결혼한 부모에게서 태어났고, 42%는 비혼 동거 부모에게서 태어났다. 덴마크 통계청은 2005년에 태어난 덴마크 신생아 92%가 2006년 현재 결혼하거나 동거하는 부모와 산다고 보고했는데,

다수(57%)가 결혼한 부모와 함께다.(덴마크 통계청에 따르면 2006년에 태어난 아이 46%가 비혼모에게서 태어난 것으로 조사되었으며, 따라서 비혼모의 일부는 2006년에 결혼한 것이 분명하다.)

- 동거 중인 이성 커플 대부분은 첫아이를 가지면서 결혼한다.[29] 스웨덴을 예로 들면 동거 커플의 70%가 첫째를 출산한 후 결혼하며 5년 안에는 대부분이 결혼한다. 네덜란드에서는 30%의 아이들이 결혼 관계 밖에서 태어나지만 한 살 미만의 영아 가운데 21%만이 비혼 부모와 살고, 다섯 살 아이 11%만이 비혼 부모와 산다.[30] 다시 말하면 아이가 다섯 살이 될 무렵에는 3분의 2의 비혼 부모들이 결혼한다.

- 스칸디나비아 국가와 네덜란드의 유자녀 가구는 여전히 대부분 기혼 부모가 세대주다. 2000년 덴마크에서 유자녀 커플의 78%는 기혼 커플이었다.[31] 한부모 가정도 분모에 포함해 계산하면 유자녀 가구 가운데 기혼 커플이 세대주인 경우는 3분의 2에 달한다. 노르웨이에서는 유자녀 커플의 77%가 결혼했으며, 모든 유자녀 가구의 61%가 결혼한 부모를 세대주로 두고 있다.[32] 그리고 17세 미만 자녀가 있는 네덜란드 가구 79%는 기혼 커플이 함께 살고 있다.[33] 이들 나라에서 유자녀 기혼 커플의 비율이 1980년대와 1990년대 초에 감소하기는 했지만 표 4.5에서 요약하듯 파트너십 등록법이 바뀌기 이전에 감소하기 시작한 것이 확실하다. 이에 비해 미국에서는 유자녀 가구 72%에서 기혼 커플이 세대주다.[34] 표 4.5는 자녀를 양육하는 기혼 커플의 비율을

표 4.5   결혼한 유자녀 기혼 커플 비율

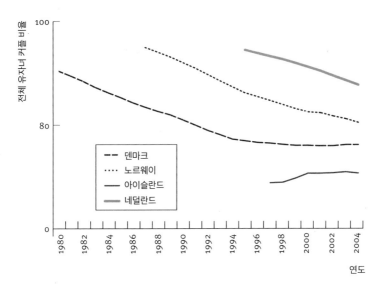

보여 준다. 이 비율은 시간이 지나면서 감소하지만 여전히 상당히 높으며, 덴마크에서는 최근 변화가 없는 것으로 나타난다.

• 동거하던 부모들은 나중에 결혼을 하면 안정적인 가정을 꾸린다. 연구에 따르면 앞서 이야기했듯이 스칸디나비아 국가에서 커플에게 자녀가 있더라도 비혼 동거인들의 관계가 결혼에 비해 깨질 위험이 높다고 한다. 하지만 이러한 경향이 훨씬 안정적인 방향으로 변화하는 것으로 보인다. 그러나 스칸디나비아 국가에서 동거하던 부모들은 대부분 결국 결혼하고, 이들이 결혼 후 이혼할 가능성은 자녀 출생 시점에 이미 결혼한 상태였던 커플들에 비해 높지 않다.[35]

• 스칸디나비아 국가의 아이들은 여전히 대부분의 시간 동안 부모와 한집에서 지낸다.[36] 사실 미국의 아이들보다 양 부모와 한집에서 지내는 시간이 더 길다. 군나르 안데르손(Gunnar Andersson)은 평균적인 아이가 부모 모두와 한집에서 지내는 시간이 어느 정도인지 계산했으며[37] 국가 간 비교가 가능한 가장 최근인 1980년대 자료를 이용했다.[38] 그가 조사한 국가 중에서 미국의 평균이 가장 낮은 것으로 나타났는데, 양 부모와 보내는 시간이 67%였다. 가장 높은 곳은 이탈리아로 97%였다. 스웨덴의 평균은 81%, 노르웨이는 89%, 핀란드는 88%로 조사되었다. 다시 말해 부모가 동거한 기간과 결혼한 기간을 통합해서 보면 스칸디나비아 국가의 아이들이 유년 시절 대부분을 부모와 한집에서 지낸다는 사실을 말해 준다.

• 이들 국가의 다른 정책들이 아이들의 복지에 중요한 영향을 미치는 것으로 보인다. 스칸디나비아 국가의 높은 동거율로 아이들이 피해를 입는다기에는 그 피해가 아동 복지의 표준 척도에서 잘 드러나지 않는다. 스웨덴을 예로 들면 스웨덴 청소년의 자살률, 살인 사망 건수, 상해 사망 건수가 미국보다 낮다는 것을 알 수 있다. 스웨덴의 학업 성적과 예방 접종률은 미국보다 높다.[39]

결혼은 스칸디나비아 국가와 네덜란드에서 사망 선고를 받지 않았고, 따라서 동성 커플의 결혼이나 파트너십이 결혼을 죽이지도 않았다. 일부 언론의 주장과는 대조적으로 스칸디나비아 국가와 네덜란드에서 결혼과 출산·양육은 아직 관련이 있다. 다만 그 순서가 다소 바뀌었을 뿐이다. 하지만 결혼과 출산·양육의 관계에서 생긴 변화들은 동성 커플들이 권리를 얻기 전에 이미 상당히 진행 중이었다. 스탠리 커츠와 나는 이 문화적 변화가 게이와 레즈비언 커플의 결혼이 가능해지는 것을 촉진했으리라는 데 의견을 같이한다. 그러나 결혼의 개방 자체가 이성애자의 행동을 변화시켰다는 의미는 아니다.

논리상 빠진 고리

나무에서 떨어진 도토리를 맞고 하늘이 무너진다고 소리친다는 식 주장의 마지막 문제는 동성 결혼권과 이성애자 행동 변화를 연결하는 실제적인 메커니즘에 관한 것이다. 커츠와 마찬가지로 동성 결혼을 비판하는 네덜란드 학자 다섯 명은 정치적 토론 자체가 많은 사람들의 마음속에서 결혼이 재규정되도록 하는 주된 요인이라는 의견을 내놓았다. 동성 커플에 대한 토론은 이 이슈를 진지하게 생각하는 모든 곳에서 뉴스 매체를 통해 광범위하게 다루어졌다. 이 관점에서 보면 피임 접근성의 증가와 개인주의, 여성의 경제적 자유로 이미 결혼과 출산 사이에 확연한 괴리가 생겼는데, 이 괴리가 동성애자 단체와 동성 결혼에 찬성하는 단체 간의 정치적·문화적 연대로 더욱 확대되었다는 것이다.

하지만 이런 비판은 문화적 변화를 확대해서 설명한다. 우선 뉴스 매체나 다른 문화 단체를 통해 방송되는 결혼에 대한 다양하면서도 상충되는 주장들이 가설이 아니라 실제로 어떤 영향을 미치는지 알 방법이 없다. 네덜란드의 20대들이 자기네 나라 의회의 의원들이 결혼은 (출산이 아니라) 사랑에 관련된 것이라고 선포하는 것을 듣고 나서 결혼하지 않고 아이를 갖기로 결심했을까? 대중 매체에서 동성 커플을 우호적으로 다룬 것이 결혼과 출산이 무관하다는 의미로 전해졌기 때문에 노르웨이 젊은이들이 결혼 전에 둘째를 가졌을까? 앞서 이미 분석한 변화의 시점을 둘러싼 여러 가지 이슈를 제외하고도 여러 상이한 작용이 결혼의 진지함과 목적에 관해 상반된 메시지를 보내는 것이 분명하다.

미국의 상황에서 동성 커플에게 결혼권이 생긴 어떤 시점을 상상해 보라. 분명 어떤 이들은 미국에서 2003년경에 시작된 것으로 보이는 결혼과 관련된 행동에서 나타나는 눈에 띄는 변화를 지적하면서 매사추세츠와 샌프란시스코에서의 사건을 둘러싼 동성 결혼 논쟁 때문에 그러한 변화가 일어났다고 말할 터다. 이들은 텔레비전 드라마 속 동성애자 등장인물들을 언급할 터다. 이들은 하원 의원 바니 프랭크와 다른 저명한 정치인들이 C-SPAN 채널에 나와 동성 커플에게 평등한 결혼권을 부여할 필요성에 대해 발언하는 내용을 인용할 터다. 이들은 동성 커플의 결혼권이 이성 결혼에 해로운 영향을 전혀 미치지 않으리라고 예상한 학자들을 찾아낼 것이며, 결혼을 완전히 없애 버리고 싶어 하는 몇몇 급진주의 동성애자를 기필코 찾아낼 것이다.

이 사람들은 아마 브리트니 스피어스의 너무나 짧았던 결혼과 「베첼러」나 「누가 백만장자와 결혼하기를 원하는가(Who Wants to Marry a Multimillionaire)」 같은 방송 프로그램은 절대 언급하지 않을 것이다. 비교적 소수의 동성 커플이 등장하거나 아예 동성 커플이 등장하지 않지만 영향력은 훨씬 커 보이는 문화적 사건들은 모두 언급하지 않으려 한다. 어떤 나라에서 몇 년 일찍 시작된 미묘한 인구 통계학적 변화를 이른바 '설명'한다는 몇몇 문화적 영향을 선별해 내고, 그 외에 당시 무슨 일이 있었는지는 무시하는 것은 인과 관계를 주장하는 설득력 있는 방식이 아니다. 특히 엄청난 변화가 일어났다는 행동 증거가 없을 때에는 더욱 그렇다.

이상하게 들리겠지만 문화적 논쟁에 초점을 맞추는 것은 정치적 성과 자체가 그다지 중요하지 않다는 의미다. 동성애자들이 몇몇 유명 인사들과 연대하거나 가시적인 미디어 캠페인을 벌이고, 몇몇 소소한 대중적인 승리를 거두는 한 1990년대 초 네덜란드의 동성 결혼 옹호자들의 패배처럼 동성애자들이 투표에서 패하거나 법정 판결에서 지더라도 커츠 같은 이들은 동성애자들이 여전히 똑같은 문화적 압박을 가한다고 주장한다.[40] 그러나 만약 논쟁이 가장 중요한 요소라면 미국에서도 이제 다 알게 된 것이니 동성 결혼의 영향에 관한 논쟁에 참여하는 우리 같은 사람들은 모두 퇴근해도 된다.

윌리엄 에스크리지와 대런 스페데일은 동성애자의 결혼권을 이성애자의 행동과 연결하려는 노력에서 보이는 또 다른 중대한 논리적 결함을 지적했다. 에스크리지와 스페데일은 무자녀 이성 결혼에 비하면 동성 파트너십 정책은 결혼과 출산의 괴리를 보여 주는 훨씬 약한 신호라고 주장한다. 스칸디나비아 국가에서 가장 초기에 제정된 법에서는 동성 커플의 자녀 입양을 허용하지 않음으로써 실제로 파트너십과 결혼 및 출산을 명확하게 구분했기 때문이다.[41] 이들 법학자의 주장에 따르면 결혼 감소의 이면에 감추어진 실제 요인은 이혼과 성생활, 동거, 피임과 관련된 법의 자유화를 통해 커플에게 주어진 선택의 폭이 넓어진 것과 관련이 있다.[42] 이 모든 변화가 이성 커플의 선택의 폭을 넓혔고, 동성 커플에게 결혼할 자격이나 결혼과 유사한 지위를 부여하기 훨씬 이전에 이성 커플들 스스로 자신들의 선택을 바꾸었다. 결혼 및 관련 법의 자유화 흐름을 바꾸기보다는 결혼의 자격 제한을 유지함으로써, 다시 말해 동성 커플을 계속 배제함으로써 보수주의자들이 결혼을 지탱할 수 있었다고 생각하는 것은 에스크리지와 스페데일(그리고 나 역시)이 보기에는 완전히 비논리적이다.

결혼관의 문화적 변화 찾기

커츠 일파의 특정 주장에 나타난 비논리성은 제쳐 두더라도 개인의 결정이나 정치적 논쟁을 살펴본다고 동성 커플에 대한 정책 변화의 근간이 된 문화적 변화의 전모를 알기는 여전히 어렵다. 앞서 말했듯이 대중 매체 보도의 변화나 정치인들의 의견 변화와 같은 쉽게 볼 수 있는 문화적 변화가 연구 대상이기는 하지만, 그런 표지들은 평소에도 너무나 많이 보는 것들이다. 어떤 것이 결혼에 관해 등장했던 상반되고 모순된 여러 메시지의 소용돌이에서 벗어나 사라지지 않고 남아 있게 될까? 어떤 것이 개인 차원에서 미래의 변화를 보여 주는 징조일까?

미래를 예측하는 한 가지 방법은 결혼에 대한 태도나 신념을 묻는 설문 조사 자료를 이용해 사람들이 결혼에 대해 어떻게 생각하는지를 살펴보는 것이다. 세계 가치관 조사에서는 조사 대상 국가에 거주하는 수천 명의 사람들에게 "결혼은 구시대적 제도다."라는 말에 동의하는지 여부를 물어보았다. 다른 시점에 조사된 응답을 비교함으로써 파트너십 등록법이 있는 나라 사람들의 생각과 그러한 법이 없는 나라에 사는 이들의 생각 사이에 차이가 있는지 알아볼 수 있다. 이 질문에 대한 대답을 통해 인생에서 결혼을 별 매력도 의미도 없어 보이게 만든 문화적 변화가 드러날 것이다.

세계 가치관 조사는 네 차례 실시되었다. 1990년과 1999년 조사는 유럽의 파트너십 등록제 도입 시점을 잘 구분해 준다. 엄밀히 따지면 덴마크는 1989년에 법을 통과시켰지만 덴마크를 포함하면 6개 나라(벨기에, 덴마크, 프랑스, 아이슬란드, 네덜란드, 스웨덴)에서 1990년과 1999년 사이에 파트너십 등록제와 같은 법이 통과되었고, 두 해에 조사가 이루어졌다.(네덜란드에서는 동성 커플에게 결혼을 허용하기 3년 전인 1998년에 파트너십 등록법이 통과되었음을 기억하라.) 1990년과 1999년에 조사가 이루어진 그 밖의 16개 유럽 국가에서는 파트너십 등록법이 통과되지 못했다. 비교를 위해 미국, 터키, 일본, 멕시코의 데이터도 분석에 포함하였다.

표 4.6은 이 26개 나라에서 결혼이 구시대적이라는 의견에 동의하는 사람들의 비율을 보여 준다.[43] 앞서 논했던 결혼 행동의 뚜렷한 변화를 생각하면 결혼이 구시대적이라는 의견에 동의하는 사람이 적다는 사실이 가장 놀랍다. 이 조사*에 따르면 결혼 회의론자가 가장 많은 나라는 프랑스다. 1990년에는 프랑스인 중 29.1%가 결혼이 구시대적이라는 데 동의했다. 표 4.6에서 또 하나 주목할 점은 대다수의 나라에서 시간이 경과할수록 결혼이 구시대적이라는 데 동의하는 사람이 늘어났다는 점이다.[44] 1999년에는 34.8%의 프랑스인이 동의했는데, 즉 1990년 이후 5.7%의 프랑스인이 결혼의 현재적 타당성에 관한 의견을 바꾼 것이다.

동성 커플에게 권리를 부여하는 것이 결혼의 타당성과 매력을 훼손한다면 결혼을 구시대적인 것으로 보는 응답자의 비율이 파트너십 등록법 미도입국보다 도입국에서 크게 증가해야 한다. 표 4.6의 가장 상단에는 파트너십 등록법 도입국들을 열거해 놓았다. 이 6개 나라에서는 결혼이 구시대적이라고 생각하는 비율이 평균 3.8퍼센트포인트 증가했다. 그런데 파트너십 등록법 미도입국에서 결혼이 구시대적이라고 인식하는 사람들의 비율이 더 빨리 증가했다. 미도입국에서는 1990년과 1999년 사이에 평균 5.3퍼센트포인트가 증가

* 한국에 대해서는 1996년과 2001년에 동일한 조사가 이루어졌다. 결혼이 구시대적이라는 의견에 동의하는 비율은 1996년 15.4%, 2001년 15.6%로 조사되었다.

163

표 4.6   결혼은 구시대적이라고 믿는 응답자의 국가별 비율(1990년, 1999년)

(단위: %)

결혼은 구시대적이다	1990년 동의율	1999년 동의율	변화
1차 도입국			
프랑스	29.1	34.8	5.6
네덜란드	21.1	25.3	4.2
덴마크	18.0	15.0	-3.0
벨기에	23.2	30.9	7.7
스웨덴	14.1	20.2	6.2
이이슬란드	6.3	8.3	2.0
평균			3.8
2차 도입국			
독일	14.6	20.2	5.6
영국	17.8	27.2	9.5
스페인	16.0	20.9	5.0
캐나다	12.4	22.9	10.5
핀란드	12.5	19.1	6.5
체코	10.5	10.4	-0.2
평균			6.1
미도입국			
이탈리아	14.1	17.0	2.9
아일랜드	9.9	20.5	10.7
헝가리	11.4	16.2	4.8

폴란드	7.5	9.1	1.6
슬로베니아	17.6	27.4	9.8
불가리아	10.5	17.1	6.6
루마니아	8.6	12.5	3.9
포르투갈	21.9	24.6	2.7
오스트리아	11.9	19.0	7.0
러시아	14.5	20.6	6.1
슬로바키아	8.6	11.5	2.9
평균			5.4
미국	8.0	10.0	2.0
터키	11.3	8.5	-2.8
일본	7.0	10.4	3.4
멕시코	16.9	19.8	2.9
평균			1.4
파트너십 등록법 미도입국 전체 평균			4.8
파트너십 등록법 미도입국 전체 평균(유럽)			5.3

했다. 결혼관이 파트너십 등록법 미도입국에서 더 빠르게 변화한
것이다. 바꾸어 말하면 동성 파트너를 인정하는 국가에서는 인정하
지 않는 유럽 국가에 비해 결혼이 구시대적이라는 생각이 상대적으
로 덜 일반적인 생각이 되고 있었다. 이 결과는 동성 커플을 인정하

는 것이 이성애자들의 마음속에 있는 결혼을 어떻게든 손상하리라는 예측과 모순된다.

이 단순 비교를 검증하기 위해 결혼관을 예측하는 다른 요인들을 고려할 수 있는 통계적 방법 역시 사용하였다. 각국 조사에 포함된 설문이 연도별·국가별로 다르기 때문에 개인적 특성 변수 사용에 제한이 있었다. 사용한 변수는 응답자의 국가, 나이, 빈번한 예배 참석 여부(최소 한 달에 한 번), 성별, 결혼 여부가 포함된다. 남성, 가끔 교회 가는 사람, 현재 비혼, 젊은 사람에 비해 여성, 종교적인 사람, 기혼, 나이 든 사람들이 결혼이 구시대적이라는 의견에 반대하는 경향이 훨씬 강했다. 평균적으로 1990년에 비해 1999년에 더 많은 응답자들이 결혼이 구시대적이라는 데 동의했고, 1999년에는 파트너십 등록제 도입국의 응답자들이 미도입국의 응답자에 비해 더 많이 동의하는 것으로 나타났다. 그러나 개인적 요인들을 고려한 후에도 1990년과 1999년 사이 파트너십 등록법 미도입국에 비해 도입국에서 동의하는 응답자의 증가율이 현저히 낮았다.

1999년 이후 파트너십 등록법이나 동성 결혼법이 통과된 나라에 초점을 맞추면 이 조사를 또 다른 흥미로운 시각으로 볼 수 있다. 이들 6개 2차 도입국(독일, 영국, 스페인, 캐나다, 핀란드, 체코)은 1차 파트너십 도입국과도 달랐고, 미도입국과도 달랐다. 2차 도입국에 사는 사람들의 결혼에 관한 생각은 1차 도입국에 사는 사람의 생각이나 파트너십 등록법 미도입국에 사는 사람들의 생각보다 훨씬 많이 변화했다. 2차 도입국에서는 1990년에 비해 1999년에 평균 6.1%

더 많은 사람들이 결혼이 구시대적이라고 응답했다. 이 변화는 I차 도입국(3.8퍼센트포인트 증가)과 미도입국(5.4퍼센트포인트 증가)보다 훨씬 컸다. 점점 많은 사람들이 결혼이 낡은 제도이고 구식이라고 보고 있고, 아마 이들은 동성 커플에 대한 파트너십 등록권이나 결혼권 부여를 지지할 가능성 또한 높을 터다. 그런데 이 가능성은 정책 변화의 영향으로 신념에 변화가 생겼다고 말하는 것이 아니라 오히려 신념이 나중에 있을 정책 변화의 원인이라고 연결시킨다.

종합하면 결혼 행위를 살펴보든 결혼관을 살펴보든 여기에서 살펴본 어떤 데이터도 결혼 건수 감소나 결혼의 현재적 타당성에 대한 신념의 약화를 동성 파트너의 인정과 설득력 있게 연관 짓지 못했다. 설문 조사 자료나 인구 통계학적 추세, 이 장에서의 논리적인 분석의 결과는 정책 변화가 결혼의 의미를 문화적으로 변화시키리라는 의견을 뒷받침하는 데 전부 실패했다. 9장에서 결혼 행동 및 신념의 변화와 동성 커플 인정 요구에 대한 개방성이 정치적으로 서로 관련될 가능성을 다시 짚어 본다. 그러나 이는 미국과 다른 나라에서 하늘이 무너진다는 식의 동성 결혼에 대한 비판과는 매우 다른 관련성이다.

5장
빌린 것: 결혼이라는 옷 입어 보기

라헐과 마리아너는 결혼하기로 결정한 후 라헐의 어머니인 유 딧을 초대해 레스토랑에서 점심 식사를 하면서 새로운 계획을 알렸 다. 라헐에 따르면 어머니의 첫 반응은 기쁨이 아니었다. 유딧이 소 리쳤다. "아니지…… 안 돼…… 안 돼. 친구들한테 뭐라고 말해야 해? 딸이 결혼한다고 말하면 친구들이 모두 '남편은 뭐 하는 사람 이야?'라고 물을 텐데. 그럼 난 남편이 여자라고 말해야 하잖아. 이 거 참, 어떡해야 하지?" 유딧은 당황하며 뭐라고 말할지 물었다. 그 녀는 라헐과 마리아너의 관계를 받아들인 지 오래되었지만 결혼 계 획에 대해서는 기뻐하지 않았고, 결혼이 불필요하다고 생각했다.

그러나 라헐의 이야기에 따르면 그날 유딧은 한 친구에게 전화 를 해서 머뭇거리며 털어놓았다고 한다. "저기, 오늘 무슨 일이 있 었는지 알아? 내 딸이 결혼할 거래." 그러자 그 친구가 말했다. "와, 멋지다! 축하해!" 이후 유딧은 다른 친구에게도 전화를 했는데 반응이 똑같았다. 다른 친구에게 한 번 더 전화를 해 보고 그 친구도 이 소식을 무척 긍정적으로 받아들이자 "흠, 이거 재미있겠는데."라는 생각이 들었다. 그제서야 유딧은 라헐과 마리아너에게 전화해서 말했다. "와, 너희들이 결혼한다니 정말 기쁘단다!" 라헐은 상황이 바뀌면서 어머니가 이 결혼에 큰 열정을 보였다고 했다.

이 이야기는 결혼법의 변화가 어떻게 한 여성이 딸의 동성 결혼을 예상하면서 감정적으로 부정적인 반응을 보이게 했는지를 보여 준다. 그런데 유딧의 부정적인 반응이 이 이야기의 끝이 아니었다. 최소한 동성 결혼에 대한 지지가 어느 정도 형성된 더 큰 사회적·문화적 맥락 속에서, 유딧의 즉각적인 부정적 반응은 금세 결혼에 대한 지지로 바뀌었다.

넓은 맥락에서 유딧에게 정확히 무엇이 바뀌었던 걸까? 유딧은 분명 사회적으로 받아들여지지 못하리라는 두려움에 처음에 그렇게 반응했을 테지만 친구들의 따뜻하고 힘이 되는 반응 때문에 이내 두려움이 사라졌다. 어쩌면 더욱 중요한 점은 곧 있을 라헐의 결혼식을 다른 결혼식과 똑같이 환호할 만한 일이라고 유딧의 친구들이 인정했다는 사실이다. 유딧은 친구들의 방식을 따라 다가올 라헐의 결혼식에 대한 기쁨과 인정을 드러냈다. 유딧의 '결혼'에 대한 이해가 라헐과 마리아너를 받아들이는 쪽으로 바뀌었거나 딸의 연애 관계에 대해 생각하는 방식이 바뀐 것이다.

유딧의 달라진 반응은 동성 커플의 결혼 평등을 둘러싼 정치적 논쟁의 끝이 문화적 적응의 시작을 의미함을 알려 준다. 부모나 다른 사람들의 불안이 결국 동성 결혼이라는 개념에 대한 반대로, 심지어 동성 결혼이 법제화된 후에도 그 개념에 반대하는 것으로 연장되었다. 하지만 이런 생각에 대해 동성 결혼을 지지하는 사람들이 문제를 제기할 터고, 아마 그것에 영향을 받을 가능성이 클 터다. 마찬가지로 점차 개개인의 인식과 수용이 변화하여 결혼의 의미에 대한 문화적 정의를 형성할 수도 있다. 결혼 문제에 있어 이러한 문화적 적응의 과정은 복잡하며 아직도 제대로 파악되지 못하고 있다.

반대로 정치적 논쟁은 대개 법적 인정이라는 비교적 단순한 과정으로 제시된다. 동성 커플이 인정(recognition)이라고 말할 때는, 국가가 결혼이라는 법적 선택지를 자신들에게 부여함으로써 자신들의 관계를 공식적으로 인정하기를 원하는 것이다. 인정에는 문화적 적응 과정에 유용하게 적용할 수 있는 또 다른 의미가 관련된다. 즉 "이미 아는 어떤 것 혹은 누군가"라는 인식이다.[1] (4장에서 이야기한 결혼 행위의 변화와 같은 것이 아니라) 문화적 변화라는 의미에서 동성애자들이 결혼을 변화시킬지에 대한 질문을 재구성하는 한 가지 방법은 더 광범위한 문화를 형성하고 정의하는 이성애자들에게, 유딧의 친구들이 라헐과 마리아너를 인정했던 것처럼 동성 커플이 결혼할 수 있다고 인정하는지 그리고 그들을 결혼한 커플로서 인정하는지 묻는 것이다.

네덜란드에서 10년간 결혼하거나 등록한 동성 커플은 대략 2만 쌍(같은 기간 이성 결혼은 거의 80만 건)이다. 이렇게 적은 비율의 사람들이 결혼의 문화적 이해에 흠집을 낼 수 있다는 생각은 이상하게 보인다. 이론적으로 이성애자들은 일상생활에서 결혼한 동성 커플을 한 번도 마주치지 않고 살아갈 수도 있다. 실제로 내가 이야기해 본 몇몇 인구 통계학자들은 동성 결혼의 문화적 영향이 없을 것이라는 주장의 논거로 결혼하는 동성 커플의 수가 적다는 점을 말한다. 그러나 내 생각에는 문화적 변화의 잠재성은 실재한다. 다만 동성 커플의 결혼이 가능해지기도 전에 정치적 논쟁을 달구었던 스탠리 커츠, 매기 갤러거를 비롯한 동성 결혼 비판자들이 주장하는 것과는 다른 이유에서다. 4장에서는 네덜란드와 스칸디나비아 국가에서 동성 결혼 논쟁이 이성 결혼에 미치는 영향에 대한 주장들을 조목조목 비판하였다. 더 흥미로우면서도 어려운 질문은 동성 커플이 실제로 결혼하게 되었을 때 네덜란드에서 무슨 일이 일어났고 미국에서 이 권리를 널리 누리게 되면 무슨 일이 생길지를 묻는 것이다.

결혼은 결국 공개적인 행위다. 결혼에는 공개적인 예식, 대규모 잔치, 새로운 법적 결혼 지위 그리고 (가끔은) 성(姓) 변경 등 매우 눈에 띄는 장식이 동반된다. 결혼 자체의 공공성이 수적으로 적은 커플이라 할지라도 이들이 결혼 생활을 하는 동안 많은 사람들과 만남에 따라 문화적 영향력을 미칠 가능성을 이해하는 것이 핵심이다. 정치인, 유명인, 뉴스 매체에서의 의견이 결혼에 대한 광범위한 문화적 이해에 직접적인 영향을 미칠 수도 미치지 않을 수도 있지만 여기에서는 이들에게 초점을 맞추기보다 네덜란드 커플들의 삶을 통해 결혼의 의미가 변화하는 조짐을 살펴보기 위해 풀뿌리 대중에게 도움을 청한다. 만약 네덜란드에서 동성 커플이 결혼 제도를 변화시키고 있다면 내가 인터뷰한 커플들의 삶이나 커뮤니티에서 그런 효과가 일부 나타나야 한다. 전국적인 설문 조사 자료와 동성 커플들이 이성애자들과 나눈 상호 작용을 모두 이용해 이성애자들의 생각에 어떤 효과를 미쳤는지 알 수 있다.

동성 커플들이 어떻게 결혼에 대한 현재의 문화적 이해를 바꿀 수 있을까? 이 질문을 우선 게이와 레즈비언의 관점, 그다음에는 이성애자들의 시각이라는 두 가지 방향에서 살펴보고자 한다. 사람들은 문화의 일부로서 결혼이 자신과 다른 이들에게 품는 의미와 타당성에 대한 생각을 형성해 간다. 결혼을 연구하는 인류학자와 사회학자 들은 이 뿌리 깊은 생각을 때때로 문화 스키마(cultural schemas)라고 부르는데, 이것은 개개인의 복잡한 학습 과정을 반영하며, 공통의 경험을 가진 집단의 구성원 사이에서 공유되고 전달된다.[2] 동성 커플이 결혼 개념을 변화시키거나 뒤엎으려면 반드시 먼저 결혼한 동성 커플들이 결혼 개념에 중대한 차이를 드러내거나 표현해야 한다. 결혼 제도가 잘 맞는다면 동성 커플들은 그 제도를 고치지 않고 몸에 걸치면 된다. 하지만 제도가 들어맞지 않는다면 무언가가 바뀌어야 한다. 생각이 바뀌거나 동성 커플들이 바뀌거나 동성 커플들이 본인들의 삶을 만들어 가는 데 결혼이라는 개념과 법적 제도를 이용하려는 노력을 하거나 하지 않을 것이다.

그러나 동성 결혼에 관해서라면 동성 커플이나 보다 넓게 게이, 레즈비언, 양성애자까지 고려하더라도 이들이 유일한 문화 행위자가 아닌 것은 분명하다. 이성애자들도 결혼의 의미가 동성 커플에게는 다르다는 점이나 동성 커플을 포함하는 '결혼' 제도가 다른 의미를 갖는다는 점을 인지할 터다. 그리고 이로써 결국 이성애자들에게 있어서 결혼의 의미도 바뀔 터다. 이성애자들이 그들의 게이, 레즈비언 친구나 가족, 이웃, 직장 동료의 결혼에 반응하는 모습에서 결혼과 관련된 '이(異)문화 간' 불협화음(만약 이런 게 있다면)이 반드시 눈에 띄어야 한다. 이 장 도입부의 에피소드를 떠올리면서 유딧이 처음에 당황한 것이 다가올 라헐과 마리아너의 결혼식과 결혼에 대한 네덜란드의 문화적 이해 사이의 충돌을 보여 주는 것이었는지 질문해 볼 수 있다. 또 유딧의 걱정이 해결된 것이 결혼의 의미 변화(문화 스키마의 변화)나 또 다른 무언가를 반영하는 것이었는지도 물어볼 수 있다. 동성 커플이 결혼하고 결혼했다는 표시를 드러낼 수 있을 때 마찰과 혼란, 문화적 변화의 뒤틀림의 가능성이 부상한다. 아니면 비교적 매끄럽게 통합될 가능성도 있다. 나와 인터뷰한 커플들의 경험에는 이 모든 가능성이 포함되었다.

어디에서 본 듯한 모습: 동성 커플 입장에서 본 문화적 변화

동성 결혼이 가능해지면 결혼의 개념이나 제도가 변화하는지를 평가하는 첫 번째 방법은 결혼에 관한 동성 커플의 행동이나 말에서 결혼관을 일부 추론하는 것이다. 동성 커플은 결혼이라는 사회적 의무가 아닌 선택을 원하며, 2장과 3장에서 똑똑히 본 것처럼 모든 커플이 결혼을 선택하는 것은 분명 아니다. 동성 커플의 의사 결정 요인은 네덜란드의 이성 커플이 말하는 의사 결정 요인과 결국에는 매우 흡사하게 들렸다.

이 장에서 동성 커플들이 결혼하려는 이유들을 다른 시각으로 살펴보면서 그들이 말한 결혼의 의미에 초점을 맞추어 논의를 시작하고자 한다. 내가 인터뷰한 커플들에게는 다음과 같이 결혼을 선택하거나 최소한 고민하게 한, 몇 가지 중요한 이유가 있었다.

• 관계에 대한 헌신과 함께하겠다는 의지를 표현하기 위해
• 그 헌신을 서로에게나 가족과 친구들에게 표현하기 위해
• 두 사람이 공동의 경제생활을 영위하고, 일부 또는 전체 재정 자원을 합치는 것과 관련된 현실적인 문제를 처리하는 법적 계약을 맺기 위해
• 현재 혹은 장래 자녀들의 행복을 보장하기 위해
• 의미 있는 관계로 발전한 시기에 그러한 유대를 결속하기 위해
• 게이와 레즈비언의 평등에 관한 정치적 선언이나 여성과 남성의 평등에 관한 페미니스트의 선언을 하기 위해

위의 대부분 이유에는 전통적인 견해를 지닌 사람들조차 금세 친숙하게 느낄 만한 요소가 포함되어 있다. 즉 결혼은 헌신과 자녀, 경제적 파트너십, 가족과의 유대에 관한 일이라는 것이다. 한편으로 이 요소들은 네덜란드에서 결혼에 대한 현대의 문화적 개념을 형성하는 친숙한 요소다. 네덜란드의 젊은 이성 커플을 대상으로

한 아나 코르테버흐의 연구도 이 점을 보여 준다. 다른 한편 이렇게 전통적인 요소들이 동성 커플에게 어떻게 보이거나 작용할지에 있어서는 다소 차이점이 드러난다. 예를 들면 동성 커플은 자녀를 갖기 위해 입양이나 대안적 임신·출산 기술에 의존할 가능성이 이성 커플보다 높을 것이다. 동성 커플은 가족 내에서 누가 무슨 일을 하는지로 정의되는 '부인' 혹은 '남편'의 역할을 그대로 따라 하려 하지 않는다. 하지만 둘 중 누가 부인이고 남편인지 궁금해하는 어리석은 지인들 일화를 몇몇 커플이 들려주었다.

대체로 동성 커플은 결혼의 목적이 출산이라는 특수하고 전통적이면서 지극히 단순한 견해에 반드시 집착하지는 않는다. 네덜란드나 다른 많은 유럽 및 북미 국가의 이성애자들과 마찬가지다. 그렇기에 동성 커플의 이성애자 친구나 형제자매가 동성 커플이 표현하는 결혼 개념의 요소를 대부분 쉽게 알아볼 수 있다. 게이, 레즈비언 커플과 이성 커플을 설득력 있게 비교하기 위해 우선 인터뷰에서 드러난 명백한 유사점과 차이점을 자세히 살펴보고자 한다. 대표성 있는 네덜란드 이성애자 표본에서 드러난 좀 더 넓은 맥락을 전달하기 위해 네덜란드인의 결혼관을 조사한 유럽 가치관 조사(European Values Survey)의 설문 조사도 근거 자료로 활용한다.

의무가 아닌 선택

2장에서 논의했듯이 동성 커플이 결혼을 선택으로 인식한다는 사실은 네덜란드에서의 결혼의 역사적·법적 맥락과 게이, 레즈비언의 정치적 운동에서 비롯한다. 결혼이 여전히 남편과 부인에 대한 제한적인 사회적 역할을 강화하는 법 제도로 편입하기 위한 사회적 의무를 의미했다면 사실 레즈비언과 게이 커플이 결혼권을 얻으려 애쓰지 않았을 터다.[3] 인구 통계학자나 역사가를 비롯한 사회과학자들은 오래전부터 서유럽과 미국의 결혼 및 이혼 추세가 뚜렷한 성 역할 구분과 백년해로에 대한 기대를 수반하는 전통적인 사회 제도로서의 결혼에서 분명하게 멀어지는 움직임을 보인다고 언급했다. 결혼은 두 사람이 자유롭게 선택해서 시작했다가 나중에 그 관계가 개인의 욕구와 맞지 않으면 끝낼 수 있는 하나의 관계라고 주로 여겨지게 되었다.[4] 이성애자들의 생각에 나타난 이러한 변화가 이론적인 것만은 아니다.[5] 앞서 4장에서도 점점 많은 네덜란드의 이성 커플들이 결혼하는 대신 결혼 제도 밖의 동거를 선택하는 것을 보았다.

출산

동성 커플에게 결혼은 출산과 결부되지만 최소한 내가 이야기를 나눈 커플들에게 결혼은 출산의 원인이 아니라 주로 출산의 결과와 결부된다. 레즈비언 커플이 자녀 계획을 세울 때 부모와 자녀 간의 법적 결속을 높이고 부모와 자녀 모두에게 해당하는 권리와 의무의 형식을 갖추는 방법으로서 결혼을 이해하는 것이다. 4장에서 말한 것처럼 네덜란드의 이성 커플들도 아이를 가진 다음에 결혼하는 경우가 많다. 네덜란드에서 출생한 아이 3명 중 1명은 부모가 결혼하지 않은 상태인데, 그중 많은 비혼 부모들이 자녀가 태어나고 몇 년 내에 결혼을 한다. 네덜란드의 젊은 세대에 속하는 동성 커플과 이성 커플은 결혼과 출산의 관계에 대해 확실히 같은 생각을 공유한다.

공동의 경제생활

동성 커플은 드러내 놓고 자신들의 관계가 경제적 파트너십이라고 말하지는 않았지만 내가 이야기를 나눈 커플들은 재정을 분리하거나 독립적으로 유지하기보다는 다음과 같이 경제생활을 합쳐서 살았다.

- 결혼 여부와 상관없이 모든 커플이 맞벌이를 하면서 가구 소득에 기여했다.
- 몇몇 커플은 공동으로 집을 샀으며, 일부는 대놓고 결혼에 대한 고려와 주택 구매를 결부했다.
- 커플들이 소득을 모아 생활비를 마련하는 방법에서도 그들의 상호 의존이 분명히 나타났다. 대부분의 커플이 각자의 계좌를 가지고 있었지만 거의 모두 공동 명의의 은행 계좌를 가지고 있어서 생활비의 일부 혹은 전부를 함께 사용할 수 있었다. 다섯 커플이 소득과 재산을 완전히 합쳤고, 그 외에도 여러 커플이 상당 부분 합쳤다.
- 어떤 커플들은 가사 및 기타 비용에 대한 기여도가 각자의 수입에 따라 달라진다고 말하면서 경제적 결속을 드러냈다. 커플이 결혼하지

않았더라도 수입이 더 많은 사람이 더 큰 재정적 부담을 감당하는 경우가 많았다.

• 결혼과 연관된 주요 경제적 결정은 결혼 이전의 재산을 어떻게 처리할지에 관한 것이다. 몇 커플은 혼전 재산을 법적으로 분리하기 위해 네덜란드 법에서 허용하는 대로 혼전 합의서에 서명했다. 하지만 그런 경우 한 사람이 사업체를 소유하고 있기 때문에 가족의 재정과 사업을 계속 분리해 둘 필요가 있었다.

전체적으로 볼 때 이러한 증거는 동성 커플들이 경제적 재원을 상당한 정도로 하나로 합친다는 것을 보여 주며, 이러한 모습은 결혼에 대한 여러 가지 문화적 가정과 부합한다.

하지만 앞에서 소개한 결혼에 대한 관념의 목록에서 마지막 몇 가지 항목은 동성 커플이 결혼을 생각하는 방식에 존재하는 몇 가지 중요한 차이점을 보여 주는 것 같다.

결혼 시점

전통적인 의미에서 결혼이란 젊은 커플이 부모의 가구에서 자신들만의 공동 가구로 이행하는 것을 의미한다. 연인 관계가 된 두 젊은이는 성인으로서 새로운 인생을 함께 만들어 가기 위해 결혼한다. 그러나 나와 이야기를 나눈 동성 커플들은 과거의 전통적인 경향보다 훨씬 오래 연애 관계를 지속한 후에야 마침내 결혼하기로 결정했다. 어떤 면에서 결혼의 시점은 네덜란드의 동성 커플들이

1998년까지 파트너로 등록할 수 없었거나 2001년까지 결혼할 수 없었다는 법적 현실을 반영했다. 그렇다면 1998년이나 2001년부터 관계가 시작된 커플에게는 어떤 일이 생길까? 시간이 말해 줄 것이다. 내가 인터뷰한 커플들은 대부분 이미 1998년에 동거하고 있었기 때문에 안타깝게도 내 표본으로는 이 질문에 대답할 수가 없다.

6장에서 나는 결혼이라는 선택지의 등장으로 동성애자들의 생각과 삶이 변화함에 따라 결혼 시점이 어떻게 바뀌었는지에 대해 다룬다. 여기에서는 결혼의 적절한 시점에 대한 생각에 있어서는 내가 인터뷰한 동성 커플들이 처음에 생각했던 것보다 더 전통적일 수 있다는 정도만 언급한다. 여러 가지 이데올로기적 이유로 결혼을 거부했던 커플 가운데 몇몇은 자신들의 관계 초반에 결혼이 가능했다면 그러한 반대를 극복할 수 있었으리라고 말했다. 왜냐하면 시작한 지 비교적 얼마 안 된 커플에게는 결혼의 현실적 이점이 많기 때문이다. 결혼이 가능해졌을 때는 주택 구매나 경제 재원 합산처럼 결혼을 고려하게 만드는 사건이 이 커플들에게 이미 발생한 시점이었다. 이 커플들은 담보 대출 기관이나 관계 당국이 요구하는 요건을 충족시키기 위해 다른 방법으로 자신들의 관계를 공식화했고 따라서 결혼이 선택지가 되었을 때는 그들이 결혼으로 얻는 현실적 가치가 거의 없었다. 결혼이 좀 더 일찍 가능했더라면 더 많은 커플이 보다 이른 시점에 결혼하는 것을 볼 수 있었을 것이다.

정치적·이데올로기적 측면

동성 커플이 결혼할지 결정하면서 고려하는 일부 정치적 측면이 동성 결혼을 이성 결혼과 구별되게 한다. 이성 커플의 결혼식이 그 자체로 동성애자의 평등에 대한 의사를 드러내지는 않는다. 다만 동성 커플이 결혼할 수 없는 나라에서 일부 게이와 레즈비언은 이성애자의 결혼식을 통해 자신들에 대한 배제를 피부로 느끼게 된다.[6] 그러나 몇몇 네덜란드 커플들이 이성애자 친구에 관한 이야기를 들려주었는데, 그들 대부분이 페미니스트이고 자신들에게 주어진 결혼 자격을 보수성의 표현으로 보았으며, 따라서 레즈비언, 게이 친구들과의 수년간 연대 때문에 결혼을 보이콧했다. 마르타와 린은 네덜란드의 유명 정치인이 동성 커플에게 결혼이 가능해질 때까지 법적으로 독신자로 지내다가 동성 결혼이 가능해지고 나서야 그녀의 오래된 남성 파트너와 결혼했다는 이야기를 들려주었다.

좀 더 전통적인 생각을 가진 이성애자들의 신경을 거스르겠지만 결혼을 정치적으로 만드는 것이 동성 커플에게 결혼을 개방하는 유일한 방법이다.[7] 그러나 동성 결혼 논쟁이 정치와 결혼이 최초로 엮인 경우는 아니다. 결혼은 이미 오래전에 동성애자가 아니라 이성애자와 연관하여 정치적 문제가 되었다. 문화 전반이 우리가 이해하는 결혼의 여러 요소를 형성하는 것과 마찬가지로 수년 동안 유럽과 북미의 여러 국가에서 있었던 결혼 및 이혼 관련 법 개정에 관한 논쟁은 정치와 국가가 결혼의 법적인 의미를 어떻게 만들어내는지 드러냈다. 메리 앤 글렌든(Mary Ann Glendon), 스테퍼니 쿤츠,

낸시 콧(Nancy Cott) 같은 역사 연구자들은 결혼에 대해 자연 발생적이고 일관된 정의나 합의는 존재한 적이 없음을 증명했다.[8] 결혼의 법적인 의미와 사회적 의미 모두 가족생활의 현실과 사회의 필요에 따라 변하고 순응해 왔다. 정치는 항상 이 순응 과정에 얽혀 있었다. 네덜란드에서 결혼과 관련된 최근의 정치 논쟁은 외국인 배우자의 이민 규정에 관한 것으로, 이주민과 네덜란드 선주민(先住民) 간의 결혼율이 낮은 데 대한 우려로 촉발된 논쟁이며, 이에 대해서는 추후 논의할 것이다.

3장에서 언급했듯이 게이와 레즈비언의 평등에 관해 동성 커플이 보여 주는 메시지는 한 가지 중요한 점에서 전통적으로 최상위를 차지하고 있는 결혼의 지위를 실제로 강화한다. 내가 인터뷰한 대부분의 사람들은 원칙적으로 동성 커플과 이성 커플 모두에게 결혼뿐 아니라 파트너십 등록의 선택지를 부여하는 것이 긍정적이라고 생각했다. 실제로는 2001년 4월 이후 법적으로 결합한 커플들 가운데 한 쌍만이 파트너십 등록제를 선택했다. 대부분은 파트너십 등록제의 지위가 결혼보다 낮다고 보았기 때문이다. 결혼을 거부한 사람들조차 파트너십 등록제가 완전한 평등으로 가는 길목에서 유용하게 사용하는 임시 타협책인 이등 지위라는 데 동의했다.

일부 레즈비언 페미니스트 활동가들의 가장 야심차고 노골적인 정치적 주장은 동성 커플이 이성 간의 결혼에 여전히 존재하는 성 역할을 해체하는 데 유익하다는 것이다. 이 예상에 따르면 동성 커플은 평등한 결혼의 전형적인 모델이다. 두 남편 혹은 두 아내 간의 결혼은 이성 커플의 결혼과는 다른 역학 관계를 보이며, 배우자에게 서열에 따른 역할이나 기대를 강요하지 않기 때문이다. 동성 커플 내에도 어느 정도 불평등이 존재하지만 파트너 각자가 가구 소득이나 가사에 얼마나 기여할지 결정할 때, 동성 커플이 성별 규범에 덜 얽매이며 더 평등하다는 견해를 뒷받침하는 증거가 미국에서 점차 증가하고 있다.[9] 동성 커플이 이러한 평등주의의 잠재성을 지니지만 동성 커플의 숫자가 적을 수밖에 없기 때문에 동성애자 가족생활 구조의 내적 차이가 많은 이성애자들에게는 보이지 않을 터다.

특히 동성 커플은 파트너나 배우자에게 돈을 벌어 오는 사람이나 아이를 키우는 사람 같은 특정 역할을 부여하지 않는 것으로 보인다. 내가 인터뷰한 사람들은 부모인 경우에도 마찬가지로 모두가 직장에 고용되어 있었다. 그중 다수는 시간제 직업을 갖고 있었다. 그러나 네덜란드와 미국의 대부분의 이성애자 여성들이 지금은 가구 소득에 기여한다는 점과 더불어 가정 내 남성과 여성의 엄격한 역할 구분을 없애고 있다는 의미에서 이성애자들의 결혼 역시 이미 '탈젠더화'되고 있다. 1975년에는 25~54세의 네덜란드 여성 가운데 28%만이 고용되어 있었다. 2004년에는 같은 연령 집단의 여성 가운데 74%가 직업을 가지고 있었다. 이 수치는 남성(89%)에 비하면 낮지만 그래도 네덜란드 핵심 경제 연령에 속하는 여성의 절대 다수다. 네덜란드에서 남성의 15%만이 시간제로 일하는 데 비해 훨씬 많은 여성(89%)이 시간제로 일하며[10] 이것은 네덜란드 여성이 남성에 비해 여전히 가사에 더 큰 책임을 지고 있음을 보여 준다. 그렇지만 오랜 시간에 걸친 변화를 보면 어느 정도 성별 차이가 남아 있기는 해도 남편과 부인의 성 역할은 훨씬 약화되었다.

결혼 평등의 많은 적들을 불안하게 만드는 모노가미(monogamy)*에 대한 문화적 위협의 잠재성을 소수의 기혼 동성 커플이 상당히 희석하기도 한다. 적어도 일부 게이들은 자신들의 연애 관계에서 모노가미 규범에 대해 (현재) 공개적으로 다른 의견을 표한다.[11] 일부 동성 결혼 옹호자들은 결혼이 의미하는 헌신이 다른 섹스 파트너를 찾아 나서려는 남성들의 욕망을 감소시킬 것이므로 결혼이 게이를 한층 모노가미적으로 만들 것이라고 예상한다.[12] 반대편에서는 결혼 생활 중에 생기는 어떤 비(非)모노가미적 행위도 모노가미가 지켜야 할 좋은 것이라는 전통적인 견해를 훼손하리라 걱정한다.[13] 동성애자와 이성애자의 인구 규모가 엄청나게 차이난다는 점을 고려할 때 이성 간의 관계에서 분명 비모노가미적 행위가 훨씬 많이 발생한다. 다만 실제로 이성애자의 비모노가미가 어느 정도인지에 대한 믿을 만한 통계를 발견하기가 어렵다.

결혼의 문화적 맥락에서 보면 결혼 내에서 발생하는 행위의 잠재적이지만 미미한 증가보다는 결혼 규범이 더 중요하다. 내가 인터뷰한 네덜란드 커플들은 규범에 대해 다소 복합적이었다. 대다수 게이의 마음속에서 결혼과 모노가미는 상당히 분리되어 있는 듯 보

---

* 모노가미란 단 한 사람의 상대만 있는 연애나 결혼 관계를 의미한다. 그 외의 상호 배타적이지 않은 관계를 비(非)모노가미라고 한다.

였다. 한편으로는 이야기를 나눈 기혼, 비혼의 남성 커플 대부분이 모노가미적이지 않았으며, 일부는 모노가미와 관련된 자신들의 규범을 전통적인 결혼에 내포된 규범과 구별했다. 다른 한편으로는 한층 전통적인 규범의 증거도 존재했다.

예를 들면 브람은 오토와 결혼한 후에 모노가미적으로 살리라고 결심했다. 성적으로 비모노가미적인 남성 커플조차도 사랑과 정직에 초점을 둔 정절에 대한 그들만의 고유한 정의를 내리고 있었다. 기혼인 빌럼이 말했듯이 "정절은 다리 사이에 있는 것이 아니라 귀 사이에 있다."라는 것이다. 비혼인 로프는 오랜 기간 헌신하는 관계가, 그리고 반드시 그러한 관계만이 모노가미라고 기대하는 듯한 몇몇 게이를 포함한 친구들이 자신과 파트너 핏의 비모노가미적 관계에 가끔 혼란스러워했다고 말했다. 다시 말해 게이들이 늘 모노가미적으로 행동하지는 않을지 모르지만 이들은 분명 모노가미 규범을 인식하고, 그 영향력을 느꼈다.

게이 사이에서 모노가미의 역할에 대해 다른 나라에서 찾은 증거는 해석하기가 복잡하다. 윌리엄 에스크리지와 대런 스페데일 역시 전부가 아닌 일부 덴마크 게이 커플들이 파트너십 등록 이후 모노가미를 받아들였다는 사실을 알아냈지만 비모노가미적인 커플들도 파트너를 보호하기 위해 좀 더 안전한 성관계의 가능성이 높아졌다는 점 역시 밝혀냈다.[14] 경제학자 토머스 디(Thomas Dee)의 연구는 게이가 파트너 등록이나 결혼 후에 더욱더 모노가미적이 될 가능성을 뒷받침한다. 성적인 접촉을 통해 감염되는 매독이나 임질의 발생률이 동성 파트너를 인정하는 유럽 국가에서 뚜렷하게 감소했다. 아마도 더 많은 게이 커플들이 자신들의 관계를 법적으로 인정받은 후 모노가미적으로 행동했기 때문일 것이다.[15] HIV(인간 면역 결핍 바이러스) 감염률 역시 감소하였으나 통계적으로 유의하지는 않았다. 그러나 에스크리지와 스페데일은 덴마크, 노르웨이, 스웨덴에서 파트너십 등록제가 시행된 이후 이 국가들의 HIV 감염률이 다른 유럽 국가에 비해 감소 폭이 컸음을 지적했다.[16]

문화적 관점에서 보면 기대와 열망이 실제 행동보다 중요하다. 어쩌면 네덜란드에서 모노가미와 관련해 알아낸 가장 중요한 발견은 인터뷰한 남성들이 결혼하면 모노가미적으로 살아야 한다는 문화적 기대를 뒤집기 위해서 결혼하려 하지는 않았다는 것이다. 이처럼 동성 커플들의 모노가미에 대한 규범은 평등한 성 역할의 규범과는 상당히 다른 것으로 보인다. 즉 인터뷰에 응한 동성 커플들은 때로 성 평등의 복음을 전파하기 위해 결혼 제도를 활용했지만 모노가미를 훼손하려는 노력의 일환으로 결혼을 활용하지는 않았다.

게이의 성적 행동에 대한 데이터 해석의 복잡성 그리고 게이의 성적 행동과 문화적 기대의 관계는 미국의 경험에 대한 연구에서도 드러난다. 버몬트에서 시민 결합을 맺은 커플을 대상으로 한 솔로몬(Solomon) 등의 연구에서는 시민 결합을 맺은 게이가 시민 결합을 맺지 않은 동성 커플에 비해 더 모노가미적이지 않으며, 커플 대부분이 모노가미적이지 않음을 보여 준다.[17] 그러나 시민 결합을 맺지 않은 게이에 비해, 시민 결합을 맺은 게이들은 다른 사람과의 성 관계가 용인될 수 없다는 데 서로 합의할 가능성이 더 높았다. 다시 말해 시민 결합을 맺은 남성들은 항상 모노가미를 실천하지는 않더라도 자신들의 관계에서 모노가미의 이상을 수용할 가능성이 더 높았다.

이성애자의 생각

결혼이 무엇이며, 결혼이 무엇을 위해 좋은지에 대해 동성 커플이 보여 준 생각은 같은 연령대의 이성 커플의 생각과 매우 유사한 것으로 드러난다. 네덜란드인들을 대상으로 한 1999년 유럽 가치관 조사에서는 각 참여자에게 성공적인 결혼을 만드는 요인들이 적힌 목록을 주고, 그 요인들이 얼마나 중요한지를 물었다.[18] 이 조사에서 제시한 요인들이 내가 동성 커플과 한 개방형 인터뷰에 나타난 결혼의 요소와 정확히 일치하지는 않지만 이 조사는 이성애자들의 다양한 견해와 게이, 레즈비언의 견해의 유사성에 대해 생각해 볼 맥락을 제공한다.(이 조사에서 조사 참여자의 성적 지향에 대해 질문하지는 않았지만 거의 대다수가 이성애자일 것이라고 별 무리 없이 가정할 수 있다.)

표 5.1은 내가 인터뷰한 사람들과 비슷한 연령대인 30~50세 네덜란드인들의 견해를 보여 준다. 거의 모두가 매우 중요하다고 동의하는 요인들은 상호 존중, 문제가 생기면 소통하려는 의지, 이해심, 신뢰 등 배우자 관계의 질적 측면과 관련이 있다. 또 배우자 간

표 5.1   성공적인 결혼을 돕는 요인의 중요도

(30~50세 네덜란드 응답자, 1999년, 응답자 수: 506명) (단위: %)

성공적인 결혼을 돕는 요인	매우 중요	다소 중요	중요치 않음
상호 존중과 감사	95.9	4.1	0.0
부부간에 문제가 생기면 소통하려는 의지	88.4	10.9	0.7
이해심과 관용	87.4	12.6	0.0
신뢰	83.6	14.4	2.0
처가·시가 식구와 분가해서 생활	55.0	20.2	24.8
행복한 성관계	48.2	47.9	4.0
자녀가 있음	44.8	28.4	26.8
가사 분담	30.8	53.8	15.4
서로의 관심사에 대한 많은 대화	26.3	63.7	9.9
되도록 많은 시간을 함께 보냄	22.9	58.3	18.7
충분한 소득	19.2	55.1	25.7
좋은 집	18.7	64.3	17.0
동일한 사회적 배경	9.4	47.4	43.2
같은 종교	5.1	19.5	75.4
같은 민족 출신	2.9	23.3	73.9
정치적 견해 일치	2.0	21.9	76.1

출처: 유럽 가치관 조사에서 저자가 발췌하여 작성

사회적·종교적·정치적·민족적 배경의 유사성이 그다지 중요하지 않다는 점에 대해 참여자들이 대체로 동의한다.

하지만 관계에 관한 일반적 특성이 아닌 일상생활로 눈을 돌리면 결혼이 어때야 하는지에 대해 네덜란드인들은 훨씬 다양한 관점을 지닌다. 자녀, 성관계, 집안일, 함께 보내는 시간, 소득의 중요성에 대한 질문을 통해 많은 네덜란드인들에게 성공적인 결혼을 만드는 다양한 선택과 상황을 엿볼 수 있다.

전통적인 가족이라는 개념에 대해 동성 커플들은 거부할 것으로 보이는데, 네덜란드 이성애자들의 의견에서 전통적인 가족에 대한 공통된 생각은 보이지 않는다. 자녀를 낳은 것 하나만으로 성공적인 결혼이라고 보지 않는다. 즉 이 연령대의 네덜란드인 가운데 절반에 미치지 못하는 사람들이 자녀를 갖는 것이 매우 중요하다고 생각하고, 4분의 1은 별로 중요하지 않다고 생각한다.

경제적 파트너십을 만든다는 것은 더 이상 남편과 부인 사이의 엄격한 성별 분업를 의미하지 않는다. 가사, 육아, 수입에 대한 책임을 공유하는 것이 새로운 경제적 결혼 파트너십이다. 남편과 부인이 전통적인 역할을 담당하는 것이 좋은 결혼을 보장하지 않는다. 원활한 소통과 함께 보내는 시간, 따뜻하고 헌신적인 관계가 좋은 결혼의 밑거름이 된다.

다른 질문에 대한 대답에서도 최근 수십 년 동안 일어난 남편과 부인의 역할 변화가 드러난다. 생계 부양자-전업 주부 가구 모델은 사라지고 있는 것으로 보인다. 4분의 1이 안 되는 네덜란드인(23%)이 "직장도 좋지만 대부분의 여성은 가정과 자녀를 원한다."라는 말에 동의했다. 5명 중 4명(82%)은 자녀를 돌보는 데 어머니만큼 아버지도 아주 적합하다는 데 동의했다. 앞서 말한 여성 취업에 대한 자료와 마찬가지로 이 조사는 네덜란드의 이성애자 남성과

여성의 삶이 원칙적으로도 실질적으로도 점점 비슷해져 감을 보여
준다.

결혼한 동성 커플들은 또래의 이성애자들이 표현하는 결혼에
대한 주류적 개념에 부합하는 서로에 대한 헌신과 관계에 대한 개
인적 헌신을 공유했다. 성별 규범의 한계 확장과 정도는 덜하지만
모노가미를 문제 삼는 것은 동성 커플 사이에서 더 분명히 눈에 띌
것이다. 그러나 우리는 이 같은 성 역할의 변화가 또래 이성애자에
게도 중요하다고 본다. 자녀 갖기 혹은 갖지 않기, 소득 공유, 집 구
매, 서로의 가족과 함께하기, 미래 계획, 결혼 여부 결정하기 등 동
성 커플의 삶에서의 다양한 경험 역시 네덜란드의 이성애자들이 어
디에서 본 듯한 모습일 터다.

네덜란드 동성 커플의 결혼에 대한 이해도 미국 이성애자들
의 생각과 아주 비슷한 선상에 있다. 실제로 인류학자 길버트 허트
(Gilbert Herdt)와 정신과 의사 로버트 커츠너(Robert Kertzner)는 "미국
인들이 보통 결혼에 대해 기대하는 것과 공개적으로 결혼을 선언하
고 싶은 이유가 포진한 역사적으로 갈무리된 문화 내에" 미국의 동
성 커플이 결혼이나 언약식을 하려는 이유가 속한다고 언급했다.[19]
인류학자 나오미 퀸(Naomi Quinn)은 미국의 결혼 문화 모델이나 그
녀의 연구에 나오는 "핵심적인 예상과 가정"을 이렇게 기술한다.
"미국인들은 자신들의 결혼이 영원하고 상호 이익이 되며 공유하
는 것이기를 기대한다."[20] 성인이 결혼함으로써 얻는 가장 중요한
이익은 그 관계를 통해 개인의 정신적 욕구를 충족하는 것이지만

서로의 융합과 둘 모두의 욕구를 만족시키는 결혼을 이루기 위해서는 자신들이 열심히 노력해야 한다는 점도 알고 있다. 퀸은 그 밖에도 성인의 성 역할 충족, 성숙해지기, 자녀 갖기, 가족의 압박에 부응, 종교적 믿음 따르기, 경제적 필요성 충족 등 다양한 동기가 결혼에 결부된다고 주장하면서도 "사람들은 다른 어떤 것보다도 충족감이 결혼을 하는 목적이어야 함을 안다."라고 주장한다.[21] 나와 이야기를 나눈 네덜란드 커플들의 결혼에 대한 견해도 이 결혼 모델과 밀접하게 통했다.

결혼이나 가족생활에 관한 동성애자와 이성애자의 사고방식을 한층 직접적으로 비교한 미국 자료가 있다. 미국 정부는 2002년 전미 가족 증가 조사(National Survey of Family Growth)에서 1만 2600명 이상의 18~44세 남녀를 조사했다. 이 조사에는 출산과 자녀 양육에 관한 많은 질문이 포함되어 있으며, 태도와 성적 지향에 대한 질문도 담겨 있다. 표 5.2에서는 이성애자 여성, 레즈비언 및 양성애자 여성, 이성애자 남성, 게이 및 양성애자 남성이라는 네 집단에게 결혼, 이혼, 육아, 성 역할에 대한 의견을 제시하고, 동의율을 비교하였다.

표 5.2에 나열된 숫자 가운데 몇 가지가 눈에 띈다. 일생을 독신으로 보내는 것보다 결혼하는 편이 낫다는 의견에 이성애자 여성의 절반과 이성애자 남성 3분의 2가 찬성한다. 그러나 이 의견에 찬성하는 게이, 레즈비언, 양성애자는 3분의 1에 불과하다. 미국에서 2002년까지 동성애자와 양성애자의 결혼이 허용되지 않았으며, 동

표 5.2   미국의 성적 지향별 결혼 및 가족에 대한 태도

(18~44세 응답자 동의율) (단위: %)

성공적인 결혼을 돕는 요인	여성		남성	
	이성애자	레즈비언과 양성애자	이성애자	게이와 양성애자
1. 독신보다 결혼하는 편이 낫다.	50.3	33.9	66.8	35.7
2. 문제가 해결되지 않으면 이혼이 최선이다.	45.3	49.2	43.7	52.4
3. 비혼 여성의 임신은 문제없다.	70.5	83.1	59.7	76.4
4. 젊은 비혼 커플은 동거해서는 안 된다.	34.7	14.5	31.7	13.8
5. 부모가 됨으로써 받는 보상은 비용과 노력을 상회한다.	94.8	91.2	95.0	90.5
6. 직장 여성도 자녀와 친밀하고 안정적인 관계를 맺을 수 있다.	83.2	85.7	72.3	81.1
7. 남성이 주된 수입원을 책임지고 여성이 집안을 돌보는 편이 낫다.	34.0	22.7	36.1	24.2
8. 남성은 직장에서 성공하기보다 가족과 많은 시간을 보내는 게 중요하다.	73.7	67.7	77.3	69.9
계	6235명	314명	3807명	228명

출처: 전미 가족 증가 조사에서 저자가 발췌하여 작성

성애자가 결혼하는 유일한 방법은 이성과 결혼하는 것이었음을 고려하면 이런 큰 차이가 놀랍지는 않다.

그러나 나머지 결혼과 육아에 대한 의견에서는 같은 성별의 동성애자와 이성애자가 얼마나 비슷한지에 놀라게 된다. 이성애자에 비해 동성애자의 의견이 다소 덜 전통적이지만 그 차이는 상당히 적고, 대다수의 동성애자와 이성애자는 가족 문제에 대해 전반적으로 의견이 같다.[22] 각 집단의 절반 정도는 "결혼 생활의 문제를 커플이 풀어 나갈 수 없을 때 가장 좋은 해결책"은 이혼이라는 데 동의한다. 각 집단에서 대다수는 비혼 여성이 아이를 갖는 것을 용인할 수 있다는 데 동의한다. 젊은 커플이 결혼하기 전까지 동거해서는 안 된다는 데 동의하는 사람은 많지 않았다. 대부분이 "부모가 됨으로써 받는 보상은 비용과 노력을 상회한다."라는 데 동의한다.

표 5.2의 마지막 세 항목에서 볼 수 있듯이 성 역할에 대한 태도에 있어서도 동성애자와 이성애자를 분간하기 어렵다. 거의 모든 사람이 "직장 여성도 전업 주부와 마찬가지로 자녀들과 친밀하고 안정감 있는 관계를 맺을 수 있다."라는 데 동의하는데, 이성애자 남성이 여기에 동의하는 비율이 가장 낮다. 남성은 생계를 책임지고 여성은 가정과 가족을 돌봐야 한다는 의견에는 이 연령대의 모든 집단에서 3분의 1 미만의 사람들이 동의한다. 각 집단의 3분의 2에서 4분의 3에 달하는 사람이 "남성이 직장에서 성공하는 것보다 가족과 많은 시간을 보내는 것이 중요하다."라는 데 동의한다.

설문 조사 자료와 나의 인터뷰 자료 모두 네덜란드와 미국에서 게이와 레즈비언이 또래 이성애자와 결혼에 대해 같은 생각을 공유함을 보여 준다. 어느 집단이 현대적 결혼의 거울을 들여다보든 기혼 동성 커플과 기혼 이성 커플은 모두 자신들의 모습이라고 생각할 것 같다.

인정하기: 이성애자의 관점에서

이성애자들이 동성 결혼을 어떻게 보는지에 대해 좀 더 직접적으로 살펴볼 수도 있다. 가장 광범위한 문화적 수용 척도에서 시작해 보자. 내가 이야기를 나눈 커플들은 이제 네덜란드의 대중들이 대부분 동성 커플이 결혼할 수 있다는 생각에 찬성한다고 믿었다. 여론 조사가 이런 느낌을 뒷받침해 준다. 2003년 유럽 갤럽의 여론 조사에서는 네덜란드 응답자의 80%가 유럽 전역에서 동성 커플의 결혼이 가능해져야 한다는 데 동의했다.[23] 동성 결혼 지지에서 네덜란드인은 덴마크인에 이어 두 번째다. 현재 동성 커플이 결혼하거나 파트너십을 등록하도록 허용하는 그 밖의 모든 유럽 국가에서도 유럽 차원의 동성 결혼 아이디어에 과반수가 동의한다. 단 50%로 찬반이 똑같이 나뉜 체코와 47%의 찬성을 보인 영국만이 예외적이다.

그러나 자유주의적인 네덜란드에조차 억척스러운 저항 세력이 여전히 남아 있다. 뚜렷한 긴장은 이슬람교도 주민과 이민자의 규모와 가시성의 증가에서 비롯한 것이다. 일부 이슬람교도는 동성애가 부도덕하다는 보수적인 종교적 신념을 지닌다. 내가 네덜란드에서 이야기를 나눈 게이와 레즈비언 가운데 거의 모두가 이 정치적 갈등을 언급했다. 내가 암스테르담에 사는 동안 지역의 한 보수적인 회교 사원에서 게이를 높은 빌딩에서 내던지는 것을 옹호하는 책을 배포한 사실이 밝혀져 게이와 레즈비언 들이 규탄 시위와 집회를 벌이기도 했다.

하지만 이주 자체가 동성 결혼이 얼마나 받아들여졌는지를 드러내는 새로운 결혼 논쟁을 일으키기도 했다. 모로코와 터키 이민자나 그들의 자녀가 관련된 결혼의 절반 정도는 배우자가 이들의 원국적지인 모로코나 터키 출신인 '결혼 이주자'다.[24] 이러한 경향은 이민자 동화에 관한 새로운 우려를 낳았다. 네덜란드 정치인들, 심지어(혹은 어쩌면 특히) 보수적인 정치인들은 동성 결혼에 대한 수용을 리트머스 시험처럼 활용했다. 중동이나 아시아에서 네덜란드로 건너올 이주민들은 이제 네덜란드인들의 생활, 특히 동성 결혼 장면도 포함된 생활 모습을 담은 영상을 시청하고 동성 결혼이 합법적인지에 대한 질문이 포함된 시험을 거쳐야 한다.[25] 이것의 목적은 분명 그들이 살고 싶어 하는 나라의 문화에 대해 이민자들이 확실히 알도록 하는 것이지만 동성애자들이 친밀감을 공개적으로 평등하게 드러낼 수 있음을 받아들이지 못하는 사람들을 걸러 내거나 최소한 그 사람들에게 동성애자에게도 평등한 권리가 있으며 이민자들이 동성애자들을 존중해야 한다고 경고하는 방법이기도 할 것이다. 이민자가 문화적으로 편안하게 느끼도록 하기 위해 정책 입안자들이 동성 결혼 이슈를 경시하거나 재검토하려 하지 않는다는 점은 이민을 둘러싼 논란을 통해 분명히 드러났다. 하지만 이 이민 제약이 정책적 결과일 가능성이 높다는 점도 분명해 보인다.

물론 네덜란드에 거주하는 모든 이슬람교도가 동성 결혼에 반대하는 것은 아니다. 하지만 이민자나 이슬람교도 주민 사이에 이루어진 동성 결혼에 관한 실질적인 토론은 거의 없다. 네덜란드 동성애자들은 동성 결혼에 대한 반대가 소수 민족에게만 국한되지 않는다는 사실을 보통 얼른 눈치챈다. 보다 적은 규모이지만 보수 기독교 집단들이 오랫동안 네덜란드에 존재했고, 나와 이야기한 일부 커플들은 동성 결혼에 반대하는 네덜란드인들의 예로 이 집단을 지목했다. 그럼에도 여론 조사를 보면 동성 결혼의 개념에 대한 반대 세력은 가끔 두드러져 보이기는 해도 그 숫자가 적은 것으로 나타난다.

그러나 대중이 전반적으로 찬성한다는 점이 동성 커플이 결혼을 어떤 식으로든 변화시킬지에 대한 대답으로 충분하지는 않다. 동성 결혼이나 파트너십 등록제의 결과로 이성애자의 결혼 행동이 변한 것처럼 보이지 않는다는 사실도 결혼 제도의 변화에 관한 이 질문에 완벽한 답은 아닐 것이다. 대신에 나는 이성애자들이 자신들이 생각하는 결혼의 개념에 동성 커플을 포함시키기 위해서 얼마나 더 유연하게 생각해야 하는지 평가하기 위해 동성 커플과 이성 커플의 상호 작용을 활용하고자 한다.

이성애자들은 동성 결혼을 결혼으로 인정한다

내가 인터뷰한 많은 커플들은 결혼 여부와 상관없이 방식은 달라도 중요한 사회 제도에 포함됨으로써 얻는 힘을 경험했다. 이 사회 제도에의 접근은 동성 커플들이 같은 사회의 일원으로 쉽게 수용되고 편입되었음을 보여 주는, 동성 커플에 대한 새로운 종류의 지지와 이해의 문을 열었다.

친구들과 가족들은 비혼 동성 커플의 결혼 의사에 대해 궁금해하면서 가끔은 이들에게 결혼 압박을 주기도 한다.[26] 이성 커플에게 결혼하라는 압박을 주는 것과 마찬가지다. 네덜란드 이성애자들은 얼마 동안 함께 지낸 동성 커플이 결혼을 고려하고 있으리라 예상한다. 아나와 요커의 친구들은 (결혼을 반대하는 아나가 아니라) 요커에게 둘이 결혼할 것인지 묻는다. 하지만 요커는 이런 질문에 압박을 크게 느끼지는 않는다. 에릭이 다른 사람의 결혼식에 참석하면 친구들이 야머스와 결혼할 것이냐고 묻는다. 이사벨러의 경우 친구들보다는 좀 더 '전통적'이라 할 만한 직장 동료들이 언제 결혼할 것이냐고 물어 온다. 이사벨러는 아네커와 결혼할 계획조차 없지만 동료들이 물어봐 준다는 사실이 기분 좋다. "이 사람들은 이성애자이고, 동성 결혼이 진지한 선택임을 인정해 주는 거니까 좋은 거라고 생각해요. 이 사람들이 동성 결혼이라는 관념을 받아들이고, 우리 관계를 결혼할 가치가 있을 만큼 진지하게 생각한다는 사실을 보여 주는 거죠."

2장에서 마리아너의 할아버지가 마리아너와 라헐에게 어떤 식으로 결혼하라고 부추겼는지 이야기했다. 마리아너는 말했다. "할아버지가 저녁 내내 결혼에 대해 말씀하셨어요. 이런 질문들을 하셨어요. '봐, 둘이 서로 사랑하잖아, 그런데 왜 안 해? 그리고 결혼이 이제 가능하잖아. 결혼은 너희가 할 수 있는 최고의 일이야!' 그래서 우리가 제대로 설득당했죠." 분명 마리아너의 할아버지는 본인의 부부 관계와 손녀의 커플 관계가 유사함을 알았다.

커플들이 일단 결혼할 계획을 세우면 다른 사람들이 결혼과 결혼식에 대한 자신들만의 생각을 끼워 넣는다. 예를 들면 마르흐릿과 미리암이 결혼식에 쓸 케이크를 주문했을 때, 빵집 주인은 (물어보지도 않고) 핑크색 장미꽃 장식을 추가해서 둘을 무척 당황시켰다. 다른 예로 결혼식을 돕는 레스토랑과 호텔 직원들이 동성 커플 고객이 결혼 축하연을 하는 것을 발견하면 그 모습을 뚫어지게 쳐다보았다.

시간이 지나면 가족과 넓은 커뮤니티의 친구들이 다양한 방식으로 기혼 커플을 지지한다. 이 방식 역시 동성 결혼이 이성 결혼과 동일하다는 것을 보여 준다. 예를 들면 얀과 파울의 친구들은 둘의 결혼 기념일을 챙겨 주고 싶어 한다. "우린 이날을 자꾸 잊어버려요. 그런데도 다른 사람들이 기억해 줘요." 얀이 웃었다. 얀과 파울의 친구들은 2001년 있었던 둘의 결혼식에 초대받지도 않았지만 결혼 기념일을 축하하기 위해 카드를 보내거나 찾아오거나 케이크까지 들고 온다.

기혼 동성 커플은 대부분 결혼한 다음에 이성애자인 가족, 친구, 직장 동료들이 자신들의 관계를 진지하게 생각한다는 점을 발견했다. 일단 커플이 결혼하면 이성애자들은 둘의 관계를 이전보다 쉽게 '이해'한다. 마르흐릿은 심지어 그녀의 보수적인 벨기에인 이모와 함께 일하는 남성 노동자조차도 자신의 관계를 더 쉽사리 받아들였다고 말했다. "함께한다는 것이 좀 더 분명해지는 듯해요. 혹은 매우 진지하게 느껴지겠죠. 결혼을 하면 그 사람들이 결혼이라는 개념을 공유하기 때문에 받아들이기가 더 쉬워져요." 아니면 마르타가 린의 가족들에 대해 말한 것과 같았다.

확실히, 결혼하면 달라집니다. 그냥 갑자기 이해가 되는 거예요. 이전에 내가 그녀의 가족에게 받아들여지지 못했다는 것이 아니라 모두가 결혼이 무엇인지 이해한다는 거예요. 가족들이 이제는 자신들에게 있는 것이 우리에게도 있다는 걸 이해해요. 물론 어떤 점에서는 가족들이 차이를 두려고도 하지만 그럴 수 없어요. 이건 결혼이니까.

부모의 긍정적 반응

장 도입부에 나온 라헐의 어머니 유딧 이야기에서 본 것처럼 동성 커플을 가장 눈썰미 있게 보는 이는 아마도 부모, 특히 엄마일 것이다. 인터뷰이들이 가족이나 친척 중에 가장 많이 언급하는 사람은 어머니였다. 어머니들은 동성 커플의 결혼에 대해서 약간 양가적 감정이 있더라도 일반적으로 진심으로 자녀들을 지지하고 자식 일에 행복해한다. 어머니는 결혼이 게이 아들과 레즈비언 딸을 위한 긍정적 단계라고 생각한다. 헌신하는 마음가짐이 특히 중요한 역할을 하지만 몇몇 의견에서 분명히 나타나듯 어머니는 소중히 키운 장성한 자녀의 행복을 원한다.

• 리즈: 음, 우리 엄마는 매우 독실하시지만 결혼한다고 하니 정말 기뻐하셨어요. 내 생각에…… 엄마는 결혼의 헌신적인 측면을 아주 좋아

하세요. 그래서 결혼에 대해 진심으로 지지하셨던 것 같아요.

• 리아: 우리 부모님한테 결혼이란 "그래, 두 사람이 서로에게 정말 헌신적이구나."였던 거 같아요. 결혼이 정말 변화를 가져왔다고 생각해요. 우린 정말 서로에게 헌신하고 있고, 좋은 날 궂은날을 겪으면서 함께하자고 결심했어요. 고리타분하게 들리겠지만 부모님은 이런 생각이 반가우신 게 분명해요.

• 헤르트: 우리 엄마는 제가 결혼하는 걸 정말 좋아했어요. 이제야 마침내! 자식들을 다…… 키운 거죠.

부모는 결혼 선물이나 금전적 지원을 하면서 물질적 차원에서 자녀의 결혼식을 인식하고, 축복과 축하의 인사를 하면서 감정적 차원에서 자녀의 결혼을 깨닫는다.

부모들이 게이, 레즈비언 자녀의 결혼식에 자주 열광하는 한 가지 이유는 요즘 들어 가족의 결혼식이 드물어져서다. 내가 이야기를 나눈 두 사람이 자신들은 최소한 자녀 한 명의 결혼식에라도 참석하고 싶어 하는 부모님의 소원을 이루어 드렸다고 말했다. 사스키아의 형제자매는 이성 배우자와 결혼했지만 이런저런 이유로 부모를 초대하지 않았다. 때문에 사스키아의 부모님은 사스키아와 엘런의 결혼식에 참석할 수 있다는 사실에 크게 기뻐했다. 하도 기쁜 나머지 결혼식에 대한 금전적 지원을 계속해서 늘릴 정도였다. 마르타는 티네커의 아버지가 "결혼한 자식이 한 명은 있다는 사실에 자랑스러워했다."라고 생각했다. 요커는 여동생이 남자 친구와 살지만 결혼할 계획이 없기 때문에, 자신이 아나와 결혼하고 전통적인 큰 파티를 연다면 어머니가 기뻐할 거라고 추측한다. 이상의 설명은 부모들이 게이나 레즈비언 자녀가 동성 파트너와 결혼하는 것을 이성애자 자녀의 결혼과 동등하게 생각한다는 뜻이며, 파트너와 그냥 같이 사는 이성애자 자녀들의 예식 없는 결혼보다 어떤 면에서 심지어 더 좋게 생각할 수도 있음을 보여 준다.

자녀의 결혼식에 초대받지 못한 부모는 중요한 행사를 놓쳤다는 사실에 때로 속상해했다. 나는 이 책을 스테퍼니와 잉리트의 결혼식에 초대받지 못한 스테퍼니의 아버지가 슬퍼했던 이야기로 시작했다. 다른 커플도 비슷한 반응을 경험했다. 안드레아와 카테리너는 증인으로 반드시 필요한 두 친구 외에는 아무도 참석하는 않은 가운데 결혼식을 올렸다. 아무에게도 알리지 않았지만, 말은 새어 나갔다. 안드레아의 부모님은 이 결혼 소식을 들었을 때 초대받지 못했다는 사실에 화를 냈다. 이 사건에서 분노는 안드레아의 가족이 일반적인 결혼에 부여하는 중요성과, 특히 안드레아와 카테리너의 결혼에 부여하는 중요성을 반영했다. 가족들은 두 사람의 언약을 지켜보며 새로운 가족을 공식적으로 환영하는 자신들의 역할에 대해 인식하고, 그 역할을 빼앗으면 화를 낼 수도 있다.

부모의 중립적 반응

어떤 가족은 눈에 띄게 반응하지 않거나 결혼 후에도 그 커플을 다르게 생각하지 않는 것처럼 보였다. 한 가지 이유는 아마 대부

분의 커플이 결혼 전에 수년 동안 함께 살았기 때문일 것이다. 몇몇
커플들은 가족에게 받아들여지는 우회로로 결혼이 아니라 시간을
언급했다. 사실 파트너십 등록제나 결혼이 가능해지기 전에는 수년
간 함께 사는 것이 동성 커플이 외부인에게 서로에 대한 헌신을 표
현하는 가장 가시적인 방법이었다. 따라서 이들 동성 커플이 '기혼'
으로 쉽게 받아들여졌던 것은 가족들에게 이들 관계에게 의미에 익
숙해질 시간이 주어졌기 때문이었을 터다.

부모의 부정적 반응

게이와 레즈비언 커플은 대부분 자신들의 관계가 사회적으로
받아들여지지 못하는 상황을 경험했다. 일부 커플은 관계에 대한
부모님의 초기 부정적 반응이 시간이 지나면서 나아지거나 부드러
워지고 심지어 완전히 바뀌었다고 말했다. 부모님이 아들이나 딸이
동성 파트너를 집에 데려오는 일에 차츰 '익숙해졌다'라고 많은 인
터뷰 참여자들이 이야기했다. 라우라가 자신의 미국인 가족에 대해
비슷하게 말했다. "개략적으로 말하면 (내가 동성애자라는 사실이) 부
모님들에게는 훨씬 낯설고 힘들었을 거예요. 하지만 이제는 부모님
이 내 파트너를 알고 정말 사랑하기 때문에 받아들이기 쉬워졌을
거예요." 몇몇 경우에는 게이 아들이나 레즈비언 딸의 성적 지향과
동성 연인과의 관계를 받아들이려고 애썼던 과정이 그 커플의 결혼
을 더 수월하게 받아들이게 했다.

하지만 어떤 커플들에게는 결혼이 부모가 수용하는 상황의 위

태로운 균형을 깨트릴 위협이 되었다. 마르타는 어머니가 동성 결혼에 반대한다는 것을 알았는데, 어머니는 그래도 선물로 요리책을 보냈고, 결혼식 날에는 (어머니가 사는 곳 시간으로) 새벽 4시에 전화를 걸어 왔다. 이렇게 분명한 양면적 감정을 조정하는 것이 일부 게이, 레즈비언에게는 스트레스이거나 상처일 수 있다. 하지만 마르타는 이것을 있는 그대로 해석했다. "엄마가 자신은 동성 결혼에 반대한다고 말하는 사실을, 그냥 엄마가 공화당원이라고 말하고는 민주당에 투표하는 것과 똑같이 받아들여요." 그리고 2004년 초 샌프란시스코에서 있었던 동성 결혼식에 대해 어머니가 어느 정도 긍정적 반응을 보였던 때를 회상하며 마르타는 큰 목소리로 중얼거렸다. "전에 엄마가 동성 결혼에 반대한다고 말했는데 지금도 반대하는지 다시 물어봐야겠어요." 또 2장에서 설명했듯이 어머니의 반대를 극복한 엘런의 해피엔드 역시 떠올려 보자. 이 이야기는 빌럼이 결혼식 후에도 오랫동안 어머니와 계속 갈등했던 것과는 대조된다.

부모의 부정적 반응은 동성 결혼에 대한 문화적 인정과 수용이 보편적이지 않음을 보여 주는 분명한 증거이지만 이러한 반응을 어떻게 해석해야 할지 알기는 어렵다. 어떤 경우에는 동성 커플이 결혼한다는 개념에 대한 반대가 명확하다. 예컨대 몇몇 부모들은 자녀와 파트너가 결혼할 수 있다거나 결혼했다는 사실을 인정하고 싶어 하지 않았다. 그러나 대다수의 부모는 이 생각에 동조하게 되었는데, 어떻게 이런 화해가 이루어졌는지에 대한 의문이 제기되었다. 한 가지 가능성은 어머니들이 자신들의 결혼관을 어떤 심오한 방식으로 바꾸었다는 것이다. 반대했던 부모들을 인터뷰해 보지는 않았기 때문에 그런 변화는 일어나지 않았다고 확실하게 말할 수 없다. 하지만 자녀가 동성 파트너와 결혼하는 것을 받아들이는 데 걸린 시간이 비교적 짧다는 점은(라헐의 어머니인 유딧의 경우에는 채 하루가 걸리지 않았다.) 어떤 과정이 작동했음을 말해 준다.

동성 커플의 부모들이 자녀의 특수한 연인 관계에 적용할, 동성 연인 관계에 대한 문화 스키마나 생각을 바꾸었다고 주장하고 싶다. 그들이 결혼할 수 없었을 때 부모들은 자녀의 커플에게 어떤 다른 종류의 스키마나 일련의 기대를 품었을 터다.(이런 과정은 특정 커플과 가까운 관계가 아닌 사람들에게도 발생할 수 있다.) 내가 아는 한 이성애자들의 세계에서 동성 관계의 의미를 개념화하는 방식을 분석한 연구는 없었다. 게이, 레즈비언 자녀의 삶에 대한 부모의 반응에 대해 내가 읽고 들은 것뿐 아니라 동성 간 연인 관계의 문화적 재현에 대한 관찰을 토대로 부모들이 자녀의 동성 연인 관계에 대해 생각했음 직한 몇 가지 가능한 생각을 제시한다.

- 죄받을 관계로, 반대하는 부모와 게이, 레즈비언 자녀 사이의 사랑과 유대 때문에 참아야 하는 관계. 자녀의 파트너는 가족 구성원으로 여겨지지 않는다.[27] 자녀의 파트너를 자녀를 유혹한 사악한 사람으로 생각할 수 있으며, 따라서 파트너를 피하거나 순화해서 단순한 친구쯤으로 대우한다.
- 가까운 관계로, 룸메이트보다는 가깝지만 단기적이고 가벼운 동거

에 가까운 관계. 마찬가지로 파트너는 가족이 아니며, 부모와 가까운 유대를 형성하지 않는다.

• 친밀한 관계로, 오랜 세월 동안 인생의 어려움을 헤치며 이어져 왔기에 자녀의 여생 동안 무기한 지속될 것으로 보이는 관계. 자녀의 파트너와의 관계는 자녀를 매개로 영향을 받지만 가족 구성원들은 자녀의 파트너를 가족으로 대우한다. 그러나 사위나 며느리와는 달리 파트너와 부모 사이의 관계에 독립적인 지위가 생기지는 않는다. 부모는 자신의 자녀가 없다면 그 관계를 이해하거나 지속적으로 인정하지 못할 터다. 예컨대 자녀가 사망한 후에도 그 파트너를 가족 행사에 계속 초대하는 일은 없을 터다.

• 손자, 손녀가 생기지 않을 관계. 이 예상은 앞서 언급된 관계들과도 결합될 수 있으며, 레즈비언 딸의 관계와 결혼한 이성애자 딸의 관계를 더욱 뚜렷이 대비할 터다.

위 범주에 대한 나의 간략한 개요와 앞에서 언급한 인류학자 나오미 퀸이 말한 대한 결혼은 "영속적이며 상호 유익하고 공유하는 것이다."라는 결혼의 내부 작용에 대한 연상적 구체성(evocative specificity)을 대비해 보라. 추측하기에 대부분 부모들에게는(그리고 일반적으로 이성애자들에게는) 동성 관계를 이해하는 상세하거나 짜임새 있는 방법이 없다. 만약 부모가 레즈비언 딸이나 게이 아들의 연인 관계를 이해하기 위해 앞서 말한 대안들이 담긴 상자 가운데 하나를 사용한다면 동성 커플이라는 것 말고는 친숙한 결혼의 스키마를 바꾸어서 적용할 필요성이나 동성 관계의 공적·사적 요소와 기대가 다르다는 점 때문에 친숙하지 않은 상황에서 적용할 때 조정이 필요할 것이며, 여기서 불안과 마찰이 생길 수 있다.

부모의 반응에 담긴 정보에 대한 이런 식의 사고를 통해 문화 스키마가 되풀이되는 과제를 해결하는 중요한 현실적 목적으로 역할한다는 사실도 포착할 수 있다.[28] 가족의 경우 부모의 이런 '과제'에는 자녀의 넓은 사회적 관계망 속에서 누구를 가족 행사에 초대할지 누가 생일 선물을 받을지를 정하는 것이 포함될 수 있다. 자녀의 결혼은 그 배우자를 명백하게 가족 구성원으로 규정하지만 부모는 자녀의 남자 친구나 동거하는 파트너, 제일 친한 친구, 룸메이트 역시 똑같이 대우받아야 할지 결정해야 한다.

이러한 생각과 마음의 변화를 좀 더 완전하게 이해하려면 연구 분석이 더 필요하다. 결혼의 정의와 구별되는 한 가지 주요 요인은 자녀가 게이나 레즈비언이라는 사실이 공개적으로 알려짐으로써 발생하는 불편함과 확실히 연관된다. 자녀가 동성과 연인 관계를 맺고 있다는 생각에는 익숙해진 부모가 결혼을 통해 그 관계를 밖으로 드러내는 것에 단지 거부감을 느꼈을 수 있다. 곧 다시 이야기하겠지만 결혼이 게이와 레즈비언을 공개적으로 더 눈에 띄게 하듯이 동성의 누군가와 결혼한 아들이나 딸에 대해 이야기하는 것 역시 부모에게는 매우 공개적인 커밍아웃이다.

호기심과 구경거리로서의 동성 결혼식

인터뷰에 응해 준 기혼 커플들은 가까운 가족이 아니더라도 이성애자들과 대개 좋은 관계를 맺고 있다고 말했다. 그러나 네덜란드의 일부 이성애자들에게 동성 결혼은 놀라움이나 호기심 어린 반응을 불러일으키는데, 이 반응은 '긍정적' 또는 '부정적' 반응의 범주에 정확하게 들어맞지는 않지만 동성 연인 관계의 재정의가 이루어지고 있다는 나의 주장을 뒷받침한다. 동성 결혼식은 초기에 많은 대중적 관심을 끌었다. 몇몇 커플은 자신들이 그 지역의 시청에서 결혼한 첫 번째 동성 커플이었다거나 자신들을 담당했던 공무원이 처음으로 결혼식을 진행한 동성 커플이었다고 말했다. 작은 도시의 경우 특히 더 그랬다. 율리아와 헤스터르는 자신들 앞 차례에 결혼한 커플의 일부 하객이 마치 신랑이 어디 있는지 궁금해하는 듯한 묘한 표정을 짓는 모습을 보았다.

심지어 동성 결혼이 가능해지고 2~3년이 지난 후에도 동성의 배우자를 언급함으로써 눈치채지 못한 지인이나 공무원을 놀래는 풍경이 여전히 펼쳐졌다. 마르타는 최근에 만난 친구와 그런 일을 경험했다. "이야기를 하다가 제 아내에 관한 말을 하게 됐어요. 그러니까 그 친구가 '네 아내?'라는 식의 흥미로워하는 미소를 지었어요. 추측한 대로 그 친구는 동성과 결혼한 사람을 한 번도 만난 적이 없었죠." 마르타가 그때를 떠올렸다. 마찬가지로 안에게 부정적인 반응을 경험한 적이 있는지 물어보았다. "불쾌한 말을 하는 사람은 아무도 없었어요. 음, 사람들이 놀라면서 '그래, 그럴 수 있지.'

라고 말해요. 그 말이 다예요. 동성 배우자에 대해 거의 왈가왈부하지 않아요."

새로 생긴 모호성: 누구도 정상이 아니며 누구도 이상하지 않다

지금까지 나는 동성 커플이 결혼할 수 있게 된 후 드넓은 결혼의 문화적 지형은 비교적 변하지 않았다고 주장했다. 일반적으로 이성애자는 통상적인 결혼의 문화적 이해를 동성 커플에게 적용할 수 있었다. 비록 결혼이 무엇을 의미하는지에 대한 일반적인 사회적 이해는 바뀌지 않은 것처럼 보이지만 어떤 것들은 동성 결혼의 결과로 바뀌었다. 동성 커플들이 '남편'이나 '부인'이라는 용어 같은 결혼의 공개적 상징물을 얻었을 때 사회적 혼동이 생길 수 있다. 바로 앞에서 말한 것처럼 동성 커플은 '남편'과 '부인'이라는 용어의 의미를 뒤흔들었다. 이런 발견이 특별히 대단해 보이지는 않을 수도 있다. 결국 동성 결혼 논쟁은 누가 누구와 결혼해도 되는지에 놓여 있는 성별의 제한을 없애는 일에 관한 것이다. 하지만 용어 문제는 적어도 이성애자들이 동성 커플을 제도 안으로 기꺼이 통합하려 할지, 그리고 그것이 가능한지를 보여 주는 또 다른 프리즘을 제공한다.

나와 인터뷰한 커플들을 포함해 동성 커플에게 용어는 장소를 불문하고 난제다. 사무적인 느낌이 드는 '파트너'에 대해 어느 정도 불평이 있지만 이 용어는 유럽과 북미에서 성별에 상관없이 결혼하지 않은 동반자를 일컫는 말로 매우 흔하게 사용된다. 그러나 '파트

너'나 네덜란드에서 같은 의미로 사용되는 '여자 친구', '남자 친구'
가 응답자들이 자신들의 관계에 부여하는 무게에 항상 들어맞는 용
어는 아니다. '부인'이나 '남편' 같은 용어는 보다 큰 문화적 무게를
담지만 이성애적 뉘앙스가 강하여 동성애자들이 받아들이고 싶어
하지 않는 역할과 밀접한 사회적 인식과 연관된다.

내가 네덜란드 동성 커플들에게 서로를 어떻게 부르는지 물었
을 때 항상은 아니지만 가끔은 '아내'나 '남편'이라는 말을 쓰는 데
약간의 불편함을 드러냈다. 용어에 대해 논의하면서 몇 가지 관점
이 나타났다. 첫째, 기혼 응답자들은 다른 사람들과 이 용어를 사용
할 때가 많았지만 둘 사이에서는 농담조로 이용하는 경우가 많았
다. 둘째, 법적으로 결혼하지 않은 경우에도 이 용어를 농담으로나
진지하게 사용하는 경우가 많았다. 예를 들면 파울리너는 법적으로
리즈와 결혼하는 것이 가능해지기 전에도 자신들의 관계와 기혼 커
플 관계의 동등함을 표시하는 방법으로 '부인'이라는 말을 사용했
다. '부인'이나 '남편'에 결부된 전통적인 성 역할을 수용하는 것이
동성 커플들에게 내키지 않는 일이라는 점이 농담과 불편함이 생기
는 주된 원인이다. 이런 농담은 어떤 면에서는 법적으로든 현실적
으로든 파트너가 부인이나 남편과 같지만 전통적인 이미지와는 맞
지 않는다는 사실을 반영한다. 이사벨러는 한발 더 나아가 아네커
를 '내 아내'라고 소개하는 것과 관련해 소유욕 문제를 지적했다.
"아네커가 제 소유물은 아니잖아요."

성 역할에 관한 우려 외에 결혼 용어와 관련해 내가 들은 다른

중대한 문제는 가시성이었다. 결혼한 사람들 대부분이 이성애자이기 때문에 "결혼했어요."라고 말하는 게이나 레즈비언은 동성애자라고 밝히기 전까지 이성애자로 간주될 가능성이 높다. 다른 한편 동성 파트너에게 '남편'이나 '아내'라는 용어를 사용하는 것은 커밍아웃과 마찬가지다. 내가 이야기를 나눈 커플들은 이러한 용어가 어떻게 동성애자의 정체성을 가리거나 드러낼 수 있는지 매우 잘 알았다. 정체성을 숨길 생각이 없었던 이 레즈비언과 게이 들은 자신들이 예전보다 훨씬 자주 커밍아웃한다는 점을 깨달았다.[29] 하지만 모든 동성애자들이 모든 상황에서 항상 커밍아웃하고 싶어 하지는 않았으며, 심어지 리즈는 '아내'라는 말을 사용하기 꺼려지는 데서 마음속에 내면화돼 남아 있는 동성애 혐오가 드러났다고 말했다. 이런 경우 특정한 맥락에서 동성애자임을 드러내고 싶은지에 따라 언제 '남편'이나 '아내'라는 용어를 사용할지 선택했다.

새 직장, 새로 만난 동료, 새로운 의뢰인, 새로운 학생……. 결혼한 사람들은 이 모든 상황에서 새로운 종류의 커밍아웃을 해야 한다. 의료인인 티네커는 시각 장애인 환자를 진료하면서 있었던 어색한 상황을 이야기했다. 티네커는 연세 지긋한 이 환자가 자신이 여자와 결혼한다는 소식에 어떻게 반응할지 확신하지 못해서 결혼할 것이라는 이야기를 하면서 그 부분은 건너뛰었다. 이 환자가 남녀의 결혼용으로 만들어진 축하 카드를 건네주었을 때 티네커는 커밍아웃을 해야만 한다고 생각했지만 다시금 유보했다. 티네커는 생각했다. '아이고, 언제 말씀드려야 하지?' 마르타가 아들을 낳았을 때 티네커는 때가 되었음을 알았다. "그 환자분에게 알려 드려야 했어요. '네, 아들이 생길 거예요. 하지만 제가 임신한 건 아니에요.'" 다행히도 그 환자의 반응은 괜찮았다.

인터뷰한 많은 사람들이 부인이나 남편이라는 용어를 통해 커밍아웃한 사연을 들려주었는데, 특히 결혼이 한 사람에게 자신의 배우자를 대리할 권리를 주는, 기업이나 정부 조직과의 일 처리에 관한 일들이었다. 기업의 경우에 고객 센터 직원이나 일반인을 응대하는 직원들이 추측만으로 전화했다가 가끔 놀라거나 당황하는 반응을 보인다. 기업들에게 가해지는 이러한 압박이 더 많은 변화의 길로 이끄는지도 모른다. 항공업에 종사하는 빌럼과 국제적 의류 회사에서 일하는 율리아에 따르면 회사 내에서 결혼했다고 하면 으레 이성과의 결혼이라고 추측하는 일이 점점 줄어든다고 한다. 다른 나라에서 정부 조직과의 업무를 처리할 때 네덜란드 커플들은 정치적 자부심을 드러내는 간편한 증표로 부인이나 남편이라는 말을 사용했다. 특히 국적이 다른 커플들은 덜 동성애 친화적인 국가(예컨대 미국)의 공무원들에게 동성 결혼이 적어도 한 나라에서는 인정받은 현실이라는 점을 알려 주기 위해 여행 중에는 이 전통적인 용어들을 기꺼이 이용했다.

게이와 레즈비언에게 커밍아웃은 그것이 여전히 스트레스를 주는 상황에서조차 최소한 친숙한 이슈다. 하지만 가시성이라는 문제 역시 이제는 예상하지 못한 방향으로 진행된다. 다시 말해 때로는 결혼한 이성 커플이 이성애자라고 커밍아웃해야 하는 일도 있는 것이다. 예를 들면 파울리너는 더 이상 단순히 결혼했다는 것으로 자신이 이성애자임을 표시하지 못한다는 사실을 사람들에게 반드시 알린다. 치안 관련직에 있는 파울리너는 새로운 사람들과 일하게 되면 사귀는 사람이 있는지 물어보면서 그 사람들을 알게 된다. 하지만 파울리너는 늘 돌아오는 "결혼했어요."라는 대답이 이제는 충분한 정보를 주지 못한다고 생각한다.

 "'결혼했어요.'라고만 하면 당신이 남자와 사는지 여자와 사는지는 몰라요."라고 말하면 "아, 네, 네, 남자와 결혼했어요." 하죠. 이 사람들은 마치 "제가 동성애자일 거라고 생각하지 마세요."라고 하는 것 같아요. 결혼했다면 정상이라는 건 이미 다 지나간 시대의 이야기죠. 그러니까 아무도 더 이상 정상이 아닌 동시에 어느 누구도 이상하지 않아요.

일부 기혼 이성애자들은 가끔씩 이성애자임을 밝힐 필요가 생길 시 사회적 낙인의 위험은 없더라도 불편을 느낄 수 있다.
 다른 방향에서 보면 내가 이야기를 나눈 동성 커플들은 이성애자들이 전통적인 용어를 동성 배우자에게 자연스럽게 사용하고, 때로는 용어 지킴이처럼 행동하는 것을 발견했다. 라헐과 마리아너는 '아내'라는 말을 진지하게 사용하는 것이 편하지 않아서 대부분 '여자 친구'라는 말을 사용한다고 했다. 둘은 이성애자들이 잘못된 용어를 사용했다고 지적하면서 적절한 용어를 제안하는 것을 자주 보왔다. "가끔 동료들이나 친구들이 고쳐 줘요." 마리아너가 웃으며 말했다. "아니야, 여자 친구가 아니고 부인이지!" 어쩌면 놀랍게도 라헐은 심지어 자기 어머니가 제대로 된 용어를 강요하는 것을 듣는다. "결혼에 대해서는 모조리 반대했던 엄마가 이제는 계속 이런 식으로 말해요. '그러니까 라헐의 부인이 그러는데…….' 그런데 우리가 결혼한 건 사실이에요. 엄마가 맞아요!"

용어에 대해 생각할 때 아마 이 사례들은 우리가 게이와 레즈비언 커플이 결혼과 잘 맞는지에 대해 걱정하는 분명한 이유가 있음을 보여 준다. 용어와 그에 상응하는 기대는 일단 동성 커플이 결혼할 때 이들이 원치 않더라도 받게 되는 일반적인 반응에 포함된다. 동성 커플들은 결혼 제도에서 결혼한 남성이나 여성의 새로운 사회적·법적 지위를 의미하는 언어적·문화적 관례에 수월하게 들어맞지 않아 보인다. 동성 커플에 대한 결혼 허용을 비판하는 매기 갤러거는 정확히 이 점에 대한 우려를 드러낸다.

> 동성 결혼이 의심할 여지 없이 하고 있는 한 가지는 이전에 대중이 결혼에 품었던 중요한 이해, 예컨대 결혼은 남성과 여성이 함께하는 것과 관련 있는 것, 그러니까 여성과 남성, 남편과 부인, 아버지와 어머니라는 이해를 바꾸는 것이다. 남편은 더 이상 부인(이 있음)을 가리키거나 의미하지 않을 터다. 어머니는 더 이상 아버지(가 있음)를 의미하지 않는다.[30]

경제학자이자 판사인 리처드 포스너(Richard Posner)가 염려하는 것도 비슷하다. 동성 커플이 결혼할 수 있게 되면 '결혼'이라는 용어가 더 적은 정보를 전달하게 되리라는 것이다. 포스너는 만약 초대한 사람이 초대받은 사람의 배우자 성별을 모르면 저녁 식사 파티를 계획하기가 훨씬 복잡해지는 것을 걱정하는 듯 보인다.[31] 부모들도 헷갈릴 터다. "아들이나 딸이 결혼한다고 하면 보통은 배우자가 될 사람의 성별을 알아요. 동성 결혼이 허용되면 이 모든 이해가 뒤집힐 겁니다."[32]

네덜란드에서 '남편'이라는 단어가 더 이상 부인이 있음을 암시하거나 의미하지 않는다는 것은 분명 사실이다. 그러나 손실된 정보량은 비교적 사소해 보인다. 잘 모르는 기혼자에게 이성의 배우자가 있으리라고 변함없이 추측해도 99.7%는 정답일 뿐 아니라 '남편'이나 '부인'에 대해 이야기하는 사람은 누구든 바로 구분할 수 있다.[33] 그래도 분간이 안 되는 나머지 몇몇 경우에는 간단한 추가 질문으로 충분하다.

물론 동성 결혼의 문화적 영향에 대한 갤러거의 우려는 "어머니는 더 이상 아버지(가 있음)를 의미하지 않는다."라는 인용문의 마지막 문장에 있다. 동성 커플도 이제는 상대방의 자녀를 입양할 수 있기 때문에 티네커가 시각 장애인 환자와 겪었던 일 같은 아리송한 상황도 발생하여 갤러거의 '예측'이 사실임을 보여 준다. 하지만 또 이런 용어 정의의 변화가 누가 누구와 결혼해도 되고, 누가 아이를 입양해도 되는지에 관한 확대된 법적 현실을 반영한다는 점을 고려하면 이 변화에는 비교적 쉽게 적응할 수 있다.

갤러거는 글과 공개 강연에서 자신의 우려를 어머니와 아버지가 결혼하고, 함께 살고, 자녀를 키우도록 공개적으로 권장하는 방식으로 직접 표현하지 않으며, 그런 방식을 선호하지도 않는다. 갤러거는 이성 커플에게 자녀를 위해서 결혼하라고 장려하는 데 초점을 맞춘 사람은, 동성 커플이 결혼할 수 있게 되면 모두 편협한 사람으로 불릴 것이라는 점을 우려했기에 이성애자들에게 결혼하라고 사회적 압박을 가하지 않았다. 그러나 어째서 동성 커플을 포함한 모든 기혼 커플에게 아이를 갖고 한집에서 살라고 독려하지 않는가? 내가 추측하기에 갤러거가 이런 입장을 옹호하지 않는 이유는, 직접적으로 말하지는 않았지만 동성 커플이 반드시 아이를 키워야 한다고 생각하지 않기 때문이다. 나는 그녀가 진짜로 우려하는 것은 용어의 의미가 아니라 사회적 현실, 즉 어떤 아이들이 두 명의 엄마나 두 명의 아빠를 두게 되리라는 현실과 이런 가족이 사회적으로 동등하게 받아들여지리라는 가능성이라고 해석한다. 물론 동성 커플의 관계와 양육이라는 사회적 현실과 이 현실을 의미하는 용어 모두 변할 터다. 이것이 결혼법을 수정하는 요지다.

하지만 결혼한 동성 커플의 자녀 삶에 일어나는 변화가 좋은지 나쁜지에 대한 질문은 또 다른 이야기다. 레즈비언과 게이 부모에게 자란 자녀들이 잘 지낸다는 증거가 미국과 네덜란드에서 점차 증가하고 있다. 즉 이성애자 부모가 키운 아이들과 비교해서 이 아이들이 어떤 고통도 더 겪지 않는 것이다.[34] 결혼은 자녀를 키우는 동성 커플에게 사회적·법적·물질적 지원을 강화할 가능성이 높고, 이렇게 되면 논리적으로 동성 커플 자녀의 삶을 해치기보다는 개선할 가능성이 커진다.

지금까지의 결론

종합하면 내 인터뷰에서의 발견과 여러 설문 분석은 동성 커플이 결혼을 바꾸었는지, 바꾸었다면 어떻게 바꾸었는지에 대해 데이터에 기초한 한 가지 새로운 관점을 제공한다. 나의 '증거' 중 어느 정도가 동성 커플의 관점으로 걸러진 것이 사실이다. 어쩌면 동성 커플들은 자신들만의 결혼관과 결혼에 대한 반응에 대해 현실에서의 결혼 증명서보다 더 장밋빛 그림을 그리는지도 모른다. 몇몇 커플이 이성애자 가족들과 실제로 겪었던 마찰, 해결되지 않은 마찰까지 털어놓았다는 사실은 동성 커플들이 이기적인 동기에서 실제 있었던 불화를 덮으려고 포장하지는 않는다는 점을 보여 준다. 이 네덜란드 커플들에게는 정치적·정책적으로 의심의 여지가 없는 결혼권이 이미 있고, 따라서 꼬치꼬치 묻는 외국인 연구자에게 진실을 숨긴다고 그들이 얻을 것은 별로 없다.

동성 커플에게 권리가 생긴 결과로 결혼의 의미가 변한 것은 아니라는 점을 네덜란드 기혼 동성 커플의 삶이 말해 준다. 동성 커플들은 결혼의 현대적 개념과 실천 안에서 자신을 인식한다. 네덜란드의 이성애자들은 동성 커플이 결혼할 수 있다고 인정하며, 동성 커플에게도 결혼에 대한 동일한 문화 모델을 적용한다. 실제로 내가 인터뷰한 커플들의 경험에서 대부분의 이성애자들이 동성 결혼을 인정하고 긍정한다는 점이 나타난다. 나아가 결혼 내에서 남성과 여성의 역할을 변화시킨다는 결혼의 어젠다를 네덜란드의 동성애자와 이성애자가 공유하고 있다. 미국을 포함한 많은 다른 서구 국가들에서 그러하듯이 네덜란드의 이 새로운 결혼은 성숙한 배우자 간 헌신과 정서적 유대로 정의되는 '동반자적' 결혼이지 성년이 되고 의무적으로 부모가 되며 제한적인 성 역할이 부여되는 의무적 통과 의례가 아니다. 동성 결혼은 이 현대적 이해에 쉽게 부합하지만 다른 사람들이 이런 관계를 이해하기 위해 사용한 문화적 렌즈를 조절할 필요성이 생길 수도 있다.

결혼이라는 옷이 동성 커플에게 잘 들어맞지 않는 곳은 거의 없으며, 별다른 우려는 없을 터다. 네덜란드 커플이 보여 주듯이 결혼이 전달하는 '정보'의 질적 저하를 이유로 동성 결혼에 반대하는 것은 설득력이 매우 약하다. 그러나 용어는 각 커플의 의사를 초월하는, 결혼이라는 사회 제도의 영향력을 보여 주는 또 다른 예다. 법적 권리에서와 마찬가지로 언어에서도 결혼한 동성 커플은 서로에 대해 이야기하거나 그들의 새로운 관계에 대해서 이야기하기 위해 사용하는 용어 등 자신이 여전히 커플의 행동에 관한 기대가 수반되는 제도 안에 존재한다는 사실을 발견한다. 이 영향력은 동성애자들이 결혼을 변화시키지는 않았겠지만 6장과 7장에서 논의하듯 결혼 제도는 게이와 레즈비언이 스스로를 생각하는 방식에 지대한 영향을 줄 수도 있음을 뜻한다.

6장
새로운 것: 결혼이 동성애자를 변화시킬까

5장까지는 주로 동성 결혼이 문화 전반에 미친 영향을 다루었다. 6장과 7장은 인과 관계의 방향을 돌려 결혼이 게이와 레즈비언에게 미치는 영향에 대해 우리가 무엇을 알고 무엇을 합리적으로 예측할 수 있는지 탐구하며, 통찰력을 얻기 위해 미국을 살펴본다. 이 장은 결혼권이 개인으로서의 게이·레즈비언과 동성 커플로서의 게이·레즈비언에게 끼치는 영향에 초점을 맞춘다.

나의 네덜란드 친구 스테퍼니와 잉리트가 스테퍼니의 아버지를 초대하지 않고 결혼했을 때, 스테퍼니의 아버지는 화를 내며 깊이 슬퍼했다. 스테퍼니와 잉리트는 그저 회계사의 조언에 따라 순전히 현실적 이유에서 결혼했다고 주장했지만 이들은 자신들의 행동에 대한 타인의 해석을 통제할 수 없었다. '그들의' 결혼은 더 이상 그들만의 사적인 문제가 아니었다. 스테퍼니의 아버지에게 딸의 결혼은 자신이 초대받고 참석해야 하는 일생일대의 사건이었다. 또한 네덜란드라는 국가는 이제 그들을 예전과 다르게 대우하면서 서로에게 상속권을 주고, 상속세를 줄이고, 공동 재산의 권리 및 관계 종결 시의 위자료 청구권을 부여할 터다. 비록 결혼이 일상에서 아무것도 바꾸지 않는 것처럼 보여도 단순한 행정적 행동이 법과 가족의 눈에 두 개인을 결혼한 커플로 보이도록 탈바꿈시켰다.

결혼이 스테퍼니나 잉리트와 같은 개개인 또는 커플 관계에 있어 얼마나 중요한지를 분석하는 작업은 법적 불평등으로 만들어지고 틀 지워진 동성애자 커뮤니티가 10년 전만 해도 거의 상상할 수 없던 이 법적 평등의 시대에 어떻게 적응할지 이해하는 데 유익할 터다. 결혼 논쟁에서의 정치적 승리로써 레즈비언, 게이가 잃는 바도 있을 것이라고들 한다. 다만 나는 잃는 것이 과대평가되었다고 생각한다. 개개인은 개인적 자율성을 어느 정도 잃을 수도 있겠으나 건강과 사회적 수용을 얻을 터다. 동성 커플은 국가와 문화 전반이 자신들이 관계를 형성하고 끝내는 방식에 개입할 수도 있음을 깨닫겠지만 동시에 그 관계 전환을 위한 명확한 법적 틀과 서로에 대한 헌신을 규정하는 문화적 틀을 얻을 터다. 다만 이후에 논의할 것은 동성 결혼 비판자들이 동성 결혼이 성 소수자 커뮤니티에 가져올 잠재적 손실을 과대평가하는 반면 긍정적 이익은 과소평가한다는 점이다.

결혼이 동성애자를 바꿀 수 있는 이유는 무엇인가

결혼 논쟁의 참여자를 전체적으로 살펴보면 이 논쟁에는 동성 결혼에 반대하는 보수주의자들과 동성 결혼이라는 목표를 우선순위에 두는 데 반대하고 때로는 결혼 제도 자체에 반대하는 동성애자들(다음 장에서 나는 이러한 동성애자를 결혼 전복자(marriage dissident)라고 부른다.) 모두가 포함되어 있어 다소 기이해 보인다. 결혼이 동성애자들을 변화시킬지에 대해 서로 정반대의 결론에 도달하여, 동성애자 결혼 전복자들은 변하리라고 말하고 종교적 보수주의자들은 변하지 않으리라고 고집함에도, 둘은 이상하게 생각보다 서로 닮아 있다. 보수주의자들은 생계 부양자 아버지, 전업 주부 어머니, 다자녀라는 오래된 그림과 남성의 본능을 길들이는 제도로서의 결혼이라는 이성 결혼에 대한 이상화된 상(像)을 품는다. 일부 동성애자 결혼 전복자들도 이성 결혼의 구시대적 관점을 그대로 받아들인다. 즉 결혼을 통해 게이와 레즈비언이 '길들여지고', 두 사람이 개성을 포기하고 엄격한 성 규범에 따라 획일적인 커플이 된다고 생각한다. 그럴싸한 언어로 포장되었지만 결국은 보수주의자가 말하는 것과 다름없는 결혼 개념이다.

역사적으로 박제된 이러한 관점은 결혼과 현대 가족을 연구하는 인구 통계학자, 사회학자, 역사학자, 경제학자의 연구에 나타나는 결혼에 대한 역동적인 관점과 확연히 대조된다. 결혼, 재혼, 동거, 혼합 가족,* 한부모 등을 포함한 광범위한 현대의 가족 형태는, 오늘날의 결혼이 100년 전, 심지어 50년 전과는 아주 다른 사회적·개인

---

* 각각 자녀를 데리고 재혼한 부부가 중심이 되는 가족.

적 의미를 띠게 되었음을 시사한다.

결혼에 의해 동성애자들이 어느 정도 변화될지에 대한 열띤 관심은 결혼 연구로 먹고사는 일부 학자들에게는 이상해 보일 수도 있다. 놀랍게도 이들 사회 과학자 대부분에게 있어 동성 결혼 이슈는 딱히 지적 관심을 끌지 않는다. 예외가 있다면 저명한 인구 통계학자 앤드루 철린(Andrew Cherlin)이다. 철린은 결혼에 "어떻게 행동해야 할지에 대한 공유된 이해", 즉 기혼자가 무엇을 해야 할지 말해 주는 내재된 사회 규칙이 더 이상 없다는 의미에서 결혼이 '탈제도화'되어 왔다고 주장했다.[1] 철린의 관점에서 개별 커플은 이제 남편이나 부인, 결혼한 커플에 대한 전통적인 기대(동성 결혼 논쟁에서 강조되는 몇 가지를 들면 관계의 영원성, 자녀 출산, 모노가미 등이 있다.)를 단순히 채택하고 이루기보다 두 배우자의 개별적인 감정적 필요를 충족하는 역할 및 행동을 대개 독자적으로 협상한다.

철린은 동성 커플을 탈제도화의 전형으로 보았다. 동성 커플은 남편과 부인이라는 특징적인 성 역할 같은 제도 없이, 누가 자녀를 돌보고 누가 집안일을 할지 각자가 결정해야 한다.[2] 또한 기혼 동성 커플은 친족 관계를 구성하고 규정하는 일련의 특정한 제도 없이 당사자의 원가족뿐 아니라 인류학자 캐스 웨스턴(Kath Weston)이 선택 가족(families we choose)*이라고 말한 복잡한 사회적 관계에 자신들의 결혼 관계를 어떻게 통합할지 생각해 내야 한다. 또한 사회학자

* 동성애자 선택 가족 혹은 우리가 선택한 가족은 동성애자들이 커플, 가까운 친구, 자녀 등과 형성한, 대개 비혈연적이고 비정형적인 가족·친족 관계를 일컫는다.

앤서니 기든스(Anthony Giddens)가 일컫는 순수 관계(pure relationship)*
의 양상을 지닌 동성 커플은 법적 제도의 제약과 뒷받침으로부터
자유롭게 떠 있고 따라서 '결정, 협상, 실험'을 통해 스스로에게 맞
는 결혼을 구성해야 한다.[3] 철린의 주장은 이미 '탈제도화'된 결혼
에 대한 접근권이 어떻게든 동성 커플을 변화시키리라는 예측에 의
구심을 제기한다.

그러나 나는 철린이 결혼의 지속적 영향력, 특히 게이, 레즈비
언 커플에게 여전한 영향력을 과소평가한다고 생각한다. 사실 결혼
처럼 아주 오래된 제도가 지닌 좀처럼 사라지지 않는 영향력을 보
다 쉽게 볼 수 있는 때는 그 제도에 공식적으로 포함되지 않던 집
단에게 갑작스럽게 그 제도가 개방되는 때다. 결국 결혼은 삶의 법
적·심리적·사회적·경제적 면면에 깊이 뿌리내린 복잡하고 다면적
인 제도다. 동성 커플은 결혼과 함께 법적 권리와 의무, 새로운 사
회적 기대, 확장된 친인척 관계를 받아들인다. 또한 캐스 웨스턴의
선택 가족 유형과는 달리 게이, 레즈비언 문화의 역사 속에서 볼 수
없었던 자신들의 관계를 이해하기 위해 동성 커플은 새로운 문화적
프레임을 받아들이기도 한다. 동성 커플이 외부에서 이상화된 제도
를 바라보는 데 그치지 않고 마침내 내부에서 살아 있는 제도의 완
전한 힘을 경험할 때 우리는 새롭게 느껴지는 이 힘이 여전히 중요
한지 여부와 그 이유를 연구할 기회를 얻는다.

* 외적인 것에 의존하지 않고 관계 자체의 내재적 속성에 따라 유지·변화·발전되
   는 관계.

개개인의 의도와 제도가 충돌하면 어느 쪽이 이길까? 스테퍼니와 잉리트처럼 커플과 그들의 특정한 욕구, 신념, 바람, 기대일까 아니면 결혼의 의미와 결혼한 사람은 어떻게 행동해야 하는지에 대해 사회적으로 강제되는 일련의 규칙 및 기대에 수천 년 동안 적응해 내려온 제도일까? 네덜란드 커플들의 이야기는 전통적 결혼이 시들해지는 사회에서조차 결혼이 커플의 친구와 가족 구성원 사이에서, 커플의 더 넓은 사회적 관계망 내에서 여러 기대를 촉발한다는 점을 보여 준다. 상대적으로 짧은 인터뷰에서조차 동성 커플들은 친구와 가족 구성원으로부터 받아 온 직접적 메시지 몇 가지를 분명히 이야기해 주었다.

- 사랑하는 두 사람이 함께 지낼 계획이라면 그들은 결혼해야 한다.
- 결혼은 평생의, 혹은 적어도 오래 지속되는 관계에 대한 약속을 의미한다.
- 결혼은 모노가미를 의미한다.
- 결혼은 중대한 사건이기에 기념일은 축하할 만한 중요한 이벤트다.
- 배우자는 가족 구성원이 되며, 결혼하지 않은 파트너나 여자 친구, 남자 친구와는 다르게 대우받는다.
- 기혼자는 새로운 정체성을 얻고, 자신의 배우자를 '남편'이나 '부인' 등으로 적절하게 칭해야 한다.

결혼이 동성 커플의 가정생활에 미치는 여타 유의미한 영향을 살펴봄으로써 우리의 연구는 한발 더 나아갈 수 있다. 새로운 문화적·법적·사회적 영향력은 커플의 결혼하지 않은 생활을 틀 지웠던 문화적 관념, 경제적 유인, 사회적 규범을 강화할 수도 부정할 수도 있다. 결국 우리는 기혼 커플을 명확한 규범과 전통적 기대에 순응시킨 압력이 동성 커플에게는 완화되는 모습을 볼 가능성이 높다. 하지만 앞서 기술했듯 나는 철린의 말처럼 결혼이라는 제도의 영향이 완전히 사라지고 있는지에 대해서는 회의적이다. 그럼에도 결혼이 가능해지면 동성애자의 삶이 어떻게 바뀔 것인지에 대한 동성애자 결혼 전복자들의 예측이나 보수적인 동성애자들의 예측조차도 지나치다고 생각한다. 결혼한 동성 커플은 양극단 사이 어딘가에서 살고 있다는 사실이 연구에서 드러난다. 본인들은 물론 동성애자 커뮤니티 및 사회 전체를 위해 이성애자들이 먼저 시작한 결혼의 21세기적 기능과 의미를 찾는 생생한 과정의 참여자가 되고 있다.

결혼이라는 파티에 초대받기: 개인이 치르는 입장료

두 개인을 법적 결혼으로 결합한다는 개념은 둘이 하나가 되는 이미지를 낳는데, 이는 국가에 대해 회의적이고 개인성을 지키려는 결혼 비판자들을 괴롭힌다.[4] 인터뷰이 가운데 일부는 사생활이 줄어드는 것에 대한 우려를 언급했다. 그들은 계속 공적인 감독과 법의 테두리 밖에서 관계를 맺고 만들어 나가며, 끝낼 수 있기를 원했다. 이 책의 초반 몇 개 장에서 나는 결혼은 제3자인 국가와 사회에 커플 관계를 인정하고 법적 권리 및 의무를 규정하는 역할을 부여한다고 주장했다. 따라서 결혼 비판자들이 틀렸다는 말이 아니다. 미국의 연구에서는 개인성과 독립성이 상실될 우려 때문에 일부 미국 커플들이 결혼을 기피한다는 사실을 밝혀, 결혼이 구속적인 제약을 수반한다고 인식된다는 점이 드러났다.[5] 하지만 개인성의 번영은 복잡한 문제고, 결혼은 비록 사람들이 의식적으로(또는 무의식적으로) 일부 자율성을 포기하더라도 개인 삶을 향상시키는 구체적이고 감정적인 자원을 제공할 수 있다.

법적 관점에서 보면 배우자에 대한 의무를 국가가 규정하고 결혼하면 이를 지켜야 하지만, 미국 법은 결혼으로 중요한 사생활의 영역이 만들어진다고 본다. 이 영역은 부부의 피임 결정(사생활)을 국가가 침범할 수 없다고 한 1965년의 그리스월드 대 코네티컷 주(Griswold v. Connecticut) 판결처럼 성(性)과 관련된 새로운 권리를 개척한 연방 대법원 판결의 핵심이었다. 마찬가지로 미국에서 형사 및 민사 사건에서 배우자는 서로에 대한 증언을 거부할 수 있다.

비혼으로 남는 것 역시 더 이상 법의 테두리 밖에 있는 것을 의미하지 않는다. 특히 유럽 국가에서는 대개 일정 기간 함께 사는 것만으로도 상호 의무에 대한 법률적 기대가 생기고, 결혼하지 않은 개개인에게 일부 법적 의무가 부과된다. 8장에서 이야기하겠지만, 동성애자 결혼 전복자들이 비혼 커플을 기혼 커플과 법적으로 완전히 동등하게 대우하라고 주장할 때 사생활이나 개인성과 관련한 동거 이성 커플의 우려는 간과하는 경향이 있다는 점이 다소 이상하다.

결혼을 더 긴 역사에서 살펴보면 개인성의 상실을 우려하는 이들은 안심할 수 있다. 역사학자 스테퍼니 쿤츠는 결혼에 있어 개인의 감정과 욕구, 심지어 권리는 시간이 지날수록 더욱 중요해졌다고 지적했다.[6] 결혼은 원래 가족과 공동체의 통제를 받는 사회적 의무였지만 이제는 각자가 내리는 개인적 선택으로 여겨진다. 마찬가지로 아기 만드는 공장이었던 결혼은 두 개별적 개인의 욕구를 충족해야 하는 감정적 관계로 바뀌었다. 심지어 이혼의 증가도 개개인이 숨 막히거나 문제 있는 결혼에 갇혀서는 안 된다는 새로운 생각을 확인해 준다. 사람들은 이제 결혼 밖에서의 삶을 선택할 수도 있다.

이러한 역사적 전환에도, 결혼은 여전히 사회 내에서 개개인의 욕구를 중재하는 역할을 한다. 결혼이 우리의 개인적 욕구와 타인의 욕구 사이의 건강한 균형을 고취한다고 주장하는 이들이 많다. 밀턴 C. 레건(Milton C. Regan)은 철학적 관점에서 결혼은 한 사람이 "스스로의 것이라고 부를 수 있는 삶을 이끌어 나가는 것"을 도와주는 타인에 대한 친밀한 헌신을 형성하고 유지하는 기회를 제공한다고 주장했다.[7] 법학자 차이 펠드블럼(Chai Feldblum) 역시 이러한 관점을 지지하며 결혼은 완전한 독립성으로는 불가능한 방식으로 개개인을 성장시키는 "두터운 상호 의존성"을 필요로 함으로써 중요한 사회적 선(善)을 증진한다고 주장했다.[8]

커플의 상호 작용은 결혼하는 개개인에게 긍정적인 영향으로 이어질 수도 있다. 결혼이 건강과 경제적 안녕에 끼치는 영향에 대한 수십 년간의 연구들에 따르면 결혼 평등은 개인이나 동성 커플 구성원으로서의 게이·레즈비언·양성애자를 지원하는 물질적이고 심리적인 자원을 제공한다. 기혼자는 독신자보다 오래 살고, 흡연율이 낮고, 더 많이 벌고, 덜 우울해한다.[9] 때로는 결혼이 깨지거나 가정 폭력이 생기기는 해도 여러 면에서 결혼은 대개 긍정적인 방식으로 영향을 준다.[10]

여기에서 주장하는 것은 비혼자가 정신적으로 건강하지 않다는 것이 아니라 결혼이 주는 제도적이고 사회적인 뒷받침이 개개인에게 좋은 영향을 주는 경우가 많다는 점이다. 결혼과 그 결과 사이의 연결성을 설명하려는 학계의 건전한 논쟁은 계속된다. 일부 학자는 더 행복하고 건강하며 부유한 사람들이 결혼할 확률이 높고, 따라서 이 점(사회 과학자들이 '선택 효과'라고 부르는 것)이 연관성을 만든다고 주장한다. 소수의 연구에서 이 선택 효과를 분리해 냈는데, 결혼이 여전히 건강을 비롯한 행복의 여타 척도에 인과적 영향을 끼친다는 결과가 나왔다. 배우자는 서로가 건강한지 관찰하고 상대방이 더 건강한 생활 습관을 지니도록 압력이나 통제를 가할 수 있다.[11] 결혼을 통해 확대 가족 구성원으로부터 지원을 더 받을 수도 있고 때로는 의료 보험과 같은 유용한 물질적 지원이 생긴다.

이러한 문제에 대해 저술한 다른 몇몇 사회 과학자들처럼 나는 기혼 동성 커플이 결혼에서 이득을 얻을 확률이 크다고 생각한다.[12] 물론 결혼의 이점이 헌신적인 관계에 있는 파트너의 지원과 동반자 관계에서 비롯되므로, 동성 커플은 이미 결혼과 같은 이익을 일부 누릴 수도 있다. 하지만 (2장에서 본 것처럼) 결혼이 커플을 더욱 헌신하게 만들고 (5장에서 본 것처럼) 가족과 사회 전반의 지원을 증진한 다면 결혼은 한동안 동거한 후 결혼한 게이, 레즈비언, 양성애자 들이 커플의 건강 역시 증진할 수 있어 보인다.

결혼에 관해 일부 미국인들이 추구하는 큰 보상은 의료 보험이다. 좋든 싫든 대다수의 65세 미만 미국인은 자신의 직장이나 가족 구성원의 직장을 통해 의료 보험에 가입한다. 동성이든 이성이든 비혼 커플로 지내는 사람들은 기혼자보다 의료 보험 적용을 받지 못하는 상태일 가능성이 크다.[13] 미국에서 동성 커플 구성원 5명 중 1명은 비혼 이성 커플 구성원의 3명 중 1명은 의료 보험에 가입되어 있지 않다. 동성 파트너가 있는 사람은 미가입일 확률이 결혼한 사람보다 거의 두 배나 높고, 비혼 이성 파트너가 있는 사람은 미가입률이 세 배나 높다. 비록 (나 자신을 포함해) 많은 이들이 그렇지 않기를 바라지만 결혼은 의료 보험 접근성에 있어 중요하다. 다만 나는 7장에서 미국의 결혼 논쟁이 의료 보험과의 연관성에 지나치게 초점을 맞춘다고 주장하는데, 결혼과 의료 보험 사이의 정치적 연결이 일각의 생각만큼 확고하지 않기 때문이다. 의료 보험은 결혼과 기혼자의 건강을 직접적으로 연결하는 것 중 하나이지만 결혼에 대한 여타 연구들은 의료 보험이 결혼 효과의 유일한 원천이 아니라고 말한다.

소수자 스트레스 감소: 사회적 포함의 가치

대다수 사람들은 결과적으로(때로는 게이, 레즈비언 당사자조차도)

많은 동성애자들의 삶과 거의 모든 사회적 상호 작용에 뿌리박혀 있는 이질감을 인식하지 못한다. 이 다르다는 맥락의 의미는 우리가 어느 하루, 심지어 한 시간 동안에도 지지와 소외, 연결과 거부, 이해와 혼란의 감정 사이를 왔다 갔다 한다는 뜻이다. 물론 우리 모두가 항상 극단으로 가지는 않는다. 30개 주에서는 성 소수자에 대한 고용 차별 금지 제도가 없고 극소수 주에서만 동성 관계를 법적으로 인정하여 동성애자들을 합법적으로 이등 시민으로 대우하는 미국 땅에서 개인이 정신 건강을 유지한다는 것은 편견에 찬 행동과 일상적인 불친절을 구별하고 신중하지만 용감하게 투쟁을 선택하며 결혼에서의 배제를 포함한 제도화된 차별을 개인의 문제로 받아들이지 않는 법을 익히는 것을 의미한다.[14]

이러한 개인적 전략의 한계는 동성애자의 정신 건강 연구가 보여 주는 높은 비율의 우울증과 불안에서 자명하게 나타난다.[15] 사회 과학 연구는 차별이나 불평등한 대우의 경험은 신체 건강과 정신 건강에 해로운 영향을 끼칠 수 있다고 시사한다. 높은 고혈압 비율을 비롯한 아프리카계 미국인의 건강 상태, 레즈비언, 게이, 양성애자의 여러 가지 나쁜 건강 상태가 이러한 '소수자 스트레스'와 관련 있다.[16] 심리학자 글렌다 러셀(Glenda Russell)의 연구는 반동성애적 정치 분위기에서 살아간다는 것은 동성애자의 정신 건강에 이와 유사한 부정적 효과를 끼친다는 것을 보여 준다.[17] 최근 연구들은 낙인과 동성애 혐오가 동성 관계의 질을 저하한다는 사실을 보여 준다.[18]

이러한 맥락에서 동성 커플에게 결혼을 개방하는 등의 정책을 통해 차별을 공식적으로 없애는 것이 게이, 레즈비언, 양성애자 개개인(독신자인 이들도 포함하여)의 정신 건강에 긍정적인 효과를 끼치리라는 예측은 타당해 보인다. 또한 의료 보험 적용의 확대와는 달리 누구도 단돈 1원 부담하지 않고 이러한 효과를 누릴 수 있다. 네덜란드에서 동성애자를 결혼에서 배제함으로써 지불한 대가는 명백하다. 내가 인터뷰한 대다수는 중요한 사회적 제도로부터 배제되어 왔다는 데 분노했다. 린이 회상했다. "내 결혼을 막으니까, 진작부터 결혼이라는 제도에 열 받았다고나 할까? 오랫동안 화가 나 있었죠." 결혼권을 지닌 다양한 성 소수자들에게 미치는 문화적 수용이 광범위한 효과를 직접적으로 평가하는 데는 오랜 시간이 걸리고, 상세한 연구가 요구된다. 다만 현재 이미 오랫동안 동성애에 관용적이라고 알려져 왔던 네덜란드 같은 국가에서조차 동성 결혼이 가능해진 이후 분노가 줄어들고 포용된다는 느낌이 커지는 것은 확실하다.

짐작건대 대개의 경우 레즈비언, 게이, 양성애자들은 우리의 삶에 드리워져 있는 차이와 소외에 대한 부정적인 감정과, 때로는 우리의 취약성과 아웃사이더 지위를 상기시키는 편견에 대한 거슬리는 경험(low-grade)과 함께 살아가는 법을 배운다.[19] 하지만 가끔은 긍정적인 소통의 순간을 통해 우리는 이 격차를 메울 강한 잠재력을 느낀다.

나에게 다르다는 느낌이 가장 심오하고 희망적으로 다가왔던 순간은 결혼식을 준비하는 상황에 왔다. 나의 파트너 엘리자베스와 나는 동네 꽃집에 들러 우리 결혼식에 쓸 꽃을 주문했다. 한 무리의 여자들이 여느 때처럼 다음 날 있을 결혼식 꽃을 준비하기 위해 카운터 뒤에서 종종걸음 쳤다. 이전에 결혼 파티에 몇 번 참석한 적은 있었지만 나는 (인정하자면 다소 의도적으로) 이 복잡한 의례 준비에 전적으로 관여한 적은 없었다. 하지만 드디어 우리는 시내 모퉁이에 있는 꽃집 한복판에 들어섰다. 엘리자베스와 나는 예산 내에서 할 수 있는 것들을 주인과 의논한 다음 주문서의 '신랑'과 '신부' 항목을 지우고 빈칸을 다 채웠다. 꽃집 주인은 웃으며 동성 커플을 포함하는 새로운 주문서가 필요하겠다고 했다. 매사추세츠에서 보기 드문 공화당 지지자 같았던 이 꽃집 주인에 비하면 다른 가게 주인이나 공무원 들은 다가올 우리의 결혼식을 지나치리만큼 축하해 주었다. 하지만 이 꽃집 주인과의 덤덤한 만남은 우리로 하여금 이례적이거나 특별하거나 선구자 같은 것이 아니라 그저 결혼하는 여느 커플 중 하나로 평범하게 느끼도록 해 주었다.

또한 80세의 보수주의자인 헨리 삼촌의 편지를 읽고 감동받은 적도 있다. 삼촌은 건강이 좋지 않아 결혼식에 참석하지 못했다. 삼촌은 내 파트너 엘리자베스가 여자라는 사실이 아니라 결혼의 가치에 관심을 보였다. "너와 엘리자베스가 아주 행복한 결혼 생활을 하기를 진심으로 기원한단다. 결코 쉽지는 않을 거야. 하지만 정말로 좋은 것들이 어디 쉽니? 너희(둘 다)가 결혼 생활에 투자할수록 너와 너희 가족은 더 많은 것을 얻게 될 거야." 나의 가족 대다수는 정치적인 것을 개인적인 것 뒤에 밀어 두었다. 심지어 그들이 동성 커플에게 결혼권을 부여하는 정치적 의제를 완전히 지지하지는 않더라도 우리에게 우호적이었고 그들이 중요하다고 인정한 사건인 우리의 결혼식에 함께하기를 바랐다. 결혼한 자매나 사촌과 똑같이 대우받는 것은 내가 전혀 기대하지 못한 일이었다. 비록 머리로는 결혼을 하든 하지 않든 스스로 가치 있고 생산적인 성인이고 시민이라고 생각해도, 내 심장은 이러한 통과 의례를 치를 자격이 있다고 받아들여졌다는 점에 감동했다.

한 지인은 자신이 캐나다에서 파트너와 결혼하기 전까지는 완전히 평범하다는 경험을 해 본 적이 없다고 했다. "거기서는 우리가 사람들을 놀랠 일이 없었어요." 그녀가 웃었다. 동성 커플이 5장에서 살펴본 결혼 개념에 잘 맞는다고 이처럼 인정하는 것은 동성 커플에 대한 사회적·심리적 수용의 분위기를 만들고 게이와 레즈비언 들이 동등하며 지지받는다고 느끼게 한다.

결혼권이 없을 때 미국의 동성 커플은 종종 자신의 관계를 공개적·사적으로 알리는 고유의 언약식을 치르곤 했다. 엘런 르윈이 지적했듯이 이러한 의례는 종종 동성 및 이성 관계가 동등하게 적법하다는 점을 선언하도록 의식적으로 계획되고, 이는 법적 결혼식을 기념하는 것과 동일한 종류의 강렬한 감정을 불러일으키며, 커뮤니티의 승인을 얻게 한다.[20] 그러나 그 감정들이 진짜 같고, 그 언약식이 그들 관계의 가치를 인정할 만큼 강력하더라도, 이러한 의례에는 법적 인정뿐만 아니라 이 특정한 선언의 의미를 널리 인정하는 사회적 이해가 결여되어 있다. 결혼은 누구나 그 의미를 이해한다는 점에서 파트너십 등록제와 구별됨을 네덜란드 커플들이 보여 준 것처럼 동성 커플들 역시 선택이 주어진다면 언약식과 결혼식의 차이를 보여 줄 것이다.

스스로의 경험을 통해 나는 동성애자·양성애자가 결혼할 수 있게 되었을 때 개인적·심리적·문화적 차원에서 어떻게 심오하고 긍정적인 방식으로 변화하지 않을 수 있는지가 오히려 궁금해졌다. 특히나 결혼하기로 또는 선택 가능한 어떤 형태로든 헌신적인 법적 관계를 맺기로 결정한 동성애자, 양성애자라면 말이다. 배제에서 포함으로 자리를 이동하는 것은 대개 긍정적인 심리적 영향을 끼칠 수 있는 변화다.

결혼이 관계에 미치는 효과

결혼은 법과 문화의 뒷받침 속에 두 사람이 헌신을 선언하는 의례이기 때문에 기혼 관계는 미혼 때와 달라진다. 내가 이야기를 나눈 대다수 네덜란드 커플은 여러 해 동안 함께해 왔기에 결혼이라는 선택지를 얻기 전부터 이미 자신들의 관계에 상당히 헌신적이었다. 그렇기는 하지만 몇몇 사람들은 직후의 느낌, 특히 타인 앞에서 본인들의 헌신을 선언하는 소회에 대해 이야기했다.[21] 네덜란드 커플들은 더 헌신적으로 느낀다고 말하는 것 이상으로 결혼의 감정적 효과를 말로 설명하기 어려워했다. 결혼한 많은 사람들이 예식과 축하연이 끝나고 달라진 느낌이나 책임감 또는 아주 특별한 감정을 경험했다.

결혼이 적어도 한 파트너가 다른 파트너에게 품은 감정에 영향을 끼친다면 둘의 관계에도 다른 종류의 변화가 발생할 터다. 로버트제이 그린(Robert-Jay Green)은 예컨대 모노가미, 재산 합치기, 친인척 관계에 대한 관여 등 동성 커플이 상호 책임의 측면에서 서로에게 기대할 수 있는 것과 관련하여 경험하는 "헌신의 모호성"이 주는 스트레스에 대해 썼다.[22] 결혼은 이러한 모호성을 해결하거나 감소시키는 데에 도움을 줄 수 있고 결혼과 관련된 헌신감의 증진은 커플이 함께 집을 사거나 자녀를 갖는 등 계속 같이하리라고 예상하는 경우에 성립되는 장기 계획을 세우게 한다. 경제학자들은 이러한 헌신과 관련한 사건을 커플이 깨질 확률을 감소시키는 경향이 있는 관계 자본(relationship-specific capital)이라고 부른다.

기혼 커플은 가족과 친구로부터도 더 많은 지원을 받을 수 있다. 동성 커플을 대상으로 한 미국의 여러 설문 조사를 보면 게이, 레즈비언 커플은 가족 중 이성애자가 결혼하면서 받는 지원과 비교해 자신들이 적은 지원을 받는다고 느낀다.[23] 한편 솔로몬 연구진에 따르면 시민 결합을 맺은 레즈비언 커플은 시민 결합을 맺지 않은 레즈비언 커플보다 원가족으로부터 많은 지원을 받는다.[24]

아마도 이 모든 사회적·경제적·법적 이유에서 결혼은 공식화되지 않은 관계보다 끝내기 복잡해진다. 네덜란드 동성 커플 중 결혼한 몇몇은 이혼 시 발생할 위자료를 비롯한 법적 비용을 언급했다. 그들은 모두 관계 해소가 법적으로 복잡할 수 있음을 확실히 인정했다. 결혼은 헤어지는 비용을 증가시키고 헌신을 표현하는 공적인 장을 만들기 때문에 결혼한 동성 커플의 관계는 다른 조건이 동일한 비혼 동성 커플에 비해 오래 지속될 수 있다.

이성 커플의 결별률이 결혼 여부에 따라 상이하듯이, 동성 커플의 결별률도 결혼 여부에 따라 달라질지 아직은 알 수 없다. 그 비율의 차이가 결혼으로 관계가 안정되는 정도를 판별하는 가장 좋은 지표가 될 것이며, 적어도 관계가 더 견고해지는지에 대해 짐작하게 한다.[25] 공식화가 동성 관계에 미치는 영향에 대한 기존 연구는 아직 체계화되지 않았고, 일관성이 부족하다. 발삼(Balsam) 등은 3년간의 패널 조사도 버몬트에서 시민 결합을 맺은 동성 커플과 기혼 이성 커플의 헤어지는 비율은 비슷하고, 두 집단 모두 시민 결합을 맺지 않은 동성 커플보다 헤어지는 경향이 적다는 것을 발견했다.[26] 네덜란드에서 결혼한 동성 커플과 이성 커플의 이혼율은 비슷했는데, 2001년과 2003년 사이에 결혼한 두 집단의 약 1%가 이혼했다.[27] 스웨덴에서 동성 커플이 파트너십 등록을 종결할 확률은 이성 커플이 이혼할 확률보다 높다.[28] 스웨덴 연구에서 동성 및 이성 커플 모두 파트너 간 연령 차이, 파트너 중 하나가 스웨덴 시민이 아닐 경우 등 동일한 요소 때문에 이혼율이 높아졌다. 그러나 등록 파트너가 비등록 동성 커플보다 헤어질 확률이 낮은지는 알려지지 않았고, 결혼의 영향은 파트너십 등록제와는 다를 수도 있다. 에스크리지와 스페데일은 덴마크의 동성 커플이 파트너십 등록제를 결혼과 동등하게 여긴다고 주장하지만 전체 사회 역시 두 제도를 똑같이

여기고 결혼한 커플과 파트너십 등록 커플을 똑같이 대우하는지를 아는 것도 중요하다.[29]

네덜란드에서 내가 이야기를 나눈 그 누구도 결혼의 결과로 일상에서 극적인 변화가 일어났다고 언급하지 않았다. 결혼 논쟁이 성적 행동과 구식 성 역할에 주목하기 때문에 나는 특별히 게이 커플의 모노가미 문제와 게이 커플과 레즈비언 커플 모두에게 가족 역할 책임의 전통적으로 보이는 패턴이 있는지 각별한 관심을 기울였다. 5장에서 논한 것처럼, 모노가미는 일부 게이에게 이슈가 되었다. 한 게이 커플만이 모노가미적이어진 이유가 결혼 때문이라고 단언했다. 다른 기혼 게이 커플들은 모두 모노가미를 삶의 수칙으로 정하지도 않았고 실천하지도 않기로 했지만, 한 커플이 그리하기로 결정했다는 사실은 일부 학자가 예측해 왔던 것처럼 결혼이 적어도 일부 게이들의 행동을 바꿀 수도 있음을 시사한다.[30] 이 변화는 행복으로 이어질 수도 있고 이어지지 않을 수도 있다.

대개(특히 경제학자들) 결혼 때문이라 여기는 또 다른 변화는 이성 커플은 일을 나누어 전문화하기로 결정함으로써 가족 구성원이 살아가고 번영하기 위해 필요한 시간, 에너지, 돈을 더 잘 활용할 수 있도록 한다는 것이다. 더 전통적인(하지만 지금은 드물어진) 상황에서는 남편이 생계 부양자로서 돈을 벌어 오는 반면 부인은 집안일을 꾸리고 자녀를 양육하는 무급 노동에 집중했다. 미국과 네덜란드 같은 서구 국가에서 현재 보편적인 패턴은 여성이 여전히 집안일에 대한 책임의 대부분을 짊어지며 임금 노동까지 하는 것이다.[31] 여성들은 자녀가 어릴 동안에는 노동 시장에서 완전히 빠지거나 시간제 일자리를 얻는 식으로 유급 노동을 줄일 수도 있다.

전통적 기대와는 대조적으로 내가 만난 네덜란드의 동성 커플은 결혼 또는 파트너십 등록 후에 가족 내 성별 분업이라는 오래된 패턴을 취하지 않았다. 일부 게이와 일부 레즈비언은 시간제로 일했지만 누구도 결혼 이후로 유급 노동 시간을 줄이지 않았다.(일부 비혼의 게이와 레즈비언도 시간제로 일했다.) 한둘은 아이를 가질 때 유급 노동 시간을 다소 줄였다고 언급했지만 결혼으로 커플의 가사 혹은 생계 책임의 분업이 바뀌었다고 말한 사례는 없었다.

결혼의 결과로 동성 커플 사이에 전문적인 분업이 이루어진다는 명확한 증거를 찾지 못했지만 그리 놀랍지는 않다. 실제로 미국의 연구들은 가사를 할당하는 데에 있어 의도에서나 실천에서나 이성 커플보다 동성 커플이 평등주의적이라고 말한다. 다만 5장에서 언급했듯 일부 연구는 동성 커플도 가사 등 가정 내 책임을 분담하는 데 어느 정도는 전문화가 이루어짐을 보여 준다.[32] 아프리카계 미국인 레즈비언 커플에 대한 최근 연구에서 자녀의 생물학적 어머니가 파트너보다 자녀에 대해 많은 책임과 권위를 지닌다고 밝혔지만 대개의 연구자는 레즈비언 커플이 이성 커플보다 자녀 양육을 훨씬 동등하게 분담한다는 사실을 발견했다.[33] 이성애적 노동 분업 대부분은 아마 수입이 더 높은 (남성) 소득원을 노동 시장으로 내보내고 수입이 더 낮은 (여성) 소득원을 주부이자 돌봄자로 유지하면서 얻는 경제적 이익 때문이라기보다는 여성과 남성은 무슨 일을 해야 하는가에 대한 문화적 관념에 기인하는 듯하다. 동성 커플에게는 이러한 관념이 설사 있다고 하더라도 강하지는 않다.

　일부에서 궁금해했던 것처럼 수입이 없는 배우자가 결혼을 통해 누리는 보장 혜택을 아마 동성 커플이 점차 이용하게 될 터다.[34] 결혼 생활이 끝나더라도 배우자는 커플의 공동 재산에 대해 일정 권리를 보유할 터고 의료 보험 등 배우자 수당을 누릴 수 있다. 노동 시장 밖에 있는 것이 언제나 나쁜 것은 아니다. 한 배우자는 대학으로 돌아가 학위를 따거나 어린아이를 돌보거나 새 사업을 시작하거나 다른 경력을 위해 재정비하려고 일시적으로 일을 그만두고 싶어 할 수도 있다. 근로 시간을 일시적으로 줄인다고 해서 수입이 없는 배우자가 결혼이 끝났을 때 영구히 불안하고 의존적인 지위에 있는 것은 아니다. 사실 어떤 경우 휴식기는 이혼 후의 빈곤 위험성을 늘기보다는 그 사람의 소득 잠재력을 높인다.

　한층 인상적이고 분명하게 전문화된 모습을 보여 주는 시나리오는 만들어 내는 데에도 시간이 걸릴 테고 수년간 결혼 생활에 걸쳐 표면화될 터다. 장차 연구에서는 시간이 지난 만큼 아마 지금보다 전문화된 동성 커플의 관계를 볼 수 있을 터다. 하지만 그 수준이 우리가 전통적인 부부에게서 보는 것만큼 높아지리라고는 상상하기 어렵다.

　앞서 말했듯 이성 결혼에서 남편과 부인에 대한 기대는 급격히 변해 왔다. 역설적으로 일부 학자들은 남편과 부인의 성 역할이 희미해지며 이성 커플이 점점 동성 커플처럼 보인다고 지적한다.[35] 따라서 동성 커플이 이성 커플과 더욱 비슷해져 가는데, 이성 커플은 점점 동성 커플을 닮아 간다면, 가정 내 노동 분업이라는 관점에서 동성 관계의 양상에 큰 변화가 없으리라는 예측은 타당해 보인다. 동성 커플은 결혼을 통해 관계에 대한 헌신감의 향상과 사회 전반의 수용과 지원이라는 변화를 겪었으며, 이는 경제적 요인과는 관련이 덜하고 개인적·문화적 요인과는 관련이 크다.

지금까지는 결혼권을 지니는 것이 개인적으로도 관계 차원에서도 상당한 이익이 되며 단지 몇 가지의 손해만 있는 것으로 보인다. 그러나 결혼이 여전히 행동을 변화시키고 영향을 줄 수 있는 힘이 있는 제도라면 개개인의 변화와 커플의 변화는 궁극적으로 동성애자 문화 전반에 영향을 미칠 터다. 7장은 여기에서 논의된 변화들을 게이, 레즈비언, 양성애자 커뮤니티에서 벌어진 더 큰 논쟁과 맞닿는다. 이 논쟁은 원래 학술적 논조와 의미를 지녔지만, 최근의 정치적 분위기가 이것을 치열한 쟁점으로 부각하는 상황이다.

7장
동성애자 커뮤니티 내의 결혼 반대

　동성 결혼에 대한 뜨거운 논쟁의 열기를 감안하면 공공의 논쟁이 개인 차원의 갈등으로 확산되는 것도 놀랍지 않다. 만찬 자리는 격렬하게 대립되는 입장으로 나뉜다. 첨예하게 의견이 갈린 오랜 친구들은 결국 동성 결혼에 대해 더 이상 이야기하지 않기로 합의하게 된다. 몇몇 하객은 친구의 동성 결혼식에 마지못해 참석하고 심지어 결혼식 파티 동안 슬쩍 빠져나가 잡지를 읽는다. 더구나 게이, 레즈비언 커뮤니티 내부에서, 나의 개인적인 친구와 가족 관계에서도 이런 일이 일어난다. 아이러니하게도 결혼 논쟁의 전방에서 활약하는 동성애자들은 동성 결혼에 반대하는 이성애자뿐 아니라 결혼 가능성에 시큰둥한 게이, 레즈비언으로부터도 반발을 얻는다. 이러한 동성애자들은 결혼이 게이, 레즈비언, 양성애자와 그 관계, 동성애자 커뮤니티를 돌이킬 수 없이 악화하리라고 걱정한다.
　2006년 여름, 동성애자들이 정말로 결혼을 원하는지를 둘러싸고 게이, 레즈비언 커뮤니티 내에서 벌어지는 폭발 직전의 긴 정치적 논쟁이 주요 뉴스에 넘쳐 났다. 일군의 게이, 레즈비언, 양성애자 활동가들은 유명 인사 및 일반인 200명이 서명한 공개 성명서를 발표했다. 이 성명서는 동성애자 커뮤니티의 지도자들이 동성 결혼이라는 협소한 초점으로부터 돌아서기를 촉구했다. 이러한 결혼 전복자(내가 붙인 이름이다.)들은 모든 가족 구성의 선택지를 국가가 동등하게 취급하는 상태에서 동성 결혼이 "선택지 중 하나"가 되기를 원한다.

하지만 그들은 워싱턴 주 대법원이 동성 결혼 금지법을 유지하기로 결정한 날에 성명서를 냈고, 이 사건은 동성애자 커뮤니티 내에서 결혼권을 추구하는 쪽과 결혼을 모두 폐지하거나 적어도 결혼 이슈를 경시하거나 빼고 가고 싶어 하는 쪽이 분열한다는 느낌을 더욱 강화했다. 일부 동성애자는 결혼을 둘러싼 논쟁이 다른 이슈 및 운동에 대한 동성애자들의 지원을 강탈한다고 분개했다. 성명서를 주도한 조지프 드필리피스(Joseph DeFilippis)가 주장했다. "(동성 결혼은) 하나의 제한적 목표인데, 이 목표가 모든 자원과 돈을 빨아들이는 데 많은 이들이 염려한다."[1]

서명자 대다수는 여러 이유로 결혼에 반대한다. 예컨대 리사 두건(Lisa Duggan), 리처드 킴(Richard Kim), 캐서린 프랭커(Katherine Franke), 마이클 워너(Michael Warner), 낸시 폴리코프는 여러 해 동안 동성 결혼 운동에 반대하는 글을 발표해 왔다. 「동성 결혼을 넘어서(Beyond Same-Sex Marriage)」 선언문의 서명자와 이에 동의하는 이들은 결혼권을 쟁취하기 위한 노력은 레즈비언, 게이, 양성애자 커뮤니티에 세 가지 큰 문제를 야기한다고 주장한다.

1. 문화적 차원에서 결혼은 이성애적 가족 형태를 채택한다는 의미며, 고유한 동성애자 가족 형태, 어쩌면 게이·레즈비언 문화까지도 포기한다는 의미다.
2. 정치적 차원에서 결혼 평등을 쟁취하는 것은 커플 중심이 아닌 가족 형태를 제외하는 타협이나, 여타 가족 구조에 혜택을 줄 변화를 지연할 정치적 반발의 위험을 의미한다.
3. 윤리적 차원에서 결혼이라는 선택지를 얻고 이를 선택하는 것은 일부 가족을 주변화하고 낙인찍어 LGBT 커뮤니티 내 관계를 위계화하는 것을 의미한다.

이 논쟁은 확실히 대중적 혼란을 야기했다. 동성애자들이 정말로 원하는 것이 무엇인가? 결혼이라는 사안에 있어 누가 동성애자 커뮤니티를 대변하는가? 내가 이야기를 나눈 대다수의 이성애자들은 결혼 전복자들의 우려를 제대로 이해하지 못했다. 결혼에 대한 개인적 경험에 상관없이 동성애자와 연대하는 이성애자들은 머리를 긁적이고는 물었다. "어떻게 평등이 나쁠 수 있지?" 그럼에도 결혼에 대한 정치학과 전망이 나의 동성애자 친구와 지인 사이에서 분노와 불확실성, 짜증을 비롯한 여러 감정의 수렁으로 빠지고 있었고, 일부는 결혼 평등을 비판하는 「동성 결혼을 넘어서」 선언문에 서명하기까지 했다.

　동성애자 커뮤니티 내에서 휘몰아치는 이러한 오래된 논쟁과 새로운 두려움은 동성 결혼 반대자와의 정치적 논쟁에 전해졌다. 미국에서는 동성애자 커뮤니티 내의 결혼 전복자들이 마치 보수주의자들이 동성애자 운동에 대해 느끼는 최악의 두려움이 정당하다고 확인해 주는 사람들처럼 보이고, 이는 동성애자 커뮤니티 내부의 다른 집단들로 하여금 결혼은 동성애자들을 긍정적인 방식으로 변화시킬 수 있다고 주장하게 부추기고, 이는 다시 결혼 전복자들을 격앙시키는 식으로 계속되었다. 예를 들어「동성 결혼을 넘어서」가 발표되고 보수주의자 로버트 조지(Robert George)와 스탠리 커츠는 "한 명 이상의 성애적 파트너가 있는" 가족의 인정을 옹호하는 성명서 한 줄에 달려들어, 일단 시작되면 되돌릴 수 없는 필연적인 다음 단계가 폴리가미(복혼)라고 떠들어 댔다.[2] 동성 결혼을 지지하는 진보와 보수 성향의 저술인들도 논쟁에 뛰어들어 반대 논리를 펴면서 동성애자 커뮤니티 내의 이러한 분파가 동성애자 커뮤니티 전반은 물론 동성 결혼 운동의 의도도 대표하지 못한다고 주장했다.[3]

　앞선 여러 장에서 보았듯 이러한 논쟁에서는 동성 결혼이 허용되었을 때 발생하는 결과에 방점이 찍힌다. 하지만 이번에 이 논쟁은 동성애자 커뮤니티 자체에 미치는 결과에 초점이 맞추어져 있다. 6장의 논의와는 달리 이러한 틀의 논쟁은 격한 감정을 불러일으키기에 아주 위험한 판을 벌이는 셈이다. 비록 나는 신중하고 논리 정연하게 이 의견 차이에 대해 분석하는 것을 선호하지만 경험 상 이 내부 논쟁은 이성만으로는 해결할 수 없을 터다. 일단 이 장 에서 나는 6장에서 보수주의자들의 두려움과 주장에 대해 반증을 제기할 때와 동일한 기준으로, 결혼 전복자들의 두려움과 주장을 더욱 파고드는 방식으로 대응한다. 또한 합리성을 넘어 이 감정의 이면에 무엇이 있는지에 대해서도 파악해야 한다. 이러한 차원에서 나는 동성애자 커뮤니티의 평화를 촉진할 수 있는 어느 정도의 공 통점을 찾고 우리 문화 전반에서 가족 다양성을 다룰 수 있는 더욱 건설적이고 현실적인 접근법을 발견하기를 희망한다.

결혼이 동성애자 문화의 종말로 이어질까

동성애자 커뮤니티 내 결혼 논쟁에는 아마 우정 이상의 판돈이 걸려 있을 터다. 우리가 결혼할 권리를 추구하면서 동성애자 정체 성과 동성애자 문화의 붕괴를 초래할 씨앗을 심는 걸까? 만약 동성 애자들이 자신들의 방식대로 직업, 결혼, 군대 등 모든 사회 제도에 진입할 권리를 쟁취하면 우리가 아는 게이, 레즈비언 커뮤니티가 시들어 버릴 수도 있다. 게이 저술가 앤드루 설리번이 바로 이 "동 성애자 문화의 종말론"을 펼쳤다. 결혼에 대한 접근권은 동성애자 권리에서의 다른 진전과 마찬가지로 동성애자와 이성애자 사이의 경험 및 선택지 격차를 감소시킨다. 시간이 흐르면서 새로운 세대 의 게이, 레즈비언, 양성애자에게는 여러 선택지가 주어질 테고 오 늘날의 그들이 이제 막 상상하기 시작한 선택들을 할 수 있을 것이다. 설리번은 본인이 "배제의 황금 새장"이라고 묘사한 오래된 동성애자 문화의 쇠퇴에 대해 약간 애석해하는 듯하지만 마지막에 명확한 입장을 취한다. "하지만 억압에 기초한 문화와 자유에 기초한 문화 사이에서 진정한 선택을 해야 한다면 결정은 쉽다."

아마 결혼 전복자들은 재빠르게 대답할 터다. 동성애자들은 단지 이성애자들처럼 행동할 자유, 즉 결혼 전복자들이 그토록 두려워하는 완전한 '동화(同化)'를 얻을 뿐이며, 건강하고 가치 있지만 결혼에는 들어맞지 않는 가족 관계는 내버려질 것이라고. 그러나 나는 법적 평등으로 가능해진 주류 문화로 완전히 흡수될 것과 불평등이 형성되고 유지되는 고유한 하위 문화로 남을 것 중 하나를 선택하는 양상은 극명하게 다르지 않으리라고 생각한다. 적어도 다음 몇십 년을 예언해 주는 수정 구슬을 들여다보자면 나는 미국의 게이, 레즈비언의 미래는 네덜란드의 동성애자 커뮤니티와 꽤나 비슷하리라고 예측한다.

네덜란드 커플들과의 토론은 어떤 면에서는 동성애자 정체성 또는 동성애자 커뮤니티라는 개념이 장기적으로 생존 가능할지에 대한 어느 정도의 의심으로 이어졌다. 확실히 내가 이야기를 나눈 네덜란드의 게이, 레즈비언 들은 결혼이라는 선택지를 제안받았을 때 자신이 더욱 평범하게 받아들여진다고 느꼈다. 마르타가 말했다. "그러니까 사람들이 우리를 인정하고, 우리를…… 머리에 뿔난 도깨비로 대하지 않게 하는 방법이 분명했어요." 마르타의 말에서 동성 커플은 마르타가 "완전히 평범한 전통"이라고 부른 것의 일환이 될 수 있다. 결혼하기를 원치 않았던 사람조차도 이렇듯 포함된다는 느낌을 받았다. 아나도 말했다. "(결혼 가능성이) 더욱 평범하고 더욱 인정받는다고 느끼게 해요. 사회의 일원이라는 소속감이 커지죠. 물론 긍정적일 수도 부정적일 수도 있겠지만 어쨌든 소속감이 커져요."

네덜란드의 결혼한 레즈비언 몇몇이 알게 되었던 것처럼 더 평범해진다는 느낌은 또한 덜 레즈비언 같다는 느낌으로 이어질 수도 있다. 안드레아는 자신이 정치적으로 극좌파라고 여기지만 카테리너와 결혼한 것과 본인의 정치적 원칙 사이에 모순이 있다고 생각하지 않았다. 안드레아는 자신의 관계를 '동성 결혼'으로 보려고 하지 않았고 "이건 그냥 결혼이라고요."라고 생각하고 싶어 했다. "레즈비언이라는 생각으로 가득 차 있기를 원치는 않아요. 그건 아니죠. 그냥 나 자신이고 싶은 거죠." 그녀가 강하게 말했다. 또는 캐서린이 평등한 결혼권을 얻는 것이 어떤 의미인지를 설명할 때 "우연히 서로를 만났고, 공교롭게도 동성이었죠."라고 말한 대로다.

내가 이야기를 나눈 다른 사람들 역시 어떻게 자신의 결혼이 게이나 레즈비언이라는 사실을 일시적이나마 서서히 잊게 했는지 이야기했다. 이러한 개인적 감정과 네덜란드의 게이, 레즈비언 커뮤니티가 정치적으로 안주하고 있다고 느끼는 일부 동성애자 활동가들의 느낌을 합치면[34] 네덜란드가 '탈정체성'의 사회처럼 보이기 시작한다. 에릭은 많은 이성애자들 또한 극적인 변화를 감지하고 자신에게 "이제 너도 결혼할 수 있으니 그 일이 마무리되었네……

245

너희는 더 이상 소수자가 아니야."라고 말한다고 했다.

그러나 네덜란드 동성애자 문화의 사망 선고를 공식화하기에는 너무 이르다. 나는 동성 커플의 이러한 경험이, 동성애자 문화가 완전히 변화한 것이 아니라 탈정체성의 세계를 개인적으로 살짝 엿본 것이라고 해석한다. 5장의 이야기가 보여 주는 것처럼 '정상'으로 녹아든다는 느낌과 함께, 결혼이 바깥 세상에 동성애자를 부각했다는 인식이 있었다. 내가 만난 네덜란드의 게이, 레즈비언 들은 동성 결혼 이슈가 여전히 전 세계의 정치 무대에서 큰 논쟁거리임을 인식했다. 그들은 결혼할 권리와 실제로 결혼한다는 현실조차 완전하고 즉각적인 사회적·법적 평등을 보장하지는 않는다고 여겼다.

예를 들어 거의 모든 사람이 주나 국가 경계를 벗어남과 동시에 자신의 평등이 제한됨을 느꼈다. 2009년 현재 매사추세츠에서 결혼하는 동성 커플이 주 경계를 넘어 뉴욕이나 캘리포니아, 코네티컷 이외의 주에 가면 결혼 자격을 잃듯이, 캐나다나 네덜란드, 벨기에, 스페인에서 결혼한 동성 커플은 대다수 다른 국가를 여행할 때 그 자격을 잃는다. 전 세계적 흐름과 동떨어진 경향이 있는 미국 내 논쟁에서 결혼 논쟁의 세계적 특성이 항상 나타나는 것은 아니지만 세계적 상황은 완전한 안주와는 매우 거리가 멀다.

친동성애적인 네덜란드에서조차 평등이라는 혁명은 완료되지 않았다. 파울과 얀은 법이 바뀐 즉시 결혼하기 위해 시청에 갔지만 컴퓨터 시스템이 두 남성이 결혼한다는 개념을 받아들이지 못했다.

담당 공무원은 둘의 결혼을 처리하기 위해 일단 행정 시스템 내에 파울 데프리스 양(Ms)을 만들고 '그녀'가 얀 스미트 씨(Mr)와 결혼하게 했다. 파울과 얀은 이제 그 일시적인 행정 결함과 공무원의 창의적 해결책을 회상하며 웃을 수 있지만, 결혼과 관련된 동성애 혐오적 편견의 흔적은 이렇듯 계속해서 네덜란드의 많은 게이, 레즈비언을 괴롭힌다. 일부 법원 공무원이 동성 커플의 혼인 신고 수리를 계속 거부하는 것과 이민자 일각의 동성애 혐오에 대한 격렬한 논쟁은 네덜란드 동성 커플에 대한 편견이 지속됨을 다시 한 번 알려 준다. 내가 이야기를 나눈 몇몇 동성 커플은 보수적인 지역에서 호된 질책을 받거나 적대적인 눈길을 마주한 적이 있기 때문에 공공장소에서 키스하거나 손을 잡기도 불편하다고 느꼈다. 6장에서 다루었듯이 때로 가족 구성원은 여전히 동성 결혼을 반대한다. 네덜란드의 완전한 법적 평등에도, 집요한 사회적 편견은 레즈비언, 게이 커뮤니티를 계속 단결시키기에 충분하다.

　더 오랜 기간에 걸쳐, 어쩌면 이미 10년이나 20년 전에 레즈비언·게이 커뮤니티 내의 문화적 변화는 더 격심했을지 모른다. 나는 네덜란드와 미국의 동성 커플 사이에서 결혼이 지금보다 흔해지리라고 예상한다. 게이·레즈비언 들의 관계는 내가 이야기를 나누었던 커플들 대부분이 겪었던 직접 만든 '함께하기' 모델에서 기성품인 '결혼'으로 옮겨 갈 가능성이 높다. 결혼은 어떤 관계에서 사회적 수용과 법적 인정 같은 중요한 자원을 얻기 위한 수단이 되는 동시에, 커플에게 그 자체로 중요한 목표가 될 터다. 패멀라 라누티

(Pamela Lannutti)는 매사추세츠의 게이, 레즈비언 들이 관계의 진전 가능성에 대해 생각하면서 자신의 잠재적 연인이 "결혼할 만한 사람"인지 궁금해하는 인식의 전환을 발견했다.[5]

우선 젊은 게이와 레즈비언 들은 결혼을 허용하는 사회에서 성장할 터고, 이러한 가능성은 자신들의 관계가 따르게 될 사회적 각본이나 계획을 확장한다. 일부 나이 많은 커플들의 결혼에 걸림돌이 되었던 이데올로기적 헌신이 젊은 동성 커플에게는 없을지도 모른다. 당시 29세로 내가 인터뷰한 이들 가운데 가장 젊은 마리아너는 본인과 또래의 레즈비언 친구들은 주변의 나이 많은 레즈비언에 비해 결혼에 대한 원칙적 반대를 덜 받았다고 확인해 주었다.

미국에서도 비슷한 변화가 여러 연령에 걸쳐 나타난다. 한 설문 조사에서는 저학력 게이, 레즈비언, 양성애자 들과 마찬가지로 젊은 게이, 레즈비언, 양성애자 들이 나이 많은 게이, 레즈비언, 양성애자 들에 비해 결혼할 수만 있다면 할 것이라고 말할 경향이 훨씬 강한 것으로 조사되었다.[6] 의견차는 크다. 예컨대 18세의 동성애자가 법적 결혼을 원할 확률은 65세의 동성애자보다 31퍼센트포인트 더 높다. 뉴욕 지역에서의 한 게이, 레즈비언, 양성애자 청소년 설문 조사에서 역시 결혼에 대한 열망이 드러났다. 이에 따르면 젊은 남성의 61%, 젊은 여성의 78%가 동성 파트너와 결혼하기를 바랄 가능성이 매우 크다고 대답했다.[7]

결혼이 더욱 흔한 일이 될 것 같다고 보는 또 다른 이유는 결혼이 가부장적이고 시대에 뒤떨어지고 부르주아적이라고 보는, 열성적인 레즈비언 페미니스트 등의 결혼에 대한 태도가 바뀐다는 점이다. 2장에서 나는 로맨틱한 이유에서든 현실적 이유에서든 결혼을 고려할 좋은 이유를 찾아내는 것이 때때로 어떻게 결혼 자체에 대한 관점의 변화로 이어지는지 설명했다. 유사하게 결혼에 대한 페미니스트의 일부 비판은 결혼이 게이, 레즈비언을 배제한다는 것이었다. 남편과 부인의 역할을 더욱 평등하게 만드는 법적 개혁이 이루어지고 결혼이 동성 커플에게 확장되면서 결혼을 원칙적으로 반대할 정치적·이론적 이유 대다수가 사라졌다.

마르흐릿과 미리암은 페미니스트로서 결혼에 대해 어느 정도 긴장을 느낌에도 동성 커플의 결혼이 모든 여성에게 있어 결혼의 의미를 변화시키는 전략이라고 보았다. 이성 커플에게 결혼식이 덜 보편적이 되면서 라헐과 마리아너는 결혼을 전통적인 규범에 대한 항복이라기보다는 대안적 감수성의 한 가지 표현으로 볼 수 있었다. 마르타와 린은 지금은 결혼과 결혼권에 대한 열정적 지지자이지만 제도로서의 결혼을 반대한다는 아주 다른 의견을 보였다. 그 이유 중 하나는 결혼이 게이와 레즈비언을 배제하기 때문이었다. 새로운 정치적 맥락은 페미니스트들을 결혼에서 밀쳐 버리기보다는 결혼으로 등을 떠밀고 있다. 엘런과 사스키아는 결혼의 이유를 네덜란드 등지에서 보수주의적 종교·정치 세력이 국제적인 정치적 반발을 일으킨다는 점과 연결 지었다. 비슷하게 매사추세츠의 정치적 상황은 초기에는 결혼에 대해 반대한 일부 페미니스트가 결혼하도록 고무했다. 내 친구 하나가 본인의 정치적 전향을 설명하면서 말했다. "롬니가 날 이혼시키는 꼴은 못 보지!"(당시 주지사 미트 롬니는 매사추세츠에서 동성 결혼이 가능해진 이후 동성 커플이 결혼을 막는 주 헌법 개정안에 찬성했다.)

마지막으로 나이 드는 것은 열정적 페미니스트의 우선순위와 헌신을 다른 방향으로 전환시킬 수도 있다. 엘런은 결혼과 여타 정치적 신념에 대한 스스로의 원칙이 나이가 들면서 바뀌었음을 인정했다. "사실 내가 지금껏 지키는 원칙이라고는 유기농 가게에 가는 거랑 재활용 휴지를 사는 것뿐이에요!" 그녀가 농담을 했다. 또한 나는 사람이 나이가 들고 상속이나 건강 관리의 문제에 맞닥뜨리면 결혼의 상대적인 가치가 커지리라고 예측한다.

나는 여기서 결혼이 이성애자로 사는 것과 게이, 레즈비언으로 사는 것의 의미상 경계는 결국 흐려지리라 주장한다. 다만 그렇다고 동성 커플이 단순히 전통적인 이성애적 형태의 결혼을 채택할 것이라고 말하는 것은 아니다. 결혼하고 싶은 욕구 또는 결혼하기로 하는 선택조차, 결혼 전복자들이 두려워하는 파멸적 동화주의는 아니다.

우선 결혼하는 동성 커플은 이미 커플이다. 즉 이 커플들이 살아가는 모습은 결혼한 이성 커플과 이미 많이 비슷하다. 법적 지위와 그것이 제공하는 지원만 빠졌을 뿐이다. 이를 동화, 모방, 융합이라고 부르든 역사적으로 보편적인 성인들 간의 관계 형태라고 부르든 문제는 결혼 자체가 아니다. 왜냐하면 동성애자들은 법적 인정에 대한 어떠한 주장이나 권리가 생기기 전부터 커플의 형태로 살았기 때문이다.

둘째, 여러 차례 언급했듯이 내가 이야기를 나눈 동성 커플들은 엄격하고 전통적인 '남편'과 '아내' 역할 기대를 의식적으로 거부했다. 동성 커플이 이성 커플의 기대와 실천에 '동화'된다는 두려움의 맥락에서 이 점은 귀에 못이 박히도록 말할 만하다. 나는 동성애자들이 다수의 이성애자가 스스로 해체하거나 폐기한 엄격한 성 역할을 복구하는 데 그다지 관심이 없는 것을 보았고, 내가 인터뷰한 결혼한 커플들은 아무도 결혼했다고 말해 주는 서류 한 장을 갖는다고 이러한 역할에 미끄러져 들어가지 않았다.

또한 결혼 전복자들이 사라질 것이라고 염려하는 동성애자의 '고유한' 가족 형태 중에는 이성애자 사이에도 존재하는 가족 형태가 포함되어 있다. 전(前) 파트너, 심지어 하나 이상의 파트너를 갖는 관계와 친구 관계 등을 포함하는 확대 가족은 성적 지향을 초월하여 발견된다.[8] 그리고 미국에는 게이, 레즈비언, 양성애자보다는 이성애자들이 훨씬 많기 때문에 동성애자들은 아마도 이러한 가족 형태 중에서도 소수다. 따라서 사라진다는 '동성애자 가족'에서 무엇이 진정으로 고유한 것인지는 나에게 그리 확실하게 와 닿지 않는다. 예를 들어 미국에서 2000년 총조사에서 집계된 60만 동성 커플의 수는 거의 500만에 이르는 비혼 이성 커플에 비해 왜소해 보인다.[9] 또한 일부 결혼 전복자들은 내가 보기에는 태반이 신화에 불과한 몇 가지 형태의 관계에 대해 향수를 갖고 심취해 있다. 예를 들어 법학자 캐서린 프랭커는 본인이 무법적 동성애(lawless

251

homosexuality)를 탐험할 기회를 잃는다는 것을 애석해한다.[10] 무법적 동성애가 어떤 것인지 규정하지는 않았다. 무법적 섹슈얼리티에 관심이 있는 게이, 레즈비언이라도 저항하거나 보이콧할 법적 제도가 있을 것이다.

네덜란드에서의 연구와 매사추세츠에서의 경험으로 나는 결혼 전복자들이 품은 문화적 두려움과 결혼 옹호자들이 품은 희망은 이들이 동성애자 문화 앞에 놓인 변화를 어느 정도 합리적으로 예측한 것에 근거를 둔다고 전반적으로 동의한다. 하지만 네덜란드의 경험에 기초한 나의 예측은 훨씬 덜 극적이다. 결혼에의 접근 가능성은 대다수 게이, 레즈비언이 관계에 대해 생각하고 공식화하는 방식을 결국 바꿀 터다. 그러나 동성 커플이 맹목적으로 결혼의 전통적인 모델을 모방하리라는 증거는 거의 없다. 결국 동성애자 문화는 커플을 위해 변화하는 선택지를 받아들여 결혼을 포용할 터고, 이 변화가 별도의 동성애자 정체성 및 커뮤니티에 대한 욕구를 감소시킬 수도(하지만 제거하지는 않을 수도) 있다. 마지막으로 결혼은 하나의 움직이는 목표물이고, 따라서 과거에는 이성애적이었던 이 제도에 어떤 식으로든 동화된다고 해도 이는 동성애자들을 40년 전 존재했던 결혼 제도와 아주 다른 법적·사회적 제도로 데려갈 터다.

결혼 캠페인이 중요한 정치적 이슈의 진전을 지연할까

결혼 전복자들의 정치적 염려는 대개 현실적이다. 이들은 결혼 평등 운동에 재정과 자원 활동 인력을 붓는 것은 독신을 포함하여 결혼 여부와 상관없이 모든 유형의 가족에게 혜택을 줄 대규모의 정책 변화를 만드는 데 대신 사용될 수도 있을 자원을 빨아들인다고 주장한다.[11] 전복자들은 보통 결혼과 엮여 있는 의료 및 연금 혜택을 결혼과 분리하는 정치적 행동을 촉구하거나 이라크 전쟁의 종식을 촉구하거나 이민법을 개혁하기 위해 행동하거나 특정 비판자가 더 긴급한 것이라고 보는 여타 이슈에 착수하기를 촉구한다. 아이러니하게도 결혼 전복자들 사이에서 상당히 공통적인 또 다른 주장은 동성 결혼 이슈를 철회하고 완전한 결혼 폐지를 추구하기를 촉구하는 것인데,[12] 이 노력이야말로 다른 가치 있는 이슈들로부터 더 많은 시간과 자원을 빼앗을 것이다. 다행스럽게도 다양한 쟁점을 둘러싼 정치적 에너지와 활동이 충분하다는 증거가 존재한다.

비판자 대다수는 의료 보험 체계에 초점을 맞추는데, 미국에서 의료 보험이 없는 사람이 4600만 명이라는 점을 감안하면 이는 아주 긴급한 이슈다. 이전에 논의했듯이 실제로 미국의 의료 보험은 의료 보험을 직원을 위한 부가 혜택에 포함시키는 보상 정책을 통해 결혼과 밀접하게 연결되어 있다. 2차 세계 대전 동안의 임금과 물가 통제는 임금을 직접 인상시키는 대신 한 가족의 생계 부양자에게 의료 보험을 제공하는 결과를 낳았고, 노동조합의 세력과 요구의 증가가 이를 확산했다.[13] 미국에서의 결혼과 의료 보험이 이렇게 역사적으로 이상하게 연결된 것은 세계적으로 보면 불행한 변칙적 정책이다.

동성 파트너십을 인정하는 유럽 국가들을 살펴보면 결혼과 의료 보험 정책은 논리적으로 별개라는 점을 명확히 알 수 있다. 이들 대다수 국가는 모두에게 의료 보험 혜택을 제공하며 결혼과 의료 보험은 거의 완전히 독립적이다. 유럽에서 사회 복지와 의료 보험 체계의 뒷받침이 잘되어 있는 스칸디나비아 국가는 동성 커플에게 결혼 또는 유사 결혼 관계를 처음으로 부여했다. 그러나 그 순서가 고정된 것은 아니다. 동성 커플의 인정 이전에 강력한 사회 복지 체계가 필요한 것처럼 보일 수도 있지만 모든 시민의 복지를 위한 평등주의적 신념과 관심이 두 종류의 정책으로 이어진다는 것이 더 맞는 듯하다.(9장을 참고) 그리고 마지막으로 비록 미국의 동성 커플들이 갖고 싶어 하는 일부 혜택을 유럽의 게이, 레즈비언 들이 이미 누리고 있지만 결혼권과 파트너십 등록권이 유럽의 동성애자 의제로 나타났음을 유념해야 한다.

동성 결혼이 미국의 의료 보험 개혁을 방해한다는 주장은 엄밀한 검증을 통과하지 못한다. 성공적인 결혼 평등 운동이 진행되는 몇몇 주는 현재 의료 보험 개혁의 선두이기도 하다. 버몬트, 매사추세츠, 캘리포니아 세 주는 동성 커플에게 결혼 접근권이나 여타의 파트너십 인정을 최초로 제공한 데 그치지 않았다. 이들 주는 단일 보험자 방식(single-payer plan)을 통해 해당 주 거주자에게 보편적 보장 혜택을 제공할 수 있거나(불행하게도 캘리포니아 주 상원 의원 셰일라 쿠엘(Sheila Kuehl)의 법안은 주지사에게 거부되었다.) 다른 방식을 통해 의료 보험이 없는 이들에게 보조 혜택을 상당히 확장할 수 있는 법안이 최근에 생긴 곳(버몬트, 코네티컷, 매사추세츠, 캘리포니아)이다. 이러한 최근의 노력들은 바라건대 모든 미국인의 의료 보험 접근성을 증진할 대규모 의료 보험 개혁의 서막일 테지만 결혼 평등 운동이 변화의 길을 크게 방해하지 않는 것은 확실하다. 마찬가지로 동성 결혼 의제를 가진 많은 주의 활동가들 역시 최저 임금과 유급 가족 휴가의 개선을 통해 모든 가족과 독신자에게 혜택이 되는 변화를 열심히 추진하고 있다.

결혼 비판자들의 또 다른 우려는 결혼에 쏟아지는 정치적 주목으로, 현재 비혼 이성 커플과 기타 가족 형태의 인정을 목표로 하는 노력의 중요성이 반감될 가능성이다. 하지만 미국 인구의 75%가 동성 커플을 인정하지 않는 주에서 살기에, 특히 가정 동반자 제도의 혜택은 동성애자 단체와 개인의 의제에서 높은 순위를 계속 점할 것이다. 그리고 이는 비혼 동성 커플에게뿐 아니라 이성애자에게도 좋다. 가정 동반자 제도의 혜택에 파트너를 포함할 수 있는 게이, 레즈비언 1명당 약 9명의 이성 커플 구성원 역시 혜택을 받는다. 많은 이들이 전국 직장에서 가정 동반자 혜택을 위한 변화를 이끌어 온 게이, 레즈비언, 양성애자 활동가들의 노고에 감사한다.[14]

매사추세츠의 일부 고용주들이 동성 커플이 결혼할 수 있게 되면 가정 동반자 혜택을 철회할 것이라고 발표했을 때 결혼 전복자들과 결혼 지지자들 모두 당황했다. 이들 고용주 가운데 일부는 비혼 이성 파트너에게도 혜택을 주었기에 비혼 이성 커플이 손해를 볼 처지가 되었다. 그러나 운을 뗐던 대다수 회사는 결국 파트너 혜택을 철회하지 않았고[15] 매사추세츠의 인력만 고용하는 회사나 이성애자 직원에게는 비혼 파트너 혜택을 제공하지 않았던 소수의 고용주들만 파트너십 혜택을 폐지했다. 여태까지의 증거는 모든 유형의 가족과 독신자의 삶을 증진하기 위해 제로섬 사고방식이 필요하거나 지금껏 시민 결합이나 결혼을 한 수천수만 동성 커플 그리고 앞으로 그렇게 하기를 원하는 많은 이들의 평등을 향한 꿈을 연기할 필요가 없다는 점을 보여 준다.

결혼 전복자들은 정치적 노력을 동성 결혼으로 전환함으로써 다른 이슈에 쓰일 수 있는 재원과 노력을 상당히 감소시키는 부차적 결과가 초래된다고 주장한다. 하지만 각종 혜택과 결혼을 분리하는 대안적 전략이 보편적 의료 보험 또는 빈곤 감소 등과 같은 사회적 목표를 훨씬 빨리 성취하는 길로 이어질까? 낙관하기 어렵다. 자료를 보면 비판가들이 결혼 운동을 뒷받침하는 자원의 절대치와 상대치 모두를 매우 과대평가하고 있음이 드러난다.

돈은 동성애자 운동으로 유입되는 투자를 가늠하는 편리한 척도이고, 운동 내에서는 결혼 이외에도 많은 이슈가 다루어진다. 최근의 몇몇 연구는 다른 이슈를 위한 정치적 지원 및 기금과 비교하면 동성애자 조직을 위한 자금 지원의 양은 상당히 적다고 기록한다. 2004년에 여러 재단과 자금 지원 집행 기관은 동성애자 이슈 및 조직을 지원하기 위해 5000만 달러를 제공했다.[16] 많은 돈처럼 보이지만 이는 파운데이션센터에서 파악한 총자금 지원액 약 320억 달러의 0.1%도 되지 않는다. 물론 모든 자금 지원이 재단을 통해 들어오지는 않는다. 가장 큰 LGBT 지지 단체 63개의 총예산을 살펴

보면 2001년 수입이 약 3800만 달러였음을 알 수 있다.[17]

여기서 결혼 운동을 지원하는 자금만 분리하기는 어렵지만 두 연구는 이들 자금 지원과 단체 예산의 작은 부분만이 결혼 운동에 투입된다는 것을 보여 준다. 동성애자 단체에 대한 재단 지원금 10분의 1인 약 560만 달러만이 결혼 이슈에 대한 활동에 지원된다.[18] 하지만 이 수치는 동성 결혼 운동에 투입되는 최소한의 양일 것이다. 왜냐하면 재단 외에도 개인을 비롯한 여러 출처에서 자금이 지원되기 때문이다. 사회운동증진프로젝트(Movement Advancement Project)에서 조사한 대규모 동성애자 단체에 대한 최근 자료를 보면 16개 단체가 결혼 이슈를 포함하는 2006년 목표를 나열했고 이들의 2006년 예산은 총 8100만 달러였다. 이 중 두 단체만이 결혼 한 가지만을 목표로 활동한다. 나머지 단체는 의료, 차별, 청소년, 기타 이슈 등에 관련된 여러 목표를 포함했다. 목표가 다양한 조직의 예산에 결혼 관련 목표의 비율을 적용하면 결혼 운동에 쓰이는 비용이 근 2800만 달러라는 꽤 큰 추정치가 나온다. 2006년의 반동성애(그리고 한 개의 친동성애) 주민 투표에 든 200~300만 달러를 추가하면 약 3000만 달러 정도의 숫자가 나온다. 예컨대 2008년 캘리포니아에서 동성 결혼 옹호자들은 기존의 동성 결혼권을 지키기 위해 3300만 달러 이상을 썼다.

이 모든 돈이 다른 중요한 이슈에 쓰였다면 무슨 일이 일어났을지 한번 상상해 보자. 2002년에 재단 지원금에서 18억 달러가 경제 개발, 의료 보험 접근권, 주거, 시민권 등과 관련된 사회 정의 지원에 쓰였다.[19] 연간 쓰인 500만 달러는 심지어 0을 하나 더 붙여 5000만 달러가 투입된들 사회 정의 기금에서 양동이 속 물 한 방울에 지나지 않을 것이다. 재단 기금의 근 20억 달러가 무주택 문제나 차별을 종식하기에 충분치 않다면 5000만 달러가 더 투입되더라도 이러한 이슈 해결에 큰 도움을 준 것 같지는 않다.

아니면 의료 보험 개혁을 생각해 보자. 보편적 의료 보험을 만들기 위한 활동에서 500만 달러나 5000만 달러로 무엇을 할 수 있을까? 할 수 있는 것이 별로 없다. 로버트우드존슨재단은 의료 서비스 개선을 위한 다양한 프로그램과 "모든 미국인이 합리적 비용으로 양질의 의료 서비스를 이용하게끔 보장하는 것" 등 몇 가지 목표에 부합하는 연구 활동에 자금을 지원한다.[20] 의료 보험 개혁과 관련해서 이 단체 하나가 2005년 근 3억 7000만 달러를 썼다. 빈곤이나 무주택 문제 같은 여타 사회 정의 이슈처럼 의료 서비스는 동성 결혼 운동을 지원하는 자원을 초라해 보이게 만들 만큼 큰 자원을 끌어들이는 복잡한 공공 정책 이슈다.

어떻게 보더라도 동성 결혼에 쓰이는 돈이 다른 이슈에 정치적으로 큰 손해를 끼친다는 생각은 설득력이 없다. 물론 결혼 전복자들은 비록 적은 돈이라도 결혼 이슈에서 빼내 다른 이슈에 투입하기를 바랄 수 있다. 나는 개인적인 차원에서 본인이 더욱 중요하거나 긴박하다고 생각하는 다른 정치적 이슈를 위해 활동하겠다는 일부 게이, 레즈비언의 감정을 이해할 수 있다. 시간은 소중하고, 열정을 불러일으키는 이슈를 선택하는 것은 성적 지향과 관계없이 어느 정치 활동가에게도 당연하다. 그러나 내 생각에 결혼 전복자들은 결혼 운동에 적극적으로 참여할지 여부에 대한 개인적 판단을 게이, 레즈비언, 양성애자 운동 중 결혼 평등에 집중하는 부문이 커지는 것에 적용하는 실수를 범하고 있다.

오늘부터 결혼 평등을 위한 정치적 운동이 없어진다면 동성 커플이 이 권리를 얻을 수나 있을까? 어떻게? 결혼 전복자들은 동성 커플의 결혼권이나 파트너십 등록제를 마련한 유럽 국가들의 사례가 결혼의 탈제도화로 동성 커플의 권리 진전이 이루어진 증거라고 제시한다.[21] 일부는 결혼과 관련한 혜택 대부분을 획득하기 위한 나은 전략은 이러한 탈제도화의 흐름에 올라타기 위해 가족 다양성을 위한 지원을 강조하는 것이라고 주장한다.[22]

나는 이 동성 커플의 권리와 결혼의 탈제도화라는 두 가지 큰 사회적·정책적 흐름이 서로 연관되어 있다는 점에는 동의하고, 9장에서 동거 커플의 비율이 어떤 국가에 해당 관련 법률이 있는지를 예측할 수 있는 가장 좋은 요인 중 하나라는 것을 보여 줄 터다. 그러나 결혼율 하락은 동성애자 운동의 전략이 아니었다. 이는 가족 정책을 변화시키려는 정치적 운동과 무관하게 생겨난 이성애자들의 인구 통계학적 현실일 뿐이다. 또한 동성 커플의 결혼권이나 파트너십 등록제는 이 제도가 시행되는 모든 유럽 국가에서 게이, 레즈비언 운동으로부터 촉발된 것이다. 9장에서 나는 정치적 참여가 정책 변화의 핵심이었음을 보인다. 왜냐하면 그것이 없었다면 정치인들이 행동하지 않았을 것이기 때문이다.

동성애자 운동의 우선순위에 대한 이러한 논쟁에서 나는 종종 인용되는 랍비 힐렐(Hillel)의 말을 떠올릴 수밖에 없다. "내가 자신을 위하지 않는다면 누가 나를 위할 것인가? 그리고 내가 나만을 위할 때 나는 누구인가? 그리고 지금이 아니라면 언제인가?" 레즈비언, 게이 활동가에게 있어 결혼권 자체의 쟁취에 분명하게 헌신하기를 포기하는 것은 결혼이 제공하는 사회적 인정과 문화적 연결성, 법적 결합에 가치를 두고 이를 추구하는 동성 커플을 저버린다는 의미일 것이다. 미국에서만 8만 이상 그리고 세계적으로는 훨씬 많은 동성 커플이 결혼 평등 운동이 성공하자 그 혜택을 누리기 위해 교회 제단이나 국가 기관의 창구로 향해 본인 의사를 표시하였다. 많은 이들이 결혼 평등을 위해 활동하고, 수천수만 사람들이 할 수만 있다면 확실히 결혼하고 싶어 한다.

「동성 결혼을 넘어서」 선언문에 서명한 300여 명은 결혼 평등 운동이 힐렐의 유명한 인용구의 두 번째 부분을 사실상 망각해 왔다고 주장한다. 서명자들은 동성 커플 또는 기혼 이성 커플을 중심으로 하지 않는 많은 기타 가족들을 대변해 이 가족들이 동성 커플의 인정과 권리를 쟁취하는 모든 작업에서 잊혀 왔다고 말한다. 앞서 논의했듯이 전복자들은 결혼 운동을 진전시킨 초기 성공 중 일부는 가정 동반자 관계 혜택의 형태로 사실상 동성애자보다 이성애자에게 큰 이익이 되었다는 사실을 자기 멋대로 누락한다. 게다가 결혼 평등을 위해 활동하는 거의 모든 동성애자 단체는 직장 내 차별, 출산·양육, 청소년 문제 등 성적 지향과 관련한 여타 불평등 문제와도 싸우고 있다.

그리고 지금이 결혼 평등을 추구할 때가 아니라면 언제인가? 에번 울프슨이 지적했듯이 파트너십 등록제 시민 결합, 확장된 가정 동반자 관계라는 타협적 지위는 동성애자들이 결혼을 한 후에야 생겨났다.[23] 이미 물컵의 25%가 찼다. 다시 말해 결혼 운동은 18개 국가와 미국 인구 4분의 1이 사는 주에서 동성 커플을 위한 일부 상당한 법적 인정을 쟁취하는 데 성공했다. 결혼 평등은 결혼의 법적·사회적 가치가 없어질 때에야 비로소 진정으로 찾아온다는 주장은 결혼의 영속적 문화 가치와 결혼의 권리 및 의무에 접근함으로써 삶의 질이 향상될 동성 커플과 이성 커플 모두에게 해가 된다.

또한 내 생각에 역사는 결국 결혼 운동이 활동가에게 배움의 장이었다는 또 다른 관점을 제시할 것이다. 매사추세츠를 비롯해 운동이 활발하게 전개된 미국 주에서 게이, 레즈비언, 양성애자 들은 자신들의 선출직 의원들의 이름과 주소, 얼굴을 익혔다. 동성 커플은 선출직 의원을 어디로 찾아가야 할지 알았다. 이들이 결혼 증명서가 자신의 가족이 필요로 하는 괜찮은 임금과 의료 보험, 여타 공공 서비스를 항상 보장하지는 않음을 인식할 때 정치적 경험은 상당한 도움이 될 것이다.

결혼 평등이 아주 다양한 게이, 레즈비언, 양성애자, 트랜스젠더 집단이 맞닥뜨리는 모든 정치적 문제, 특히 이성애자들과도 공유하는 문제의 해결책이 아닌 것은 분명하다. 하지만 그렇다고 결혼이 문제인 것도 아니다. 내 생각에 동성 결혼 전복자들의 정치적 두려움과 예측은 결혼 평등에 대한 보수 종교계 반대자들의 두려움만큼이나 부풀려져 있다.

결혼이 비혼 게이, 레즈비언, 양성애자를 주변화할까

결혼 전복자들이 이야기하는 세 번째 공통적 문제인 비혼 게이, 레즈비언, 양성애자의 주변화는 나 역시 우려스럽다. 동성 커플이 결혼을 선택할 수 있고 실제로 결혼을 선택하면서 사회적으로 한 가지 유형의 동성애자 가족만 받아들여지게 되면 나머지에게는 무슨 일이 생길까?

독신 게이와 레즈비언, 자녀를 양육하는 독신자, 파트너와 결혼하지 않은 사람, 트렌스젠더를 포함하는 가족,[24] 파트너와 함께 살지 않는 사람이나 성애적 관계든 아니든 여러 성인으로 구성된 가족 등은 동거하는 동성 커플과 더불어 동성애자 커뮤니티에서 보이는 여러 가족 유형이다.[25] 일단 결혼이 선택지가 되면 전복자들은 이러한 기타 가족이 결혼하는 '좋은' 동성애자들과 대조되는 '나쁜' 동성애자로 주변화되고 낙인찍히리라고 염려한다. 아니면 적어도 결혼은 일부 동성애자와 그 가족의 지위를 상대적으로 높일 수도 있다.[26] 추측건대 이러한 우려는 아마 결혼에 대한 내 친구들의 냉담한 태도 뒤에 있는 가장 개인적인 쟁점일 것이다. 한 독신자 친구는 내게 "넌 결혼을 함으로써 내게 없는 특권을 얻을 거야."라고 불평했다.

우선 나는 이러한 주장은 동성애자의 결혼권에 대한 보수적 반대자들의 주장과 아슬아슬하게 같이 간다고 말할 수밖에 없다. 때때로 보수주의자들은 동성 커플에게 기혼 이성 커플과 같은 권리를 부여할 가능성을 받아들이는 대신 장기간 헌신하는 동성 커플을 함께 사는 성인 형제자매 또는 함께 사는 두 룸메이트와 같게 취급하는 새로운 법적 지위를 만든다.(긴 논의는 8장을 참고) 이러한 방식이 동성애자에 대한 혐오(보수주의자) 때문이든 결혼에 대한 혐오(전복자) 때문이든 결과는 똑같다. 결국 게이, 레즈비언 커플은 이성애자에 비해 불평등한 지위로 남는다.

그럼에도 동성애자가 결혼함으로써 불평등이 심화될지 살펴보는 것은 여전히 타당해 보인다. 일단 일부 동성 커플이 결혼하면(파트너가 없어서든 파트너가 있지만 결혼을 원치 않아서든) 비혼 동성애자는 결혼한 커플보다 사회적으로 덜 바람직해 보이기에, 더 눈에 띄고 더 취약하다고 느낄 수 있다. 그러나 영국 법학자 로즈메리 아우츠뮤티(Rosemary Auchmuty)는 이러한 낙인이 그리 위협적이지 않으리라고 생각하는데, 비혼 이성 커플은 이제 흔해졌고 여러 적법한 가족 유형 중 하나로 받아들여지기 때문이다. 아우츠뮤티는 다른 많은 유럽 국가에서처럼 영국의 비혼 커플은 점점 법 내에서 인정되고 있고, 나아가 기혼자와 비혼자 사이의 법적·사회적 지위의 격차도 감소하고 있다고 지적했다.

미국 비혼 커플의 법적 인정은 그 정도로 진전되지는 않았다. 하지만 가족 문제에 대한 의견을 조사한 여러 설문 조사는 미국인

이 점차 가족 다양성에 대해 훨씬 잘 받아들이고 있음을 보여 준다. 가족학자 알랜드 손턴(Arland Thornton)과 린다 영드마코(Linda YoungDeMarco)는 1970년대부터 혼전 성관계, 이혼, 비혼 동거에 대한 태도를 추적해 왔다. 이들은 최근 몇 년간 미국인이 가족 구성의 범위에 대해 훨씬 개방적으로 변했음을 발견했다.[27] 변화는 젊은이들 사이에서 두드러져 예컨대 그중 20% 이하만 동거가 사회 파괴적이고 부도덕하다고 보았다.[28] 젊은이들은 결혼 제도 밖에서 자녀를 갖는 것에 대해서도 같은 정도로 지지했고, 3분의 1 정도의 소수만이 이것이 파괴적이고 도덕적으로 문제가 있다고 믿었다.(5장에서 언급했던 설문 조사 결과도 이러한 결과를 뒷받침한다.)

결혼 제도 밖 가족을 받아들이는 경향의 증가에서 하나의 예외가 있는데, 이는 모노가미, 다시 말해 관계에서의 배타성이다. 이연구에서 대다수 여성과 과반수가 조금 넘는 남성을 포함하여 점점 많은 미국인들이 배타성의 개념을 지지했다. 아마도 이러한 흐름은 「동성 결혼을 넘어서」 선언문의 "한 명 이상의 성애적 파트너가 있는, 헌신적이고 사랑하는 가구"를 위한 동등한 권리 추구라는 단 한줄에 대한 가혹한 반응을 설명하는 데 도움이 될 것이다. 미국에서의 모노가미가 아닌 것에 반대하는 강력한 의견을 감안하면 폴리가미 혹은 폴리아모리(polyamory)* 관계가 동성 결혼만큼 존중받지 못

---

* 비독점적 다자 연애를 일컫는다. 폴리아모리는 대개 독점적인 일대일 관계를 주축으로 형성된 현재의 연애 및 결혼 제도에 대한 일종의 대안으로, 세 명 이상이 평등하고 개방적인 관계를 유지하는 것을 목표로 한다.

하리라는 전복자들의 우려는 맞을 것이다.(위 설문 결과를 감안하면 동성 결혼이 미끄러운 비탈을 굴러 내려가 폴리아모리 결혼으로 이어지리라는 보수주의자의 두려움이 상당히 억지스럽다는 점 역시 유념해야 한다.)

더불어 우리가 부유한 가족과 빈곤한 가족 사이에 소득 격차가 벌어지는 시대에 산다는 점을 고려하면 결혼은 잠재적 우려의 또 다른 원천인 경제적·계층적 위계에 관련되기도 한다. 일부 학자는 최근 결혼의 경향성이 이러한 격차를 벌리는 데 일조할 수도 있다고 염려한다. 이성 커플에 대한 연구는 결혼이 서로 비슷한 사람들을 한데 끌어당겼으며, 지난 몇십 년 동안 이 끼리끼리 경향이 더 강해졌다는 것을 확인해 준다. 이제 고학력 남성은 고학력 여성과 결혼할 확률이 예전보다 높아졌고, 고소득 남성은 점점 고소득 여성과 결혼한다.[29] 몇몇 경제학 연구는, 최근의 유유상종 결혼 패턴을 따른다면 부유한 가족과 빈곤한 가족 사이를 벌리는 데 일조하는 결혼이 늘어나리라는 견해를 뒷받침한다.[30]

그러나 나는 동성 커플을 위한 결혼 평등이 동성애자 커뮤니티 내부의 소득 격차를 넓히리라고 생각지는 않는다. 한 가지 이유는 동성 커플은 이미 결혼이 아니라도 비슷한 이들끼리 짝짓는 유사 패턴을 보여 준다는 점이다.[31] 동거하는 이성 커플 역시 여러 면에서 기혼 커플과 비슷해 보인다. 예를 들면 비슷한 이들끼리 짝짓고 독신 가구보다 소득이 높다.

또 다른 이유는 결혼이 가구 간 불평등을 감소시킬 수도 있다는 점이다.[32] 결혼한 두 사람은 가구를 운영하기 위해 수입을 공유하며, 함께 사는 두 사람의 비용이 따로 사는 두 사람의 비용보다 낮기 때문이다.(경제학자는 이를 "규모의 경제"라고 부른다.) 이러한 요소는 두 개의 상대적으로 저소득인 가구를 하나의 소득이 높은 가구로 이동시킴으로써 가족들 간의 불평등을 감소시킨다. 결혼의 이러한 대조적 영향은 결혼이 그 자체로 소득 재분배의 방식이라는 사실을 강조한다. 몇 가지 경제학 연구에서는 남편과 부인의 소득 간 상관관계 상승으로 불평등이 높아지는 것보다 탈결혼 추세가 불평등을 높인다는 점을 보여 준다.[33]

따라서 동성 커플로 인한 결혼 증가는 불평등을 심화하지 않는다. 커플이 이전에 이미 함께 살면서 존재하는 정도의 불평등 외에 단기간에 많은 변화는 없을 것이다. 커플의 가장 큰 경제적 이익은 결혼으로부터 오는 것이 아니라 커플로 살아간다는 것에서 온다. 사실 커뮤니티의 주요 이슈는 커플로 살아간다는 것 자체와 결혼이 커플을 더욱 가시화한다는 사실에서 시작한다. 결혼과 관련된 우려는 (자녀가 있든 없든) 두 성인 커플 중심 가족 외의 가족이 상대적으로 나빠 보일 것이라는 점에 관련되지 않고 독신의 상대적인 경제적·정치적 위치가 새로 결혼한 커플에 비해 그다지 크게 변화하지 않음에도 독신자가 자신이 더 튀고 다르다고 느낀다는 점에 관련될 것이다.

로즈메리 아우츠뮤티는 친구가 결혼할 것이라는 예상이 결혼의 물질적 혜택은 논외로 해도 왜 정신적 스트레스를 주는지에 대해 비슷한 이유를 제공했다. "(행복하게 커플로 사는 사람은) 원치 않게 독신이거나 불행하게 깨진 이들과 비교하여, 자신들은 사랑을 찾고 선택받는 데 성공했다는 기분 좋은 확신으로 하루하루를 살아간다." 아우츠뮤티는 그럴싸한 관점 하나를 간략히 들려 주었다. "커플은 이미 그리 풍족하게 누리는데 추가적 특권을 받을 만한가?" 삶의 많은 시간을 독신자로 살았지만 현재 멋진 관계를 맺고 있는 나 같은 사람들은, 건강하고 헌신적이며 지지받는 관계에서 올 수 있는 행복과 안정감이 당연히 주어진 것이 아니라 진정한 선물이라는 사실에 감사할 수 있다.

나는 이러한 우려의 일부가 동성애자 커뮤니티 내 결혼 논쟁의 감정적 핵심은 아닌지 궁금하다. 여기서 말하는 것은 부러움과는 아주 다른 어떤 것, 파트너가 없는 사람들이 파트너가 있는 상태를 선호하거나 파트너와의 장기적 관계를 선호하리라는 가정과는 무관하다. 비혼 동성 커플은 법적으로나 상징적으로 독신이며, 법적 지위뿐만 아니라 상황 또한 실제 독신자와 크게 다르지 않다. 동성 커플은 꼭 선택한 것은 아니지만 적어도 법적 지위에서는 독신자인 개개인으로서 독신자 친구들과 어느 정도 상징적 연대를 느낀다.(그리고 대개 여전히 그렇다.) 그렇다면 결혼은 누군가가 다른 친구 관계와는 차별화된 관계를 맺는다는 것을 노골적으로 시인한다는 점에서 연대를 저버리는 것처럼 보일 수 있다. 독신자가 느낄 수 있는 이러한 부정적 감정은 확실히 결혼의 경제적 영향과는 실질적으로 다르다. 하지만 이러한 감정들 역시 결혼 평등에 관련된 문화적 변화의 결과로서 의미 있다.

감정적 반응은 삶의 다른 사회적 양상과도 연결된다. 몇몇 사회학자는 결혼이 부모, 친구, 다른 가족 구성원과의 시간을 앗아가 배우자끼리 보내는 시간을 증가시키므로 '탐욕스럽다'라고 주장했다. 모든 연구에서 이러한 패턴을 발견한 것은 분명 아니겠지만 미국의 나오미 거스텔(Naomi Gerstel)과 나탈리아 사키시안(Natalia Sarkisian)이 최근 세심하게 분석한 몇몇 연구는 기혼자는 타인과 사교 활동을 하고 지원하고 도와주는 데 결혼하지 않은 사람보다 평균적으로 시간을 적게 쓰고 타인으로부터의 도움도 덜 받는다는 것을 보여 주었다.[34] 왜 기혼자가 더 넓은 가족 및 친구 관계에서 독신자보다 독립적인지는 분명치 않다. 대안적인 설명은 사람들이 기혼자에게 도움이 필요하지 않다고 보고 이에 맞춰 대우하기 때문이라는 것이다.[35] 좌우간에 이러한 연구는 커플로 산다는 것, 아마도 결혼은 커플을 서로에게 끌어당기고 친구 및 공동체 활동으로부터는 밀어낸다는 점을 다시 한 번 알려 준다.

문화적 차원에서 두 사람 사이의 더 강한 법적·사회적 유대 형성은 게이, 레즈비언, 양성애자 일부가 가족이라고 여기는 다른 유대의 약화를 의미할 수도 있다. 1980년대 샌프란시스코의 동성애자 친족 관계에 대한 캐스 웨스턴의 연구는 가까운 친구, 확대 가족 구성원, 심지어 전 애인 간의 가구를 넘나드는 풍부한 가족 유대 네트워크를 밝혔다. 웨스턴은 커플 및 자녀에 대한 관심의 증가는 '선택 가족' 유대 유형을 점진적으로 소멸시키거나 이러한 가족 유대의 형성을 애초에 막을 수 있다고 우려했다.[36]

그러나 결혼이 동성애자 가족의 고유성을 위협한다는 주장에 웨스턴의 연구를 활용하기는 어렵다. 우선 우리는 샌프란시스코의 동성애자 가족 모델이 미국 동성애자 커뮤니티 전반에서 얼마나 보편적인지 알 수 없다. 이러한 가족 형성은 극적으로 변화해 온 법적·정치적 환경에 대응하는 한 가지 방식일 뿐 아니라 특정한 시대 및 지역 문화의 반영일 수도 있다. 특정 친족 관계망에서 모든 구성원 사이의 유대를 과장하는 것 역시 쉽다. 웨스턴의 연구는 커플이 확대된 동성애자 선택 가족의 일부일 때조차 커플 간에는 더 강한 유대, 특히 경제적 유대가 있음을 보여 주었다. 즉 파트너끼리는 가정 동반자 제도와 결혼이 동성애자 커뮤니티의 수면에 떠오르기 전에도 이러한 더 큰 가족 구성에서 다른 지위를 가졌던 것으로 보인다.

이러한 실증적 문제를 논외로 해도 동성애자 가족 형태의 고유성이라는 비전은 확실히 이 장에서 논의하는 결혼 전복자들의 우려를 증폭한다. 내 생각에 이러한 가족 형태가 정말 여러 곳에서 보편적이고 존재감이 있더라도 '선택 가족'의 쇠퇴를 결혼 탓으로 돌리기는 어렵다. 동성애자의 삶에서 다른 양식들도 많이 변화해 왔기에 선택 가족이 개별화되었을 것이다. 점점 많은 게이, 레즈비언, 양성애자가 자녀를 양육한다. 차별 금지법 및 대중적 태도가 사회 전반에서 게이, 레즈비언, 양성애자를 위한 공간을 마련했기 때문에 동성애자가 커밍아웃한 채 거주하고 고용될 기회가 증진되었다. HIV 위기의 초기에 특별히 게이 커뮤니티가 필요했지만 그 필요성은 치료 및 공공 정책의 진전과 함께 사라져 갔다. 또한 21세기 미국의 베이비붐 세대 동성애자들*의 노화는 이주 결정, 은퇴 자금 마련 저축, 노령 부모 돌봄, 자녀 교육비 마련 저축 등 삶과 일에 있어 시간과 여타 자원의 필요성을 낳았고, 이는 더 큰 가족을 형성하고 유지하기 어렵게 했다.[37] 다시 말해서 이성애자들은 결혼 외에도 여러 이유로 '선택 가족'과 유사한 더 큰 가족 형태로 살지 않으며, 동성애자들 역시 이들과 똑같은 사회 안에서 살고 있다. 불평등이 완화되면 동성애자의 삶이 이성애자 가족과 유사해지는 쪽으로 진화할 터다.

그럼에도 누군가는 이러한 흐름과 여타 사회적·경제적 압력에 맞서는 다른 종류의 커뮤니티를 만드는 정치적 선택을 할 수도 있다. 여기서 나는 전복자들의 전제에 동의하지 않는 것과 마찬가지로 가족에 대한 선택지 중 어느 하나가 다른 것보다 낫다고 생각지 않는다. 선택 가족을 보존하고자 결혼 평등을 위한 싸움에 반대하는 것은, 결혼권을 추구하지 않거나 쟁취하지 않는(또는 결혼할 수 있어도 결혼을 선택하지 않는) 것이 선택 가족을 보존한다고 가정한다. 하지만 나는 다른 압력들도 여전히 선택 가족의 유대를 훼손할 수 있다고 본다.

비슷하게 결혼 평등을 위한 투쟁은 반드시 누군가가 핵가족 밖의 여타 중요한 가족 연결성을 포기하고자 한다는 의미는 아니다. 결혼은 의미의 상당 부분을 사회적 맥락과 공적인 특성으로부터 가

---

* 2차 세계 대전 이후 1946~1964년 사이 출생자.

져온다. 언제나 결혼의 기능 중 하나는 가족 간에 새로운 사회적 유대를 형성하는 것이었다. 지금은 경제적·정치적 지원에 있어 가족이 덜 중요해지면서 이 기능이 약화되었지만 말이다.[38] 이 관점에서 아마 결혼은 더 협소한 핵가족 형태를 둘러싸고 선을 긋는 대신 더 넓은 가족 관계를 연결하여 새로운 사회·문화적 관계를 만드는 방식이 될 것이다. 즉 동성 커플의 결혼은 고립적이고 배타적일 필요가 없다. 동성 커플은 적어도 자신들의 관계 내에서 남편과 부인의 오래된 성차별적 역할에 도전한 것처럼 결혼한 사람을 더 넓은 커뮤니티로 재통합하는 새로운 결혼 모델을 제공할 수도 있다.

동성애자 커뮤니티 및 가족생활의 역사는 동성 커플이 결혼하면서도 타인을 커플의 삶에 깊이 통합하는 데 사회적·윤리적 압박을 느끼기 쉬움을 시사한다. 동성 커플의 언약식에 대한 인류학자 엘런 르윈의 책은 커플과 커플의 다양한 커뮤니티 사이의 유대뿐 아니라 생물학적 가족과 선택 가족 사이의 유대를 인식하고, 강화하며, 나아가 만들어 내고자 하는 동성 커플의 바람을 보여 준다.[39]

나는 네덜란드에서 커플들이 자신들의 결혼식에서 친구와 가족 구성원을 융화하는 모습을 볼 때 커플들의 이런 행동을 가장 분명하게 볼 수 있었다. 예를 들어 오토와 브람은 연극 페스티벌에서 공연한 후 무대에서 결혼했다. 이 커플은 친구와 가족 구성원에게 하트 모양의 불이 들어오는 버튼을 주고, 결혼식 전에 퇴장할 관객들과 구별할 수 있도록 공연 동안 달고 있도록 했다. 엘런과 사스키아는 먼 나라에 있는 조카와 대자녀(代子女) 등의 아이들을 함께 데려와 결혼식에 참여시키고자 했다. 결혼하는 다른 커플은 형제자매나 친구(또는 둘 다)를 결혼식 진행에 참여시키기도 했다. 선택 가족과 전통적 가족의 공동 참여는 가족 구성원에 있어 커플의 세계를 좁히는 것이 아니라 넓히는 상징처럼 보일 수 있었다.

동시에 나는 결혼이 두 개인의 넓은 선택 가족 및 전통적 가족을 연대한다는 관점은 결혼에 대한 제도적 기대와 관련되므로 현대적 의미에서 발생하는 결혼의 탈제도화 및 결혼에 대한 재사유라는 관념과는 긴장 관계에 있을 수 있다는 점을 인정한다. 앤드루 철린은 적어도 미국에서 결혼이 왜 아직도 보편적인지 의아해했고, 결혼의 의미가 변화했다고 주장했다.

> 결혼은 순응의 표지에서 위신의 표지로 진화해 왔다. 결혼은 한 사람이 쌓아 올린 하나의 지위다. 결혼은 이전에는 성인으로서의 개인 삶의 토대였지만 지금은 때로는 업적이다. 결혼은 우리가 으레 응하는 무언가라기보다는 스스로의 노력을 통해 이루어지는 것이다.[40]

철린의 관점에서 결혼(특히 결혼식)은 가족 간 결합이나 결혼의 여타 목적보다도 결혼하는 두 개인 삶의 성취에 초점화된다. 결혼은 관계의 변화를 틀 지우는 제도인 동시에 성취가 될 수 있지만 이러한 모호성은 커플이 결혼을 통해 가족을 축소하는 것이 아니라 확대하려 한다 해도 결혼하는 동성 커플의 친구가 그 과정의 일부라고 느끼지 않을 수도 있음을 의미한다.

동성 결혼 논쟁에서 소용돌이치는 이러한 정치적·문화적·인구 통계학적 혼돈 상황은 변화에 대해 변덕스러운 맥락을 만든다. 동성애자 커뮤니티가 문화 전반으로부터 배제되었다가 포함되는 이행 과정은 매끄럽지 않을 수 있는데, 동성애자 '커뮤니티'를 규정한다고 여겨졌던 일부 가치가 결혼 때문에 도전받는 것으로 보이기 때문이다. 결혼이 레즈비언, 게이 커뮤니티 내에서 야기할 수 있는 문화적 이데올로기의 분열과 고통의 감각에 대해 무얼 할 수 있겠는가? 솔직히 잘 모르겠다. 이는 경제학자 혼자서 탐구하기에는 어려운 영역이다. 다만 분열과 서로 다른 관점을 인지하는 것이 중요한 첫걸음임은 분명하다. 최근 논쟁의 맥락에서 서로 의견이 다르다는 것을 정중하게 인정하자는 동의가 중요한 것처럼 말이다.

시간이 흐르며 커뮤니티 내의 결혼 지지자들은 아마 자신이 비혼 동성애자 친구 혹은 여타 정치적 원칙을 저버리지 않았음을 증명할 테고, 이는 전복자들의 일부 우려를 완화할 것이다. 양측에 속한 개개인의 관점은 본인에게 새로운 관계가 시작되고 발전하고 끝나면서 점차 바뀔 수도 있고 다른 문화적·정치적 상황이 제도로서의 결혼을 재평가하도록 이끈다면 바뀔 수도 있다. 나는 커뮤니티 내 결혼과 관련된 긴장은 결국 사라지리라고 예상한다. 다만 완전한 법적 평등이 있는 세계에서 레즈비언, 게이, 양성애자 들은 이 정체성이 무엇을 의미하는지에 대해 새롭게 이해하고 탐색할 필요가 있다.

이 장과 6장은 네덜란드 및 다른 지역에서의 결혼 연구와 결혼한 동성 커플의 경험 모두 결혼이 게이, 레즈비언, 양성애자의 삶의 질을 높일 것임을 보여 주었다. 그것은 나아진 건강이나 탄탄해진 재무 구조, 커진 사회에의 소속감, 파트너와의 강화된 관계 덕일 수도 있다. 그럼에도 결혼권은 공짜가 아니다. 기혼 동성 커플이 (예컨대 이혼 후 빈곤에 대한 취약성이나 엄격한 성 역할을 수용하라는 압력 등의) 문제가 있는 전통적 결혼 패턴에 들어가는지는 미심쩍지만 동성애자 커뮤니티 내부의 갈등은 이미 고조되었다. 그러나 내가 주장했던 것처럼 동성애자 커뮤니티가 치르는 정치적 비용은 있다손 치더라도 사실상 상대적으로 적고, 문화적 갈등 비용은 형식적인 법적 평등을 성취하면서 얻는 정치적 이익의 불가피한 부산물이다. 커뮤니티의 심리적·윤리적 연대 역시 위태로울 수 있다. 결혼이 더욱 보편화되고 결혼의 영향이 커플로 사는 것의 영향과 비교하여 그리 크지 않아 보이게 되면서 균열은 치유되리라 생각하지만 말이다. 평등의 세계에서 게이, 레즈비언, 양성애자라는 것이 무슨 의미인지에 대해서는 더 많은 연구가 필요하다.

넓은 맥락에서 일부 레즈비언, 게이, 양성애자 개개인은 결혼권 획득이라는 정책 변화를 순이익으로 경험하는 반면 어떤 이들은 이를 순손실로 볼 것이다. 게이, 레즈비언, 양성애자들과 동성 커플은 개인적 자율성과 새로운 사회적 기대 사이의 오래된 갈등이나 커플 관계에서의 욕구와 커뮤니티 참여 사이의 새로운 법적 맥락에서 분투할 것이다. 비록 일각에서 이성애자들에게 결혼의 중요성이 사라진다고 주장하더라도 커뮤니티 내부와 개개인의 머릿속에서 벌어지는 논쟁은 결혼의 의미가 여전히 일부 학자들이 믿는 것보다 크다는 사실을 시사한다. 이성애자에게나 동성애자에게나 변화의 길은 단순하거나 순탄하지 않다.

8장
수상한 동업자들: 결혼의 대안에 대한 평가

2006년 겨울 콜로라도에서 한 가지 흥미로운 정치적 논쟁이 심화되었다. 두 개의 보수적 종교 단체인 복음주의자전국연합(National Association of Evangelicals)과 가족에대한주목(Focus on the Family)이 지원하는 단체인 결혼을위한콜로라도인(Coloradans for Marriage)이 동성 결혼을 금지하기 위한 주 헌법 개정안을 11월에 있을 투표에 부치기를 촉구하는 서명을 시작했다. 다른 단체인 공정과평등을위한콜로라도인(Coloradans for Fairness and Equality) 역시 11월의 투표에 올라갈 동성 커플을 위한 포괄적 가정 동반자 법안을 홍보하기 시작했다.

그러나 이때 보수적인 주 상원 의원인 숀 미첼(Shawn Mitchell)이 주목을 받았다. 미첼은 가정 동반자 제도 법안의 대안이 될 호혜적 수혜자 지위를 새로 만드는 법안을 소개했다. 법적으로 결혼하지 못하는 동성 커플과 두 형제자매, 두 친구를 포함한 두 명의 성인은 모두 호혜적 수혜자가 될 수 있으며, 이들에게는 상속 및 의료적 의사 결정권을 비롯한 몇 가지 권리가 생긴다. 비록 해당 법안은 위원회를 통과하지 못했지만 콜로라도는 주 내 가족들에게 이성 커플을 위한 결혼, 동성 커플을 위한 가정 동반자 제도, 결혼이 허용되지 않지만 이 지위에 함께 들어오고자 하는 두 친척이나 동성 친구를 위한 호혜적 수혜자 지위라는 세 가지 법적 지위를 제공할 뻔했다.

이러한 가능성의 범위는 콜로라도에 일련의 이상한 연대와 갈등을 일으켰다. 제임스 돕슨(James Dobson)이 이끌며 자금 지원을 잘 받는 보수적 종교 단체인 '가족에대한주목'이 호혜적 수혜자 법안을 정치적으로 지원했다. 돕슨과 그의 단체는 심지어 불과 2년 전 아래 선언문에서 게이, 레즈비언 커플에게 권리나 혜택을 주는 모든 정책을 비난했음에도 이 법안을 지지했다.

> '가족에대한주목'은 (결혼을) 최고로 존중하고, 결혼의 모조품에 대한 어떠한 법적 보호, 예컨대 '동성 결혼'의 법제화나 동성 커플, 동거 커플, 여타 비혼 관계의 결혼과 같은 어떠한 혜택 부여도 강력하게 반대한다.[1]

흥미롭게도 게이, 레즈비언 커플에게 결혼권을 주는 것을 지지하는 단체인 평등권콜로라도(Equal Rights Colorado)는 이 법안에 반대하지 않았다.(지지하지도 않았다.)[2]

돕슨은 동성 커플에게 권리를 줄 수 있는 미첼의 법안을 왜 지지했을까? 적어도 표면적으로는 돕슨 일파가 동성 커플에 대한 공정한 대우를 지지하는 것처럼 보인다. '가족에대한주목'의 대변인 짐 파프(Jim Pfaff)는 입법 위원회에서 증언했다. "우리는 동성 커플이 특별한 권리를 받아야 한다고 생각지 않고, 그렇다고 이들이 특별한 차별을 받아야 한다고도 생각지 않습니다."[3] "우리는 이 법안이 성애적관계가 아니라 필요성의 측면에서 공정한 법안이기에 이 법안을 지지합니다."[4]라고 돕슨이 주장했다.

《덴버 포스트》에서는 돕슨이 이 법안을 지지하는 것이 관용의 표현이라고 해석했지만[5] 이 법안과 돕슨 모두에 대한 반대가 빠르게 증가했다. 반동성애 연구자 폴 캐머런(Paul Cameron)은 미국을염려하는여성들(Concerned Women for America)이나 여타 보수적 반동성애 조직과 마찬가지로 동성 커플에게 결혼과 같은 몇 가지 권리를 주는 데 단호하게 반대했으며, 한 발짝 더 나아가 돕슨이 변절했다며 설전을 벌였다.[6]

그러나 이야기가 다시금 이상하게 꼬여 캐머런은 비혼미국 (Unmarried America)이라는 단체의 수장이자 비혼자를 소외하는 결혼의 혜택을 축소할 것을 촉구하는 토머스 콜먼(Thomas Coleman)과 예상 밖의 연대를 수립하는 입장을 취했다. 콜먼과 캐머런 모두 비혼 이성 커플을 차별한다는 이유로 콜로라도 주 법안을 비판했다.

콜먼: 하와이, 버몬트에 이어 이제는 콜로라도에서의 논쟁에서 빠진 것은 비혼 이성 커플의 법적 지위입니다. 비혼 이성 커플은 결혼할 수 있다는 이유로 이 주의 호혜적 수혜자 규정에서 항상 배제되어 왔습

니다. 또한 이들은 동성애자가 아니라는 이유로 '가정 동반자 제도' 또는 '시민 결합'에서도 배제되었습니다. 좋든 싫든 결혼을 늦추거나 배우자보다는 동거인으로 여겨지기를 원하는 다수의 이성 커플에게 정치적 메시지는 명백해 보입니다. 바로 결혼하라는 겁니다.[7]

캐머런: 돕슨 박사는 제안된 법안이 성적 지향과는 상관없다고 주장했습니다. "성적 지향"이라는 어구가 사용되지 않았을 수는 있어도, 이 법안은 사실상 동거하는 이성애자를 차별합니다. 이성애자는 "성적 지향" 때문에 동거하는 동성애자와 같은 혜택을 받을 자격을 얻지 못합니다.[8]

7장에서 논의한 것처럼 콜먼의(그리고 심지어 캐머런의) 우려는 결혼권 획득에 정치적으로 주목하는 데 반대하는 페미니스트 및 동성애자 학자들의 독자에게 친숙할 것이다. 마이클 워너(Michael Warner)나 낸시 폴리코프(Nancy Polikoff) 등 동성 결혼 운동에 대한 게이, 레즈비언 비판자들은 결혼 활동가들에게 상상력을 넓혀 다양한 가족 형태로 살아가는 개개인의 욕구와 필요를 반영하라고 주문했다.[9]

비록 학자의 의견이 언제나 자신이 속한 커뮤니티의 의견을 이끌거나 파악하지조차 않더라도 앞선 장들에서 논의한 여타 증거들은 미국의 모든 레즈비언, 게이, 양성애자 들이 결혼 권리를 추구하거나 우선시하지는 않는다는 점을 확인해 준다. 동성 커플의 25~30%라는 상당한 비율의 소수자들이 다른 선택지를 선호했고,

실제로 결혼권이나 등록제가 있는 주와 국가의 많은 동성 커플이 결혼이나 등록을 선택하지 않았다.(3장 참고) 대다수의 동성 커플이 겪는 역사적이고 현재 진행 중이기도 한 불평등의 맥락에서 이들은 결혼의 대안에 대해 현실적·윤리적 수준에서 진지하게 생각해 볼 수밖에 없었고, 결혼이라는 선택지가 부재한 가운데 고유한 대안을 창조할 수밖에 없었다.

따라서 결혼 평등 논쟁이 기타 가족 관계에 대한 새로운 생각과 그 욕구를 충족할 새로운 방식을 야기해 왔다는 점은 어찌 보면 당연하다. 동성 커플에 대한 공정성이 정책 의제로 떠올랐을 때 유럽 및 미국에서 일어난 법적 발전을 참고한다면 입법자 및 시민에게 있어 정치적 선택지의 목록은 이제 놀라울 정도로 길다.

- 이성 커플 및 동성 커플이 평등하게 접근할 수 있는 결혼
- 동성 커플만을 위한, 혜택 및 의무가 결혼과 동일한 시민 결합 또는 파트너십 등록제
- 동성 커플 및 이성 커플을 위한 시민 결합
- 동성 커플이나(과) 이성 커플을 위한 특수 조합의 혜택 및 의무(예컨대 프랑스의 시민 연대 계약 또는 독일의 생애 동반자 제도)
- 두 성인을 위한, 아주 제한적인 권리 및 책임이 주어지는 호혜적 수혜자 지위
- 모든 커플을 위한, 결혼을 대체할 수 있는 민사 계약
- 상속법 및 여타 법에서의 가족 관계 인정(예컨대 부모, 자매, 조카)

• 특정 목적을 위한 (비등록 또는 비혼의) 동거자 인정

　이론적으로 우리는 동성 커플의 결혼 평등 논쟁에 이 긴 목록을 집어넣는 대신 이러한 선택지와 해당 선택지가 다루는 가족 욕구의 유형을 별도로 고려할 수 있다. 하지만 콜로라도에서와 같은 논쟁은 이제 충분히 흔해졌고, 따라서 나는 이를 동성 결혼 논쟁에서 필연적인 부분으로 간주한다. 한쪽에서 "결혼할 권리"를 꺼내자마자 다른 누군가는 "모든 가족을 인정하라." 또는 "결혼 평등보다 좋은 것으로 시작하자."[10]라고 말한다. 나는 이 장을 시작하면서 '결혼'이라는 브랜드의 중요성에 대한 논쟁에서 형평성이나 공정성을 비교하는 것이 어떻게 또 다른 비교를 생산해 내며 내가 미끄러운 형평성 비탈이라고 부르는 것으로 우리를 굴러가게 하는지 보였다. 여기서의 위험성은 우리가 이 비탈의 바닥에서 결국 원치 않는 자리에 놓일 수도 있다는 것이다.

　정책 입안자와 활동가, 유권자는 동성 커플에 대한 공정성이라는 쟁점에 접근하는 적절한 방식이 무엇인지 결정할 수 있어야 한다. 다른 유형의 커플에게도 적용할 만한 새로운 법적 관계를 만들어 냄으로써 동성 커플의 욕구를 충족할 수 있는가? 또는 그래야만 하는가? 이렇게 더 넓은 접근법이 제안되면 동성 커플에 대한 형평성을 중요시하는 이들은 이를 지지해야 하는가? 우리가 이러한 새로운 지위를 언젠가 이루어질 완전한 평등으로 이끄는 정치적 타협으로 본다면 동성 커플에 대한 부분적 인정이 불인정보다는 낫지

않은가?

　이러한 질문들에 대답하기는 쉽지 않다. 특히 콜로라도 사례가 보여 주듯이, 누군가가 적절한 행보로 이끌어 줄 잠재적 연대자를 찾고 있다면 말이다. 선택지가 증가하면 정치적 경계는 흐려진다. 페미니스트 학자와 급진적 동성애자 활동가를 제임스 돕슨의 수상한 동업자라고 부르는 것은 그나마 점잖은 표현이다. 형평성 비교는 외부와 단절된 상태에서 나타나지 않는다. 대개 대안들의 윤리성 및 현실성에 대한 진중한 논의보다는 정치가 여러 대안을 비교하고 최종의 정치적 선택을 형성한다.

　그리고 바로 이 점이 결혼의 대안 논의에서 문제로 나타난다. 동성 커플이 결국 결혼 접근권 대신 결혼의 대안으로 가게 되면 대개 동성 커플의 권리에 반대하는 이들이 가장 기뻐할 것이다. 3장에서 내가 인터뷰한 몇몇 네덜란드인이 말했듯 동성 커플은 종종 자신들이 이등 결혼, 심지어는 "고작 이것"을 얻었다고 느낀다. 유럽과 몇 안 되는 미국 주에서의 경험에는 표현과 사생활, 자율성, 현실성 등과 같은 여타 중요한 정책 목표를 희생하지 않은 채 공정성을 얘기하는 대안을 만들어 내는 정책 입안자의 능력에 대한 경고성의 이야기가 드러난다. 이런 식의 대안은 잘해야 동성 커플에게 조금의 유용한 법적 혜택 및 권리를 제공하고, 최악의 경우에는 그 이상의 변화를 이끄는 타협점이 아니라 중단점이 된다.

미끄러운 형평성 비탈

공정성에 대해 생각하려면 언제나 비교를 해야 한다. 결혼 평등 논쟁에서 비교는 간단하게 시작하지만 빠르게 불어난다.[11] 이 절에서 상세 사항을 파악하고 직접 비교하기 위해 이러한 모든 비교를 표 8.1에 요약해 두었다.

표 8.1   형평성에 기초한 상이한 가족 구조 비교표

집단 비교	A 기혼 여성 커플	B 동성 커플	C 그 밖의 커플 혹은 기타 관계	정책 처방
1	기혼 이성 부부	동성 커플		동성 결혼 허용
2	기혼 이성 부부	B1 결혼할 동성 커플		동성 결혼 허용, 동거에 기초한 권리, 대안적 법적 지위
3		B2 결혼하지 않을 동성 커플	C1 동거 이성 커플	동거에 기초한 권리, 대안적 법적 지위, 보편적 혜택
4			C2 기타 친척 쌍 (예: 형제자매, 이모 조카)	대안적 지위, 법적 보호, 보편적 혜택
			C3 기타 친척이 아닌 2인(예: 친한 친구, 가까운 이웃)	대안적 지위, 보편적 혜택
			C4 확대 가족, 국제 가족	대안적 지위, 보편적 혜택
5			D 독신자	보편적 혜택

기혼 커플·동성 커플

물론 동성 결혼에 대한 이 모든 논쟁은 법적으로 기혼 이성 커플과 결혼할 수 없는 동성 커플을 비교하면서 시작되었다. 표 8.1의 첫째 줄에는 기혼 이성 커플인 A 그룹과 동성 커플인 B 그룹이 있다. 이는 동성 결혼을 금지하는 법에 문제를 제기할 때 변호사가 쓰는 비교다. 캐나다, 매사추세츠 주, 코네티컷 주, 캘리포니아 주(반동성 결혼 수정안에 문제를 제기하는 소송 결과에 따라 달라짐), 네덜란드, 벨기에, 스페인, 노르웨이, 남아프리카 공화국을 제외하고는 대개 이성 커플만이 문화적으로 입증된, 일단의 공법적·사법적 권리, 혜택, 의무의 묶음이 수반되는 결혼이라는 법 제도에 진입할 수 있다.

주류 동성애자 정치학의 관점에서 결혼하기를 원하지만 할 수 없는 동성 커플과 결혼을 원하면 할 수 있는 이성 커플이 대우받는 방식에는 불공정한 차이가 있다. 동성 커플은 결혼한 이성 커플과 비슷한 상황에 있으므로 결혼할 권리를 지녀야 한다. A 그룹과 B 그룹의 구성원은 감정적·물질적으로 서로에게 의존하는 상태에서 헌신적이고 (성적으로) 친밀하며, 기한을 정하지 않은 관계에 있다. B 그룹과 A 그룹을 다르게 대우하는 것은 기혼 커플에게 부여되는 사회적 지위와 더불어 결혼에 수반되는 법적 권리와 혜택을 B 그룹 구성원들에게서 박탈하는 것이다.

이러한 불공정한 형태를 간단히 고칠 수 있다. 동성 커플에게 결혼권을 부여하는 것이다. 그러나 어떤 이들은 그것이 그렇게 간단하지 않다고 주장한다. 일부 정책 입안자와 논객은 동성 커플이 결혼하도록 하는 것이 정치적으로 실행 불가능하거나 결혼에는 종교적이고 문화적인 기원이 있다는 이유로 결혼을 이성 커플에게만 열어 두어야 한다고 주장한다.

결혼의 한 가지 대안은 동성 커플에게 실질적으로 결혼과 똑같은 법적 권리와 책임에 대한 접근권을 주되 이 지위를 다른 이름으로 부르는 것이다. 유럽 국가들은 '파트너십 등록제'라고 불리는 법적 지위를 만들었다. 미국에서 이러한 새로운 지위는 대개 '시민 결합'이라고 불린다. 덴마크와 여타 노르딕 국가들은 동성 커플만을 위한 파트너십 등록제를 만들며 이 길을 가기 시작했다.

미국 버몬트 주 대법원은 동성 커플은 결혼 자체를 필수적으로 통하지는 않더라도 결혼의 혜택에 대한 동등한 접근권을 지녀야 한다고 판결했다. 2000년 버몬트 주 입법부는 동성 커플을 위해 결혼과 같은 법적 함의를 갖는 시민 결합을 주 법으로 제정함으로써 이에 화답했다. 캘리포니아는 등록된 가정 동반자 지위의 효과가 시민 결합과 같아질 때까지 권리 및 의무를 점차 추가해 갔다. 2005년 코네티컷 주 입법부 역시 (대법원 판결의 추동력 없이도) 주에서 결혼과 동일한 혜택을 부여하는 시민 결합 지위를 만들었고, 2006년 뉴저지는 주 대법원에서 버몬트에서와 비슷한 판결이 나온 후 같은 경로를 따랐다. '공정과평등을위한콜로라도인'은 주민 투표를 통한 포괄적인 가정 동반자 제도가 완전한 결혼 평등으로 가는 전략적 임시 정거장이라고 밀고 나갔지만 2006년 콜로라도 유권자들은 포괄적인 가정 동반자 발의안을 거부했다.

하지만 미국의 동성 결혼 지지자들은 시민 결합은 동성 커플을 이등 시민으로 남겨 두는 분리 평등 정책*의 전형적인 사례라고 주장했다. 법적 차원에서 시민 결합은 이를 제정한 주 밖에서는 유효하지 않고, 연방 정부는 이 지위를 인정하지 않는다.[12] 사회적 차원에서, 결혼과 자명하게 구분되는 시민 결합은 동성 커플에게 법적 평등뿐 아니라 사회적 평등도 허용치 않는다. 3장에서 네덜란드 커플이 언급한 것처럼 사람들은 결혼의 의미는 즉각 이해하지만 시민 결합의 의미를 알지 못할 수 있다. 결국 동성 커플을 별도의 지위로 분리하는 것은 이성애자가 아니라는 점과 연관된 사회적 낙인과 열등감이 지속되도록 둘 뿐이다.[13] 내가 이 책을 마무리하고 있을 때 캘리포니아에서 동성 커플의 결혼을 허용할 것을 요청하는 결혼 소건(In re Marriage Cases)에서 캘리포니아 주 대법원의 2008년 다수 의견은 가정 동반자 제도가 충분하다는 의견을 기각하면서 다음과 같은 유사한 주장을 펼쳤다.

> 동성 커플에게 가정 동반자라는 별도의 제도만 제공하고 결혼이라는 기성 제도에 접근하지 못하도록 하는 것은, 동성 커플이 자신들의 가족 관계에 이성 커플의 가족 관계와 동일한 존중과 존엄을 부여할 권리를 침해하는 것이 자명하다고 보아야 한다.

---

* 공공시설에서 흑인과 백인의 자리를 합법적으로 분리시켜도 좋다는 1896년 미국 대법원의 플래시 대 퍼거슨 판결에서 기인하였다. 원칙적으로는 두 집단의 평등한 지위를 공언하지만 실질적으로는 불평등하게 대우하는 정책이다.

많은 동성애자 개인과 단체는 시민 결합이라는 접근이 평등이나 공정을 이룰 수 있다고 여기지 않으며, 시민 결합을 하나의 정치적 타협으로는 보지만 목표로서는 반대한다. 이러한 논쟁은 2005년 코네티컷 주 입법부에서 시민 결합 법안의 통과를 향해 움직일 때 코네티컷에서 급속히 번졌다. 사랑이가족을만든다(Love Makes a Family)라는 단체의 활동가 등 일부 결혼 평등 활동가는 이 법안이 완전한 평등에 미치지 못한다는 이유로 처음에는 반대하기 시작했다. 단체 내에서 논쟁이 뒤따랐고, 결국 이 조직에서 오래 일한 로비스트가 사임하고 입법을 위해 함께 일했던 연대가 소원해지고 말았다.[14] 많은 내부 논쟁이 이어지고 결혼 법안이 통과되지 못할 것이라고 판단한 후에 '사랑이가족을만든다'는 초기 결정을 뒤집고 결국 이 법을 조직의 진정한 목표를 향한 디딤돌로 지지했다.[15]

　　또한 옹호자들이 시민 결합과 같은 의미 있는 '타협적' 지위를 획득하기 위해 결혼을 추구해야 할 수도 있다는 점도 주목할 만하다. 변호사이자 결혼 평등 운동의 수장인 에번 울프슨은 동성애자 커뮤니티에서 결혼권 운동을 시작하지 않았다면 가정 동반자 제도처럼 미흡한 타협적 지위의 권리조차 얻지 못했으리라고 지적한다.

　　선의의 협력자들과 중도파 정치인들이 미국 동성애자들이 '타협'하거나 더 입맛에 맞는다고들 하는 시민 결합, 결혼을 제외한 모든 것, 동성애자만의 결혼, 단편적인 파트너십 보호 정도를 받아들임으로써 더 많은 것을 성취하리라면서 권유할 때, 빵의 반을 요청해서는 빵 반 덩이도 얻지 못한다는 것을 기억해야 한다. 미국인인 우리 모두 받을 자격이 있는 온전한 빵 한 덩이를 청하는, 아니 강력히 요구하는 법을 배워 왔다.[16]

이 단순한 비교에서 살짝 다른 형평성 논쟁은 '결혼'을 종교계에 맡기는 것이 최선이라는 쪽이다. 이 관점에서라면 국가는 동성 커플과 이성 커플 모두의 결합을 종교적 '결혼' 또는 심지어 법률혼 자체와 구별되는, 오직 시민으로서의 결합만 제정하고 인가해야 한다.[17] 즉 우리는 동성 커플의 지위를 높이기보다는 이성 커플의 지위를 변화시킴으로써 A 집단과 B 집단 간의 법적 평등을 이룰 수 있다. 다만 어떤 국가나 주도 아직 이런 접근법을 취하지 않았는데, 그러려면 법적 결혼을 폐지해야 하기 때문일 것이다. 짐작건대 이 과정은 이미 미국에서 결혼이 종교와 분리된 것보다 더욱더 종교와 분리된 법적 지위를 만드는 것과는 다르다. 예를 들어 프랑스와 네덜란드에서 결혼은 모두 시청에서 공무원 앞에서 이루어져야 하지만 이는 여전히 시민 결합이 아닌 '결혼'이라고 불린다.

그러나 법적 평등을 획득하는 이러한 방법조차 항상 사회적 공정을 이루지는 못할 것이다. 종교 의례와 법적 지위를 구분하는 것역시 동성 커플에게 여전히 공정하지 않을 텐데, 왜냐하면 적어도지금 상황으로 봐서는 대부분의 종교계가 동성 결혼을 허용하지 않을 것이기 때문이다. 이성 커플의 법적인 '시민 결합'의 문화적 의미에 여전히 '결혼'이 투영되어 있기에 동성 커플은 결혼이라는 문화적 제도의 문밖에서 특권을 지닌 집단을 바라보기만 할 것이다.

이 시점에서 우리는 결혼한 이성 커플과 동성 커플의 지위를 동등하게 만들고자 하는 최소 세 가지의 각기 다른 선택지를 가지고 이미 형평성 비탈을 굴러 내려가고 있다. 여기서부터 속도가 나기 시작한다.

기혼 커플:비혼 커플

우리는 대신 비혼 이성 커플과 결혼한 이성 커플을 비교해 볼 수도 있고, 표 8.1의 두 집단으로 나뉜 동성 커플에게 같은 질문을 할 수도 있다. 둘째 줄의 B1 집단은 결혼할 수 있다면 결혼할 동성 커플이고, 셋째 줄의 B2 집단은 결혼을 선택하지 않을 동성 커플이다. 비혼 이성 커플(C1)이 결혼한 커플과 같은 권리와 혜택을 받지 못하는 것처럼 결혼권을 동성 커플에게 확대하더라도 비혼 동성 커플이 남겨지기 때문에 모든 불평등을 해결할 수는 없다.

프랑스 정치인들은 모든 비혼 동성 및 이성 커플에게 시민 연대 계약을 개방하면서 바로 이러한 방식으로 동성 커플에 대한 형평성 비교 집단을 재구성했다.[18] 법률 입안자들은 법이 동성 커플을 실제적으로나 외양적으로나 기혼 커플처럼 대우하는 것을 피하고 싶어 했고, 대신 프랑스의 게이, 레즈비언 커플에게는 이성 동거 커플에게 이미 있는 사실혼(concubinage)*이나 정치인들이 모든 비혼 커

---

* 프랑스 민법 제515조 18은 사실혼을 이성 또는 동성 간의 안정적이고 계속적인 공동생활에 의한 사실상 결합이라고 규정한다.

플에게 필요하다고 주장하는 새로운 선택지 '시민 연대 계약'이라는 등록제가 주어졌다.

미국의 일부 연구자와 활동가는 결혼하지 않은 이성 커플은 국가가 관계에 개입하는 것에 대한 우려나 결혼에 대한 여타 이데올로기적 반대 등 나름의 이유에서 비혼을 선택한다고 주장한다. 하지만 이러한 관점에 따르면 비혼 커플은 이를 제외하고는 욕구나 적어도 일부 특징의 측면에서 결혼한 커플과 비슷하다는 점에서 동등한 대우를 주장할 수 있다.[19]

혹시 우리가 사과와 오렌지처럼 서로 전혀 다른 두 가지를 비교하는 걸까? 결혼은 적어도 두 가지 점에서 크게 특징적이다. 첫째, 커플은 능동적으로 결혼하기를 선택해야 한다. 둘째, 결혼한 파트너는 서로에 대한 특정 권리와 혜택을 인정받을 뿐 아니라 서로에 대한 의무를 진다. 예컨대 남편이 부인의 도박 빚을 갚아야 한다거나 독신자라면 공공복지를 받을 수도 있는 남편을 부인이 부양해야 할 때 이러한 의무는 때로는 힘겹다. 때로 기혼 커플은 독신 납세자 두 명일 때보다 세금을 많이 낸다.[20]

능동적인 선택과 결혼에서의 의무에 주목하는 것은 결혼했거나 결혼할 커플(A와 B1)과 결혼을 선택하지 않은 커플(B2와 C1)의 비교를 복잡하게 한다. 만약 동성 커플에게 결혼권이 있고 B1과 B2를 구분할 수 있다면 우리는 기혼 커플과 비혼 커플을 살펴볼 때 사과와 오렌지를 비교하고 있다고 결론지을 수 있다. 동성 커플에게 결혼권이 없다면 우리는 두 집단을 분리할 수 없으며, 따라서 이들을 결혼하지 않은 이성 커플과 비교하는 편이 더 타당하다. 즉 동성 커플이 결혼하지 못한다는 점은 결혼한 커플과 비혼 커플을 비교할 필요성과, 이 둘에 대한 대우에 있어서의 완전히 새로운 차이점에 대해 생각해 볼 필요성을 늘린다.

기혼 커플과 비혼 커플 간(그리고 커플과 독신자 간) 대우와 결과에서의 차이 중 어떤 것은 눈에 띄게 불공정해 보인다. 예를 들어 기혼자는 본인의 직업이나 배우자의 직업을 통해 의료 보험에 가입할 기회가 두 번 있다. 따라서 비혼 이성 커플과 동성 커플이 기혼자보다 보험 보장을 훨씬 못 받는다는 점은 염려되는 일이기는 해도 놀랍지는 않다.[21] 공정성과 평등은 일부 결혼의 외부적 혜택을 제거하고 그 혜택을 다른 어딘가에 포함시킴으로써 이루어질 수 있다. 한 가지 예는 보편적 의료 보험의 제공이다. 많은 유럽 국가는 이러한 사회 정책을 시행하며, 미국에 비해 이들 국가에서는 결혼의 혜택이 상당히 적다. 의료 정책의 맥락에서 이러한 형평성 전략을 통해 A 집단의 개개인은 결혼이 제공하는 특정한 보호에 있어 B1, B2, C1 집단의 개개인과 같은 권리를 얻고, 커플이 아닌 사람(표 8.1의 다른 모든 줄) 역시 이 권리를 얻는다.

그러나 결혼의 '특권적'으로 보이는 지위의 대부분은 그리 쉽게 해체될 수 있거나 해체되어야 하는 혜택으로 축소될 수 없다. 재산 분할과 상속권, 유족권 등 실제적인 규칙을 포함한 결혼의 권리 대부분은 커플 자체에 관련된다. 이러한 권리는 관계의 장기적 특성과 개개인의 물질적 소유 및 재정적 재산이 한데 엮여 있음을 인정한다. 사별이나 이혼의 경우 무엇이 네 것 내 것 우리 것이냐를 계산해 내는 것은 사전 합의나 기본 원칙을 필요로 한다. 결혼은 커플과 판사에게 지침을 주는 일련의 기본적 규칙과 기준이다.

비혼 커플도 규칙을 원할 수도 있다.(아마 대개의 상황에서 이러한 규칙은 독신자들에게는 상속 목적 외에는 별 문제가 되지 않을 것이다.) 이성 커플에게는 물론 결혼이라는 선택지가 있지만 결혼하지 않기로 선택한다면 이들은 재산 분할 규정과 합의 사항에 대한 맞춤형 동거 약정과 유언장을 쓸 수 있다. 하지만 대다수 비혼 커플은 사별이나 관계 종결 시 무슨 일이 생길지에 대한 사적이거나 공적인(결혼의) 합의를 보장받지 못한 채 남겨진다. 불행하게도 우리는 동거 커플이 헤어지거나 파트너 한 명이 사망할 때 어떤 일이 일어나는지에 대해서 알 수 있는 데이터가 거의 없다.

여러 나라에서 기혼 커플과 비혼 커플의 권리 격차를 줄이기 위한 두 가지 긍정적 전략을 제안해 활용해 왔다. 첫째 전략은 비혼 동거 커플의 관계를 특정 기준에 따라 인정하는 것이다. 기준은 대개 커플이 함께 산 기간이나 자녀 유무다. 일부 학자는 이러한 절차를 '귀속'이라고 부르는데, 왜냐하면 해당 커플이 관계를 선언하지 않더라도 정부가 커플에게 하나의 관계를 귀속시키거나 부여하기 때문이다. 만약 커플이 이 기준을 충족시키면 해당 관계는 세금, 연금, 공적 부조 자격, 유족권 등 특정 목적에 있어 결혼한 커플과 비슷한 방식으로 대우받는다. 즉 정부는 이러한 커플에게 모든 권리와 의무를 부여한다. 네덜란드, 벨기에, 프랑스, 독일, 덴마크, 노르웨이, 스웨덴, 아이슬란드, 핀란드 모두에서 동거 커플의 관계를 어느 정도 인정한다. 법학자 케이스 발데익 등은 이러한 국가에서 비공식적 동거 커플은 결혼으로 발생하는 법적 결과를 23~75%까지 받는다고 계산했다.[22]

미국의 관습법 혼인은 언뜻 보기에 이러한 법과 비슷해 보이지만 이러한 혼인이 실제로 인정받는 일은 드물고, 일단 그 관계가 인정되어야 실제로 법적 결혼이 된다. 관습법 혼인을 제외하면 미국 법은 유럽에 비해 비혼 동거 커플의 권리와 의무를 훨씬 덜 인정한다. 일부 법원은 함께 사는 두 사람의 관계가 끝나거나 한쪽이 사망할 때 계약상 의무 또는 지위 기반 의무를 인정한다.[23] 하지만 헤어진 이성 동거 커플은 특정한 상황이나 미국의 일부 지역에서만 관계 종결 이후를 지원받거나 특정 방식으로 공동 재산을 분할할 법적 의무를 지닌다. 또한 대륙별로 인정의 유형이 달라 보인다는 점을 유념해야 한다. 유럽의 국가에서는 대개 관계가 유지되는 동안 동거 커플의 관계를 훨씬 전적으로 인정한다. 반면 미국에서는 비혼 관계가 종결되었을 때 일어나는 일에 더욱 초점을 맞추는 경향이 있다.

비혼 커플에게 권리를 부여하는 둘째 전략은 결혼과 동거 사이에 위치하면서 일련의 권리 및 의무가 있는 새로운 법적 지위를 만드는 것이다. 네덜란드(파트너십 등록제: 결혼과의 차이가 거의 없음)와 프랑스(시민 연대 계약)에서 이러한 지위는 이성 커플과 동성 커플 모두에게 개방되어 있다. 미국에서는 캘리포니아, 뉴저지, 메인의 가정 동반자 제도가 동성 커플과 이성 커플에게 열려 있다. 이성 커플의 경우는 때로는 파트너 한 명(캘리포니아) 또는 두 명(뉴저지)이 62세 이상이어야 하지만 말이다. 노르딕 국가와 독일에서처럼 이러한 정책적 선택지는 이전에 논의된 시민 결합과 다르고 동성 커플에게만 국한된 파트너십 등록제와 다르다는 점을 유념해야 한다.

이제 우리는 비혼 커플들을 통합하여(표 8.1의 둘째, 셋째 줄) 동성 커플에 대한 형평성을 광범위하게 비교하는 것의 한계를 보여 주는 두 가지 중요한 결론을 낼 수 있다. 첫째, 동거 커플과 대안적 지위의 커플은 권리와 의무의 측면에서 기혼 커플과 완전히 동등하지 않다. 대개 법적인 것과 언제나 문화적인 것은 늘 남겨지게 된다. 왜냐하면 이 지위는 결혼이 아니기 때문이다. 둘째, 동성 커플은 결국 이성 커플보다 적은 선택지를 받는다. 대안적 지위를 만든 국가나 주의 목표는 결혼을 개방하지 않기 위해 동성 커플에게 타협적 지위를 제공하는 것이다. 네덜란드, 벨기에, 노르웨이 세 국가를 제외한 모든 국가에서 타협적인 결혼 대안의 지위는 적어도 지금까지는 동성 커플의 종착역이었다.[24]

기혼 커플:비성애적 관계

하지만 형평성 비탈을 내려오는 일은 아직 끝나지 않았다. 비성애적 관계는 어떨까? 가족 정책 논의에 참여한 일부 사람들은 국가 인정의 중심에 성애적 관계를 두어야 하는지에 관해 의문을 제기해 왔다. 사실 콜로라도에서 제임스 돕슨이 문제 제기한 것도 바로 이

지점이었다.

동성 커플에게 결혼권 또는 파트너십 등록권을 주는 데 대한 반대자와 지지자 모두 예컨대 이모와 조카 또는 두 성인 형제자매 등 동거 관계의 여러 유형도 인정되고 비슷한 권리를 받아야 한다고 주장해 왔다. 연애나 성관계 대신 상호 의존성과 돌봄이 국가가 인정하고 촉진해야 하는 관계의 대안적 표지가 될 수도 있다.[25] 또한 인정받기 위한 한 가지 명백한 기준이 동거일 수는 있어도 실질적으로 상호 의존성과 돌봄이라는 여타 특성이 존재한다면 분거(分居) 가족이 왜 배제되어야 하는지를 정당화하기도 어렵다. 생각건대 정책의 예시를 들 만한 것은 없지만 세 명 이상의 성인이 포함되는 더 큰 집단 역시 이러한 정책에 포함될 수 있다. 우리는 이러한 기타 집단(표 8.1의 C2, C4)과 기혼 커플 간의 법적 대우를 비교하여 권리와 의무의 측면에서 기혼 커플과 유사하거나 동등한 대우를 받을 수 있는 커플 및 가족 유형을 확대할 수도 있다.

친척인 두 사람이나 친척이 아닌 두 사람, 더 큰 가족 형태를 인정하는 공식 정책에 대해서는 잘 모르지만 하와이와 버몬트에서 친척이거나 기타 이유로 결혼할 수 없는 대부분의 사람들이 주에 등록하도록 허용하고 제한된 혜택을 제공하는 정책을 도입했다. 벨기에는 동성 커플에 대한 결혼 개방에 앞서 벨기에의 파트너십 등록제인 "법적 동거인"으로 형제자매나 여타 친척이 등록하는 것을 허용한 유일한 유럽 국가다.[26]

하와이 주 의회에서는 호혜적 수혜자를 만들었는데, 이는 결혼할 수 없는 두 개인(동성 커플을 포함하지만 꼭 동성 커플만은 아닌)이 등록하고 상속권, 주 연금 혜택, 세금과 관련하여 특정한 법적 혜택을 받도록 허용한다. 법안에 대한 다음의 입법 주석이 입법부에서 내린 형평성 비교를 확실히 보여 준다.

> (하와이 주 개정법 §572C-2) 그러나 이와 동시에 주 입법부는 예컨대 서로 친척 사이인 두 사람이나 사별한 어머니와 그녀의 비혼 아들, 동성의 두 사람 등 중요한 개인적·감정적·경제적 관계를 맺지만 법적 제한에 의해 결혼이 금지되는 많은 개개인이 존재한다는 점을 인정한다. 따라서 주 입법부는 현재 기혼 커플에게만 적용되는 특정 권리와 의무는 결혼이 법적으로 금지된 두 개인으로 이루어진 커플에게도 적용되어야 한다고 여긴다.(L 1997, c 383, §I 일부)

2000년 버몬트에서는 실제로 이전에 언급되었던 시민 결합 지위와 호혜적 수혜자 지위를 둘 다 제정했다. 18세 이상이고 결혼하기에는(또는 시민 결합으로 등록하기에는) 촌수가 너무 가까운 비혼의 두 사람은 공증된 신고서를 제출하면 호혜적 수혜자가 될 수 있다. 이 지위에 수반되는 권리는 하와이에서보다 훨씬 제한적이지만 배우자 지위에서와 같은 병원 방문권과 의료 결정권뿐 아니라 요양원이나 신체 기증과 관련된 일부 기타 권리를 포함한다.

이러한 형평성 비탈의 끝에서 우리는 다시 사과와 오렌지를 비교하는 것일 수도 있다. 기타 유형의 커플(또는 더 큰 가족)이 부부가

지는 상호 의무와 지원 책임을 지니는가? 이러한 기타 커플의 관계는 어떤 식인가? 유사성을 추론하거나 일관성을 부과하는 우리의 능력은 기타 유형의 커플에 관한 한 제한된다. 법적 결혼은 사회적·문화적 제도와 연관된다. 법적·문화적 양상은 서로를 강화하여 결혼이라고 불리는 제도를 만들고, 법이 침묵할 때 이 과정은 사회 전반에 의해 집행된다. 하지만 기타 유형의 관계는 동일한 힘을 끌어내지 못한다. 형제자매나 삼촌, 전 애인, 절친한 친구를 지원하고 돌보는 상호 의무에 대해서는 공통된 이해에 근접한 것이 없다. 결혼이 규정하듯이 서로 다른 여러 욕구와 기대를 위한 유용한 '기본 계약'을 규정하기란 불가능해 보인다.

형평성 비탈을 빠르게 내려가면 우리에게는 모든 것을 단번에 고려하려고 하는 많은, 아마도 너무 많은 새로운 가족 정책의 가능성이 남는다. 이전에 말했던 것처럼 대부분은 동성 커플에 대한 불공정한 대우의 문제를 풀지 못할 것이다. 가족 관계의 맥락에서 '형평성'이라는 목표는 공정함을 원하는 이들을 위해 충분한 지침이 되기에는 너무 무딘 도구다. 원칙이 지배하는 세상이라면 우리는 결혼의 일부 혜택이 가족 관계에 관계없이 모든 사람에게 주어져야 한다고 판단할 수도 있다. 이러한 경우 형평성 관점은 어떤 캐나다 정책 보고서에서 권고한 것처럼 정책 입안자가 결혼의 모든 혜택을 꺼내 놓고 하나씩 별개로 처리하기를 요청한다.[27] 그럼에도 커플에게 부과되는 의무나 커플에 수반되는 권리에 대해서는 형평성 하나로는 서로 매우 달라 보이는 가족 구조를 다룰 최선의 방법을 정할 수 없다. 예컨대 우리는 커플이 취하는 권리의 수준을 의무의 수준에 맞추고자 할 수도 있고, 한 사람이 다른 사람에게 지는 책임에 대해 반드시 개인별로 동의하게 할 수도 있다.

현실 세계에서 결혼 평등 논쟁에서 부상한 실제 정책과 결혼의 대안은 공정을 위한 이타주의적이고 고결한 탐색보다는 원초적 정치력에 가까운 무언가를 더 반영한다. 정책 분석가 데버러 스톤(Deborah Stone)이 주장하듯이 정치적 옹호자는 자신들의 전략적 이해관계에 맞추어 특정한 정치적 목표를 추진하는 '형평성 프레임' 즉 선택지들을 제시하는 방식을 택할 것이다.[28] 다음 절에서 보듯이 전략적 형평성 프레임을 가장 잘 활용하는 이들은 결혼 평등의 반대자들이다.

정치적 형평성의 함정

이 장의 도입부에서는 영향력 있는 행위자들이 어떻게 동성 커플의 권리를 지지하는 것처럼 보이는 형평성을 바탕으로 논거를 만드는지 보여 주었다. 제임스 돕슨과 '가족에대한주목'은 이 법안이 동성 커플을 차별 없이 대우한다는 사실을 칭찬하며 콜로라도의 호혜적 수혜자 법안을 공개적으로 지지했다. 그럼에도 '가족에대한주목'의 대변인은 자기네 단체 회원에게 이야기할 때 이 지지는 전략적이라는 점을 강조했다.

동성 커플을 위한 더 포괄적인 가정 동반자 제도에 대한 대안으로 호혜적 수혜자 법안이 도입되었다는 점을 기억할 필요가 있다. '가족에대한주목'의 회원 소식지는 동맹방어기금(Alliance Defense Fund, 제임스 돕슨이 공동 설립한 조직)[29]의 이 축소된 법안이 가진 전략적 가치에 대한 데일 쇼웬걸트(Dale Schowengerdt)의 언급을 인용했다. "이는 시민 결합 또는 가정 동반자 제도에 대한 어떠한 논쟁도 사실상 무력화한다. ……이 법안은 어떤 지위도 만들지 않고, 지위에 근거한 혜택을 주지도 않는다. 그리하는 것은 시민 결합과 가정 동반자 제도다."[30]

미국 및 유럽의 동성 커플에 대한 논쟁의 역사는 콜로라도에서의 역동과 유사한 사례로 가득 차 있다. 호혜적 수혜자, 가정 동반자 제도, 파트너십 등록제, 시민 결합 지위는 모두 결혼을 개방하지 않은 채 동성 커플에게 권리와 혜택을 주기 위한 정치적 타협으로서 등장했다. 기타 가족 유형에 대한 논의는 종종 동성 결혼 반대자 측에서 등장하는데, 이들은 동성 커플의 욕구는 인정하되 기혼 커플과 동성 커플을 공식적으로 동등화하는 것은 피하기를 원하거나 동성 커플의 권리를 확장하려는 노력을 망치고 싶어 하기 때문이다. 이러한 맥락에서 결혼의 대안은 동성 커플이 결혼을 향해 움직이며 만드는 정치적 진보를 늦추거나 심지어 중단시키려는 운동의 무기가 된다.

미국에서 하와이는 이 길을 간 첫 번째 주다. 동성 커플의 결혼권에 다가서던 하와이 주 법원 결정이 있은 후, 1997년 호혜적 수혜자가 탄생했다. 주민 투표를 통해 주 입법자들에게 결혼 접근권을 이성 커플에게 제한할 권한을 주는 주 헌법 개정안이 등장했다.[31]

주 입법부에서 결혼을 이성 커플만의 것으로 유지한 데 대한 타협의 일환으로 법안 입안자들은 동성 커플과 결혼할 수 없는 기타 커플에게 상속권, 세금권, 일부 다른 혜택들을 주는 호혜적 수혜자 지위를 주었다.

이 전략은 다른 주로 수출되었다. '가족에대한주목'은 하와이의 운동에 참여했다고 떠벌리며, 콜로라도에서 같은 전략을 활용해야 하는 이유의 예시로 활용했다.[32] 버몬트에서 호혜적 수혜자라는 선택지는 동성 커플에게 완전한 인정을 부여하는 꼴은 못 보겠지만 그렇다고 동성 커플에게는 아무것도 안 된다는 극단주의자로는 보이고 싶지 않아 하는 공화당원들에게 중간 지점을 제공했다.[33]

반면 뉴저지의 어느 동성애자 정치 단체는 가정 동반자 규정 법안을 추진했는데, 이는 온갖 유형의 가족이 정녕 모두 포함되어야 하는가 하는 의문을 일으켰다.[34] 법안의 초안은 가정 동반자에 포함될 수 있는 관계를 넓게 제시했다. 동성 커플의 권리를 지지하는 정치 지도자들은 해당 법안이 너무 광범위하다며 반대했고, 비용 문제나 결혼과의 경쟁 문제 때문에 정치적으로 실현 가능하지 않다고 주장했다. 이 단체의 초기 제안은 형평성에 대한 원칙적 우려뿐 아니라 직접적 이해 당사자들의 더 큰 연대를 이루고자 하는 정치적 야심에 근거했다. 하지만 연대는 실현되지 않았다. 결과적으로 법안은 수정되었고, 동성 커플과 노인 이성 커플에게만 가정 동반자로 등록될 자격이 주어졌다.

미국과 마찬가지로 유럽에서도 파트너십 등록제와 같은 대안적인 등록 지위들은 동성 결혼 논쟁에서 타협적 위치일 뿐이었다.[35] 일부 국가에서는 성애적 동성 커플 외의 커플도 포함하는 것을 고려했지만 이는 재빠르게 거부되었다. 여러 정책 입안자들은 결혼을 이성 커플에게 남겨 두고, 이성 커플이 향후 결혼 제도에서 빠져나가는 것을 막고 싶어 했다.

그러나 프랑스, 벨기에, 네덜란드에서 최종적 대안은 동성 커플뿐 아니라 이성 커플에게도 개방되었다. 이렇게 더 많은 이들을 포함하는 접근법은 논쟁의 정치적 맥락을 보여 준다.

- 프랑스에서 결과적으로 시민 연대 계약을 창안한 법안의 초기 형태는 동성애만 주목받는 것을 피하기 위해 형제자매나 친구 등 기타 유형의 커플을 위한 더욱 확대된 보장을 전략적으로 포함했다.[36] 결과적으로는 성애적 커플만이 시민 연대 계약을 구성하도록 허용되었고, 이성 커플은 당사자들이 요구했기 때문이 아니라 동성애 혐오에 근거한 법안 반대를 감소시키기 위한 한 가지 방안으로 포함되었다.[37] 다니엘 보리요(Daniel Borillo)와 동료들은 시민 연대 계약을 동성 커플에 한정했다면 "소수 집단에게만 적용되는 특별법을 피하는" 프랑스 전통[38]과 충돌했을 수 있다고 언급했다.

- 네덜란드에서 여러 유형의 가족 형태를 포함할 정책의 가능성은 강력한 이해 집단이 없었기 때문에 흐지부지되었다.[39] 흥미롭지만 어쩌면 당연하게도 파트너십 등록제에 이성 커플이 포함된다는 점은 동성 커플이 포함된다는 점보다 많은 우익의 반대를 낳았는데, 이성 커플

의 파트너십이 결혼과 경쟁할 수 있기 때문이었다.[40]

여러 국가에서 동성 커플을 위해 고안한 결혼의 대안이 일부 법적 세부 사항에서만 다른, 정치적으로 동등한 타협으로 보일 수는 있어도 현재까지의 나라별 경험은 다른 것을 시사한다. 이러한 새로운 지위가 정치적 절충임은 확실하다. 또한 윌리엄 에스크리지가 주장했듯이 새로운 지위는 점차 동성 커플의 결혼 평등에 대한 태도를 바꾸면서 이행과 변혁의 잠재력이 될 수 있다.[41] 그러나 새로운 지위는 동성 커플의 결혼을 향한 더 이상의 진보를 막는 정치적 함정이 될 수도 있다.

결혼과 대안적 지위의 어떤 핵심적 차이가 막다른 지위와 과도기적 절충을 구별하는 듯하다. 한 지위가 결혼에 수반되는 것과 매우 다른 권리 및 의무를 지니면 이는 이 대안이 정치적으로 막다른 길일 가능성을 증가시켜 결혼 평등을 성취하는 길을 요원하게 하는 것 같다. 결혼으로 가는 길의 큰 걸림돌은 다양한 유형의 가족이나 커플이 (권리 및 의무가 종종 상대적으로 빈약한) 대안적 지위로 등록하는 것이 허용될 때 발생할 터다. 왜냐하면 이 지위는 기혼 커플과는 기대와 욕구가 다른 일부 커플을 고려하여 설계되어 이 지위를 더욱 결혼같이 만들기 위해 정책 입안자들이 권리 및 의무를 추가하기 어려울 것이기 때문이다. 예를 들어 형제자매나 이모, 조카는 관계가 끝났을 때 위자료를 지불할 의무를 원치 않을 수도 있고, 절친한 친구 사이에서는 서로의 요구나 빚에 대한 경제적 의무를 전제하고 싶지 않을 수 있다.

실제로 비성애적 커플을 포함하는 새로운 지위는 결혼으로 확장되지 않은 반면 결혼과 유사한 새로운 지위는 결혼에 가까워지는 과정이나 언젠가 결혼을 개방하는 과정에 기여해 왔다. 네덜란드가 바로 그 사례다. 법학자 케이스 발데익은 "작은 변화의 법칙"으로 네덜란드가 동성 커플의 불인정에서 완전한 결혼권으로 나아간 방식을 설명했다. 일단 소도미법이 없어지고 차별 금지법이 성적 지향을 포함하게 되자 가족법이 평등해지기 시작했다. 이러한 과정은 동성 커플을 이성 동거 커플과 법적으로 동등하게 대우하면서 시작되었다. 파트너십 등록제는 1998년 이루어진 타협이었고 결혼의 거의 모든 권리와 의무를 지녔다. 결혼 요건을 충족하는 이성 커플 및 동성 커플만 등록할 수 있었고, 형제자매와 여타 가까운 친척은 배제되었다. 다음 몇 해 동안 네덜란드 의회는 연금 수급권과 체류 자격에 남아 있는 결혼과 파트너십 등록제의 명백한 차이를 좁혔다.[42] 발데익은 2000년까지 남아 있던 격차가 미미해서 동성 커플에게 결혼을 개방하는 것이 사회적·정치적으로 위험한 단계라고 여겨지지 않았다고 설명했다. 나는 발데익의 설명에 한마디만 보태고자 한다. 네덜란드의 파트너십 등록제 모델은 결혼에 아주 가까이 갔고, 파트너십 등록제와 결혼을 하나로 수렴했다.

다른 국가들도 유사한 역동을 보인다. 노르딕 국가의 초기 파트너십 등록제는 결혼과 동일한 진입 요건과 결혼의 대다수 권리 및 의무를 포함했다. 파트너십 등록제가 결혼이 아닌 방식으로 일부 제한되어 있어도 그 격차는 점차 좁혀졌다. 덴마크의 파트너십 등록법은 원래 둘 중 적어도 한 명이 덴마크 시민인 커플에게 파트너십을 제한했지만 10년 후 덴마크 입법자들은 덴마크 시민이 아닌 파트너의 등록을 용이하게 만들었고, 이제 국교회 사제가 동성 커플의 결합을 축복할 수 있다.[43] 아이슬란드 또한 국적 요건을 완화했고 한 파트너가 다른 파트너의 자녀를 입양하는 것이 용이해졌다.[44] 스웨덴은 2003년에 등록 파트너에게 입양권과 양육권을 평등하게 부여했고, 레즈비언 커플에게는 현재 인공 수정 권리가 있다.[45] 독일의 2001년 생애 동반자 제도는 본래 상속, 불법 행위에 의한 사망 보상, 공공 의료 보험 혜택, 성(姓) 변경, 외국인 파트너에 대한 거주 허가 등에 대한 제한된 권리를 포함하였다. 2004년 독일의 하원 의회인 분데스타크(Bundestag)는 생애 동반자에게 상대방의 자녀를 입양할 권리를 추가하고 이혼, 재산 분할, 위자료 관련 법을 확대했다.[46]

미국 캘리포니아와 뉴저지 역시 처음에는 결혼보다 적은 권리와 의무를 부여하는 단순한 가정 동반자 제도 법안을 통과시켰고, 이후에 격차를 일부 좁혀 나가는 수렴의 역학을 경험했다. 캘리포니아는 파트너의 병원 방문권과 공공 기관의 파트너십 혜택 제공을 포함하여 16개의 권리를 주는 1999년 가정 동반자 등록법에서 시작하여, 입법을 통해 격차를 거의 완전히 좁혔다. 2002년 법은 양육, 실업 보험, 의료 결정권 관련 권리를 추가했다. 1년 후 새로운 법은 결혼에만 남아 있는 그 주의 거의 모든 권리 및 의무를 파트너에게 확장했다. 2005년에 주 입법부에서 동성 커플에게 결혼권을 부여하는 법안을 통과시켰지만 주지사가 거부했다. 주가 부여한 권리에 있어 가정 동반자 제도와 결혼 사이의 격차는, 캘리포니아 주 입법부에서 가정 동반자가 결혼한 커플처럼 주 세금을 공동으로 신고하는 것을 허용하기로 합의한 2006년에 최종으로 사라졌다.(그리고 이전에 말한 것처럼 유권자들이 캘리포니아 주 대법원의 결정을 뒤집기 전인 2008년 6월에서 11월까지 동성 커플이 캘리포니아에서 결혼할 수 있었다.)

뉴저지의 가정 동반자법은 2004년에 통과되었다. 1년 후 주 입법부는 가정 동반자에게 배우자에 상응하는 상속권 및 장례 결정권을 추가로 부여했다.[47] 2006년 후반 뉴저지 주 대법원의 루이스 대 해리스(Lewis v. Harris) 판결은 뉴저지 주 입법부가 결혼의 모든 권리 및 의무를 동성 커플에게 부여하기를 요구했다. 입법부는 가정 동반자 제도에 이를 추가하기보다는 세 번째 지위인 시민 결합을 만듦으로써 판결을 따랐다. 아마도 이 지위가 나이 많은 이성 커플(62세 이상)뿐 아니라 결혼의 권리 및 의무를 전부 원치 않는 이들에게도 개방되었기 때문일 것이다. 시민 결합의 창안 이래 62세 이상만 가정 동반자 제도에 진입할 수 있다.[48] 가정 동반자 제도는 결국 권리 및 의무의 측면에서 막다른 길에 이르리라고 생각한다.

벨기에, 프랑스, 미국 하와이 주는 정치적 형평성 함정을 더 확실히 보여 준다. 앞서 기술한 것처럼 이들 세 사법 구역은 대안적 관계를 구성하는 데 있어 결혼 모델에서 상당히 이탈했다. 그리고 이 세 사례 모두에서 새로운 파트너십이 결혼으로 진화하지 않았다. 벨기에 입안자들은 법적 동거 지위를 계속 추가하기보다는 동성 커플에게 아예 결혼을 개방하기로 선택했다.[49] 프랑스에서 시민 연대 계약을 통해 커플에게 주어지는 일련의 권리는 이 지위가 만들어진 이래 눈에 띄게 변화하지 않았다. 1999년 하와이의 호혜적 수혜자는 이 지위가 만들어질 때 있었던 것보다 적은 권리를 지니게 되었다. 주 정부 공무원의 호혜적 수혜자에게 의료 보험 혜택을 부여한 조항이 폐지된 것이다. 동성 커플에게 결혼 접근권을 부여하고자 하는 투쟁이 벨기에에서는 성공하고 프랑스에서는 지속되는 동안, 하와이의 이 대안적 지위는 막다른 길을 만드는 정치적 함정의 가능성이 실재함을 증명하며 그대로 남아 있었다.

앞서 지적한 것처럼 유럽에서 두드러졌던 또 다른 결혼 대안은 동거 커플의 인정이다. 그러나 이러한 전략은 그것대로 동거 커플과 결혼한 커플 사이의 완전한 평등을 막는 일련의 정치적 한계를 지닌다. 여러 유럽 국가에서 비혼 동거 커플에게는 결혼의 일부 권리, 혜택, 의무가 주어진다. 재산 분할, 불법 행위에 의한 사망 관련 소송, 상속, 위자료에 대한 이러한 권리는 때로는 법에 명시되어 있지만 대개는 정책 지침이나 규정, 법원 결정을 통해 주어진다.[50] 많은 동거 커플, 관련된 법원 판례, (매우 드물게) 직접적인 로비 활동의 존재는 유럽의 정책 입안자들이 관련 권리의 필요성을 유추하게 한다.

다만 이러한 평등화법이 진보적이기는 하지만 이들 국가는 동거를 결혼과 완전히 동일하게 만들기를 주저했다. 예컨대 동거하는 이들을 위한 권리는 공동 재산권, 상속권, 위자료권으로는 거의 확대되지 않는 듯하다.[51] 게다가 앞서 언급했던 것처럼 일부 사례에서 동거인들은 서로에게 권리뿐 아니라 의무를 지는 것으로 간주된다. 인구 통계학자 투리드 노아크(Turid Noack)는 노르웨이에서 동거를 정당화한 가장 흔한 사유 네 가지를 지적했다. 이는 "취약자를 보호할 필요성, 변화하는 가족 행동에 적응할 필요성, 전략적 행동 방지(예를 들어 사회 복지 혜택을 잃지 않으려고 비혼으로 남는 것), 결혼과 동거의 공정하지 않은 권리 및 혜택 차이 철폐"[52]다. 네 가지 이유 중 하나만이 형평성을 근거로 한다는 점을 유념해야 한다. 파트너 간에 내포된 상호 의무가 유럽에서 동거 커플의 관계를 공적으로 인정하는 중요한 이유가 될 터다.

동거 커플 인정은 이들에게 책임을 부과하는 것과 관련되기 때문에 동거에 따르는 권리 및 의무의 범위를 확대하는 것은 논란이 된다. 실제로 동거와 결혼의 지위를 똑같이 만드는 것은 국가로부터 어떤 대우를 받고 싶은지 선택할 권한을 제거하는 것이기도 하다. 유럽과 캐나다의 정책 입안자들은 형평성과 자율성 사이의 이러한 상충 관계에 민감하다.[53] 노아크는 노르웨이동거커플위원회와 동거 이성 커플에 대한 자발적 등록 시스템과 의무적 등록 시스템을 모두 거부한 위원회 결정에 대해 설명한다.[54] 2장에서 일부 동성 커플이 말했던 것처럼 특히 자신들의 사적인 관계에 국가가 연관되기를 원치 않기 때문에 결혼을 거부하는 커플에게 비혼 관계에 대한 국가의 개입은 침해로 여겨지거나 반감을 줄 수 있다.

결국 관계 인정에 있어 형평성을 지침으로 활용하는 것은 큰 난제에 맞닥뜨릴 수 있고, 정책 입안자들은 이를 해결하고자 공평함과 여타 우려 사이의 균형을 맞춰야 한다. 나는 정책 입안자들이 맞닥뜨리는 이러한 일련의 난제를 참여-비참여의 딜레마라고 부른다.

- 결혼 또는 대안적 등록 절차를 통해 권리 및 의무를 부여하는 참여 전략은 너무 적은 이들만 포함한다. 일부 커플(또는 기타 가족 형태)은 결혼하거나 등록하지 않는 한 언제나 제도에 포함되지 않을 것이다. 그리고 다음 절에서 보는 것처럼 이러한 커플이 많을 수도 있다.
- 사실혼 관계 또는 결혼하지 않기로 선택한 동거 커플에게 권리를 부여하는 비참여 전략은 과대 포함의 위험성이 있다. 이러한 커플 가운데 일부는 결혼하지 않음으로써 의식적으로 피하고자 했을 권리와 의무를 부과받을 것이다. 즉 이들은 진정으로 비참여할 권한을 잃는다.

나는 이런 식으로 딜레마를 구성하는 것이 동성 커플의 결혼 평등 논쟁에서 결혼 대안의 역할을 명확히 하는 것에 도움이 된다고 믿는다. 정책 입안자들은 심각하게 마찰을 일으킬 수 있는 자율성, 선택, 사생활이라는 여타 가치들과 맞닥뜨리지 않고는 형평성을 하나의 목표로 추구할 수 없다. 동성 커플의 평등에 현저히 미치지 못하는 결혼 대안의 정치적 함정과 이러한 상충 관계를 합쳐서 생각하면 어떠한 대안도 만족스러울 수 없다는 점이 보인다. 대안 옹호자들이 선의를 가지고(또는 갖지 않고) 동성 커플의 욕구를 고려할 수는 있어도, 정치의 영역에서 이러한 대안은 장기적으로는 동성 커플이 완전한 평등에 이르는 걸림돌이 되는 식으로 전략적으로 공작되거나 정치적 한계 요인이 될 것이다.

결혼 대안에 대한 수요가 존재하는가

결혼 대안의 의미와 가치를 평가하는 한 가지 중요한 방법은 더 큰 범위에서 누가 말하고 어떻게 행동하는지 살펴보는 것이다. 3장에서 네덜란드 커플은 여러 네덜란드 게이, 레즈비언 커플에게 파트너십 등록제가 결혼 평등을 향한 길에 도움이 되는 디딤돌이었지만 일단 결혼이 가능해지자 파트너십 등록제의 중요성은 "고작 이것"으로 전락했다고 말했다.

불행히도 우리에게는 커플과 기타 가족 유형이 대안적 지위를 어떻게 보는지에 대한 직접적인 증거가 거의 없다. 정치적 논쟁에서 형평성 논쟁의 대부분은 극소수 동성애자 활동가나 반동성애 활동가로부터 온다. 동성애자 활동가 대부분에게는 기타 가족 유형을 위한 이타주의와 진정한 관심이라는 동기가 있지만 이들은 이 논쟁에서 정작 모습을 거의 보이지 않는 기타 가족 구조의 당사자들을 대신하여 말한다. 여기서 위험은 목소리 높은 활동가들이 자신들이 대변하는 사람들의 진정한 욕구와 바람을 포착하지 못한다는 점이다.

만약 활동가들이 심각하게 충족되지 못하는 욕구에 다가가고 있다면 사람들이 새로운 선택지를 활용하는 모습을 볼 것이다. 그러나 3장에서 유럽에서조차 성애적 커플은 공식적 선택지가 있다면 대개 결혼을 선택한다. 현재까지의 증거를 보면 비성애적 커플들에게도 대안적 지위에 대한 수요는 아주 적다.

버몬트와 하와이는 비성애적 커플을 위한 호혜적 수혜자 지위를 제공하지만 이는 실제로 그리 인기가 높지 않다. 법안이 통과되고 7년 동안 버몬트에서 호혜적 수혜자로 등록한 사람은 한 명도 없었다.[55] 버몬트시민결합검토위원회(Vermont Civil Union Review Commission)는 호혜적 수혜자가 노인에게 확대되어야 할지를 논의하기 위해 노인층을 위한 로비 단체를 초청했지만 어느 단체도 증언하지 않았다.[56]

하와이는 호혜적 수혜자 가운데 어느 정도가 동성 커플이고 어느 정도가 기타 가족 유형인지 추적하지 않았다. 그러나 6년 동안 823쌍이라는 적은 수가 등록했다는 점과 동성 커플을 위한 다른 선택지의 부족을 감안하면 823쌍의 대다수가 동성 커플일 것이다. 게다가 2000년 총조사에 따르면 하와이에서는 동성 커플 2389쌍이 있는 것으로 조사되어 호혜적 수혜자 823쌍이 대개 동성 커플이라는 추측이 그럴듯하며, 이들이 모두 동성 커플이라고 해도 호혜적 수혜자 제도를 활용하는 이들은 최대 34%에 그친다는 사실을 보여 준다.

결혼 외 지위에 대한 수요가 동성 커플은 물론 동성 커플이 아닌 커플들에게도 이리도 낮은 이유는 뭘까? 여기에는 몇 가지 가능성이 있다. 비록 하와이와 버몬트에서 최근 몇 년 동안 결혼 외 지위라는 선택지가 가능해졌고 이 선택지가 동성 결혼에 대한 상당히 가시적인 논쟁과 함께 만들어졌음에도 이러한 선택지가 가능하다는 사실을 많은 이들이 인식하지 못할 수 있다. 다만 일부 증거를 보면 사람들은 이 선택지에 대해 알면서도 등록하지 않기로 결정하는 것 같다. 버몬트 주 보건부는 부서의 호혜적 수혜자 웹페이지의 방문자 수와 이 지위를 설명하는 홍보물의 다운로드 수를 추적했다. 2006년에 1000여 명이 이 정보를 검토하고 다운로드했지만 어떤 이유에서인지 호혜적 수혜자 지위는 그들이 신청할 만한 것이 아니라고 결정한 셈이다.[57]

결과적으로 3장에서 논의한 것처럼 원칙에 입각한 대안은 현실적 수준에서든 상징적 수준에서든 그리 매력적이지 않다고 보는 편이 타당하다. 몇 가지 현실적인 이유는 간단하다. 이미 법적으로 친척 관계인 사람들은 친척 관계인 가족 구성원에 대해 특정한 상속권과 의료 결정권이 있고, 이는 호혜적 수혜자 등록에 대한 수요를 감소시킬 것이다. 따라서 많은 커플에게 호혜적 수혜자 지위의 혜택은 작아 보이는 데다 그것의 잠재적 불이익은 미지수다.

결혼을 선택할 완전한 자유

여러 기타 유형의 커플 및 가족이 공식적인 결혼 대안을 위해 로비를 하고 혜택을 받는다 해도 동성 커플은 하나의 중요한 측면에서 여전히 불공정하게 대우받는다. 동성 커플은 결혼 선택권 없이는 이성 커플에게 가능한 것과는 다른 선택지를 맞닥뜨리고 이

등 시민의 지위로 남게 된다. 이 장에서 내가 주장했듯이 대안의 실체를 살펴보면 대안이 동성 커플에게 '충분히' 평등한 방식이 될 수 있다는 주장은 성립되지 않는다. 대안은 대개 결혼과 구분 짓기 위해 설계되었고, 이러한 차이는 고의적이다. 즉 이는 이성애자들을 달래고 동성 커플을 동등하지 않게 두려는 의도다. 또한 이러한 대안이 자율성과의 상충 관계나 같은 지위를 공유하는 아주 다른 유형 커플의 요구 때문에 더 제한된다면 대안의 전략적 선택 때문에 동성 커플의 희망이 후퇴할 수도 있다.

이러한 대안이 어떠한 커플 유형에도 딱히 들어맞지 않는다는 것은 확실하다. 우리는 유용한 것을 더 잘 설계하기 위해 기타 유형의 가족이 법적 관점에서 무엇을 원하는지 파악할 필요가 있다. 정책 입안자들이 딱 맞는 권리와 의무의 조합을 생각해 내기 위해서는 기타 유형의 가족에 대한 더 많은 연구와 그들의 더 많은 정치 참여가 필요하다.

다만 유럽의 경험은 다소 결이 다르며 잠재적으로 더욱 흥미로운 가족 정책 의제를 시사한다. 결혼 평등 운동의 공식적 목표는 동성 커플에게 이성 커플과 동일한 결혼권, 즉 결혼 선택의 자유를 주는 것이다. 하지만 일각에서는 결혼이 제공하는 사회적·개인적 가치가 무엇이든 간에 이 '선택'이 순수한 선호인지에 의문을 던졌다.[58] 대신에 어떤 면에서는 결혼한 커플에게 주어지는 법적·재정적 혜택의 필요성이 결혼이라는 선택을 유도하거나 강제할 수도 있다. 이 관점에서 어떤 커플에게는 결혼의 혜택이 당근이 될 수도 있고, 결혼을 선택하지 않았을 다른 커플에게는 채찍이 될 수도 있다.

정책 입안자들이 커플이 강압에 의하지 않고 자유롭게 결혼하도록 권장하고자 한다면 먼저 동성 커플에게 결혼을 개방해야 할 것이다. 결혼은 아니지만 커플 관계의 종결 시 일부 법적 보호 정도를 보장받고 싶어 하는 이들은 동거 계약서 또는 동거 커플의 위자료 및 재산 분할에 대한 규칙을 만들 수도 있고, 이 규칙은 미국법률협회(American Law Institute)의 제안을 따를 수 있다.(물론 이성 커플뿐아니라 동성 커플도 이러한 가능성을 적용할 수 있다.) 미국의 정책 맥락에서 진정한 결혼의 자유에는 결혼이나 고용과 상관없이 의료 보험 혜택의 제공 또한 요구된다.

완전한 결혼의 자유를 뒷받침하는 하나하나의 정책 의제가 형평성의 원칙뿐 아니라 선택의 자유의 원칙을 발전시키기 위해 한꺼번에 실현될 필요는 없다. 미국에서 가족 인정에 대한 건전한 공론의 장을 연 것은 동성 결혼 논쟁이지만 동성 커플이 형평성의 원칙 때문에 모든 기타 가족 유형이 인정될 때까지 평등을 위한 투쟁을 중단하도록 해서는 안 된다. 특히 이들 기타 가족 유형 구성원의 일부가 공식 인정을 그리 원하지 않는다면 말이다. 스칸디나비아 국가에서 동성애자가 결혼을 파괴한다는 주장이 불공정하고 옳지 않은 방식으로 동성 커플을 희생양 삼았던 것처럼 결혼에 대한 일련의 새로운 대안이 성립할 때까지 동성 커플의 결혼권을 미루어야 한다는 요구도 불공정하다.

유럽에서 동성 커플의 권리와 기타 유형의 가족 및 개인의 욕구에 대한 인정의 확대는 대개 뚜렷한 필연적 순서 없이 점진적으로 일어났다. 서로 다른 가족 유형 당사자들의 서로 다른 욕구와 바람을 감안할 때 이는 일리가 있다. 현실 정치는 게이, 레즈비언 커플과 관련된 유럽의 일부 의제를 형성했고, 대개의 국가에서 결혼을 개방하지 않기 위해 동성 커플을 위한 새로운 지위를 만들어 냈다. 미국은 새로운 지위를 실험한 이들 국가의 경험으로부터 배울 수 있다. 결혼 대안은 동성 커플의 평등으로 반드시 이어지지는 않았고, 형평성에 대한 우려는 정책 입안자들을 막다른 길로 이끌 수 있다. 평등을 막고자 혈안이 되어 있는 이들이 정책 입안자들을 몰아갈 때 특히 그렇다.

9장
변화의 속도: 우리가 너무 빨리 나아가고 있는가

　사회적·법적 제도로서 결혼의 긴 수명과 적응성을 감안하면 1989년부터 유럽에서 동성 커플이 결혼에 빠르게 포함되기 시작했다는 점은 괄목할 만한 동시에 자연스러워 보인다. 이전 장들에서는 결혼 제도에서의 변화와 결혼하기를 원하는 동성 커플의 등장이 어떻게 서로를 결합했는지 볼 수 있었다. 2007년 현재 유럽 연합 거주자의 62%가 동성 커플에게 공적인 법적 인정(결혼이든 법적으로 비슷한 다른 것이든)을 부여하는 국가에서 살아간다. 결혼 권리에서의 평등 원칙이 완만하지만 꾸준히 퍼졌다는 점은 유럽에서 동성 커플에게 결혼을 개방한 시기가 무르익었음을 시사한다.

　반면에 2008년 8월 기준으로 미국 인구의 21%만이 동성 커플에게 결혼의 대부분 또는 모든 권리를 주는 주에서 살아간다. 미국에서 변화의 속도가 더 느리고 동성 결혼이라는 관념에 조직화된 저항이 일어난다는 점은 일부 관찰자에게 아직 준비가 덜 된 것 같다는 느낌을 준다. 천천히 가라는 정치적 조언 또한 동성애자 평등의 원칙을 지지하는 연대의 일부를 포함한 여러 방면에서 나온다. 랍비 마이클 러너(Michael Lerner)는 지적한다. "사실 게이, 레즈비언의 동등한 권리를 믿는 수백만 명의 사람이 있다. 하지만 이들도 결혼에는 선을 긋는다."[1]

결혼의 대안을 도입하는 것에서 시작하는 평등에 대한 점진적 접근 방식은 사람들이 동성 결혼이라는 관념에 익숙해지도록 시간을 주고 언젠가는 결혼 자체를 개방하는 데도 이를 것이다. 혹자는 유럽의 파트너십 등록제의 창안이 '시민 결합'이라는 다른 이름이 유명해진 미국에 필요한 일종의 타협이라고 지적했다. 공동체주의 사상가인 아미타이 에치오니(Amitai Etzioni)는 양측 옹호자들의 양립 불가능한 세계관을 감안하면 시민 결합은 유용한 타협점이라고 보았다. "이러한 절충이 모든 세계(관)에서 최선은 아니지만 이는 역사의 현 단계에서 우리 사회가 얻을 수 있는 최고치다."[2]라고 그는 주장했다. 8장에서는 미국이 동성 커플의 요구에 대한 해답을 결혼의 대안 추구에서 얻어야 하는지를 상세히 살펴보았다. 이 장에서 볼 것처럼 유럽에서는 대안적인 접근법조차 미국에서 제시된 대안보다 더 빠르게 멀리까지 진행되었다.

천천히 가며 절충하자는 압박과 더불어 조지 W. 부시 대통령 등이 대중 의견과 보조를 맞추지 않는다고 여겨지는 '활동가 판사'에 대해 표현한 분노에서 우리는 변화의 속도에 대한 우려를 본다. 2000년 시민 결합의 창안으로 이어진 버몬트 주 대법원 판결이나

2004년 초 동성 커플이 결혼하도록 허용한 매사추세츠 주 대법원처럼 사법 과정은 게이, 레즈비언, 양성애자의 시민적 권리 인정을 향해 점진적으로 진화하던 움직임을 극적인 새로운 "단절적 균형"* 으로 불쑥 변화시켜 온 것처럼 보인다.(반대자들은 여전히 캘리포니아 주 대법원의 2008년 결혼 판결을 사법 적극주의라고 부른다. 심지어 이 결정이 입법을 통해 제정된 등록 가정 동반자 제도와 결혼 평등법이 한 번이 아니라 두 번씩이나 통과한 8년 후 내려졌음에도 말이다.)

당연하게도 미국인들은 동성 커플의 법적 권리와 관련된 변화 속도에 대해 합의한 바가 없다. 누구에게 물어보느냐에 따라 일은 너무 느리게 움직이거나 너무 빠르게 움직이거나 아니면 얼추 적당하다. 만약 지난 18년 동안 변화가 더 점진적으로 일어난 것처럼 보이는 유럽의 척도로 미국의 변화 속도를 재면 어떨까? 유럽을 자세히 들여다보면 그곳에서 어떻게 그리고 왜 법이 바뀌었는지를 짐작할 수 있다. 이 장에서는 1990년대 동성 커플을 인정한 선구적인 국가들과 2000년 이후의 2차 도입국들을 통해 법의 변화를 예측하는 핵심 요소를 밝힌다. 이러한 요소를 통해 우리는 다음과 같은 미국에 더 잘 맞는 질문을 할 수 있다. 동성 커플에게 법적 지위를 부여하는 속도와 과정에 있어 미국이 정말로 유럽과 다른가? 아마 놀랍게 유럽의 변화를 예측한 동일한 요소들을 50개의 미국 주에 적용해 보면 두 대륙에서 변화가 상당히 비슷한 온건한 속도로 일어난

---

* 안정적으로 유지되어 온 정책 또는 제도가 결정적 전환점에 이른 특정 시점에서 급격히 변한 후의 새로운 균형 상태.

다는 점을 알 수 있다.

어떻게 그리고 어째서 유럽에서 변화가 발생했는가

몇 년 전에 네덜란드의 동성애자 신문《더 게이 크란트》는 네덜란드 동성 커플을 위한 "시민 결혼의 개방"[3]을 향한 1980년대부터의 긴 여정을 개괄하는 소책자를 발간했다.[4] 다른 나라의 활동가를 위한 이러한 노하우 가이드는 네덜란드에서 벌어진 투쟁의 성공과 관련된 몇 가지 중요 요소들을 강조했다.

• (결혼에 대해 열정적이지 않았던 게이, 레즈비언 활동가 단체보다는) 이 신문을 중심으로 헌신적인 동성애자 활동가 그룹이 형성되었다.

• 동성애자임을 커밍아웃한 네덜란드 의회의 진보적 의원들이 전략을 짜고 활동가들의 노력을 뒷받침했다.

• 풀뿌리 활동가들이 파트너 등록제를 만들도록 지방 자치 단체를 압박하여 동성 커플 관련 쟁점에 대한 대중의 의식을 제고했다.

• 동성 커플에 대한 대중적 지지가 이미 강했고 더 강해졌다. 1990년대에 이미 대다수 네덜란드인 동성 커플의 동등한 권리를 지지했다. 1995년에는 73%의 대중이 동성 결혼에 동의했다.

• 마지막으로 기독교민주당을 제외한 연립 정부의 설립이 파트너십 등록제와 최종적으로는 결혼 평등을 향한 여정을 도왔다. 비록 관료제의 타성 때문에 최후의 변화를 위해 몇 년을 기다려야 했지만 말이다.

8장에서 언급한 것처럼 법학자 케이스 발데익은 동성 파트너십 등록법의 통과를 설명하기 위해 네덜란드의 역사적 과정을 '작은 변화의 법칙'으로 명료하게 정리하였다.[5] 각 단계에서 동성애자들은 평등에 더 가까이 다가섰고 게이, 레즈비언은 법적으로 불평등하게 대우받아야 한다는 통념을 고쳐 나갔다. 하지만 남아 있는 격차는 반대자들을 달래는 일시적인 실질적·상징적 '동성애 규탄' 역시 제공했다.[6] 네덜란드 입법자들이 1998년에 파트너십 등록제를 제정한 후로는 동성 커플을 결혼에서 배제할 이유가 더 이상 남아 있지 않았다고 발데익은 결론지었다.

네덜란드 사례가 다른 국가의 활동가를 위한 정확한 지침은 아니지만 발데익의 접근법은 국가가 동성 커플의 권리를 어떻게 얻을 수 있을지를 설명하는 간명한 방식인 듯하다. 답은 점진이다. 다른 법학자 유벌 메린(Yuval Merin)은 이러한 점진적인 법적 변화는 심지어 파트너십 관련 법 통과를 목전에 둔 국가에도 필요하다고 주장한다.[7] 어떻게 더 큰 전략적 고려를 짤 것인가라는 전략적 질문 뒤에는, 왜 8개의 선구적 국가들이 20세기 후반까지 다른 국가는 돌파하지 못한 걸림돌을 돌파했는가의 질문이 자리해야 한다. 2001년 이래로 동성 커플에게 권리를 부여한 11개의 2차 도입국들은 어떤가? 다른 국가들과 미국의 주들은 필연적으로 선례를 따를까?

게이, 레즈비언 커플에 대한 결혼권 제공에 함의된 법적·사회적 변화의 종류에 대해 생각할 때 우리 마음에는 서로 다른 이미지가 떠오른다. 입법부의 질서 정연하고 합리적으로 보이는 심사숙고와 동성애자 권리 조직이나 보수적 교회의 떠들썩하고 열정적인 집회가 극명히 대조되는 것이다. 교회에서의 과열된 논쟁과 텔레비전에 비치는 건실한 동성 커플의 모습이 상상된다. 혹은 상대적으로 조용한 문화적 과정이 동성애에 대한 오래된 편견을 없애고 새로운 관념과 정책에 대한 개방성을 마련했을 수도 있다. 사실 변화를 연구하는 사람에게조차 정책 변화에 기여한 많은 요소는 구분하기 어렵고 다소 불가사의하다.

변화를 위한 실용적 압력

예를 들어 일부 경제학자는 결혼과 같은 한 국가의 공식적 법제도는 자원의 효과적 활용을 촉진하는 방식을 반영한다고 주장한다.[8] 이 맥락에서 결혼은 가족과 사회가 사람들의 삶을 더욱 생산적으로 조직하게 해 주는 아주 실용적인 계약이라고 해석될 수 있다. 내가 다른 장에서 기술한 것처럼 장기적 관계에 대한 약속과 관계 종결 시 재산 및 수입을 나누는 규칙은 결혼의 경제적·실용적 장점에 있어 주요 근거가 된다. 이 관점에 따르면 결혼은 여러 면에서 효율적인 가족, 나아가 효율적인 사회를 촉진한다.

• 노동의 전문화 촉진: 노벨상을 받은 경제학자 게리 베커(Gary Becker)는 결혼이 노동 분업을 촉진함으로써 가구의 능률을 증대한다고 주장한다. 이는 이성 커플에게는 남성이 주로 가정 밖에서 임금 노동을 하고, 여성은 주로 집안일을 맡는다는 것을 의미한다.[9] 이러한 종류의

전문화는 두 파트너가 음식과 행복, 여가, 학습, 삶의 기타 측면에서 모든 일을 하는 것보다 효율적으로 가족의 필요를 충족해 준다. 그럼에도 전문화는 개개인에게는 위험한데, 가정이 깨어지는 경우도 있기 때문이다. 베커의 이론에서 결혼으로 봉인된 장기적 약속은 두 배우자에게 안정성을 제공하고 전문화를 더욱 강화하는 데 중요하다.

• 거래 비용 감소: 로버트 폴락(Robert Pollak)은 결혼에는 커플의 법적 관계 협상과 관련된 시간과 돈의 거래 비용을 감소시키는 실질적인 가치가 있다고 주장했다.[10] 이러한 점에서 결혼은 누가 부부 재산을 갖고 자녀를 양육하는가를 명시하여 결혼이 사망이나 이혼으로 끝났을 때 어떻게 될지를 규정하는 하나의 표준 계약이다. 결혼의 장기적 속성은 커플이 상황 변화를 겪으면서 법적 관계의 조건을 재협상할 필요를 없애 준다.[11] 예컨대 가족 규모나 가족 재산이 증가할 수 있지만 그 증가에 적응하기 위해 근본적인 결혼 계약이 변할 필요는 없다.

• 사회 보장 제공: 또한 폴락은 결혼한 커플과 가족의 재산 및 수입의 공동 관리는 수확의 실패나 실업처럼 어려운 때를 대비한 보험을 제공한다고 기술했다. 고용된 사람은 필요한 경우 배우자를 재정적으로 지원할 법적 의무가 있고, 이는 많은 국가의 사회 복지 체계에 내재되어 있는 의무와 기대다.

• 헌신의 표지: 에스크리지는 결혼하겠다는 의지는 관계에 있어 헌신

의 중요한 표지라고 주장했다.[12] 결혼하겠다고 동의함으로써 각 파트너는 관계를 유지하겠다는 노력의 확대와 관계가 지속되리라는 가능성의 확대, 개개인의 선의에도 불구하고 관계가 끝나야 할 상황이라면 공정한 결말을 만들겠다는 동의를 표지한다.

• 규모의 경제: (성인 1명보다) 큰 가구 규모를 권장함으로써 결혼은 가족이 규모의 경제의 장점을 취하도록 돕는다.[13] 여기서 규모의 경제는 어떤 일에 시간과 여타 자원을 두 배로 투입하는 것이 가족 관련 재화 및 서비스의 산출에 있어 두 배 이상의 결과를 낳는 것을 의미한다. 예를 들어 혼자 사는 사람은 본인의 식사를 준비하는 데 30분이 필요하지만 같이 사는 두 사람이 식사를 준비할 때는 한 사람에게 45분 걸릴 것이고, 커플 차원에서는 15분을 아낄 수 있다.

• 돌봄 노동의 제공 촉진: 결혼이라는 약속의 장기성은 파트너가 서로를 돌보고, (자녀가 있다면) 자녀를 돌보면서 호혜와 이타주의를 촉진한다. 가족 내에서 행해지는 무급 노동은 인간의 건강한 생존을 위해 필수적이다.[14] 이 관점에서 '재생산'은 아기가 태어났다고 끝나지 않는다. 즉 가족은 인간이 지속적으로 재생산되는 공간이다.

효율적인 가족이 효율적인 사회를 만들기 때문에 정책 입안자들은 가족의 욕구에 주목함으로써 실용적인 이익을 얻을 수 있다. 가족과 가족의 욕구가 변화하고 여기에 동성 커플을 포함할 수 있으며 법은 변화해야 한다. 다만 욕구를 제도적 변화로 옮기는 실제 메커니즘은 경제학자의 이론에서 조금은 불분명하다. 한 가지 설명은 경제적 경쟁에서 승리하는 사회에 대한 진화론을 끌어온다. 정책 입안자들은 동성 커플에 대한 법적 불인정이 경제적 효율성을 감소시킴으로써 국가 경쟁력을 약화하리라 생각할 수도 있다.[15] 그러나 법에 의해 구성되는 가족의 종류와 실제로 존재하는 가족 사이의 긴장이 법과 사회적 관행의 보조를 맞추는 법적 변화를 만드는 정치적 행동으로 이어진다는 설명이 더 타당하다.[16]

어느 쪽이든 변화를 향한 최소한의 첫 번째 단계는 동성 커플의 존재를 인식하고, 동성 커플의 결혼 또는 결혼과 유사한 권리 및 의무에 대한 욕구를 인식할 것을 요구한다. 코네티컷 주 상원 의원이자 시민 결합에 찬성하는 표를 던진 공화당원 레너드 파사노(Leonard Fasano)는 최근 말했다. "오류가 존재하고, 우리의 관심을 끄는 문제가 존재한다. 우리는 그 때문에 생기는 모든 문제에 대해 우리가 어떻게 할 것이냐 하는 문제에 직면해 있다."[17] 우리는 이러한 관점을 통해 어느 국가가 동성 커플을 인정할지 예측할 수 있다. 만약 효율성 목표가 원동력이라면 게이, 레즈비언 인구의 가시성이 높은 국가는 개인적, 나아가 사회적인 행복과 경제적 생산성을 높이기 위해 동성 커플에게 결혼권을 제공할 터다.

그러나 효율성을 촉진하는 결혼의 가치와 관련한 또 다른 실용적인 문제들 역시 존재한다. 개인 또는 집단의 경제적 안녕에 결혼이 기여하는 바는 국가마다 다르다. 어떤 국가에서는 가족이 담당해 온 전통적인 경제적 책임의 일부를 국가가 실제로 넘겨받았다. 고스타 에스핑아네르센(Gosta Esping-Andersen)은 사회 보험과 연금, 자녀 돌봄, 여타 가족 욕구를 국가가 제공하는 것을 '탈가족화'라는 용어로 설명한다.[18] 또한 이전 장들에서 언급했던 것처럼 일부 국가는 세금이나 연금 혜택의 분배 등 어떤 목적에서는 동거 커플과 결혼한 커플을 비슷하게 대우한다. 이러한 곳에서 커플이나 개인에 대한 결혼의 경제적 영향력은 더 적을 수 있다.

결혼이 커플에게 경제적으로 덜 중요하면 국가가 동성 커플에게 결혼권을 제공하는 실용적 이익은 어느 정도 감소할 수 있다. 한편 경제적으로 효율적인 가족을 만드는 데 있어 결혼의 실용적 가치가 줄어든다면 동성 커플에 의한 변화의 요구는 감소할 듯하다. 비슷하게 동성 커플이 다른 비혼 커플과 동일하게 대우받는 한 국가의 입장에서도 탈가족화 정책은 커플과 그들 자녀의 복지를 증진하는 실질적인 혜택을 낳기 위해 결혼에 동성 커플을 포함할 필요를 감소시킨다.

다른 한편으로는 국가가 어떤 점에서 결혼한 커플을 계속 우대하는 한(예컨대 배우자의 상속세 탕감) 그리고 결혼의 다른 계약적 요소가 커플에게 의미를 갖는 한(결혼이 끝났을 때 재산 분배에 대한 규칙 등) 결혼은 여전히 커플의 복지를 증진할 것이다. 2장에서 논한 것처럼 네덜란드 커플들은 이러한 실용적인 결혼의 양상을 인지하고 가치를 두었다. 따라서 이러한 관점에서 발생하는 함의는 모호하다. 개개인에게 가치 있는 사회 복지를 제공하는 국가는 개인의 욕구에 대해 가족에 더 크게 의존하는 국가들보다 동성 커플을 더 인정할 수도 덜 인정할 수도 있다.

변화를 위한 정치적 압력

실용적 문제에 주목하는 것이 누가 결혼할 수 있는지의 문제에서 변화를 추동했으리라 주장하는 이들과는 대조적으로 일부 학자는 법 제도는 자원의 분배 방식과 밀접하게 연결된다고 기술한다. 실용적 효용성에 대한 우려와 관련된 파이의 '크기'와는 달리, 경제적·사회적 파이의 '분배'에 주목하는 것은 법과 여타 사회적 제도를 형성할 때 실용성 및 효율성보다 권력과 정치적 경쟁이 더욱 중요함을 의미한다.

경제학자와 정치학자, 사회학자는 법이 종종 한 집단에게 다른 사회 집단보다 큰 혜택을 준다고 기술한다.[19] 결혼법을 포함하여 법에서의 변화는 한 집단보다 다른 집단을 우대하는 기존 제도를 변화시키고자 하는 욕구에 의해 추동될 수 있는데, 이 경우에는 법이 게이, 레즈비언 커플보다 이성 커플의 편을 든다. 이 관점에서 법의 변화를 이해하는 데 있어 권력 있는 집단의 태도 변화 또는 정치권력자들의 변화가 경제적 효율성보다 중요하다. 미국 전역의 동성애자 관련 법령에 대한 연구는 동성애에 대한 상대적 정치력과 태도가 논쟁의 양상에 대한 중요한 예측 변수라고 시사한다.[20]

이 사례에서 반대자들은 무엇에 관해 싸우는가? 구체적인 경제적 이해관계를 밝히기는 어렵다. 동성 커플에게 결혼 접근권을 부여하는 것은 경제학자들이 파레토 개선(Pareto-improving)* 정책이라고 부르는 것의 고전적 예시다. 즉 동성 커플에게 결혼을 개방함으로써, 누군가는 경제적으로 혜택을 볼지언정 아무도 경제적으로 손해를 보지 않는다.[21] 이전 장들에서 기술한 것처럼 결혼은 일부 결혼한 커플에게 재정적 혜택을 주는 권리와 함께 오지만 동시에 재정적 의무와 관련된 책임도 함께 온다. 놀랍지 않게도 미국에서의 연구는 동성 커플에게 결혼권을 부여하면 연방 예산이 1년에 거의 10억 달러, 주 수준에서는 수백만 달러 늘어나리라고 밝혔다.[22]

그러나 일부 집단은 동성 커플이 결혼하는 것을 반대함으로써 문화적·정치적 의미에서 혜택을 볼 수 있다. 예를 들어 가톨릭교회는 전 세계에서 동성 커플에 대한 인정을 어떤 식으로든 확대하는 데 강력하게 반대하는 입장을 취하고 있다.[23] 미국에서 보수 이익 단체는 동성 결혼에 대한 싸움을 기금을 모으는 기회로 삼는 등 동성애자 권리 이슈에 대한 정치적 분쟁을 오랫동안 이용해 왔다.[24] 개인적 수준에서 동성애가 죄라는 전통적인 종교적 신념에 동조하는 사람은 국가가 이 관계를 인가 및 보호하는 것을 불편해할 수 있고, 동성 커플에게 결혼의 권리를 부여하는 데 반대할 수 있다.

윌리엄 에스크리지는 동성 커플과 관련된 법을 변화시키는 과정은 정치적 변화와 문화적 변화의 복잡한 조합일 것이라고 말한다.[25] 에스크리지는 동성애 혐오적 태도의 쇠퇴는 게이, 레즈비언에

---

* 누구의 이익도 감소시키지 않고 최소한 한 사람 이상의 이익을 증가시킴으로써 최적의 배분 상태를 이루는 것을 말한다.

게 더욱 자유주의적인 사회적 환경을 만든다고 주장한다. 또한 이러한 환경 변화는 동성애자가 커밍아웃을 하고 정치적으로 조직화하도록 권장한다. 커밍아웃과 정치 조직화는 동성애 혐오를 영속화하는 고정 관념과 잘못된 정보를 바로잡는 더 많은 정보를 제공함으로써 동성애 혐오를 감소시키고 일부 법적 영역에서 동성애자와 동성 커플의 평등에 이르는 법적 진보에 기여한다. 또 이러한 진보적인 새 법은 변화의 순환을 영구화한다.

그렇다면 다양한 정치적·문화적 관점에서 우리는 두 종류의 정치적 변화가 발생할 때 정부가 결혼의 권리 및 의무를 동성 커플에게 개방하는 것을 목도할 터다. 첫째, 동성 커플의 결혼 허용을 지지하는 집단이 정치적 힘이나 사회적 협상력을 얻는다. 진보 정당이나 동성애자 사회 운동 단체의 영향력 증가, 종교적 조직의 영향력 쇠퇴 모두 법이 동성 커플을 더욱 인정하도록 할 것이다. 둘째, 정치적 권력을 유지하는 이들의 이해와 목표가 변화한다. 시간이 흐르면서 엘리트와 대중 일반에 대한 동성애나 결혼과 관련된 사회적 규범의 제약이 줄어든다면 동성 관계를 인정하는 법이 생길 터다.

국가 비교: 첫인상

현실 세계를 관찰하며 변화의 기저 요인을 알아내는 주요 방법은 비교다.[26] 변화와 새로운 법 통과의 관련성을 탐구하기 위해 학자들은 때때로 한 국가 내의 서로 다른 시점에 나타난 문화적·사회적·경제적 변화들을 비교한다.[27] 또 하나의 접근법은 차이를 추적하거나 측정하는 다소 더 넓은 방식을 사용하여 파트너십 제도나 결혼이 있는 국가와 이러한 법이 없는 국가를 비교하고 경험을 대조하는 것이다. 만약 비슷한 법이 있는 국가에 공통된 특정 요소가 있고 특히 서로 다른 법을 시행하는 국가들이 해당 요소를 공유하지 않는다면 이러한 특징은 변화의 실제 원인의 후보가 될 터다.

여기서 나는 서로 다른 국가들의 경험을 병렬하여 왜 일부 국가는 동성 커플에게 법적 권리를 부여하고 다른 국가는 부여하지 않는지 이해하도록 도울 공통점과 차이점을 살펴볼 것이다. 1차 도입국인 8개 국가와 다른 국가를 비교하면 변화를 설명할 수 있는 일련의 요소가 보인다. 최근의 변화 덕분에 나는 2007년 파트너십 등록법이 도입된 19개 국가 집단에서 몇 개 국가를 선택하여 사회 과학자들이 개발한 양적·질적 도구를 활용하여 동성 커플이 공적인 법적 지위를 선택하도록 허용하지 않은 다른 유럽 및 북미 국가(호주도 포함)와 비교할 수 있었다. 이 비교에서는 동성 커플에게 권리를 부여하는 것과 관련하여 종교의 역할, 정치적 이데올로기, 정당, 레즈비언·게이 사회 운동, 동성애자의 가시성, 가족 역학을 평가했다.

동성 커플을 위한 파트너십 등록제를 만든 첫 4개 국가는 스칸디나비아 국가다. 1989년 덴마크가 선구자였고, 노르웨이(1993), 스웨덴(1994), 아이슬란드(1996)가 뒤따랐다. 네덜란드는 북유럽 외의 국가 가운데 처음으로 1998년에 동성 커플의(이 경우에는 이성 커플도) 파트너십 등록을 허용했다. 3년 후 네덜란드는 동성 커플에게 결혼을 허용한 첫 번째 국가가 되었다. 벨기에는 네덜란드와 같은 길을 가서 우선 1998년에 동성 커플과 이성 커플에게 파트너십 등록제를 제공했고 2003년에 동성 커플에게 결혼을 개방했다. 프랑스는 동성 커플과 이성 커플을 위해 사회 연대 계약을 제정했고, 독일은 2001년 동성 커플이 생애 동반자로 등록하도록 허용했다.

우리는 이러한 국가 목록을 훑어보는 것만으로도 동성 커플 인정의 기저에 있는 일부 공통된 요소와 일부 차별되는 요소를 알 수 있다. 8개 국가는 의회 민주주의를 채택했고 가족 정책을 국가 차원에서 설정한다. 또한 동성 커플에게 결혼권을 제공하기까지 펼쳐진 논의는 정책 변화를 가능하게 한 공통의 기저 근거와 조건을 보여 준다.[28]

다만 문화적·역사적 차이는 여느 국가의 정치적 논쟁이나 정책 기획에 독특한 색채를 입힌다. 이러한 넓은 문화적 차이는 쉬운 비교를 가능케 하는 양적 조건으로는 포착하기 어렵다. 예를 들어 노르딕 국가는 시민의 사회 복지에 대한 평등한 접근법으로 유명한데, 그중에서도 각 국가마다 서로 다른 일련의 특성을 보인다.[29] 네덜란드는 소수자 집단, 특히 동성애자에 대한 관용의 역사를 중요시하고, 동성 결혼은 이 논리적 역사의 연속선에 놓인다. 국가 간 공통적으로 보이는 요소들조차 서로 다른 국가의 맥락에서 다른 의미를 띨 수 있다. 예컨대 누군가는 프랑스 사회당이 동성애 혐오적이라고 말하는 것처럼 어떤 나라에서는 좌파 정당이 동성애 혐오적일 수도 있고,[30] 독일 녹색당처럼 동성 커플에 대해 매우 지지적일

수 있다.[31]

조직화된 전국적 게이, 레즈비언 운동

각국에서 조직화된 전국적 게이, 레즈비언 운동이 동성 커플에게 결혼권이 주어지거나 적어도 기혼 또는 비혼 이성 커플과 동일한 권리의 일부를 얻어야 한다는 관념의 씨앗을 부리고 싹틔웠다. 이러한 조직은 몇몇 국가에서 긴 역사를 지닌다. 노르웨이와 덴마크에서는 기원이 1948년까지 거슬러 올라가고,[32] 네덜란드 COC의 기원은 1946년까지 거슬러 올라간다.[33] 덴마크게이레즈비언전국연합(Danish National Association for Gays and Lesbians)은 일찍이 1984년에 커플에게 권리를 부여하는 법을 제안했다.[34]

일부 국가의 경우 조직화된 게이, 레즈비언 정치 운동 내에서 결혼 접근권을 얻는 것이 중요한, 심지어 바람직한 목표인지에 대한 합의가 존재하지 않았다. 예를 들어 네덜란드 COC는 결혼 운동 조직화 및 로비의 중심에 있던 신문인 《더 게이 크란트》의 정치적 노력에 즉시 합류하지 않았다. 왜냐하면 COC의 지도자들은 커플의 권리보다는 개개인의 권리문제에 우선순위를 두었기 때문이다.[35] 노르웨이와 덴마크의 일부 동성애자 활동가 또한 이성애적 삶의 핵심부에 있는 이 제도를 다루는 데 양가감정을 표현했다.[36]

중요한 전조의 존재

8개의 1차 도입국 대부분이 파트너십 등록법을 통과시켰을 즈음에 이미 게이, 레즈비언에게 중요한 권리 일부를 부여하는 법을 통과시켰다. 이러한 전조는 앞서 언급한 유벌 메린의 생각이나 케이스 발데익의 "작은 변화의 법칙"과 들어맞는다. 그러나 발데익(그리고 메린)은 또한 작은 변화의 패턴은 완전히 일관적이지 않다고 기술했다.[37] 일부 국가(독일과 벨기에)에서는 전국적인 차별 금지법 없이 파트너십을 인정했고, 전조가 있었던 일부 국가는 2차 도입 시기의 훨씬 늦게까지 파트너십 등록법을 제정하지 않았다. (룩셈부르크, 슬로베니아, 스위스, 체코) 이러한 공통 전조는 각 국가가 파트너십 등록법을 제정한 이유에 대해서는 별 설명이 되지 않을 수도 있다. 동일한 요소 중 일부가 차별 금지법 그리고 파트너십 등록법의 통과에 영향을 미쳤을 수 있기 때문이다.

공통된 실용적 기원

또한 커플을 위한 권리를 추구하는 것, 특히 동성 커플이 가족을 강화하고 뒷받침하는 권리 및 혜택에 대한 접근권을 얻기 위해 필요한 인정을 향한 정치적 원동력은 여러 국가에서 몇 가지 공통적 기원을 지닌다. 놀랍지 않게도 에이즈 위기는 일부 지역에서 게이 남성 커플이 처한 불평등한 상황의 취약점을 구체적으로 보여 주었다.[38]

몇몇 국가에서는 파트너십 인정 및 적절한 정책의 필요성을 연구하는 위원회가 설치되었는데, 이는 법에 대한 분석 틀과 최종적인 법에 대한 합의를 이끌어 내는 수단을 제공했다. 실제로 덴마크의 법은 1984년의 위원회 보고서 이후에 나왔다.[39] 스웨덴은 동성애자와 관련된 정책을 연구하기 위해 몇 가지 위원회를 제정하여 1977년 처음으로 소집하였고,[40] 1993년에 파트너십 등록법을 권고하였다.[41] 네덜란드의 위원회는 1992년 덴마크 모델과 비슷한 파트너십 등록법을 권고했고, 이후 결혼 개방에 대한 1997년 보고서를 작성했다.[42] 프랑스의 하우저(Hauser)위원회는 최종적인 시민 연대 계약과는 다소 다른 커플 인정 형태를 권고했다.[43]

진보 정부의 중요성

대개의 경우 파트너십 등록법은 진보 정당이 다수당일 때 의회에서 통과되었다. 진보 정당과 파트너십 등록법 사이의 연관성은 두드러진다. 1차 도입국과 2차 도입국 모두 파트너십에 대한 논의는 대개 보수 정부가 권력을 잡고 있을 때 시작되었지만 긍정적인 조치는 정권이 바뀐 후에야 나왔다.

- 노르웨이는 1989년 중도·우파의 연합 아래에서 논의를 시작했지만 법안은 결국 1993년 노동당의 지지로 통과되었다.[44]
- 프랑스 사회당은 1990년 파트너십 등록법을 처음 소개했지만 정당이 권력을 잡은 1999년에야 통과시킬 수 있었다.[45] 보리요에 따르면 시민 연대 계약을 둘러싼 논쟁은 고전적인 좌우 쟁점이 되었다.[46]
- 네덜란드에서 파트너십 등록법은 1994년 이후 기독교민주당이 정권을 잡지 않았을 때에야 진전되었다.[47] 좌파 정부의 지원과 1998년

정부를 구성한 연정 합의에서 결혼 평등을 포함하는 것을 추진한 커밍아웃한 동성애자 의원 보리스 디트리흐(Boris Dittrich)의 리더십 덕에 의회는 결혼 개방을 통과시켰다.[48]

• 독일 의회 좌파 정당의 의원들이 1982년 커플 권리를 부여하는 법안을 도입했지만 사회민주당과 녹색당의 연정이 1998년 권력을 얻기 전까지 법안은 성과를 보지 못했다.[49] 사실 이들 국가에서 친동성애 정당은 동성 커플에게 권리를 부여한다는 공약을 종종 선전하였다.

• 2004년 3월 선거에 이긴 후 스페인의 새로운 사회주의자 총리 호세 루이스 로드리게스 사파테로(José Luis Rodríguez Zapatero)는 동성 커플에게 결혼권을 부여하는 것을 지원하겠다고 발표했고, 이는 2005년에 성취되었다.

위 패턴에서 명백한 예외를 보이는 나라조차도 보수 정부는 이러한 법에 대체로 호의적이지 않다는 예상과는 일치한다. 진보 정부 모형에 있어 중요한 한 가지 예외는 선구적인 덴마크다. 1989년 덴마크는 보수당이 이끄는 연정에 의해 통치되었지만 연정은 오랫동안 파트너십 등록법을 찬성해 온 정당들을 포함했고, 파트너십 등록법에 대해 공식적인 입장을 취하지는 않았다.[50] 그러나 정당의 중요성은 때때로 정당이 의원들로 하여금 덴마크처럼 '자유 투표'에서 양심에 따라 투표하도록 했다는 사실 때문에 다소 감소했다.[51]

아이슬란드의 상황 또한 이데올로기적 패턴과는 달랐다. 우파인 독립당은 1996년 아이슬란드의 파트너십 법안이 통과되었을 때

중도·우파 연합 정부를 이끌었다. 하지만 모든 정당이 게이, 레즈비언에 대한 차별 종식을 공식적으로 지지했다.[52]

공통된 쟁점

네덜란드 의회에서 동성 커플의 결혼을 허용하기로 표결한 2000년까지는, 9개국 모두 결혼과 파트너십 동록제의 지위를 명확히 분리하기를 원했다. 독일 역시 그랬는데, 독일 헌법이 결혼을 커플을 위한 가장 특권적 지위로 유지하도록 요청한다고 여겨졌기 때문이다. 다른 사례에서 의회의 일부 의원은 동성 커플이 결혼에 접근하도록 허용하면 결혼이 약화될 수도 있다고 우려했다. 출산·양육 문제가 논쟁에서 부각되었고, 따라서 9개국 모두 동성 커플의 입양 또는 출산·양육과 관련하여 평등한 권리에 상응하는 것조차 전부 제외하게 되었다.

공통된 반대자

동성 커플에게 권리를 부여하는 것에 대한 반대는 대부분 종교적 동기를 가진 활동가에게 나왔다. 일부 사례에서 전면적 반대는 스웨덴 및 노르웨이의 국교회 또는 프랑스의 가톨릭교회처럼 공식적인 교회 조직에서 발생했다.[53] 노르딕 국가에서 이러한 반대는 변화에 있어 진지한 정치적 장애가 되지는 않았다.[54] 그러나 프랑스의 가톨릭교회 및 여타 교회의 종교적 전통주의자들은 시민 연대 계약의 통과를 완강하게 반대했고, 그 가운데 10만여 명의 반대자가 참석한 1999년 1월 파리 시위도 있었다.[55] 최근의 예로 2007년 5월 가톨릭교회는 이탈리아 시민 파트너십 법안에 반대하기 위해 수만 명 반대자를 동원했다.[56]

국가의 문화적 전통의 중요성

몇몇 고유한 요소가 국가 내의 파트너십 등록법에 대한 토론에서 중요하게 작용했다. 덴마크에서 관련 법이 성립한 이후에 헤닝 베크(Henning Bech)가 예견했던 것처럼 국가들은 "자신의 의제를 국가의 강력한 문화적 전통과 상징의 형태로 보완하여 뒷받침할" 필요가 있다.[57] 이러한 문화적 전통을 규정하기란 어렵고, 논의에 있어 상대적인 중요성을 평가하기도 어렵다. 하지만 각 국가의 연구자들은 정확하게 측정하기는 어렵더라도 관계가 있어 보이는 특정 패턴을 기술해 왔다.

- 덴마크에서 "모두에게 동등한 기회를 진정으로 보장하기 위한 관대함, 관용, 사회적 책임감"을 의미하는 프리신(frisind) 개념은 동성 커플을 위한 새로운 법적 관계를 만들려는 덴마크인의 의지에 중요한 역할을 했다.[58]
- 네덜란드에서 서로 다른 사회 집단 간의 합의의 정치학은 게이, 레즈비언의 수용 및 통합의 증가에 기여했다. 스하위프(Schuyf)와 크라우벌(Krouwel)이 말했듯이 "이러한 정치적 문화와 제도는 다양한 사회적 소수자 집단 사이에서 합의를 성취하는 데 맞추어졌다.[59]

• 합의와 보편적인 사회 복지에 대한 스웨덴의 강조는 동성 파트너 인정의 기저를 이루었다. 뤼드스트룀(Rydström)은 기술했다. "스칸디나비아 국가에서 모든 이들은 사회에 포함되어야 하고, 상당히 특정한 규범을 따라 행동해야 한다."[60]

• 프랑스에서 프랑스식 공화주의 개념에 깊이 스며 있는 보편주의적 시민권 모델은 게이, 레즈비언만을 위한 특별한 지위보다는 동성 커플과 이성 커플 모두 이용 가능한 새로운 지위의 탄생에 박차를 가했다.[61] 이러한 접근은 특히 동성 커플에게 초점화된 법령에 동성애자의 이해관계가 반영되는 미국 식 정체성 정치학과는 대조적이다.[62]

비교 확장하기

동성 파트너에게 파트너십 등록권이나 결혼권을 주는 여러 국가 사이에 유사점이 존재한다는 것 자체가 이 점이 법적 변화의 주요 원인이라고 증명해 주지는 않는다. 동성 커플에게 권리를 주지 않는 다른 국가들도 비슷한 특성, 역학, 전통을 보일 수 있다. 게다가 여기서 검토된 각 국가의 연구자들이 강조하지 않은 다른 배경 특징이 중요한 것으로 밝혀질 수도 있다.

파트너 인정법이 있거나 없는 국가들을 비교하면 동성 파트너십 등록법의 핵심적인 결정 요인에 대해 더 많은 것을 이해할 수 있다. 비교 범위를 넓히면 분석의 폭을 확장할 수 있지만 세밀함과 문화적 뉘앙스를 잃을 수 있다. 포괄적인 접근법의 장점은 더 많은 국가를 포함할 수 있고 상세 비교에서는 명확하지 않을 수 있는 일부 폭넓은 차이를 포착할 수 있다는 점이다. 또한 포괄적인 접근법을 사용하면 여러 국가에 결과를 일반화할 수 있는 가능성도 더해진다.

　다양한 사회 과학자들이 중요하다고 제안하는 실용적·정치적 요소의 역할을 더 잘 이해하기 위해 나는 동성 커플의 파트너십을 인정하는 나라와 인정하지 않는 나라를 비교하였다. 더 구체적으로 나는 '인정하는' 국가를 결혼과 유사하거나 이와 동등하게 동성 커플의 파트너십 등록 방안을 공식적으로 제공하는 국가로 제한했다.[63] 지금껏 논의한 유럽 국가들과 더불어 비교 데이터를 이용할 수 있는 다른 유럽 국가와 북미 국가, 호주를 추가했다. 나는 두 가지 학술적 방식을 활용했다. 하나는 국가 통계를 비교하는 것이고, 다른 하나는 더욱 질적인 방식을 통해 통계를 더 넓은 특징으로 옮겨 적는 것이다. 부록 I은 데이터와 통계적 절차를 더 자세히 묘사하지만 요지는 두 방식이 이미 논의된 이론과 국가별 첫인상에 의지한다는 점과 두 방식으로부터의 결과가 서로를 보완한다는 점이다.

　통계적 관점에서 나는 어떤 현실적이고 정치적인 특징이 동성 커플에게 등록제 또는 결혼권을 주는 것과 연관되는지를 살펴보았다. 현실적 가능성 척도는 다음을 포함한다.

* 한 국가의 거주자 10만 명당 1990년 동성애자 사업체 개수를 측정하는 동성애자 가시성 지표

• 이혼율과 동거율(결혼하지 않은 이성 커플의 비율)은 결혼을 종료하거나 기피하는 커플의 현실적 선택을 측정하고 결혼의 필요성에 대한 인식을 반영한다.

• 한 국가의 GDP 대비 사회 복지 지출. 이는 사회적 보장과 지원의 원천으로서 결혼의 필요성을 감소시킬 수 있는 사회적 지원 프로그램의 존재를 반영한다.

• 결혼은 시대에 뒤떨어진 제도라고 생각하는 거주자의 비율

정치적 척도는 동성애자 이슈에 대한 연대 또는 반대의 잠재적 힘과 동성애 전반에 대한 관용의 정도를 포착한다.

• 동성애자를 이웃으로 두고 싶어 하지 않는 거주자의 비율

• 종교적으로 독실한 거주자의 비율. 이는 최소 한 달에 한 번 종교 행사에 참석하는 것으로 측정된다.

• 노동조합 구성원인 노동자의 비율(노동조합 조직율). 이는 종종 더 진보적인 사회 정책을 지지하는 것과 연관된다.

• 동성애자의 정치력. 이는 거주자 100만 명당 동성애자 시민 단체 또는 정치 단체의 수를 측정하는 동성애자 단체 지표와 1980년대 중반에서 1990년대 중반까지의 장기적인 전국적 동성애자 단체의 존재 두 가지로 측정된다.

표 9.1은 결혼권 또는 파트너십을 1차로 인정한 나라들(2000년

표 9.1 국가별 척도 비교

효율성 관련 변수

국가 분류	사업체 지수	동거 커플 비율		공공 사회 복지 지출(GDP)		이혼율		결혼은 구시대적이다	
	1990	1990	2000	1990	2000	1990	2000	1990	2000
1차 도입국	16.8	15.8%	27.0%	23.8%	23.5%	40.0%	44.6%	16.5%	20.6%
2차 도입국	11.7	7.4%	14.0%	17.0%	18.9%	32.0%	38.6%	13.5%	20.2%
미도입국	7.8	3.9%	8.9%	16.0%	18.9%	22.3%	31.1%	12.6%	16.2%

갈등 관련 변수

국가 분류	동성애자 이웃을 싫어하는 비율		종교적 거주자 비율		동성애자 단체 지표	전국적인 동성애자 단체	노동조합 조직률	가톨릭 전통
	1990	2000	1990	2000	1990	1985~1995	1995	
1차 도입국	21.0%	12.1%	17.5%	16.4%	10.0	88.9%	47.0%	22.2%
2차 도입국	36.6%	19.2%	32.0%	25.4%	5.5	60.0%	25.0%	40.0%
미도입국	52.1%	39.4%	50.8%	48.9%	3.0	44.4%	29.4%	66.7%

성별 관련 변수

국가 분류	여성의 노동 참여율		출산율	
	1990	2000	1990	2000
1차 도입국	67.1%	70.8%	1.8	1.7
2차 도입국	63.1%	66.3%	1.7	1.4
미도입국	55.1%	55.1%	1.9	1.6

까지 8개 국가)과 2000년 이후 인정한 2차 도입국에서 이 변수들의 평균값을 비교한다. 1차 도입국은 현실적 특성 수치와 진보 정치적 특성 수치가 더 높았다. 1차 도입국에서 동성애자 사업체는 더 흔했고 결혼은 더 드물었으며, 국가는 복지를 더 책임졌다. 또한 1차 도입국에는 동성애 관계를 인정하지 않는 다른 국가보다 많은 동성애자 단체, 더 많은 동성애 관용적 거주자 그리고 덜 종교적인 인구가 있었다. 그러나 모든 국가들에서 출산율 평균은 비슷했다.(각 국가의 모든 변숫값은 부록 1의 표 A.1에 있다.)

나는 통계적 회귀 분석을 통해 어떤 요소의 값은 고정한 상태에서 다른 요소가 동성 커플을 인정할 개연성과 관련되는지 살펴보았다. 몇몇 특징은 2000년까지 8개의 1차 도입국을 예견하는 데 중요한 것으로 나타났다.(회귀 분석의 상세한 결과는 부록 1의 표 A.2와 표 A.3에 나와 있다.) 현실적 측면에서 (동성애자 사업체 지표로 측정되는 것 같은) 큰 동성애자 가시성, 높은 이성애자 동거율, 높은 사회 복지 지출은 동성애자 파트너십 인정의 개연성을 늘렸다. 정치적 측면에서 덜 종교적인 국가, 더 관용적인 국가, 노동조합 조직률이 높은 국가, 동성애자 단체 지표값이 높은 국가가 파트너십을 인정할 개연성이 컸다.

2차 도입국을 1차 도입국처럼 분류할 때에도 동일한 요소가 중요했다. 한 가지 예외는 이들 국가의 사회 복지 지출이 동성 커플을 인정하지 않는 국가들의 사회 복지 지출과 크게 다르지 않았다는 점이다. 다만 표 9.1에서 보이는 것처럼 동성애 관용은 1차 도입국에서 훨씬 높았다.

이러한 서로 다른 특징이 군집을 이루는 것처럼 보이기 때문에 나는 이 군집을 포착하기 위해 설계된 두 번째 기법을 활용했다. 여기서는 주요 변수를 변수의 평균값에 따라 관용과 비관용 두 가지로 범주화했다. 이러한 새로운 범주는 더 간단한 방식으로 각 국가의 특징을 포착했다. 부록 I은 어떤 국가에서 인정 정책과 가능한 특징의 군집을 공유하는지 규명하는 방법론을 보여 준다.

I차 도입국을 규정하는 특징들이 확실히 존재한다. 이들 국가는 낮은 종교성, 높은 관용도, 높은 동거율이라는 세 가지 특징을 공유한다. 모든 I차 도입국은 이 세 특징과 더불어 동성애자 사업체 지표나 동성애자 조직 지표도 높고, 대부분 사회 복지 지출도 높은 수준이다.

비슷한 일련의 특징을 가진 두 국가만이 2000년까지 동성 커플을 인정하지 않았다. 핀란드는 낮은 종교성, 높은 관용성, 사회 복지 지출, 동거율, 동성애자 사업, 동성애자 조직 지표라는 I차 도입국의 모든 특징을 공유한다. 사실 핀란드는 I차 도입국에 합류하는 것을 간발의 차이로 놓쳤을 뿐이다. 핀란드는 2001년에 파트너십 등록법을 통과시켰다.

호주는 사회 복지 지출은 낮지만 아이슬란드와 핵심 특징을 공유한다. 그럼에도 아이슬란드와는 첨예하게 대조되는데, 호주에서는 2004년 호주의 동성 커플이 결혼하는 것과 다른 국가에서 이루어진 동성 결혼을 인정하는 것을 모두 금하는 연방 헌법 개정안을 채택했다. 아마도 호주 보수주의자들이 오랫동안 주도한 정치 상황이나 호주 문화의 여타 고유한 요소가 예견되는 변화를 막아 왔을 것이다.[64] 더욱 친동성애적인 노동당 정부의 선출도 여전히 주요 변화를 이끌지 못했다. 정부에서 2008년 4월 동성 커플에게 비혼 이성 커플과 동일한 권리를 부여하기 위해 연금 및 병원 방문과 관련한 100여 개 법률을 수정할 것이라고 발표했음에도 말이다.[65]

2001년 이후로 파트너십 등록법 또는 결혼을 통과시킨 2차 도입국들은 더욱 다양하다. 상대적으로 높은 동성애 관용성과 동거율은 계속해서 동성 결혼과 파트너십 인정 국가의 특징으로 나타난다. 이와 더불어 인정 국가는 또한 다음과 같은 여타 특징의 세 가지 조합 가운데 하나에 해당한다.

1. 높은 사회 복지 지출과 낮은 종교성
2. 높은 사회 복지 지출과 높은 동성애자 사업체 지표, 낮은 동성애자 단체 지표
3. 낮은 사회 복지 지출과 높은 종교성, 낮은 동성애자 사업체 지표, 높은 동성애자 단체 지표

더 이상 종교적 인구의 존재가 동성 커플의 권리를 불가능하게 하지 않는다는 점은 분명하다. 스페인과 캐나다는 상대적으로 높은 종교성과 사회 복지 지출에서의 다른 패턴으로(스페인은 높고 캐나다는 낮다.) 1차 도입국의 틀에서 벗어났다. 스페인의 동거율은 1990년

대에는 상당히 낮았음에도 2000년경에는 이웃 국가를 따라잡았다. 영국은 낮은 종교성 및 사회 복지 지출뿐 아니라 적극적이고 가시적인 동성애자 인구가 있는 관용적 국가의 하나로 아이슬란드와 같은 조합에 해당했다.

체코는 원래 2차 도입국 중에서도 특이한 국가로 두드러졌다. 비록 종교성은 낮아도 1990년대에는 1차 도입국과 매우 달라 보이는 모든 요소를 갖춰 동거율, 관용, 사회 복지 지출, 동성애자 커뮤니티 단체가 낮은 수준이었다. 그러나 2000년경 높은 수준의 동거율, 관용, 사회 복지 지출로 체코는 다른 동성애 친화적 국가와 더욱 유사해졌다. 체코 사회가 파트너십 등록법을 통과시키기 전에 1차 도입국에 의해 예견되는 방향으로 변화했다는 사실은 이 요소들이 법의 변화를 이끄는 특징일 공산이 크다는 해석을 타당하게 만든다.

1차 도입국과 2차 도입국의 구별을 확장하면 새로운 변화의 경로가 발생하고 있다는 점이 드러난다. 캐나다 사례(그리고 남아프리카 공화국 사례)에서의 차이점 하나는 대법원이 동성 결혼을 허용하라고 정부에 지시한 후에야 입법적 결혼 개방이 도래했다는 점이다. 이러한 경로는 입법을 통해 변화를 만들었던 1차 도입국과는 명백히 다르다. 놀라울 정도로 급작스럽게 동성 결혼을 허용한 세 번째 국가 스페인의 결정은 부분적으로는 진보 정당에게 권력을 가져다준 예상치 못한 정치적 선회를 반영한다. 하지만 스페인의 몇몇 지역에서는 이미 동성 커플을 위한 파트너십 지위를 만들었고,

이는 전국적인 정치적 조류가 바뀌었을 때 열매를 맺도록 씨를 심는 작업을 동성애자 운동가들이 이미 해 오고 있었음을 시사한다.

이러한 경험에서 이끌어 낼 수 있는 교훈은 사회 과학 이론이 제기하는 것처럼 동성 결혼 및 파트너십 등록제의 고려에 있어 현실적 요소와 정치적 요소 모두 중요해 보인다는 점이다. 동성애자 가시성과 조직화는 변화의 기회를 증가시킨다. 덜 종교적이고 동성애자에게 더 관용적인 국가들에서는 변화의 장벽이 낮을 것이다. 실제로 높은 수준의 관용과 동거는 국가 차원의 변화에 있어 필요조건으로 보이고, 낮은 수준의 종교성과 (주거, 노인, 유족, 보건, 가족, 고용, 실업, 소득 보조금에 대한) 사회 복지 지출에 대한 국가적 차원의 투입 역시 변화를 향한 움직임에 크게 보탬이 된다.

가장 놀랄 만한 결과는 이성 커플의 동거와 동성 커플의 법적 인정 사이의 명백한 연결점이다. 아마 이러한 새로운 이성 가족은 변화를 밀어붙이는 정치적 연대를 구성할 것이다. 이러한 정치적 연대가 내가 읽은 가족법의 변화에서는 등장한 적이 없지만 말이다. 동거의 증가는 특정 사례 혹은 이성애자의 인구 통계학적 경향성에 대응하는 법원 결정과 입법적 변화를 설명할 수 있다. 일부 국가의 역사가 제시하는 것처럼 정책 입안자들은 이미 이러한 가족의 욕구를 다루어 오며 동성애 가족의 욕구를 규명할 준비가 되어 있고 실제로 기꺼이 그리한다. 스웨덴, 네덜란드, 캐나다에서처럼 (전부는 아닌) 일부 사례에서 비혼 이성 커플에게 주어진 권리 및 의무를 동성 커플에게까지 확대하는 것은 결혼 또는 파트너십 등록제의 제정에 선행했다.[66] 포르투갈에서 사실상 동성 커플을 인정하는 것이 결혼 또는 등록제를 통한 공식적인 인정을 실제로 선택할 수 있는 동성 커플의 권리를 더욱 공식적으로 인정하는 것으로 이어질지는 시간이 말해 줄 것이다.

동거와 동성 커플의 인정 사이의 연결성에 대한 또 다른 가능한 이유는 경제적 생존이나 문화적 의무의 충족에 있어 결혼의 필요성이 줄어들면 결혼은 덜 보편적이고 덜 대중적이 되고, 따라서 정책 입안자들과 대중은 결혼을 추구하는 새로운 가족에게 이 제도를 더 개방하리라는 것이다. 이러한 역학은 조너선 로치와 앤드루 설리번처럼 정책 입안자들이 결혼 평등 운동이 결혼 제도를 강화하는 데 도움이 된다고 보아야 한다고 제안하는 미국의 보수적인 결혼 평등 옹호자와 맞닿는다. 그러나 동성 파트너십 권리를 결혼이 주는 이익의 감소와 연결하는 것은 동성 결혼은 결혼 전반이 흐트러지는 단계라고 주장하는 스탠리 커츠 같은 반대자들의 관점과 일치하기도 한다. 나는 5장에서 결혼이 흐트러졌다는 주장은 과장되었고 동성 커플에게 권리를 주는 것이 이를 야기하지도 않았다고 주장했다. 도리어 정책 입안자들은 이제 가족과 결혼에서의 변화를 피할 수 없다고 보며, 이는 정책 입안자들이 이제 동성 커플이 이 제도에 참여하도록 허용하는 것과 같은 추가적인 변화에 더욱 개방적으로 만들 수 있다.

미국에서의 변화 속도의 측정

나의 대략적인 시간표에서 유럽은 변화의 걸림돌이 천천히 낮아지며 2차 도입 시기의 중반에 있다. 하지만 미국은 어떨까? 유럽 및 비슷한 국가들에서 작동했던 변화의 조건을 규명함으로써 우리는 미국 주들이 어떻게 다양하게 비교될지 짐작할 수 있다.

2008년 8월 현재 10개 주가 관계를 등록한 동성 커플에게 적어도 일부의 법적 권리를 제공한다.(또는 곧 제공할 것이다.) 이 책의 출판을 준비하는 동안에는 매사추세츠와 코네티컷에서만 동성 커플에게 결혼을 허용했다. 버몬트, 코네티컷, 뉴저지, 캘리포니아, 뉴햄프셔, 오리건은 모두 동성 커플에게 시민 결합이나 가정 동반자 제도를 제공하고, 이 지위는 주에서 부여한 실질적인 결혼의 모든 권리 및 의무를 제공한다. 다른 세 주는 자신들의 관계를 호혜적 수혜자(하와이) 또는 가정 동반자(워싱턴과 메인)로 주에 등록한 동성 커플에게 더욱 제한된 권리를 제공한다.[67] 워싱턴 D. C. 또한 가정 동반자에게 결혼의 거의 모든 권리를 제공한다.[68] 전체적으로 볼 때 미국 인구 4분의 1(24%)이 거주하는 주들에서 동성 커플에게 적어도 일부 권리를 제공한다.

1차 도입 주가 너무 빠르게 움직이고 있는지 평가하는 한 가지 방법은 이들을 동성 커플을 인정한 유럽의 1차 도입국과 비교하는 것이다. 이러한 비교를 수행하기 위해 나는 1차 도입국에서 규명된 변화를 위한 세 가지 핵심 필요조건인 높은 이성애자 동거율, 낮은 종교성, 동성애에 대한 높은 관용에 대한 주 차원의 척도를 활용했다.[69] 미국 식 척도가 국제적 맥락에서 활용되는 것과는 다소 다른 반면 미국에서 수집된 자료가 비교적 일관적이라는 점은 변수들을 이론적 개념 틀에서 규명된 개념과 관련하여 밀접하게 활용할 기회를 제공한다.

- 이성애자 동거율은 2000년 총조사 자료다. 이는 스스로를 '비혼 파트너'라고 분류한 이성 커플의 비율로 측정되었다.[70]
- 관용에 대한 주 차원 척도로 나는 그레고리 루이스(Gregory Lewis)가 동성애적 행동의 도덕성에 대해 묻거나 동성애적 행동이 법과 관련되어야 하는지 여부를 물은 몇 가지 설문 조사로부터 계산한 주 차원의 관용 척도를 활용했다.[71]
- 종교성 측정을 위해 나는 종교단체통계학자연합(Association of Statisticians of Religious Bodies)이 수행한 2000년 종교 신도 및 종교 단체 구성원 조사에서 주 내 복음주의 교회의 지지자(예컨대 구성원, 구성원의 자녀, 여타 비구성원 참여자) 비율을 측정했다.[72]

각 척도를 위해 주의 평균값을 계산하고 개별 주 내 평균 이상의 동거율, 평균 이상의 관용도, 평균 이하의 복음주의자 거주자 비율에 대해 하나씩 점수를 매겼다.[73] 표 9.2는 각 주와 주요 척도에 대한 전체 점수의 실제값을 보여 준다.

표 9.2   변화와 관련된 미국의 주요 요인

주	동거 이성 커플 비율	복음주의자 비율	동성 간 성관계가 합법적이라고 지지할 것으로 예상되는 비율	전체 점수
앨라배마	5.3%	40.6%	39.6%	0
알래스카	11.7%	12.5%	69.0%	3
애리조나	9.7%	9.5%	69.6%	3
아칸소	6.0%	43.1%	47.6%	0
캘리포니아	9.1%	7.2%	73.2%	3
콜로라도	8.6%	10.6%	73.6%	3
코네티컷	8.3%	2.4%	78.8%	3
델라웨어	9.7%	5.2%	63.1%	3
플로리다	9.3%	14.0%	63.1%	3
조지아	7.5%	27.8%	54.7%	0
하와이	8.9%	8.1%	84.1%	3
아이다호	7.0%	9.0%	57.0%	1
일리노이	7.7%	10.3%	66.8%	2
인디애나	8.4%	16.0%	57.0%	1
아이오와	7.7%	11.7%	66.0%	2
캔자스	6.3%	15.6%	64.2%	1
켄터키	7.0%	33.7%	43.6%	0
루이지애나	8.5%	21.5%	55.3%	1
메인	11.2%	3.3%	65.7%	3
메릴랜드	9.1%	7.7%	70.4%	3
매사추세츠	8.7%	2.4%	76.6%	3
미시간	8.8%	10.8%	63.6%	3
미네소타	8.2%	11.1%	67.3%	2
미시시피	7.5%	39.7%	42.8%	0
미주리	8.2%	24.7%	60.1%	0

주	동거 이성 커플 비율	복음주의자 비율	동성 간 성관계가 합법적이라고 지지할 것으로 예상되는 비율	전체 점수
몬태나	8.0%	11.2%	67.7%	2
네브래스카	7.0%	14.6%	64.7%	1
네바다	11.6%	5.4%	76.2%	3
뉴햄프셔	10.2%	2.4%	74.6%	3
뉴저지	7.6%	2.4%	72.3%	2
뉴멕시코	10.3%	13.1%	54.8%	2
뉴욕	9.1%	2.9%	72.9%	3
노스캐롤라이나	7.2%	25.6%	51.0%	0
노스다코타	7.2%	9.7%	57.5%	1
오하이오	8.4%	10.0%	60.0%	2
오클라호마	6.2%	41.5%	50.4%	0
오리건	9.9%	11.4%	73.2%	3
펜실베이니아	8.1%	5.7%	64.6%	2
로드아일랜드	9.5%	1.6%	72.9%	3
사우스캐롤라이나	7.4%	29.4%	55.1%	0
사우스다코타	7.7%	13.8%	59.7%	1
테네시	6.7%	37.0%	45.2%	0
텍사스	6.7%	24.4%	55.4%	0
유타	4.5%	1.9%	55.7%	1
버몬트	11.3%	2.4%	77.9%	3
버지니아	7.3%	17.1%	62.0%	0
워싱턴	9.5%	9.8%	68.1%	3
웨스트버지니아	7.4%	11.1%	46.8%	1
위스콘신	9.0%	12.7%	65.4%	3
와이오밍	8.3%	11.4%	65.7%	2
평균	8.3%	14.5%	62.9%	

349

표 9.3 주 차원의 동성 커플 파트너십 권리 예측

알래스카
애리조나
캘리포니아*
콜로라도
코네티컷*
델라웨어
플로리다
하와이*
메인*
메릴랜드
매사추세츠*
미시간
네바다
뉴햄프셔*
뉴욕
오리건*
로드아일랜드
버몬트*
워싱턴*
위스콘신

---

* 동성 커플을 공식적으로 인정한 주(출판 시점 기준)

표 9.3은 동성 파트너의 권리를 인정한 유럽의 1차 도입국과 동거, 관용, 종교성 수준이 가장 비슷한 20개 주를 보여 준다. 이미 동성 커플을 인정하는 주들은 별표로 표시했다. 10개의 1차 도입 주중 9개 주에 세 가지 특징이 모두 있다. 이성애자 동거율이 상대적으로 낮아 목록에서 빠진 뉴저지만 예외적이다.

앞서 기술한 것처럼 일부 법학자는 어떤 주와 국가가 동성 커플의 권리를 고려하는지에 대해 성적 지향에 근거한 고용 차별 금지 등 여타 동성애자 이슈에 대한 과거의 입법 성공을 기반으로 점진주의적 관점을 논해 왔다. 동성 커플에게 권리를 주는 10개 주 모두 차별 금지법 또한 보유한다는 것은 사실이다. 그러나 메인에서 민권법은 가정 동반자 제도 이후에 제정되었고, 오리건에서는 두 법이 동시에 제정되었다. 동성 커플을 인정하는 국가 및 주 사이에서 두 가지 법적 변화 간 시차 또한 상당했다. 전반적으로 이러한 패턴은 민권법이 결혼 평등을 향한 더 나아간 움직임을 만들어 내는 데 있어 절대적으로 필수적이지도 그 자체만으로 충분치도 않음을 시사한다. 차별 금지법과 파트너십 지위 부여의 시기에서 밀접한 관련성이 있다면 이는 아마 민권법의 통과는 동성 커플 관련 법을 낳는 것과 동일한 종류의 사회적·정치적 변화로부터 기인한다는 점 때문일 터다.

그럼에도 더 중요하게는 유럽 국가 및 미국에서의 변화를 향한 경로에서의 유사점을 보면 현실적 요소와 정치적 요소 모두 동성 커플에게 결혼 또는 파트너십 권리를 부여하는 정책을 추동한다. 이러한 넓은 관점에서 동성 커플에게 법적 인정을 부여하는 움직임은 사회적 가치에 앞서 질주하거나 활동가 판사에 의해 준비되지 않은 대중에게 억지로 떠안겨지지 않는다. 이 장의 비교는 미국에서의 변화에도 질서가 있고 이러한 변화가 여러 주의 정치적 특징과 욕구의 차이에 대응됨을 시사한다.

또한 이러한 비교는 우리가 가까운 미래에 무엇을 기대할 수 있을지 힌트를 준다. 목록에 남아 있는 11개 주 중에서 4개 주(콜로라도, 메릴랜드, 뉴욕, 로드아일랜드)는 지난 1~2년 사이에 파트너십 등록 동성 커플을 위한 권리를 낳는 적극적인(어떤 사례에서는 거의 성공적인) 노력을 이끌어 왔다. 뉴욕 주지사 데이비드 패터슨(David Paterson)은 결혼 평등을 지지하며 다른 주나 국가에서 행한 동성 결혼을 인정하도록 주에 명령을 내렸다. 메릴랜드 주 대법원은 동성 결혼에 대한 반발을 기각했고, 2008년 주 입법부는 가정 동반자에게 일부 권리를 주는(병원 방문권, 주 세금을 내지 않고 소유권을 이전할 수 있는) 법안 두 가지를 통과시켰다. 다만 두 법 모두 가정 동반자 등록제로 이어지는 않았다.[74] 로드아일랜드와 뉴욕의 커플은 매사추세츠에서 결혼할 수 있게 되었고, 로드아일랜드에서 결혼을 개방하라는 압력이 커져 갔다. 8장에서 나는 반대자들이 결혼 대안이라는 전략을 사용한 콜로라도의 가정 동반자 제도에 대한 최근의 승리를 언급했다.

어떤 면에서 미국은 미국 고유의 2차 도입 시기로 진입하고 있는 것 같다. 변화를 위한 세 조건 중 두 가지를 충족하는 주를 살펴보면 유망한 후보 주를 발견할 수 있다. 뉴저지는 이미 시민 결합과 가정 동반자 제도를 추가했고, 결혼 평등의 요구는 사그라들지 않고 있다. 뉴멕시코 주 의회는 2007년 시민 결합 식의 가정 동반자 제도법을 통과시켰지만, 상원의 수정안은 입법 회기가 끝나기 전에 법안 승인을 막았다.[75] 아이오와에서는 동성 결혼을 위한 법정에서의 도전이 이미 진행 중이다. 일리노이는 내가 이 글을 쓰는 동안 시민 결합 법안을 진지하게 고려하고 있다.

움직이는 표적을 연구하기는 어렵다. 틀림없이 이 책이 인쇄되어 나올 때쯤에는 새로운 국가와 주에서 결혼이나 여타 다른 지위를 통해 동성 커플을 법적으로 인정하기로 결정할 터다. 미국이 유럽을 곧 따라잡을 것 같지는 않지만 지금까지 두 대륙은 그 안에 있는 사회 나름의 속도로 움직이고 있다. 새로운 형태의 가족을 인정할 준비가 잘된 듯 보이는 주와 국가, 즉 더 관용적이고 덜 종교적이고 가족의 형태 측면에서 더 다원적인 주가 게이·레즈비언 커플을 인정할 터다.

10장
마치며: 결혼은 수리 중?

암스테르담의 구시가지는 축축한 네덜란드 땅을 향해 살짝 기울어진 아름다운 운하 주택으로 가득 차 있다. 다행히도 애정 어린 관리와 공학 지식의 증가 덕분에 주택들은 수세기 동안 넘어지지 않고 유지되었다. 안식년 동안 우리는 1700년대 중반 프린센흐라흐트에 지어진 이런 주택의 꼭대기 층에서 살았다. 중앙역부터 싱얼 운하까지 뻗은 반원 내에서 그나마 신식에 속하는 주택이었다.

한 네덜란드 친구가 전후 시기의 파괴와 재개발의 위협에 처한 오래된 주택의 쇠퇴에 대해 이야기해 주었다. 예술가와 빈집 점거자, 여타 네덜란드 젊은이들은 오래된 주택을 밀어 버리려는 도시 계획자와 도시 개발자에 반대하여 아름다운 건물들을 지키기 위해 심지어 봉쇄선까지 조직하며 저항했다.[1] 그런 노력의 결과로 많은 거리는 세월이 흘러도 변치 않는 아름다움을 간직했고, 나는 네덜란드 미술가 헤오르허 헨드릭 브레이트너르(George Hendrik Breitner)가

그린 100년 전의 풍경과 현존 건물들을 쉽게 연결 지을 수 있다.

밤에 운하를 따라 걸으면 외부인은 창문을 통해 오래된 주택에서 영위되는 현대 네덜란드의 삶을 볼 수 있다. 큰 창문의 커튼을 활짝 열어 놓는 행동은 북방의 날씨에서 햇빛을 들이기 위한 열망이자 거주자가 숨길 것이 아무것도 없음을 보여 주는 네덜란드 칼뱅주의의 전통에서 유래한다고 설명된다. 지금 이러한 창문을 흘끗 들여다보면 초기 시대의 시커멓고 케케묵은 세간살이가 아니라 혁신적인 인테리어 디자인, 현대 미술, 최신 테크놀로지가 보인다. 작은 골목과 뜰을 살금살금 걸어다니면 건물 뒤를 언뜻 볼 수 있다. 여기에는 오래된 구조에 새로운 삶이 스미도록 방과 채광창을 현대적으로 개조한 모습이 녹아들어 있다. 오래된 것과 새로운 것의 혼합은 암스테르담에 역사성 그리고 현대성, 유지와 변화, 과거에 대한 존중과 변동에 대한 인정이라는 감각을 제공한다.

이러한 건축적 이미지는 21세기 초반의 결혼에 대한 나의 희망찬 비유다. 결혼 자체는 많은 변화를 견뎌 낸 아주 오래된 제도다. 수세기 동안 결혼은 남성과 여성을 연결하고, 가족과 가족을 연결하고, 과거와 미래를 연결했다. 역사가들은 우리에게 결혼이 무엇을 의미하며 무엇으로 기능하는가에 대한 세부 사항은 시대와 문화에 걸쳐 변해 왔다고 말해 준다. 그럼에도 최근의 역사적 관점에서 지난 세기 동안 무엇보다 결혼이 극적으로 변화했다는 것은 명백하다. 이는 여성의 지위 변화, 가족에 대한 요구를 증가시키는 경제적 압력, 심지어 기혼 커플의 수명을 연장하는 의학적 진전에 적응하기 위해 오래된 주요 제도가 재형성되면서 이루어졌다.[2] 이혼법 개정, 누가 누구와 결혼할 수 있는지에 대한 대개의 제약 폐지, 성 중립성을 향한 움직임, (결혼할 경우) 결혼 시기의 변화 등은 모두 유럽과 미국에서 결혼의 의미와 그 기저 구조의 일부 덧붙임이나 혁신을 반영한다. 이러한 변화는 현대 삶에서 결혼의 타당성과 유용성을 유지하는 데 필수적이었다.

결혼에 대한 최신의 고려 사항은 동성 커플에게 개방하느냐의 여부다. 역사적으로 동성 결혼을 둘러싼 문화 전쟁에서 가장 놀라운 점은 논쟁 자체가 결혼의 계속되는 중대성을 증명한다는 점이다. 이러한 지점은 게이, 레즈비언 커플이 결혼을 파괴할 것이라거나 결혼을 재활성화할 것이라거나 더 많은 결혼'들'을 고무할 것이라는 주장과는 차이가 있다. 누군가는, 특히 여러 동성애자 활동가의 연대는 이 이슈를 게이, 레즈비언, 양성애자의 사회적 위치와 도덕적 가치에 대한 정치적 투쟁으로 간주한다. 한편 이와 똑같이 중요한 또 다른 현실적인 측면은 많은 동성 커플이 실제로 결혼하기를 원한다는 것이다. 이러한 상당히 최근의 선회는 동성애자 커뮤니티의 가시성 및 수용도의 증가가 동성애자들에게 더욱 개방적이고 매력적이게 된 결혼의 개념과 상호 교차하는 역사적 과정에서 발생한다.[3] 변화하는 가족 형태의 맥락에서 결혼은 결혼하기를 원하는 동성 커플과 같은 새내기 가족에게의 개방을 포함하여 오직 진화함으로써 타당성을 유지할 터다.

모든 이들이 변화를 좋은 것으로 보지는 않는다. 결혼은 시장이 주도하는 세속화된 세상의 문제를 해결할 수 있는 적응력을 지닌 탄력적인 제도인가? 아니면 결혼은 불안정하고 이미 약화되었으며, 따라서 동성애자의 진입은 결혼을 완전히 붕괴시킬 최종적 모욕이 될 것인가? 역사는 전자, 즉 결혼은 필요한 때에 진화해 왔다고 주장한다. 하지만 결혼한 커플의 변화하는 삶의 패턴, 높은 이혼율, 결혼 지연 등을 좋아하지 않는 이들은 스탠리 커츠와 데이비드 블랑켄혼(David Blankenhorn)의 말처럼 동성 결혼이 이러한 문제적 경향을 "고착하고 강화할 것"이라고 우려한다. 나는 융통성 있는 변화가 필요하다고 본다는 점에서 역사가들의 편이지만 이 책에서 그 지점만 주장하려는 것은 아니다. 대신에 나는 이 책에서 심지어 결혼이 덜 적응적이고 더 취약하다 해도 동성 커플의 진입으로 극심하게 흔들리지는 않으리라고 주장한다. 결혼은 동성애자가 결혼에 던진 도전보다 많은 도전을 동성애자에게 던졌다.

동성애자가 결혼을 바꿀까

동성애자에게 결혼권 또는 파트너십 등록제와 같은 병행적 제도에 대한 접근을 허용한 네덜란드와 여타 유럽 국가의 경험을 살펴봄으로써 우리는 동성 결혼에 대한 미국의 논쟁에서 제기된 핵심 질문에 대답할 수 있다. 이 책을 이끈 이 커다란 질문에 대한 나의 대답은 "아니다."이다. 결혼이 오직 동성애자 때문에 중대하게 바뀌지 않을 것이다. 나는 다음의 네 가지 방향에서 이러한 결론에 도달했다. 게이, 레즈비언 커플의 결혼하겠다는 결정, 게이·레즈비언의 결혼관, 이성 커플이 내리는 결혼의 선택, 동성 커플의 결혼에 대한 이성애자의 의견을 살폈다.

네덜란드 동성 커플의 행동은 동성애자들이 이성 커플과 똑같은 이유로 결혼에 관심을 두고 결혼하기로 택함을 시사한다. 그 이유는 자녀를 원하기 때문에, 어떤 현실적 필요가 있기 때문에, 서로에게 또는 세상에 자신들의 헌신을 확증하고 표현하고 싶어 하기 때문에 등이다. 동성 커플이 결혼하는지 여부와 결혼하는 방식은 삶의 조건, 결혼의 문화적·실질적 가치, 결혼의 걸림돌, 걸림돌을 수용하거나 극복하는 과정의 복잡한 상호 작용에 달려 있다.

동성애자들의 결혼율과 등록률은 이성 커플과 비교하면 여전히 낮고, 이 점은 논쟁에서 일각이 제기한 우려의 원천으로 남는다. 80% 이상의 이성 커플이 파트너십을 등록하거나 결혼한 데 비해, 4분의 1이 안 되는(계속 증가하고 있지만) 독일 동성 커플이 그리했다. 미국에서는 동성 커플의 대다수가 법적 지위를 추구한다. 버몬트 주 동성 커플의 51%가 시민 연대에 진입했고 매사추세츠 주 동성 커플의 44%가 지금까지 결혼했다. 다만 두 사례의 비율은 90%라는 미국의 기혼 이성 커플의 비율을 따라잡기에 시간이 걸릴 것이다.

동성애자들이 결혼에 대한 반대를 몸소 보여 왔다고 명확히 결론짓기에는 너무 이르다. 왜냐하면 커플이 의사 결정 과정을 통과하는 데에는 시간이 걸리기 때문이다. 게다가 동성 커플은 결혼하지 않는 이성 커플과 똑같은 염려를 하고 있다. 일부는 결혼이 그들의 관계에 있어 현실적 수준에서나 감정적인 수준에서 아무 득이 되지 않을 것이라고 생각하거나 결혼이 낡고 보수적이라고 생각하고, 일부 커플은 그저 서로 합의에 이르지 못한다. 동성애자 문화는 법적 불평등의 기반 위에 세워졌고, 레즈비언·게이 일각의 결혼에 대한 방어적 비판은 이 제도로부터의 오랜 배제를 일부 반영한다. 이러한 비판은 그게 없다면 결혼에 대해 고려했을 일부 동성애자들에게 걸림돌로 남아 있다. 그러나 네덜란드의 경험은 결혼에 대한 이데올로기적 반대가 결혼이 가능하고 권장되는 시대에 새로운 커플이 만들어지고 젊은 동성애자들이 성장하면서 점점 빛바랠 것임을 시사한다. 이데올로기적 우려와 더불어 커플 중 한 명만 단호히 반대해도 관계가 기혼 진입을 막을 수 있다는 사실을 감안하면 이러한 상황에서 동성 결혼율은 낮은 것이 아니라 상당히 높은 것으로 간주해야 한다.

네덜란드에서 커플을 위한 선택지가 많음에도 서로 헌신하는 커플이 여전히 결혼이라는 지위를 선호한다는 것은 명확하다. 이성 커플과 마찬가지로 동성애자들은 다른 법적 지위보다는 결혼을 택한다. 네덜란드에서 동성 커플과 이성 커플 모두에게 결혼은 파트너십 등록제보다 훨씬 대중적이다. 네덜란드의 일부 동성 커플은 파트너십 등록제의 정체적 의미가 동성애 관계가 일반적으로 열등하다는 선언임을 간파했다. 그리고 결혼이 선택지가 된 지금은 파트너십 등록제를 "고작 이것"이라고 부르며 무시로 대응한다. 내 생각에 파트너십 등록제에 대한 거부는 네덜란드에서 동성 커플이

'파트너십 등록제'의 건조하고 사업적인 뉘앙스를 거부하는 대신 결혼의 풍부한 문화적 의미와 감정적 가치를 선택한다는 것을 볼 수 있는 진정한 총투표다. 파트너십 등록제에 대비해 결혼의 고유한 장점을 묘사한 마르타의 말처럼 말이다. "(결혼은) 두 살짜리도 이해해요. 그건 사회적 맥락이고, 모든 사람이 그 의미를 알아요." 파트너십 등록제는 유용한 정치적 타협이 될 수도 있지만 네덜란드에서도 미국에서도 결혼과 결혼 평등의 귀중한 대안이 아니며, 위로 보상 이상으로는 결코 보이지 않을 것이다.

우리는 커플이 결혼과 결혼의 대안이라는 선택지를 모두 가지고 있을 때에야 두 제도의 가치를 비교할 수 있다. 네덜란드에서 동성 결혼 역시 다른 나라에서 동성 커플의 파트너십 등록제보다 대중적이다. 다른 유럽 국가들의 동성 커플은 네덜란드 커플보다 파트너십 등록률이 낮다. 미국에서는 매사추세츠(그리고 아마도 캘리포니아) 동성 커플의 결혼율은 코네티컷과 뉴저지 주 입법부가 수용할 수 있었던 절충적 지위인 시민 연대에 (해당 주의) 동성 커플이 진입하는 비율보다 훨씬 높다. 2000년에 동성 커플에게 시민 결합을 허용한 첫 번째 주가 된 버몬트에서 시민 결합은 유일한 선택지였고, 이는 버몬트의 대다수 동성 커플과 다른 주의 수천 명 동성 커플을 끌어들였다. 이제는 미국의 게이·레즈비언이 매사추세츠와 코네티컷의 동성애자 친구들이 결혼하는 것을 목격하기 때문에, 시민 결합은 2000년처럼 따뜻하게 환영받지 못할 것이다.

결혼 평등 반대자가 표현하는 두려움과는 달리 동성애자가 결혼과 동일하거나 유사한 권리를 얻을 때 이성애자의 결혼 패턴은 흐름을 벗어나지는 않았다. 유럽에서 이러한 물결이 일어난 시기를 보면 원인과 결과를 상당히 쉽게 구별할 수 있다. 동성 커플에게 결혼 권리를 부여한다고 하늘이 두 쪽 나지는 않았다. 일부 국가에서 동성 커플이 권리를 쟁취한 후에 비혼 동거와 비혼 출생의 비율이 높아진 유일한 이유는 해당 국가에서는 동성 결혼 또는 파트너십 등록제가 정치적으로 가능하기 이전에 이미 오랫동안 그 비율이 높았기 때문이다. 사실은 동성 커플을 법적으로 인정하지 않는 나라에서도 동일한 결혼 경향이 명백해서, 이성애자의 결혼 및 출산 패턴의 변화를 만든 원인의 목록에서 동성 결혼을 뺄 수 있다. 그러나 9장에서 보인 것처럼 가족 다양성에 대한 문화적 수용과 비혼 커플의 대우에 대한 정치적 변화가 동성 커플에게 권리를 부여하는 데 있어 선구적인 다른 유럽 국가뿐 아니라 네덜란드에서 결혼 평등의 쟁취 가능성을 더욱 높였을 것이다.

우리가 결혼을 선택하는 것부터 결혼에 대한 관념으로 시선을 전환해 본다면 동성 커플이 결혼을 유의미하게 변화시키지 않으리라는 추가적인 증거가 나온다. 네덜란드 및 미국에서의 인터뷰와 설문 데이터가 보여 주는 것처럼 대다수 게이·레즈비언은 이성애자들과 결혼의 의미에 대한 생각을 공유한다. 물론 또 다른 차원에서 동성애자들은 결혼에 대한 낡은 관념에 대해 젊은 이성애자들만큼이나 비판적이다. 자녀만이 성공적인 결혼을 규정하지는 않는다. 상호 존중과 이해뿐 아니라 가사 노동을 협력하고 공유하려는 의지가 기혼 남성과 기혼 여성의 새로운 역할을 규정한다. 동성 커플은 결혼 결정뿐 아니라 결혼식과 동성애자 고유의 결혼관을 통해 결혼에 대한 관념을 구체화한다.

동성 커플의 의사 결정 과정에서 가장 중요한 결과는 때때로 한 명 또는 두 명의 파트너가 결혼의 의미를 재고한다는 점이다. 나는 동성 커플의 구성원이 결혼하고자 하는 파트너의 욕구에 맞추기 위해서나 결혼이라는 관념과 더욱 긴급한 필요 또는 감정을 조화하기 위해 결혼의 여러 측면에서 원치 않는 부분을 규명해 내고 결혼의 문화적 관념에서 반대할 부분을 벗겨 내는 것을 보았다. 특히 페미니스트들은 오랫동안 여성을 남편에게 종속된 존재로 대우해 온 이 제도에 진입하기를 머뭇거렸다. 비록 법 제도로서의 결혼이 공식적인 불평등을 제거했더라도 결혼의 사회적 의미에 남아 있는 의심은 레즈비언 페미니스트들을 계속 곤란하게 한다. 그리고 일부 페미니스트는 배우자가 남성과 여성에게 할당된 전통적 역할을 취한다는 전제에 대항하는 정치적 행동을 통해 결혼한다는 것이 어떤 의미인지 재개념화함으로써 이러한 의심을 극복했다. 네덜란드의 레즈비언 페미니스트인 미리암에게 결혼을 변화시킬 방법은 여성이 다른 여성과 결혼하는 것이었다. 네덜란드 커플들은 때로 이러한 명백한 페미니즘적 메시지를 자신의 결혼식에 적용했다.

그러나 나는 개개인이 이런 식으로 결혼의 의미를 재사유하는 것이 광범위한 문화적 변화로 이어지리라고는 기대하지 않는다. 한 가지 이유는 우선 동성 커플의 수가 비교적 적고, 결혼하는 이들의 수는 심지어 더 적다는 것이다. 더 중요하게 동성 커플은 대개 이성 커플이 지난 몇십 년간 표명해 온 결혼이라는 제도와 결혼한 삶에 대한 의심과 동일한 의심을 품는다. 네덜란드에서 기혼 여성의 노동력 참여율의 증가와 결혼에 대한 이성애자들의 더욱 성 평등주의적인 관점은, 동성애자들이 결혼을 남성과 여성 사이의 엄격한 전통적 노동 분업과 동일시하며 결혼에 대한 시대착오적 관점을 고수하는 쪽은 오히려 동성애자들임을 시사한다.

동성 커플이 결혼에 대해 갖는 여타 익숙지 않은 관념은 이 제도에 대한 동성애자들 고유의 유리한 위치를 반영한다. 확실히 동성 커플에게 결혼은 정치적이며, 이러한 의식은 일부 이성애자에게 불안을 야기할 수 있다. 결혼을 하나의 정치 제도로 보는 것은, 결혼은 언제 어디서나 오직 한 남성과 한 여성이 함께 자녀를 재생산하기 위해 당연히 주어지는 것으로 기획된 불변하는 사회적·종교적 제도라는 일부 동성 결혼 반대자의 관점과 충돌한다.

그럼에도 동성애자들은 결혼을 정치적으로 만들지 않았다. 역사에 걸쳐 정부와 여타 권력은 누가 누구와 결혼할 수 있고 결혼이 법적으로 무엇을 수반하는지를 결정해 왔다. 이는 때로는 (변화하기도 하는) 종교적 신념뿐만 아니라 문화적으로 규정된 남편과 부인의 역할에 영향을 받는 정치적 결정이다. 다만 예컨대 여성의 재산권과 배우자 강간, 자녀 양육권, 누가 누구와 결혼할 수 있는가의 결정과 같은 것들에 대한 정치적 투쟁으로 이어지는 상이한 의견들과 이해관계도 있어 왔다. 확실히 동성 커플의 결혼 평등 이슈는 21세기 미국과 다른 국가에서 가장 뜨거운 정치적 쟁점에 속한다. 하지만 결혼이 도마 위에 오른 것은 하루 이틀 일이 아니다.

네덜란드 이성애자들의 반응은 동성애자들이 얼마나 쉽게 제도로서의 결혼에 통합되어 왔는지도 드러낸다. 동성 커플은 동성애자들이 결혼을 하나의 바람직하고 유용한 선택지로 인식하자마자 자신의 이성애자 가족과 동료가 이들의 결혼이 가능하며 결혼을 했다고 인식한다고 전했다. 이성애자 친구들과 가족 구성원들은 게이, 레즈비언 커플이 결혼하도록 격려했고, 그들이 청하지 않았음에도 동성 커플의 결혼식의 중요성을 인정하는 말과 행동을 보였다. 심지어 이성애자들은 동성 커플이 '남편'과 '부인' 같은 적절한 용어를 사용하고 기념일을 확실히 챙기도록 하면서 결혼의 문화적 표지를 감찰한다. 이러한 반응들은 기혼 동성 커플에게 그들이 개인적 의미뿐 아니라 공적인 의미를 띠는 하나의 제도에 진입했음을 상기시킨다.

하지만 네덜란드 이성애자들의 반응은 우리가 미국의 논쟁에서 보는 것 같은 변화에 대한 긴장과 심지어 불편함이 일부 네덜란드인 사이에 존재한다는 것 또한 드러낸다. 모든 가족 구성원이 게이 아들이나 레즈비언 딸의 결혼 소식에 기뻐하는 것은 아니다. 이러한 불편이 관계에 있어 부모의 수용성 부족을 반영하든 주변에 결혼 소식을 알리면서 동성애자 자녀의 부모로서 '커밍아웃'을 해야 한다는 것에 대한 당혹스러움을 반영하든 간에 부정적인 반응은 일부 협상과 적응이 요구됨을 나타낸다. 결과적으로 결혼이라는 관넘에 대해 부모와 화해한다면 이는 아마도 부모가 결혼을 어떻게 보느냐보다는 부모가 자신의 동성애자 자녀의 관계를 어떻게 보느냐가 바뀌었기 때문일 터다. 다만 이 역동을 완전히 탐구하기 위해서는 더 많은 연구가 필요하다.

종합하면 결혼은 게이, 레즈비언 커플의 삶에 들어맞고, 그들이 속한 더 넓은 사회의 타인들도 이에 동의하는 것으로 보인다. 동성 커플이 비슷한 결혼관을 이성애자들과 공유한다는 점을 감안하면 동성 커플이 결혼한다는 것의 사회적 지위 및 의무를 기꺼이 취하고자 한다는 사실은 놀랍지 않다. 이성애자들도 이미 게이, 레즈비언 들이 결혼에서 얻고자 하는 것으로 보이는 변화와 같은 방향으로 움직인다. 이러한 행동과 관념은 모두 동성 커플이 결혼을 조금도 부정적인 방식으로 변화시키지 않을 것임을 시사한다.

결혼이 동성애자들을 바꿀까

결혼 평등에 대한 적어도 일부의 논쟁은 결혼 접근권을 얻지 못함으로써 게이, 레즈비언이 무엇을 잃고 역으로 결혼이 허용된다면 게이, 레즈비언이 무엇을 얻을지에 주목한다. 동성애 관계는 협상과 대립의 과정, 시간을 통해 가족과 공동체로부터 문화적 인정을 얻어 왔다. 이러한 의미에서 동성 커플은 문화적·법적 의례를 통해서보다는 '함께하기'와 실시간의 헌신 증명을 통해 동성 커플 고유의 관계를 수립해 왔다.

결혼이 이러한 관계를 진전시키거나 변화시킬까? 이성애 결혼에 대한 연구는 기혼자는 독신자보다 건강하고 오래 살고 부유함을 시사한다. 일부 사회 과학자가 동성 커플이 비슷한 이익을 얻으리라고 주장해 온 반면 다른 이들은 결혼의 제도적 영향력 쇠퇴로 동성 커플이 이익을 얻을 기회가 약화될 수도 있음을 암시한다. 이 관점에서 동성 결혼 허용은 결혼의 사회적 제도로서의 지속력을 평가하는 자연스러운 실험이 된다.

네덜란드 커플들이 보여 주는 증거는 커플이 몇 가지 면에서 확실히 결혼으로 이익을 얻음을 알려 준다. 개인적 수준에서 일부 장점은 게이, 레즈비언의 사회적 배제 감소에서 유래한다. 배제는 동성애자들을 도발하고 소외한다. 모든 인터뷰이들은 결혼과 관련한 본인의 개인적 욕구나 의도와는 관계없이 결혼에 대한 동등한 접근으로 자신이 사회에 더욱 받아들여진다고 느꼈다. 소속으로 얻는 이익은 '소수자 스트레스'를 감소시키고 동성 커플에 대한 사회적 지원을 증가시킴으로써 동성애자들의 정신 건강과 신체적 건강을 향상할 수 있었다.

사회 과학 문헌이 밝히는 결혼 자체의 다른 긍정적 효과가 발생하기까지는 더 많은 시간이 걸리겠지만 즉각적인 효과는 맞는 방향으로 움직이고 있다. 결혼한 많은 개개인은 결혼의 결과로 자신들의 관계에 있어 더욱 책임감 있고 특별하게 느낀다고 보고하였고, 이러한 효과는 더 건강하고 길게 유지되는 관계라는 말로 옮겨진다. 내가 대화한 이들 중 아무도 결혼의 결과로 노동력 참여나 가사 분배의 여타 주요 변화가 생겼다고 보고하지 않았는데, 이는 동성 결혼에서는 남편과 부인이 무엇을 해야 하는가에 대한 기대가 다르다는 점을 부분적으로 반영한다.

일부 동성애자 결혼 비판자들은 동성 커플의 이익은 관계에 대한 국가의 통제에 굴복하고 개인의 자율성을 포기하는 대가로 얻는 것이라고 주장한다. 그러나 이해득실의 잠재성은 적어도 몇 가지 방식으로 제한된다. 결혼은 커플의 새로운 사생활 영역을 만들고, 이제 결혼은 더 이상 결혼반지를 대가로 누군가의 개인성을 팔아넘기는 것을 의미하지 않는다. 오늘날의 결혼은 부인의 정체성을 남편의 정체성에 포함시키는 구식 모델을 받아들이는 것보다는 개인끼리의 동반자 관계를 의미한다.

결혼의 효과에 대한 다른 우려 지점은 동성애자 커뮤니티 전반이 치러야 할 비용이다. 다양한 동성애자 커뮤니티를 창조하고 힘을 합치도록 돕는 불평등의 유대를 제거하는 것은 동성애자와 동성애자 문화 앞에 놓인 거대한 변화를 의미할 수 있다. 큰 변화가 일어나는 데는 여러 해가 걸리지만 단기적으로 네덜란드의 동성애자들은 정체성을 폐기하지 않았다. 오히려 동성애자들은 자신들의 결혼에 대해 논의할 때 커밍아웃의 새로운 기회와 이유를 얻게 되면서 더욱 눈에 띄게 되었다. 네덜란드의 예를 보면 공식적인 결혼 평등이 완전히 평등한 대우를 즉각적으로 보장하지는 않는다. 가장 명백한 문제는 동성 커플의 결혼이 이들을 인정하는 오직 소수의 국가들에서만 유효하게 받아들여진다는 사실이다. 그뿐 아니라 여타 증거들은 네덜란드 문화에서 반동성애적 편견이 고집스레 존재함을 알 수 있다.

그럼에도 결혼권 운동에 의견을 달리해 온 동성애자 활동가들은 동성애자 문화의 고유하고 긍정적인 측면들을 잃을까 봐 가장 두려워한다. 폐해가 있는 이성애자들의 제도라고 간주되는 대다수의 것에 동성애자들이 적응하기를 원치 않는 결혼 전복자들에게는 동화주의의 망령이 크게 다가온다. 앞서 말했던 것처럼 페미니스트들은 결혼에 대해 가장 크게 문제 제기를 해 왔지만 네덜란드 커플들의 경우를 보면 동성 커플이 배우자 역할에 대한 엄격한 기대를 고수하리라고 예상할 이유가 거의 없다.

미국의 일부 결혼 전복자들이 동성 결혼 캠페인에서 가장 문제가 된다고 보는 정치적 양상은 이 캠페인이 그들 스스로 더욱 중요하다고 간주하는 쟁점이나 의제에서 시간과 돈이라는 자원을 전용한다는 점이다. 결혼 운동을 위한 정치적 타협과 이에 따르는 정치적 반발 같은 결혼 운동의 정치적 부작용이 2인 커플이나 핵가족뿐 아니라 모든 유형의 가족 구조에 대한 지원을 확대하는 선택지를 제한할 수 있다는 말이다.

그럼에도 이에 대한 구체적 증거에 근거하여 나는 결혼 운동에 쓰이는 자원은 의료 보험 개혁이나 다른 사회 정의 항목에 퍼부어지는 자원에 비해 매우 적다고 생각한다. 결혼 운동에 쓰이는 자원의 방향을 즉각 바꾼다고 해도 정치적 차원에서 거의 인지조차 되지 않을 것이다. 더욱 중요하게는 정치적 행동주의가 제로섬 게임일 필요는 없다. 매사추세츠, 캘리포니아, 버몬트, 코네티컷처럼 동성 커플의 결혼이나 파트너 등록, 시민 결합에의 진입을 허용하는 주는 모든 거주자에게 의료 보험 적용을 확대하는 등 진보적 목표를 실현하기 위한 대다수 성과를 일군 곳이기도 하다.

그러나 동성 커플 인정을 위한 정치적 노력을 지속할 아주 타당한 이유는, 노력을 지속하지 않는다면 결혼 평등을 향한 진보가 중단되리라는 점이다. 유럽 국가들의 평등 정책 제정은 각 국가의 동성애자 정치 운동의 수많은 노력의 직접적인 산물이다. 9장에서 보았듯 이들 국가의 활동가들이 입법을 통해 승리한 것은 단순히 인구 통계학적 흐름에 올라탔기 때문이 아니다. 또한 동성 커플의 동등한 권리를 쟁취하려는 노력을 폐기하는 것은 가정 동반자에게 의료 보험 혜택을 제공하도록 한 동성애자들의 노력 덕분에 혜택을 받은 훨씬 많은 미국의 비혼 이성 커플에게도 해를 끼친다.

결혼 평등 운동에 대한 결혼 전복자들의 반대는 합리적인 주장(이러한 주장들이 실증적인 수준인지 미심쩍다.)이라기보다 동성애자 커뮤니티에서의 결혼 효과에 대한 근본적으로 감정적인 우려와 더 관련 있다. 만약 결혼이 두 배우자를 둘만의 관계에 더 깊이 끌어당기고 친구나 다른 가족 구성원과의 관계는 멀어지게 한다면, 즉 일부 사람들이 일컫는 것처럼 결혼이 '탐욕'스럽다면, 이 관계 내부로의 끌어당김은 커뮤니티 내부에서 몇 해에 걸쳐 수립된 관계를 황폐화하고 독신 동성애자와 결혼하기를 원치 않는 다른 이들의 고립과 낙인으로 이어질 것이다.

감정적인 지점에 사실로 대항하기는 쉽지 않다. 특히 그것이 적어도 나름의 근거에 바탕한 두려움일 때 더 그렇다. 건설적인 대응의 일례는 몇몇 네덜란드 커플이 했던 것처럼 좁은 의미의 핵가족보다는 더 넓은 가족 개념을 담보하기 위해 의식적으로 친구와 가족 구성원을 결혼식에 연관시키는 방법이다. 결국 이러한 두려움과 우려에 대한 가장 좋은 해결책은 시간이다. 결혼한 동성 커플은 자신들이 독신 동성애자와 기혼 이성 커플이 맞닥뜨리는 것과 비슷한 문제에 처하게 된다는 사실을 깨닫고, 자신들의 사회적 가능성들을 축소하기보다는 확장하는 방식으로 대응할 터다.

우리에게 결혼의 대안이 필요할까

동성 커플의 시민 결합 또는 파트너십 등록이라는 선택지는 그 관계를 '결혼'이라고 부르지 않은 채 동성 커플에게 결혼한 커플과 동일한 권리와 의무를 부여하고자 하는 정책 입안자들을 위한 편리한 절충적 지위가 되었다. 결혼이라는 유명한 꼬리표를 이성 커플에게 한정코자 하는 의도는 혹자들로 하여금 대체물로도 충분한 듯하니 이제 커플과 다른 가족 구조를 위해 결혼을 넘어선 넓은 범위의 법적 선택지를 고려하자고 주장하게 했다. 또한 결혼의 대안을 찾는 것은 결혼을 완전히 없애는 편을 선호하는 동성 결혼 전복자에게 주요 과제가 되었다.

대안에 대한 주장은 정치적 맥락에서 까다로워져 간다. 동성애자 권리에 대한 전략적 반대자들은 기혼 이성 커플과 헌신하는 동성 커플의 비교에서 벗어나 동성 커플과 결혼한 커플을 제외한 거의 모든 유형의 가족과 비교하며 논쟁의 틀을 재구조화한다. 보수주의자들은 내가 8장에서 이름 붙인 "미끄러운 형평성 비탈"을 굴러 내려가면서 동성 커플을 결혼에 가깝게 이동시키는 제안에 입법적 관심이 쏠리지 않도록 새로운 대안을 제공한다. 결혼과 관련하여 주가 인정하는 모든 권리를 제공하는 포괄적 가정 동반자 제도 또는 시민 결합에 맞서기 위해 이들은 제한된 호혜적 수혜자 지위를 만드는 등의 대안을 활용한다. 시민 결합의 대안은 대개 결혼하도록 허용되지 않는 두 사람(예컨대 형제자매 또는 이모와 조카)을 포함하여 적용 집단을 확장함으로써 결혼에서 멀어지게 한다. 결국 이러한 대안은 단기적 타협보다는 막다른 길이 되기 십상이다. 새로운 권리 및 의무를 추가하는 것은 이에 포함된 집단 중 결혼과 비슷한 관계가 아닌 사람들에게는 그리 매력적이지 않을 수 있기 때문이다.

요점은 모든 가족 형태에 들어맞는 제도를 만들고, 이 목표를 실제로 이루는 것은 정책 입안자들에게 아주 힘든 일이라는 사실이다. 형평성은 충분히 명확한 지침이 아니기에 이 원칙을 적용하는 것이 동성 커플이 결혼 평등으로 가는 길을 막을 수 있다. 많은 동성 커플에게 시민 결합은 그 자체로 결코 충분치 않은데, 이 발명품에는 결혼의 풍부한 사회·문화적 의미가 딸려 있지 않기 때문이다. 우리는 대안적 지위와 결혼을 모두 제공하는 주나 국가에서 파트너십 등록제나 시민 결합보다는 결혼율이 높다는 점에서 결혼에 대한 확실한 선호를 볼 수 있다. 그리고 기타 가족 유형의 필요와 욕구는 그리 명확하지 않다. 아주 소수만이 동성 결혼 논쟁에서 발생한 제한된 기회를 활용하는데, 이를 감안하면 정책 입안자들이 결혼권을 쟁취하고자 하는 동성 커플들의 노력에 기타 가족을 이어 붙이기보다는 이들의 특정한 필요에 더 잘 맞는 지위를 공들여 만들 필요가 있음을 발견하게 된다.

우리가 너무 빨리 움직이고 있나

현실에서 대안들은 변화의 속도를 늦추는 한 가지 중요한 목적만을 달성할 뿐이다. 대중에게 이슈를 밀어붙이는 '활동가 판사'를 비난하는 결혼 평등 반대자들은 변화의 속도가 너무 빠르다며 불안을 표현할 준비가 되어 있었다. 동성애자 일각에서 몇십 년 동안 결혼 권리를 옹호해 왔어도, 1990년대에, 즉 근 20년 전에 하와이에서 동성 커플 결혼 허용에 가까이 다가갈 때까지 결혼 평등의 목표가 정말로 실현되리라고 여겨지지 않았다. 버몬트는 2000년에 동성 커플에게 결혼과 아주 가까운 무언가를 주었고, 4년 후에 동성 커플은 매사추세츠에서 결혼하기 시작했다. 코네티컷과 캘리포니아에서 동성 커플에게 결혼을 (잠시) 개방하기까지는 4년이 더 걸렸다.

정책 변화의 적절한 속도를 평가하기는 어려운 일이다. 결혼할 수 있다는 소식이 들리자마자 결혼 증명서를 받으러 시청으로 뛰어갈 준비가 되어 있는 동성 커플에게는 변화가 너무 느리다.(2004년 샌프란시스코 시장이 동성 결혼을 허용한 짧은 한 달의 기회 동안 46개 주와 다른 국가에서 수많은 동성 커플이 샌프란시스코로 몰려왔다.) 다른 한편 동성 결혼 반대자들에게는 어떠한 변화도 지나치게 많고 빠르다. 이는 우리에게 시간의 문제에 대한 또 다른 관점의 필요성을 남긴다.

유럽의 연대표를 활용해 미국에서의 변화 속도를 측정해 보는 것은 언제 어떤 일들이 일어날지 이해하는 데 유익하다. 1989년 덴마크는 동성 커플을 위한 파트너십 등록제를 만들었고, 여러 국가들이 꾸준히 비슷한 정책이나 심지어 완전한 결혼 평등을 도입했다. 이들 국가에서 일어난 일들은 여기서 비슷한 속도로 일어나는 일들과 많이 다를까?

1990년대에 정책 혁신을 한 1차 도입국 특징을 살펴보면 주요 유사점이 발견된다. 낮은 종교성과 높은 동성애 관용성, 높은 동거율이라는 이 세 가지 특징에 더하여 모든 1차 도입국은 동성애자 사업체 지표나 동성애자 단체 지표 또한 높은 수준이었고, 대개 사회 복지 지출이 컸다. 이러한 공통적 요소는 정책 입안자들이 가시적인 동성애자 인구의 현실적인 필요와 동성애자들의 정치적 영향력 및 정치적 연대에 반응했음을 시사한다.

시간이 흐름에 따라 동성 커플을 인정하는 일련의 국가들이 조금씩 달라 보이기 시작했다. 동성애 관용성과 상대적으로 높은 수준의 동거율은 계속 중요하지만 캐나다와 스페인처럼 더 종교적인 국가도 동성 커플에게 결혼을 막 개방한 참이었다. 더 많은 국가가 동성 커플에게 평등을 제공하면서 다른 국가의 걸림돌도 빠르게 줄어드는 것으로 보였다.

변화를 위한 동일한 필요조건이 지금까지 미국에서 동성 커플에게 권리를 부여한 10개 주 중 9곳에서도 보인다. 우리는 곧 행동할 것으로 보이는 몇몇 다른 주에서도 비슷한 특징을 본다. 따라서 질문에 대한 나의 대답은 "아니요, 우리는 다른 나라의 경험에 비출 때 예측되는 속도로 움직이고 있습니다."이다. 진보적인 주는 보수적인 주보다 빨리 움직이고 다양한 가족들이 있는 주는 비교적 빠르게, 종교적 반대가 큰 주는 비교적 느리게 움직인다.

변화의 시기를 이렇게 보는 관점의 또 다른 함의는, 미국은 다른 나라들의 정책 발전으로부터 스스로를 분리하기 위해 미국 예외주의라는 깃발 뒤에 숨지 못한다는 것이다. 그렇다, 미국의 결혼 문화는 다른 유럽 국가들의 것과 다르다. 평균적으로 미국인들은 더 종교적이고 더 결혼하고 싶어 하지만(동성 커플과 이성 커플 모두 비슷하다.) 이러한 결혼 문화는 결혼으로 인한 특정한 경제적·사회적 혜택 조합에 대한 반응이기도 하다. "우리는 달라, 그래서 다른 나라들에 관심을 둘 필요는 없어."라고 말하는 대신 미국인은 고쳐 말해야 한다. "다른 나라들을 살펴보고 우리가 동성 커플에게 결혼할 권리를 부여하면 무슨 일이 생길지 알아보자."

구조적 혁신인가, 표면적 재단장인가

다른 유럽 국가와 미국의 비교뿐 아니라 네덜란드에서의 증거를 보면, 동성 결혼은 결혼이라는 오래된 제도의 구조적 재구성이라기보다는 재단장에 가깝다. 그렇기는 하지만 집의 인테리어를 바꿔 본 이라면 공감하듯이 재단장은 번잡하고 스트레스를 받는 일이며, 이때 가족들은 다른 곳에 있어야 하고, 일상은 균열된다. 재단장을 신중하게 계획하면 낫겠지만 최선의 계획을 세워도 친숙하고 사랑하는 집의 전선이 마구 드러나고 부엌이 발가벗겨지는 광경을 보는 기분을 완전히 달랠 수는 없다. 모두가 결과에 만족하지는 않겠지만 희망적인 점은 이 과정에서 구식 구조가 더욱 쓸 만하고 매력적인 신식으로 변한다는 것이다.

많은 사람들처럼 나도 집을 재단장해 봤고 그 과정을 견뎌 냈다. 이 책을 쓰면서 나 역시 여기에 논의된 일체의 변화를 겪었다. 결혼할지 결정하고 긍정적이고 부정적인 반응에 대응하고 결혼식을 계획하고 의미 있는 예식을 만들고 여자인 부인이 있는 여자라고 커밍아웃하고 새로운 지위의 사회적이고 법적인 의의를 마주했다. 친척들은 나의 부인을 다르게 대하고, 고용주는 부인에게 가족 혜택을 확장하고, 우리는 서로에게 더욱 헌신한다고 느낀다. 이때 내 세금이 늘어났다는 사실 정도는 눈감고 넘어가도록 했다. 우리 모두는 거대한 문화적·사회적·경제적 변화의 시대를 살아 내고 있고, 너무나 많은 변화는 위협이자 스트레스로 느껴진다. 동성 커플의 결혼 권한 제약에 이의를 제기함으로써 스트레스를 더하는 게 맞을까?

책의 연구 결과를 해석하는 데 특히 유용할 몇 가지 관점이 여기 있다. 동성 커플의 관점에서 더 강한 가족과 사회 전반에 대한 포함이라는 혜택의 측면에서 결혼 평등의 잠재적 이익은 크다. 사회적 논의와 마침내 파트너와 결혼하게 된 게이·레즈비언의 체화된 경험은 모두 결혼이라는 제도가 결혼한 커플의 삶을 보호하고 형성하며 유익한 힘을 유지함을 시사한다. 이성애자의 관점에서 결혼 증명서를 발급받기 위해 줄을 서는 커플의 구성 변화는 직접적으로 눈에 확 띄지는 않을 것이다. 이성애자에게 있어 결혼의 의미는 이미 변해 왔으며, 결혼의 최근 형태는 게이·레즈비언의 관심사에 잘 들어맞는다. 결혼이라는 사회적 제도의 관점에서 이 모든 증거는 결혼이 무너진다는 징조를 보여 주지 않는다. 동성 커플에게 결혼을 개방하는 것은 21세기에도 계속되는 결혼의 유효성을 갱신하는 최신 단계일 뿐이다.

척도 구성 및 비교

다양한 국가의 데이터를 이용해 각 국가의 효율성과 갈등 이론 측면에서의 이야기와 연관된 척도를 만들었다. 법에서의 변화를 가져왔음 직한 가장 중요한 요인이 무엇인지를 분명하게 이해하기 위해 법이 통과되기 이전 시점의 척도에 중점을 두었다. 덴마크를 제외하면 9개 나라가 모두 1990년 이후에 법을 시행했고, 덴마크에서는 1989년, 법이 통과되었다. 따라서 이 책에서 1차 도입국을 살펴보기 위해 사용한 척도는 1990년이나 1990년대 초기의 것들이며, 1차 도입국과 2차 도입국을 함께 살펴보기 위해 사용한 척도는 1999년이나 2000년 자료다.

부록의 표 A.1은 이 척도의 국가별 실제 수치를 보여 준다. 9장의 표 9.1에서는 파트너십 등록법이 있는 국가와 없는 국가 간의 평균값을 비교한다.

세계 가치관 조사의 측정은 몇 가지 중요한 변수를 제공한다.[1]

표 A.1 국가별 실용 변숫값 및 정치 변숫값

	여성의 경제 활동 참여율		GDP 대비 사회 복지 지출		출산율		이혼율		이웃에 동성애자가 사는 것은 싫다	
	1990	2000	1990	2000	1990	2000	1990	2000	1990	2000
호주	62.3	66.1	14.1	17.9	1.9	1.8	35.3	46		24.7
오스트리아	55.4	62.2	23.7	25.3	1.5	1.3	36	49.8	43.3	25.4
벨기에	46.3	56.9	25	25.3	1.6	1.6	31.5	59.8	23.5	17.4
캐나다	69	71	18.4	16.7	1.8	1.6	41.8	45.1	29.7	16.9
체코	64.8	64.2	16	20.3	1.9	1.1	35.2	53.7	53.2	19.7
덴마크	78.6	76.3	25.5	25.8	1.7	1.8	43.6	37.5	11.7	8.0
핀란드	74	72.2	54.5	21.3	1.8	1.7	52.6	53.2	25.2	21.2
프랑스	57.6	61.9	25.3	27.6	1.8	1.9	36.9	40.9	24.4	15.6
독일	57.5	63.7	22.5	26.3	1.5	1.4	30	46.4	35.2	12.6
헝가리	58.2	52.9	20.6	20.6	1.9	1.3	37.5	49.9	75.3	53.4
아이슬란드	80.4	85.7	14	15.3	2.3	2.1	41.5	30.7	20.1	7.9
아일랜드	43.3	56.2	15.5	13.6	2.1	1.9	0	13.7	33.2	27.3
이탈리아	44.6	46.8	19.9	23.2	1.3	1.2	8.7	13.2	39.2	28.7
네덜란드	53.1	65.7	24.4	19.3	1.6	1.7	29.7	39.3	12.0	6.1
노르웨이	72.6	77.5	22.6	22.2	2.0	1.9	46.4	39.6	19.5	14.3
폴란드	64.8	61.1	15.1	21.2	2.1	1.3	16.6	20.3	70.5	55.2
포르투갈	61.3	63.3	13.7	20.2	1.6	1.5	12.9	30	49.6	25.9
스페인	42.6	53.2	20	20.4	1.3	1.2	10.5	17.4	32.4	16.4
스웨덴	83.4	77.3	30.5	28.8	2.1	1.5	47.8	53.9	17.4	6.1
스위스	71.1	73.2	13.5	18	1.6	1.5	28.3	26.4		18.5
터키	36.7	29	7.6	13.2	3.1	2.2	5.6	6.6	91.7	90.3
영국(브리튼)	68.2	69.8	17.2	19.1	1.8	1.7	44.1	50.5	31.1	24.3
미국	69.7	72.7	13.4	14.6	2.1	2.1	48.4	50.6	41.0	23.3

	결혼은 구식이다		정기적으로 예배 참석		동거율		동성애자 사업체 지수	동성애자 단체 지수	전국적인 동성애자 단체 유무	가톨릭 전통 유무	노조 조직률
	1990	2000	1990	2000	1990	2000					
호주		18.5		25.1		11.8	13	8.8	1	0	28.6
오스트리아	12.0	20.1	43.9	42.5	6.0	18.2	7.3	3.6	0	1	36.6
벨기에	22.5	30.6	30.6	27.3	10.2	19.3	28.5	6.4	1	1	38.1
캐나다	12.5	22.3	40.0	35.9	11.6	16.4	10.8	5.9	1	0	31
체코	10.6	11.4	10.8	11.7	5.1	11.7	1.6	1.2	0	1	36.3
덴마크	18.0	15.0	10.8	11.9	23.6	25.8	10.5	9.1	1	0	68.2
핀란드	12.5	17.9	11.0	14.0	12.4	34.9	11.0	7.2	1	0	59.7
프랑스	29.1	36.3	16.9	11.9	15.5	32.1	13.2	5.3	1	1	6.1
독일	15.0	18.1	25.3	23.3	10.6	14.6	11.9	6.1	0	1	29.6
헝가리	11.1	14.9	23.0	17.6	4.3	8.9	2.2	1.5	0	1	52.5
아이슬란드	6.2	8.3	9.4	12.0	24.4	31.4	27.5	23.5	1	0	70.7
아일랜드	9.9	22.4	87.7	69.0	1.0	6.6	9.1	6.9	1	1	36
이탈리아	13.5	17.0	53.4	53.7	2.8	5.3	9.4	1.9	1	1	30.6
네덜란드	21.2	25.0	30.4	25.1	11.0	31.9	27.6	9.6	1	0	21.8
노르웨이	10.1	13.5	12.7	12.5	13.8	23.2	13.7	17.0	1	0	51.7
폴란드	6.4	9.3	83.6	78.2	1.8	6.6	1.9	0.4	0	1	27
포르투갈	23.2	24.8	41.2	54.0	2.7	8.6	15.6	1.4	0	1	18.8
스페인	13.7	17.5	43.1	35.9	2.2	12.8	14.6	1.4	0	1	11.4
스웨덴	13.9	20.4	10.5	9.4	20.5	30.2	7.7	5.7	1	0	77.2
스위스	13.1	24.1	42.5	24.5	10.0	12.2	18.9	11.9	1	0	20
터키	11.3	8.5	38.1	39.5	0.3	0.6	0.5	0.1	0	0	22
영국(브리튼)	17.6	25.9	23.4	18.9	7.9	16.8	12.3	7.2	1	0	26.2
미국	7.5	10.1	61.2	60.3	4.7	13.2	11.2	2.4	1	0	12.7

세계 가치관 조사는 성적 지향, 성별, 동성애 등 다양한 주제로 가치와 규범에 대한 개인 단위의 횡단면 데이터를 50개국에서 수집한다. 설문 조사의 내용과 취지는 각 국가 언어로 번역되었고, 서구 국가와 기타 지역의 전문적인 설문 조사 기관에서 관장했으며, 대부분은 해당 지역의 조사 연구원이 수행했다.[2] 나는 1990~1993년, 1999~2000년에 조사된 2차, 4차 조사 데이터만 이용하였다. 각 나라에서 모든 설문 항목이 다 조사되지는 않았다. 이 책에서 다루는 나라의 표본 수는 대개 1000명에서 약 3000명 사이다. 몇 개 나라를 제외하고는 다단계 층화 무작위 표집을 통해 전국 18세 이상 성인의 대표성 있는 표본을 구했다. 일부 나라는 저연령군이나 인종 집단과 같은 특정 하위 인구 집단을 과다 표집했고, 이 책에서는 세계 가치관 조사가 제공하는 개인별 표본 가중치를 사용하여 국가 내의 과대 표집을 처리했다. 분석 단위는 국가이므로, 개인들의 응답을 집계해 국가 차원의 데이터로 만들었다. 태도 척도는 국가별 동거율과 마찬가지로 세계 가치관 조사에서 가져왔다. 그 밖의 인구 통계학적·경제적 척도에 관한 데이터는 경제협력개발기구(OECD), 유럽연합(EU), 국제노동기구(ILO)에서 가져왔다. 동성애자 사업체와 단체의 개수는 해마다 발간되는 여행 잡지《게이를 위한 스파르타쿠스 가이드(*Spartacus Guide for Gay Men*)》의 1990년판에 나온 목록을 이용해 직접 계산했다. 전국적인 게이, 레즈비언 정치 단체에 관한 데이터는 국제동성애자협회(ILGA)가 1985년, 1988년, 1993년에 발행한『핑크북』의 전 세계 동성애자 사회 운동 일람을 참고했다.[3]

다변량 회귀 분석법

최소 자승 추정법을 이용하는 이 방식은 다른 변수들은 고정한 상태에서 하나의 독립 변수 혹은 설명 변수의 영향을 측정한다. 종속 변수는 그 나라에 동성 파트너 인정법이 있다면 1, 없다면 0의 값을 갖는다. 표 A.2는 1차 도입국들과 다른 모든 국가들을 비교한다. 그리고 표 A.3은 1차 및 2차 도입국들과 다른 모든 국가들을 비교한다. 표 A.2와 표 A.3의 각 열은 그 열에 나열된 변수들만 사용한 개별적 회귀식이다. 각 계수는 추정식의 다른 변수들이 일정할 때 해당 독립 변숫값의 변화가, 국가가 동성 파트너 인정법을 보유할 확률에 어떤 영향을 미치는지를 보여 준다. 예를 들어 표 A.2의 첫 열에서 "동성애자 이웃은 싫다" 계수에 대한 회귀 계수인 -0.015는 응답자의 40%가 동성애자 이웃을 좋아하지 않는다고 말한 국가가 응답자의 30%가 동성애자 이웃을 원하지 않는다고 말한 국가에 비해 동성 파트너 인정법을 마련했을 확률이 15퍼센트포인트 낮다는 의미다. 변수가 들어가는 순서에 민감한 단계별 회귀 분석 대신 추정식을 여러 설정으로 실험하면서 다양한 조합에서 중요성이 드러나는 변수는 계속 포함했다. 표본 크기가 작아 테스트의 검정력과 포함 가능한 변수의 개수에 제한이 있지만 이 회귀 분석 결과는 우선 일부 설명 요인들에 상관관계가 있고, 일부 설명 요인들은 동성 파트너 인정법의 유무와 밀접함을 보여 준다.[4]

표 A.2와 표 A.3은 먼저 동성애에 대한 관용적 태도의 중요성을 검증한다. 첫 번째 추정식(두 표의 (1)열)에서 동성애에 관한 태도 변

표 A.2　동성 파트너십·결혼의 1차 도입국에 대한 회귀 계수

변수	1	2	3	4	5	6	7	8
상수	0.973** (0.17)	-0.81 (0.62)	-0.26 (0.40)	0.08 (0.43)	-1.44** (0.50)	-1.14** (0.51)	0.88** (0.30)	-1.03 (0.64)
사업체 지수		0.024** (0.014)	0.017 (0.012)	0.021 (0.014)	0.026** (0.010)			
공공 사회 복지 지출 (GDP %)		0.050** (0.018)			0.043** (0.012)	0.049** (0.017)		0.048** (0.018)
결혼은 구식이다								
동거율			0.048** (0.014)		0.043** (0.012)	0.024 (0.016)		0.021 (0.020)
노조 조직률				0.010** (0.004)				
교회 출석						-0.008** (0.004)	-0.001 (0.004)	
동성애자 단체 지수						0.035* (0.02)	0.020 (0.019)	0.035 (0.021)
동성애자 이웃은 싫다	-0.015** (0.004)	-0.001 (0.006)	0.001 (0.006)	-0.007 (0.006)	0.008 (0.005)	0.004 (0.005)	-0.008* (0.005)	0.004 (0.006)
수정 결정 계수	0.38	0.54	0.60	0.48	0.73	0.69	0.51	0.67
표본 수	22	22	22	22	22	22	22	22

** 5% 유의 수준에서 통계적으로 유의
* 10% 유의 수준에서 통계적으로 유의

표 A.3   동성 파트너십·결혼의 1·2차 도입국에 대한 회귀 계수

변수	1	2	3	4	5	6	7	8
상수	1.02** (0.13)	0.45 (0.65)	0.40 (0.35)	1.15** (0.23)	1.1* (0.60)	1.29** (0.21)		
사업체 지수		0.011 (0.014)	0.003 (0.013)	0.008 (0.010)	0.007 (0.012)			
공공 사회 복지 지출 (GDP %)		0.017 (0.022)			-0.002 (0.019)			
결혼은 구식이다								
동거율			0.022* (0.011)		0.005 (0.012)			
노조 조직률								
교회 출석				-0.014** (0.004)	-0.013** (0.004)	-0.014** (0.004)		
동성애자 단체 지수						0.001 (0.015)		
동성애자 이웃은 싫다	-0.017** (0.004)	-0.013** (0.006)	-0.009 (0.006)	-0.009* (0.005)	-0.008 (0.006)	-0.011** (0.004)		
수정 결정 계수	0.39	0.36	0.46	0.63	0.59	0.62		
표본 수	23	23	23	23	23	23	23	23

** 5% 유의 수준에서 통계적으로 유의
* 10% 유의 수준에서 통계적으로 유의

수가 음(-)의 계수를 갖는 것은 어떤 국가에서 동성애자와 이웃이 되고 싶어 하지 않는 주민이 적을수록 동성 파트너 인정법이 있을 가능성이 더 높음을 보여 준다. 다시 말해 높은 동성애 관용도가 높은 동성 파트너 인정법 시행률과 연관된다.

하지만 다른 변수들이 이 추정식에 포함되면 이 효과가 줄어들고 통계적 가치를 잃는다. 여기에서 측정된 많은 변수들이 관용도와 상관관계에 있기 때문이다.[5] 어떤 모델을 사용하느냐에 따라 다른 몇몇 변수도 동성 파트너 인정법 시행률의 승가와 통계적으로 유의한 연관이 있다.

- 동거율은 대체로 통계적으로 유의하며 양(+)의 효과가 있다.
- 공공 사회 복지 지출 변수는 다양한 추정식에서 양의 관계와 유의성을 보인다.
- 일부 회귀식에서 독실함의 척도인 교회 참석 변수가 통계적으로 유의하며 동성 파트너 인정법 시행과 음의 관계를 보인다.

이 밖의 거의 모든 변수들은 몇 가지 예외가 있을 뿐 다수 회귀식에서 통계적으로 유의하지 않다. 사업체 지수는 예상대로 동성 파트너 인정법과 양의 상관관계가 있지만 그 계수의 값이 작고 단독 설명 변수로 사용될 때(여기에서는 결과를 보여 주지 않았다.)를 제외하면 통계적으로 전혀 유의하지 않다. 정치력을 반영하는 변수 중 유일에게 유의한 변수는 단체 지수이며, 역시 동성 파트너 인정법과 양의 상관관계가 있고, 다만 일부 경우에 통계적으로 유의하다.

어떤 국가가 1차 혁신국이 되는지를 예측하기 위해 동성 파트너 인정법을 시행한 국가들만을 대상으로 한 회귀 분석에서 변수들의 1990년도 값을 사용했을 때 1차 도입국과 2차 도입국 사이에 몇 가지 차이점이 드러났다. 동성애자 이웃에 대한 관용도가 높고 사회 복지 지출이 높을수록 1차 도입기에 법안이 통과된다고 예측되었지만 통계적으로 항상 유의하지는 않았다. 그러나 변수들의 2000년도 값을 사용하면 2000년도 동거율이 더 높고, 단체 지수가 더 높은 것 역시 1차 도입기에 법안이 통과되는 것과 연관됨을 발견하였다. 즉 1차 도입국은 동성애에 대한 관용도가 가장 높았으며, 동성애자 단체의 정치적 운동이 더욱 활발하였을 터다. 또 1차 도입국은 높은 동거율이 입증하듯이 2차 도입국에 비해 가족의 다원성에 대해서도 관대한 것으로 보인다.

질적 비교

질적 비교 분석에서는 나라별로 결과와 원인 요소를 모두 포함하는 여러 이분법적인 질적 특성을 가져와 동성 파트너 인정법이 있는 모든 나라를 규정하는 매우 간단한 몇 가지 요인들을 찾아내기 위해 불 논리(Boolean logic)를 이용한다. 첫 번째 단계에서는 가능성 있는 원인 요소를 규정하는 것과 각 나라별로 그 요소들에 값을 부여한다. 여기에서 나는 어떤 특성의 존재 여부를 정의하기 위해 앞서 논의했던 독립 변수의 정량적 수치를 사용했다. 각 변수에 대해 모든 국가의 평균을 계산했다. 1990년 변수의 평균보다 크면 그 나라에는 1, 평균보다 작은 나라에는 0의 값을 부여했다. 예를 들어 동성애자 이웃이 싫다고 응답한 거주민 비율의 평균은 모든 국가를 이용해 계산했을 때 1990년에 36.5%였다.[6] 이 평균값보다 낮은 국가는 관용도가 1로 코딩되었고, 이 평균값보다 큰 나라는 관용도가 0이 된다. 표 A.4와 표 A.5의 불 진리표(Boolean truth tables)는 충분한 데이터가 있는 23개국에 대해 주요 변수와 해당 변수의 부여값을 보여 준다.[7] 괄호 안에 적힌 나라는 같은 변숫값을 가지지만 동성 파트너 인정법이 없는 곳이다.

나는 먼저 모든 이론 범주에서의 기본 변수들을 검토했다. 회귀분석과의 비교를 위해 기준 모델에서는 동거, 동성애 관용도, 국가의 사회 복지 지출, 종교적 독실함, 동성애자 사업체 가시성, 동성애자 단체 조직률을 고려했다. 이 6개의 변수는 64가지(26) 요인의 조합을 가능하게 한다. 표 A.4의 진리표에서 볼 수 있듯이 나는 1차 도입기에 13개의 서로 다른 조합을 보여 주는 국가들을 분석했다. 표 A.5는 2차 도입국을 대상으로 15개의 실제 조합을 제시한다.

두 번째 단계에서는 동성 파트너 인정법이 있는 국가를 규정하는 조건들을 논리적으로 허용되는 가장 적은 수의 조합이 될 때까지 줄이기 위해서 진리표를 최소화한다. 레진(Ragin)은 이 조건들을 줄이는 간단한 규칙을 설명한다. "딱 한 가지 원인 조건만 다를 뿐 동일한 결과를 보이는 행들을 묶어라." 예를 들어 표 A.4에서 진리표의 첫 두 줄을 보면, 첫째 줄이 높은 게이, 레즈비언 사업체 지수

표 A.4   변수 조합 진리표(1차 도입국)

	빈도수	동성 파트너 인정	종교성	관용도	높은 동거율	높은 사회 복지 지출	동성애자 사업체 지수	동성애자 단체 지수
벨기에, 독일, 네덜란드, 노르웨이(핀란드)	4	1	0	1	1	1	1	1
덴마크, 스웨덴	2	1	0	1	1	1	0	1
프랑스	1	1	0	1	1	1	1	0
아이슬란드 (호주)	1	1	0	1	1	0	1	1
체코	1	0	0	0	0	0	0	0
헝가리	1	0	0	0	0	1	0	0
영국	1	0	0	1	0	1	1	1
오스트리아	1	0	1	0	0	1	0	0
아일랜드	1	0	1	1	0	0	0	1
이탈리아, 폴란드, 터키	3	0	1	0	0	0	0	0
미국, 포르투갈	2	0	1	0	0	0	1	0
스페인	1	0	1	1	0	1	1	0
캐나다	1	0	1	1	1	0	0	1

표 A.5   변수 조합 진리표(1·2차 도입국)

	빈도수	동성 파트너 인정	종교성	관용도	동거율	사회 복지 지출	동성애자 사업체 지수	동성애자 단체 지수
벨기에, 독일, 노르웨이(핀란드)	4	1	0	1	1	1	1	1
덴마크, 스웨덴	2	1	0	1	1	1	0	1
프랑스	1	1	0	1	1	1	1	0
아이슬란드, 네덜란드, 미국, 스위스(호주)	4	1	0	1	1	0	1	1
체코	1	1	0	1	1	1	0	0
스페인	1	1	1	1	1	1	1	0
캐나다	1	1	1	1	1	0	0	1
오스트리아	1	0	1	1	1	1	0	0
아일랜드	1	0	1	1	0	0	0	1
이탈리아	1	0	1	1	0	1	0	0
폴란드	1	0	1	0	0	1	0	0
미국	1	0	1	1	1	0	1	0
헝가리	1	0	0	0	0	1	0	0
터키	1	0	1	0	0	0	0	0
포르투갈	1	0	1	1	0	1	1	0

로 1의 값을 갖지만 둘째 줄은 0의 값을 갖는 점에서만 다르다. 따라서 나머지 5개의 특성으로 된 한 가지 조합이 6개 특성으로 된 두 가지 개별 조합(낮은 종교적 독실함, 높은 관용도, 높은 동거율, 높은 사회 복지 지출, 높은 게이, 레즈비언 사업체 지수)에 비해 이 7개 국가들을 보다 단순하게 설명하기에 충분하다. 이 소거 과정의 초기 단계에서 게이, 레즈비언 사업체 지수의 값은 동성 파트너 인정법이 있는 국가를 설명하는 데 도움이 되지 않는다. 위의 5개 특성이 있는 국가들은 게이, 레즈비언 사업체 지수의 값에 상관없이 동성 파트너 인정법이 있기 때문이다. 본문에 이 결과가 한층 자세히 설명되어 있다.

네덜란드 커플 연구 방법론

나는 네덜란드 동성 커플들의 결정과 경험을 이해하기 위해 2004년 상반기부터 네덜란드 동성 커플들과의 인터뷰에서 질적 데이터를 수집했다. 게이 커플 6쌍과 레즈비언 커플 13쌍을 만났으며, 각 커플 가운데 한 명 또는 두 명 모두를 대상으로 결혼이나 파트너 등록을 하거나 법적 독신자로 남겠다는 결정에 대해 60~90분 인터뷰했다. 19쌍의 커플 38명 중 총 34명이 인터뷰에 응했다.

표본은 주로 네덜란드에 있는 친구 및 동료의 사회관계망이나 이메일을 주고받는 관계에서 찾았고, 일부는 인터뷰 대상자의 친구였다(눈덩이 표본 수집 방법). 나는 네덜란드의 동료들에게 연구 참여자를 찾는 다음의 공지 사항을 이메일로 돌려 달라고 요청했다.

저는 연구를 위해 인터뷰에 응해 줄 동성 커플을 찾고 있습니다. 제 주요 질문은 이것입니다. 당신은 결혼이나 파트너십 등록을 하거나 비혼, 비등록으로 남을지 여부를 어떤 이유로 그리고 어떻게 결정하였습니까?

모든 인터뷰 응답은 기밀 유지되고 1시간에서 1시간 30분 정도 걸릴 예정입니다. 인터뷰는 당신의 자택이나 암스테르담대학교의 제 사무실 등 당신이 편한 곳에서 영어로 진행됩니다.

연구자에 대해 소개하자면 저는 미국 매사추세츠대학교 교수이고 현재는 암스테르담대학교에 방문 교수로 있습니다. 저는 미국의 게이, 레즈비언, 양성애자에 대한 경제학적·정치적 이슈에 대한 책과 글을 썼습니다. 또한 미국 레즈비언 커뮤니티에서 20년 동안 활동한 파트너가 있는 레즈비언입니다. 네덜란드에서 머무는 동안 유럽의 동성 결혼 및 파트너십 등록제에 대한 책을 쓸 예정입니다. 당신의 인터뷰가 그 책에 실리게 됩니다.

인터뷰 의사가 있다면 연락 주세요.

표본 수집 시 커플의 결혼 여부와 관련하여 가능한 한 다양한 표본을 모집하고자 하였다. 연구 막바지에 기혼 커플을 추가로 인터뷰하라는 참가자들의 제안을 따르는 대신 넓은 범위의 경험을 제공하는 비혼 및 비등록 커플을 추가로 모집했다.

표본의 성격

전반적으로 표본은 대개 여성이고, 도시 거주민(14명이 암스테르담 또는 교외에 거주했다.)이고, 커플 구성원이 각기 다른 국적을 가지고 있고, 고학력자이고, 정치적으로 진보적이며, 종교성이 약하고, 대부분 35세에서 50세 사이였다. 거의 모든 커플의 관계가 동성 커플에게 결혼이 개방된 해인 2001년 이전부터 탄탄했고, 대다수는 적어도 파트너십 등록제가 가능해진 1998년 이래로 함께했다.(게이 커플 1쌍 제외) 모든 커플은 앞으로도 관계를 지속할 의향이 있어 보였다. 19쌍 중에 오직 5쌍만 결혼도 파트너 등록도 하지 않았고, 따라서 이러한 커플 표본은 결혼하거나 파트너십을 등록한 네덜란드 동성 커플의 추정치 25%와 비교하면 결혼 또는 등록한 커플을 과대 대표한다.

내가 알기로는 네덜란드에서 결혼 또는 등록한 동성 커플의 인종, 연령, 민족 구성에 대한 상세한 인구 통계학적 데이터는 공개되지 않는다. 따라서 중년의 고학력 네덜란드인이라는 편향 외에 내 표본에 어떠한 종류의 편향이 있는지 알기는 어렵다. 2명을 제외하고 모든 참여자가 고등 교육을 받았다는 것을 감안하면 나의 표본은 중류나 심지어 중상류 계층 커플로 기울어져 있다. 결과적으로 연구는 노동 계층 네덜란드 커플이나 더 젊거나 더 다양한 연령 집단의 커플의 다른 경험을 포함하지 못할 수 있다.

그러나 불러불키의 조사는 내 표본이 네덜란드의 결혼한 커플의 무작위 표본과 크게 다르지 않음을 보여 준다.[1] 이 조사에서 커플이 관계를 공식화할 때 동성 파트너 등록 및 기혼 커플의 평균 연령은 40대 초반이었고, 이는 이성 커플의 등록 또는 결혼 연령보다 유의미하게 더 많다. 마찬가지로 이성이든 동성이든 등록하거나 결혼한 커플의 평균 학력 및 임금 수준은 꽤나 비슷하고, 커플 평균 소득은 대개 네덜란드 소득 범위의 중간 정도인 반면 교육 수준은 상위에 있었다.

그러나 내 표본은 미국에서 사용되는 인종 또는 민족 계열과 상당히 동질적으로 나타났다.(불러불키는 인종 데이터를 수집하지 않았다.) 다만 네덜란드의 관점에서 이러한 표본의 다양성은 네덜란드 전체 인구의 인종·민족 다양성과 크게 다르지 않다. 적어도 한 명의 외국인 부모가 있는 사람들을 일컫는 용어이자 네덜란드에서 사용하는 핵심적인 사회적 개념인 '알로흐토너(allochtone)'는 이민자와 이민자의 자녀를 모두 가리킨다. 2007년 1640만 명의 네덜란드 거주민 중에 320만 명이 알로흐토너로 분류되었고, 이는 전체 인구의 19.4%에 해당한다.[2] 네덜란드에 사는 알로흐토너의 약 55%가 터키와 아시아, 라틴 아메리카, 아프리카 국가 등의 비서구 국가에서 왔다고 추정된다.(이슬람 국가에서 네덜란드로의 이민을 둘러싼 공적 논쟁이 이 인구의 가시성을 강조해 왔음에도 사실상 이 인구의 5%만이 이슬람교도이고 대개 터키 및 모로코 이민자인데 이들은 알로흐토너에서조차 소수다.)[3]

네덜란드 커플에 대한 내 표본은 알로흐토너의 측면에서도 타당하게 다양하다. 이 연구의 38명 커플 구성원 중 적어도 2명(5%)이 본인 혹은 부모가 전(前) 네덜란드 식민지 출신이다. 다른 커플 구성원 9명(24%)이 네덜란드 출신이 아니다. 6명은 미국에서(그중 1명은 거주민이었다.), 2명은 호주에서 그리고 1명은 라틴 아메리카 국가에서 왔다. 미국 출신 중 1명은 남미 국가에서 태어났다. 전반적으로 이 작은 비무작위 표본에서조차 전반적인 알로흐토너 비율의 측면(38명 중 11명, 29%) 및 비서구 출신 알로흐토너 비율의 측면(11명 중 4명, 36%)에서도 네덜란드 인구의 해당 비율과 대략 비슷했다.

표본 수집법을 감안할 때 이 표본에 편향이 있을 수 있다는 우려에 일리가 있지만 그럼에도 몇 가지 이유에서 연구 결과에는 전반적으로 편향의 영향이 미미하리라고 주장한다. 첫째, 표본의 주요 특징이 다양하다. 이들 커플 안에 1명 이상의 청년, 서구 및 비서구 출신의 알로흐토너, 농촌 거주자, 비대졸자가 있다. 따라서 나는 적어도 비교적 과소 대표될 수 있는 이들 집단의 일부 경험에 접근했다. 과소 대표되는 집단의 응답자들은 대개 과대 대표되는 집단과 유사한 결혼 관련 동기, 우려, 경험을 표현했다. 당연히 일부 응답자에게는 부모의 인종과 관련한 고유한 경험이 있었다. 표본의 다양성 덕분에 이를 포착하고 논의할 수 있었다. 물론 다른 차원의 다양성을 놓쳤을 수도 있다. 이는 질적 연구에 내재된 문제이며, 이를 극복하고자 비슷한 주제를 다룬 네덜란드의(그리고 미국의) 확률 표본 설문 조사 데이터를 최대한 참고했다.

둘째, 나는 이들 커플의 경험이 얼마나 보편적인지에 대해서는 주장하지 않았다. 이 연구가 비무작위로 표본을 수집했다는 점을 감안하면 일반화가 부적절할 수 있기 때문이다. 데이터 분석에서는 내가 들은 응답의 전체 범위를 포착하고자 노력했다. 응답 또는 경험의 인구 빈도에 대한 결론을 내리지 않았고, 한 가지 응답 또는 경험이 여러 개인 또는 커플에게 보편적인 상황에 대해 기술했다.

마지막으로 결혼의 동기를 고려하면 이 표본에 편향으로 인한 문제가 있는 것은 당연하다. 나의 표본은 변호사 및 재무 설계사의 값비싼 컨설팅을 받는 커플을 포함하여 많은 법적 선택지가 주어진, 경제적으로 특권을 누리는 집단이다. 이러한 경제적 편향이 동성 커플이 결혼을 이해하고 결혼 여부를 결정하는 결과에 어떻게 영향을 끼치는지는 확실치 않다.

고소득 커플보다 저소득 커플에게 결혼이 더 필요하거나 덜 필요할 수 있다고 생각하는 데는 몇 가지 이유가 있다. 재산을 덜 가지고 있으면 관계 종결에 따른 재산 분할의 필요성 또는 상속 문제에 대한 염려가 줄고 결혼의 필요성도 줄어들 수 있다. 하지만 연구의 몇몇 응답자들이 지적했던 것처럼 결혼은 변호사를 써서 서류를 작성하는 것보다 훨씬 적은 비용으로 가족의 여러 욕구를 성취시킨다. 이는 아마 저소득 커플 사이에서 결혼의 필요성을 늘릴 터다. 심지어 한 응답자는 결혼권은 저소득 동성 커플에게 더욱 중요하다고 주장했는데, 저소득 동성 커플은 경제적으로 실행 가능하거나 마음을 끄는 선택의 범위가 작기 때문이다. 그러나 저소득자들이 경제적으로 불안정하다고 느끼면서 차별을 피하기 위해 결혼과 같은 공적 행동을 기피하는 등 자신의 동성애자 정체성을 숨기리라는 추측 또한 가능하다. 이러한 사례를 보면 2장에서 개발한 개념 틀에 적어도 동성애와 연관된 일반적인 낙인과 이와 관련된 새로운 걸림돌을 추가하여 확대할 필요가 있다. 비록 연구 사례는 아니지만 결혼 여부를 숨기는 커플을 본 적이 있다. 이유가 성적 지향을 숨기려는 의도는 아니고 결혼의 법적 지위가 사회적으로 그리 중요하지 않다는 믿음 때문이기는 했지만 말이다.

전반적으로 이 표본이 네덜란드의 모든 동성 커플을 대변할 수는 없어도, 내가 수집한 상세한 질적 데이터의 유형은 특정한 정치적·문화적 맥락에서 의사 결정의 복잡한 과정을 이해하고 커플의 결혼 관련 결정에 영향을 끼치는 대부분의 요소를 기록하는 데 가치가 있으리라 믿는다.

인터뷰 절차

나는 커플 개개인에게 출생지, 학력, 종교, 연령, 정치적 신념을 물으며 첫 질문을 시작했으며, 인터뷰에 참석하지 않은 파트너에 대해서 질문했다. 인터뷰의 주요 부분은 관계, 의사 결정 과정, 커플의 법적 지위의 영향에 대한 반(半)구조화된 일련의 질문으로 구성되었다. 나는 커플의 두 구성원에게 이러한 질문에 대답해 달라고 부탁했고, 구성원 중 1명이 참석하지 않았을 때는 부재한 파트너가 했음 직한 응답도 물어보았다.(데이터 분석에서 부재한 파트너가 했음 직한 응답에는 실제 응답보다 가중치를 덜 주었다.)

주요 주제는 대략 다음 순서로 질문했다.

1. 어떻게 만났는지 이야기해 주시겠어요?(지금까지의 관계의 역사를 얻기 위해)

2. 왜 결혼하기로(또는 파트너로 등록하기로) 결정했나요? 혹은(결혼하지

않았다면) 결혼을 고려해 본 적 있나요? 고려해 봤다면 왜 결혼하지 않았나요?

3. 왜 파트너로 등록하지 않고 결혼하기로 결정했나요? (또는 반대로)

4. 결혼한 날에 대해 말해 주세요.(무엇을 입었는지, 누구를 초대했는지, 누가 참석했고 반응은 어땠는지 등에 대한 추가 질문)

5. 결혼 후에 다르게 느꼈나요? 결혼의 결과로 당신에게 무언가가 달라졌나요?(가족, 친구, 타인들의 반응에 대한 후속 질문)

6. 다른 사람들이 당신의 결혼에 대해(또는 비혼으로 남는 데) 어떻게 반응했나요?

7. 동성 파트너와의 결혼권이 게이, 레즈비언에 대한 여론, 정치적·사회적 변화 등 네덜란드 사회 전반에 영향을 주었나요?

인터뷰 말미에는 응답자에게 연구 프로젝트에 대해 질문이 있는지 물었다. 이 지점에서 나는 응답자의 대답에 대해서는 의견을 말하지 않았고, 처음의 모집 공지에 포함된 것 외에는 내 개인 정보도 제공하지 않았다. 많은 사례에서 커플들은 미국에서의 동성 결혼과 관련된 정치적 상황, 왜 내가 네덜란드 상황에 관심을 두는지, 나 자신의 결혼 의향과 결혼에 대한 의견을 물었다.

인터뷰 데이터를 활용하는 장의 초안을 쓸 때 나는 가능한 한 많은 커플에게 다시 연락해서 나의 해석을 읽고 지적이나 제안을 할 기회를 주었다. 몇몇은 지적과 제안을 했고, 나는 이를 책 내용에 반영했다.

나는 실명을 사용해 달라고 한 한 커플을 제외하고는 모두 가명을 사용했다. 복잡한 네덜란드 성을 사용하면 혼란을 야기할 수 있기 때문에, 연구의 각 참여자들에게 가명으로 이름만 부여했다.

분석 방법

인터뷰 녹취록을 작성하고 교정한 후, 나는 안셀름 L. 스트라우스(Anselm L. Strauss)를 비롯한 연구자들이 개발한 질적 데이터 분석법인 근거 이론을 사용하여 데이터를 분석했다.[4] 초반에 데이터에 들어맞는 개념을 규명하도록 설계된 개방형 코딩 과정에서 두 조교와 나는 한 줄 한 줄 상세한 독해를 시행했다.[5] 스트라우스의 방법론을 따라 우리의 분석은 "단어 하나하나의 검사, 이론적 질문과 이에 대한 가능한 대답(가설)의 산출, 내부적·외부적 비교 시뮬레이션의 활용, 유사성 및 차이점의 탐구"를 포함했다.[6] 우리는 개개인과 커플이 결혼의 맥락에서 사용한 유의미한 조건, 상호 작용, 결과, 전략을 발견하고 범주화하기 위해 이러한 상세한 독해를 활용하고 여러 개념과 범주를 연결했다.

두 조교와 나는 전체 분석 과정 동안 코딩 과정에서 나타나는 통찰을 포착하기 위해 이론에 대해 자주 메모를 작성했다. 시간이 지나며 우리는 어떠한 범주가 핵심적인지 규명하기 위한 기준으로 다른 범주와의 연결성뿐 아니라 관찰의 빈번성을 활용하여 결혼관 및 결혼 의사 결정에서 중심적인 핵심 범주를 규명했다. 결국 우리는 이 연구를 추동한 주요 질문에 적절한 개념적 밀도와 설명력을 제공하는 일련의 코드, 즉 핵심 범주와 연관 범주, 그 각각의 차원을 발전시켰다.

그러고서 하이퍼리서치라는 소프트웨어에서 각 인터뷰의 녹취록을 코드화하는 일련의 기본적 코드를 활용했다. 분석이 진전되면서 전자 코딩 및 데이터 조직화를 통해 범주들 사이의 연결에 대한 가설을 확인하거나 폐기했고, 완전히 코드화된 데이터를 사용하면서 다양한 범주 사이에서의 이론적 관계망을 확장할 수 있었다.

참여 커플 목록

여성

파울리너, 리즈(기혼)
마르흐릿, 미리암(기혼)
마르타, 린(기혼)
라헐, 마리아너(기혼)
안드레아, 카테리너(기혼)
헤스터르, 율리아(기혼)
마르타, 티네커(기혼)
난시, 요안
아나, 요커
아네커, 이사벨러
라우라, 리아(파트너십 등록, 결혼 반대)
이네커, 디아나(파트너십 등록)
엘런, 사스키아(인터뷰 시점에 결혼을 앞둔 상태)

남성

오토, 브람(기혼)
얀, 파울(기혼)
에릭, 야머스
로프, 핏
파울, 야비르(파트너십 등록)
헤르트, 빌럼(파트너십 등록)

미주

1장 시작하며: 또 다른 관점

1 Tony Perkins, "Here comes the groom", Washington Update, Family Research Council(June 16, 2008), http://www.frc.org/get.cfm?i=WU08F10&f=PG07J01 (2008. 8. 16.).

2 Janet Folger, "How same-sex marriage points to end of the world", World-NetDaily(2008. 5. 20.), http://www.frc.org/get.cfm?i=WU08F10-&f=PG07J01 (2008. 8. 16.).

3 Maggie Gallagher, "The stakes: Why we need marriage", National Review Online(2003. 7. 14.), http://www.nationalreview.com/comment/comment-gallagher071403.asp.

4 다음 예를 참고. Nan Hunter, "Marriage, law and gender: A feminist inquiry", Sex Wars: Sexual Dissent and Political Culture(New York: Routledge, 1995).

5 William N. Eskridge, Jr., The Case for Same-Sex Marriage: From Sexual Liberty to Civilized Commitment(New York: Free Press, 1996); Andrew Sullivan, "Unveiled: The case against gay marriage crumbles", The New Republic(2001. 8. 13.).

6 David Brooks, "The power of marriage", New York Times(2003. 11. 22.), http://Query.nytimes.com/gst/fullpage.html?res=9B06EED133BF931A15762CIA9659 C8B63(2008. 5. 24.); Jonathan Rauch, Gay marriage: Why It Is Good for Gays, Good for

Straights, and Good for America (New York: Times Books, 2004).

7   Douglas W. Allen, "An economic assessment of same-sex marriage laws", *Harvard Journal of Law & Public Policy* 29 (2006. 6.), pp. 949~980.

8   Michael Warner, *The Trouble With Normal: Sex Politics, and the Ethics of Queer Life* (Cambridge, MA: Harvard University Press, 1999); Nancy D. Polikoff, "We will get what we ask for: Why legalizing gay and lesbian marriage will not 'Dismantle the legal structure of gender in every marriage", *Virginia Law Review* 79 (1993. 10.), pp. 1535~1550.

9   Amitai Etzioni, "A communitarian position for civil unions", *Just Marriage* (Oxford: Oxford University Press, 1999); William Galston, Comments on "Can gay marriage strengthen the American family?" (2004), www.brookings.edu/~/media/Files/events/2004/0401children%20%20%20families/20040401.pdf (2008. 1. 8.).

10   Angela Shah, "Frank calls for order in gay-rights effort; lawmaker tells UT crowd that political discipline is best way to get results", *Austin American-Statesman* (Texas) (1999. 4. 3.).

11   Elizabeth Birch, "Wedded States", *Online Newshour* (1996. 5. 23.), www.pbs.org/newshour/bb/law/may96/gay.marriage.5=23.html (2008. 10. 28.).

12   Robert Mankoff, "There's nothing wrong with our marriage, but the spectre of gay marriage has hopelessly eroded the institution", *The New Yorker* (2004. 7. 26.).

13   예를 들어 캐슬린 헐(Kathleen Hull)은 동성 결혼 찬성자들이 개인의 권리에 초점을 두는 반면 동성 결혼 반대자들은 도덕적·문화적 문제에 중점을 둔다고 했다. 나의 접근 방식은 헐의 연구 결과와 관련이 있지만 문화와 개인 간의 간극을 해소하는 데 보다 중점을 둔다. Kathleen E. Hull, *Same-Sex Marriage: The Cultural Politics of Love and Law* (Cambridge: Cambridge University Press, 2006).

14   윌리엄 에스크리지와 대런 스페데일의 통찰력 있는 저서『*Gay Marriage: For Better or for Worse? What We've Learned From the Evidence*』(New York: Oxford University Press, 2006))는 예외며, 이 책에서는 덴마크를 비롯한 스칸디나비아 국가의 경험을 분석한다.

15   William N. Eskridge, Jr., *Equality Practice: Civil Unions and the Future of Gay Rights* (New

York: Routledge, 2001); Robert Wintemute, "Introduction", *The Legal Recognition of Same-Sex Partnerships: A Study of National, European and International Law* (Oxford: Hart, 2001); Kees Waaldijk, "Major legal consequences of marriage, cohabitation and registered partnership for different-sex and same-sex partners in the Netherlands", *More or Less Together: Levels of Legal Consequences of Marriage, Cohabitation and Registered Partnership for Different-Sex and Same-Sex Partners* (Paris: Institut National d'Etudes Demographiques, 2004).

16 다음을 참고. Barry D. Adam, Jan Willem Duyvendak, *The Global Emergence of Gay and Lesbian Politics: National Imprints of a Worldwide Movement* (Philadelphia: Temple University Press, 1999).

17 Joanna Radbord, "Lesbian love stories: How we won equal marriage in Canada", *Yale Journal of Law and Feminism* 17 (2005), pp. 99~131.

18 Anthony M. Kennedy, *Lawrence et al. v. Texas* (opinion), Vol. 02-102, Supreme Court of the United States (2003).

19 Antonin Scalia, *Lawrence et al. v. Texas* (dissent), Vol. 02-102, Supreme Court of the United States (2003).

20 Stanley Kurtz, "The end of marriage in Scandinavia: The "conservative case" for same-sex marriage collapses", *The Weekly Standard* 9 (February 2, 2004), pp. 26~33.

21 Stanley Kurtz, "Deathblow to marriage", *National Review Online* (February 5, 2004).

22 미국 연방 대법원의 판례는 결혼이 '기본권'임을 인정했으며, 따라서 미국 헌법은 각 주에서 결혼에 대한 접근권을 제한하는 권한을 금한다. 지금까지 연방 법원들은 동성 커플의 결혼을 인정하지 않는 것이 기본권 침해라 판결하지 않았다. 그러나 연방 대법원은 예컨대 각 주가 다른 인종 간의 결혼은 법으로 금지할 수 없다고 판결하였다.(Loving v. Virginia)

23 Lee Badgett, Gary J. Gates, and Natalya C. Maisel, "Registered domestic partnerships among gay men and lesbians: The role of economic factors", *Review of Economics of the Household* 6 (2008), pp. 327~346.

2장 결혼을 왜 하느냐고?: 결혼의 가치

1　Liesbeth Steenhof, "Over 50 thousand lesbian and gay couples", *Statistics Netherlands Web Magazine*(2005. 11. 15.)(2006. 3. 13.).

2　다음을 참고. Kees Waaldijk, "Small change: How the road to same-sex marriage got paved in the Netherlands", *The Legal Recognition of Same-Sex Partnerships: A Study of National, European and International Law*(Oxford: Hart, 2001); Eskridge and Spedale, *Gay Marriage*; Maggie Gallagher and Joshua K. Baker, "Demand for same-sex marriage: Evidence from the United States, Canada, and Europe"(Manassas, VA: Institute for Marriage and Public Policy, 2006), p. 3.

3　Caleb H. Price, "Do gays really want 'marriage'?", *Citizen*(June 2006)(2006. 6. 1.). Stanley Kurtz, "Why so few? Looking at what we know about same-sex marriage", *National Review Online*(2006. 6. 5.)(2007. 1. 14.).

4　설문 조사로는 포착하기 어려운 복잡하고 새로운 문제를 분석하기 위해 비교적 소규모 인원으로 인터뷰를 실시하는 것은 사회 과학에서 흔히 사용하는 연구 방법이다.

5　인터뷰 방법과 참여자에 대한 추가적 사항은 부록 2에 설명되어 있다.

6　Waaldijk, "Major legal consequences of marriage, cohabitation and registered partnership for different-sex and same-sex partners in the Netherlands".

7　Waaldijk, "Small change", pp. 437~464, Hans van Velde, *No Gay Marriage in the Netherlands*(Netherlands: Gay Krant, 2003).

8　한 커플을 제외한 모든 커플이 결혼이 법적 선택지가 되기 전에 파트너로 등록했다.

9　Larry L. Bumpass, James A. Sweet, and Andrew Cherlin, "The role of cohabitation in declining rates of marriage", *Journal of Marriage and the Family* 53(1991. 11.), pp. 913~927; Marin Clarkberg, Ross M. Stolzenberg, and Linda J. Waite, "Attitudes, values, and entrance into cohabitational versus marital unions", *Social Forces* 74(1995. 12.), pp. 609~632; Ronald R. Rindfuss and Audrey VandenHeuvel, "Cohabitation: A precursor to marriage or an alternative to being single", *Population and Development Review* 16(1990. 12.), pp. 703~726; Pamela J. Smock, "Cohabitation in the United

States: An appraisal of research themes, findings, and implications", *Annual Review of Sociology* 26(2000), pp. 1~20.

10 Kathleen Kiernan, "Unmarried cohabitation and parenthood: Here to stay? European perspectives", Daniel P. Moynihan, Timothy M. Smeeding, *The Future of the Family*(New York: Russell Sage Foundation, 2004), pp. 65~95.

11 자세한 내용은 부록 2 참고.

12 그러나 이 특징들은 네덜란드의 동성 커플 표본에 대한 다음의 설문 조사에서도 쉽게 관찰된다. Katharina Boele-Woelki, Ian Curry-Sumner, Miranda Jansen, and Wendy Schrama, *Huwelijk of geregistreerd partnerschap? Evaluatie van de wet openstelling huwelijk en de wet geregistreerd partnerschap*(Utrecht Ministerie van Justitie and Universiteit Tech, 2006). 이 연구에서 파트너십을 등록했거나 결혼한 동성 커플의 평균 연령은 40 대 초반으로, 결혼하거나 등록한 이성 커플에 비해 연령이 현저히 높았다. 또한 평균 교육 수준이나 소득 수준은 동성 커플과 이성 커플, 파트너십 등록 혹은 결혼을 한 커플 모두 아주 유사했다.

13 이와 관련한 자세한 논의는 부록 2 참고.

14 2002년 현재, 생모의 파트너 역시 파트너로 등록한 후에 태어난 자녀에 대해 자동으로 친권을 가지기 때문에 이를 위해 결혼으로 전환할 필요는 없다. Waaldijk, "Major legal consequences of marriage, cohabitation and registered partnership for different sex and same-sex partners in the Netherlands", p. 140.

15 이 결과는 인터뷰 참여자들이 파트너로 등록하라는 압력을 가족에게 느끼지 않았다고 한 에스크리지와 스페데일의 연구 결과와 차이가 있다. 결과의 이러한 차이는 결혼과 파트너십 등록제의 차이에 대한 문화적 해석을 반영하는 것일 수 있다.

16 Boele-Woelki et al., *Huwelijk of geregistreerd partnerschap?*

17 같은 책, 또한 저자들은 파트너십 등록보다는 결혼을 선택한 동성 커플과 이성 커플이 결혼을 하게 된 낭만적이며 헌신과 연관된 이유를 발견했다.

18 Matthijs Kalmijn, "Marriage rituals as reinforcers of role transitions: An analysis of weddings in the Netherlands", *Journal of Marriage and the Family* 66(2004. 8.), pp. 582~594.

19 Rose M. Kreider and Jason M. Fields, *Number, Timing, and Duration of Marriages and Divorces: Fall 1996* (Washington, DC: U.S. Census Bureau, 2001).

20 Rosemary Auchmuty, "Same-sex marriage revived: Feminist critique and legal strategy", *Feminism & Psychology* 14 (February 2004), pp. 101~126; Eskridge and Spedale, *Gay marriage.*

21 Nancy F. Cott, *Public Vows: A History of Marriage and the Nation* (Cambridge, MA: Harvard University Press, 2000); Stephanie Coontz, *Marriage: A History* (New York: Viking, 2005).

22 Anna C. Korteweg, "It won't change a thing: The meanings of marriage in the Netherlands", *Qualitative Sociology* 24 (Winter, 2001), pp. 507~525.

23 Boele-Woelki et al. *Huwelijk of geregistreerd partnerschap?*

24 Jan Latten, *Trends in samenwonen en trouwen: De schone schijn van burgerlijke staat* (Netherlands: Centraal Bureau voor de Statistiek, 2004) (2008. 5. 25), Charts 5 · 6.

25 같은 책.

26 같은 책.

27 미국에 대해서는 다음을 참고. Ellen Lewin, *Recognizing Ourselves: Ceremonies of Lesbian and Gay Commitment* (New York: Columbia University Press, 1998); Gretchen Stiers, *From This Day Forward: Commitment, Marriage, and Family in Lesbian and Gay Relationships* (New York: St. Martin's Griffin, 1999); Kathleen E. Hull, "The cultural power of law and the cultural enactment of legality: The case of same-sex marriage", *Law and Social Inquiry* 28 (2003. 7.), pp. 629~657; Michelle V. Porche, Diane M. Purvin, and Jasmine M. Waddell, "Tying the knot: The context of social change in Massachusetts", paper presented at the panel "What I Did for Love, or Benefits, or......: Same-Sex Marriage in Massachusetts" (American Psychological Association, Washington, DC, 2005); Ellen Schechter, Allison J. Tracy, Konjit V. Page, and Gloria Luong, "'Doing marriage': Same-sex relationship dynamics in the post-legalization period", paper presented at "What I Did for Love, or Benefits, or...: Same-Sex Marriage in Massachusetts" (Washington, DC, 2005); Pamela Lannutti, "The influence of same-sex marriage on the understanding of same-sex

relationships", *Journal of Homosexuality* 53(2007), pp. 135~151; Michelle V. Porche and Diane M. Purvin, "'Never in our lifetime': Legal marriage for same-sex couples in long-term relationships", *Family Relations* 57(2008. 4.), pp. 144~159. 덴마크에 대해서는 다음을 참고. Eskridge and Spedale, *Gay Marriage*. 영국에 대해서는 다음을 참고. Beccy Shipman and Carol Smart, "'It's made a huge difference': Recognition, rights and the personal significance of civil partnership", *Sociological Research Online* 12(2007), http://www.socresonline.org.uk/12/1/shipman.html.

28 매사추세츠의 커플에 대해서는 다음을 참고. Schecter et al., "Doing marriage"; Stiers, *From This Day Forward*; Hull, "The cultural power of law and the cultural enactment of legality". 이 문헌들에서는 커플에게 결혼할 의향이나 결혼의 우선순위 문제를 질문했다.

29 덴마크에 대해서는 다음을 참고. Eskridge and Spedale, *Go Marriage*, p. 102. 한 연구(Gunnar Andersson, Turid Noack, Ane Seierstad, and Harald weedon-Fekjaer, "The demographics of same-sex 'marriages' in Norway and Sweden", *Demography* 43(2006. 2.), pp. 79~98)에 따르면 노르웨이와 스웨덴에서 파트너로 등록한 많은 남성 동성 커플의 국적이 서로 다른 것으로 조사되었다.

30 덴마크와 영국의 커플들 역시 파트너십 등록이 페미니스트적 가치나 다른 정치적 가치를 '팔아넘기는' 것이라는 의견에 반대했다. 다음을 참고. Eskridge and spedale, *Gay Marriage*, p. 97; Shipman and Smart, "It's made a huge difference".

31 Schechter et al., "Doing marriage"; Hull, "The cultural power of law and the cultural enactment of legality"; Stiers, *From This Day Forward*; Lewin, *Recognizing Ourselves*.

32 Sharon S. Rostosky, Ellen D. B. Riggle, Michael G. Dudley, and Margaret Laurie Comer Wright, "Commitment in same-sex relationships: A qualitative analysis of couples' conversations", *Journal of Homosexuality* 51.0(2006, 10. 11.), pp. 199~223; Stiers, *From This Day Forward*.

33 Rostosky et al., "Commitment in same-sex relationships"; Hull, "The cultural power of law and the cultural enactment of legality"; Stiers, *From This Day Forward*.

34 Boele-Woelki et al., *Huwelijk of geregistreerd partnerschap?*

3장 다른 선택은 없다

1 Eskridge and Spedale, *Gay Marriage*.

2 다음에서 이용 가능. http://statline.cbs.nl/StatWeb/publication/DM=SLEN&PA
=37772eng&D1=0-47&D2=0,50-57&LA=EN&VW=T.

3 Steenhof, "Over 50 thousand lesbian and gay couples."

4 시민 결합(civil partnership)의 수에 대해서는 다음을 참고했다. http://www.
statistics.gov.uk/ sci/nugget.asp?id=1685(2008. 5. 25.). 커플의 수는 조너선 워즈
워스(Jonathan Wadsworth)가 노동력 조사(Labour Force Survey)를 이용해 계산
한 추정치로, 미발간 자료다.(2008. 3. 31.)

5 Gallagher and Baker, "Demand for same-sex marriage", p. 7.

6 Price, "Do gays really want 'marriage'?"

7 U.S. Bureau of the Census, *America's Families and Living Arrangements: 2006*, Table A1,
"Marital status of people 15 years and over, by age, sex, personal earnings, race,
and hispanic origin, 2006", www.census.gov/population/www/socdemo/hh-fam/
cps2006.html(2008. 3. 28.)

8 Dale Carpenter, "The Volokh Conspiracy: Why so few gay marriages?"(2006.
4. 28.), http://volokh.com/archives/archive_2006_04_23-2006_04_29.
shtml#1146256206(2008. 7. 28); Paul Varnell, "Do gays want to marry?"(2006.
5. 10.), http://www.indegayforum.org/news/show/30943.html(2008. 7. 28);
Eskridge and Spedale, *Gay Marriage*.

9 일부 게이와 레즈비언 편의 표본에서 관계 유지율이 더 높게 조사됐지만 무작위
표본을 이용한 연구에 따르면 25~50% 범위에 있다. 다음을 참고. Christopher
Carpenter and Gary J. Gates, "Gay and lesbian partnership: Evidence from
California", *Demography* 45(2008. 8.), pp. 573~590; Dan Black, Gary J. Gates, Seth
G. Sanders, and Lowell Taylor, "Demographics of the gay and lesbian population
in the United States: Evidence from available systematic data sources", *Demography*
37(2000), pp. 139~154; Henry J. Kaiser Family Foundation, *Inside-out: A report
on the experiences of lesbians, gays and bisexuals in America and the Public's views on issues and
policies related to sexual orientation*(2001), http://www.kff.org/kaiserpolls/3193-index.

cfm(2007. 2. 18.).

10 Carpenter, "The Volokh Conspiracy: Why so few gay marriages?"; Varnell, "Do gays want to marry?"

11 Carpenter, "The Volokh Conspiracy: Why so few gay marriages?"

12 같은 책; Eskridge and Spedale, *Gay Marriage*.

13 다음을 참고. Waaldijk, *More or Less Together*. 이 척도들은 동성 커플의 권리와 기혼 이성 커플의 권리를 비교하고, 특정한 지위에서 동성 커플이 몇 %의 권리를 받는지 측정한 새로운 척도를 만든다. 파트너십 등록이나 결혼을 통해 부여되는 권리와 차선의 지위에 주어지는 권리 간 차이를 측정했다.

14 노르웨이를 제외한 모든 국가의 이 비율은 1999년 세계 가치관 조사를 이용해 계산했다. 노르웨이의 경우 1996년 비율을 이용했다.

15 Patrick J. Egan and Kenneth Sherrill, "Marriage and the shifting priorities of a new generation of lesbians and gays", *PS: Political Science and Politics* 38(April 2005), p. 231.

16 Henry J. Kaiser Family Foundation, *Inside-out*.

17 A. R. D'Augelli, H. J. Rendina, A. J. Grossman, and K. O. Sinclair, "Lesbian and gay youths' aspirations for marriage and raising children", *Journal of LGBT Issues in Counseling* 1(4), pp. 77~98.

18 법이 시행된 햇수와 그 주에 사는 비혼 인구수로 동성 파트너십 등록률을 조정하는 다른 계산법을 이용하는 경우에도 국가의 동성 파트너십 등록률보다 훨씬 높다.

19 이 문단과 다음 문단에 나오는 수치는 다음 자료에서 이용 가능하다. Gary J. Gates, Lee Badgett, and Deborah Ho, "Marriage, registration and dissolution by samesex couples in the U.S.", Williams Institute, UCLA School of Law, July 2008, http://ssrn.com/abstract=1264106.

20 Steenhof, "Over 50 thousand lesbian and gay couples".

21 불러불키와 동료들 역시 저서(*Huwelijk of geregistreerd partnerschap?*)에서 기혼 동성 커플의 30%가 다른 사람이 알아볼 수 있다는 점이 결혼 결정의 중요한 요인이었다고 말했다. 이성 커플과 등록한 동성 커플 가운데는 절반 미만이 이 요인을 꼽았다.

22 미국의 언약식에 관한 연구는 다음을 참고. Lewin, *Recognizing Ourselves*; Stiers, *From This Day Forward*.

23 결혼과 시민 연대 계약의 차이에 대한 설명은 다음을 참고하였다. Wilfried Rault, "The best way to court. The French mode of registration and its impact on the social significance of partnerships", paper presented at the conference "Same-sex couples, same-sex partnerships & homosexual marriages: A focus on cross-national differentials", Institut National d'Etudes Demographiques, Paris(2004).

24 Jens Rydström, "From outlaw to in-law: On registered partnerships for homosexuals in Scandinavia, its history and cultural implications", paper presented at the conference "Same-sex couples, same-sex partnerships, and homosexual marriages: A Focus on cross-national differentials", Institut National d'Etudes Demographiques, Paris(2004), p. 179.

25 다음을 참고. Majority Decision, *In re Marriage Cases*, California Supreme Court, S147999(2008), pp. 81, 101~106, 117~118.

26 Steenhof, "Over 50 thousand lesbian and gay couples".

27 Statistics Netherlands, Key figures marriages and partnership registrations(2004); Arie de Graaf, "Half of unmarried couples have a partnership contract", *Central Bureau of Statistics Web Magazine*(March 22 2004), http://www.cbs.nl/en-GB/menu/themas/bevolking/publicaties/artikelen/archief/2004/2004-1418-sm.htm(2006. 3. 30).

28 Ian Sumner, "Happily ever after? The problem of terminating registered partnerships", paper presented at the conference "Same-sex couples, same-sex partnerships, and homosexual marriages: A focus on cross-national differentials", Institut National d'Etudes Demographiques, Paris(2004), pp. 35~46; Mila van Huis, "Flash annulments remain popular", *Central Bureau of Statistics Web Magazine*(2005. 5.24.).

29 Van Huis, "Flash annulments remain popular".

30 Claude Martin and Irene Thery, "The PACS and marriage and cohabitation in France", *International Journal of Law, Policy, and the Family* 15.0(2001. 4.), pp. 135~158.

31 이 문단의 수치들은 다음 자료를 참고하였다. Gates, Badgett, Ho, "Marriage, reg

istration and dissolution by same-sex couples in the U.S."

32　이성 커플인 경우 가정 동반자 관계를 노령 커플에게만 허용한 데에는 결혼율 감소에 대한 우려와 상속이나 연금에서 발생하는 문제를 피하기 위해 결혼을 선호하지 않는 노령 커플에 대한 고려가 있는 것 같다.

33　Personal communication from Susan Cochran, Department of Epidemiology, UCLA, 2005.

34　다음을 참고. Lee Badgett, R. Bradley Sears, and Deborah Ho, "Supporting families, saving funds: An economic analysis of equality for same-sex couples in New Jersey", *Rutgers Journal of Law & Public Policy* 4(2006), pp. 37~38.

35　Marion C. Willetts, "An exploratory investigation of heterosexual licensed domestic partners", *Journal of Marriage and Family* 65(2003), pp. 939~952.

36　Michael Ash and Lee Badgett, "Separate and unequal: The effect of unequal access to employment-based health insurance on same-sex and unmarried different-sex couples", *Contemporary Economic Policy* 24(2006. 10.), pp. 582~599.

4장 동성 결혼이 이성애자에게 미치는 영향

1 Kurtz, "The end of marriage in Scandinavia".

2 Stanley Kurtz, "Death of marriage in Scandinavia", *Boston Globe*(2004. 3. 10.); Kurtz, "The end of marriage in Scandinavia"; Stanley Kurtz, Testimony before the Subcommittee on the Constitution, Committee on the Judiciary, U.S. House of Representatives(2004), http://frwebgate.access.gpo.gov/cgi-bin/getdoc. cgi?dbname=108_house_hearings&docud=f:93225.pdf.

3 조너선 로치(Jonathan Rauch)와 앤드루 설리번, 윌리엄 에스크리지, 대런 스페데 일 역시 온라인과 지면을 통해 커츠와 설전을 벌였다.

4 U.S. Senate, Congressional Record: Proceedings and Debate of the 109th Congress, Second Session(2006), Vol. 152, S5415~S5424, S5450~S5473.

5 이 보고서는 1990년대 인구 통계학적 변수의 추세만을 살펴본다. Patrick F. Fagan and Grace Smith, "The transatlantic divide on marriage: Dutch data and the U.S. debate on same-sex unions", *The Heritage Foundation*, Web Memo #577(2004), http://www.heritage.org/research/Family/wm577.cfm(2004. 10. 4.).

6 M. Van Mourick, A. Nuytinck, R. Kuiper, J. Van Loon, and H. Wels, "Good for gays, bad for marriage", *National Post*(2004. 8. 11.). 판 마우릭(Van Mourik)과 나위 덩크(Nuytink)는 법대 교수들이다. 요스트 판 론(Joost Van Loon)은 자칭 위험, 기술, 미디어 전문 사회 이론가다. http://www.ntu.ac.uk/research/school_research/ hum/staff/7120.htm(2007. 1. 18.).

7 Kurtz, "The end of marriage in Scandinavia".

8 Coontz, *Marriage: A History*.

9 Tavia Simmons and Martin O'Connell, *Married couples and unmarried partner households: 2000*. 다음에서 이용 가능. Census 2000 Special Reports, www.census.gov/ prod/2003pubs/censr-5.pdf.

10 Liesbeth Steenhof and Carel Harmsen, *Same-sex couples in the Netherlands*, paper presented at the conference "Same-sex couples, same-sex partnerships, and homosexual marriages: A Focus on cross-national differentials", Institut National d' Etudes Demographiques, Paris(2004); Eskridge and Spedale, *Gay Marriage*.

11 Donna K. Ginther, Marianne Sundstrom, and Anders Björklund, "Selection or specialization? The impact of legal marriage on adult earnings in Sweden", paper presented at the Population Association of America meeting, Los Angeles(2006).

12 Eskridge, *Equality Practice*.

13 *Statistics Norway, Statistics Yearbook 2007*, Table 93, "Asylum applications, by country and the seeker's citizenship. Nordic countries"(Oslo, Norway: Statistics Norway), www. ssb.no/en/yearbook/tab/tab-093.html.

14 Jan Latten, personal communication, 2004. 3. 12. 다음도 참고. Latten, Trends in samenwonen en trouwen; Joop Garssen, personal communication, 2004. 6. 18.

15 통계는 모두 각국 통계청 자료를 참고했다.

16 Statistics Denmark, *Statistical Yearbook 2003*, p. 5, www.dst.dk/asp2xml/puk/udgivelser/get_file.asp?id=3985&sid=entire2003.

17 Ryan T. Anderson, "Beyond gay marriage: The stated goal of these prominent gay activists is no longer merely the freedom to live as they want", *Weekly Standard*(2006. 8. 17.).

18 Michael Svarer, "Is your love in vain? Another look at premarital cohabitation and divorce", *Journal of Human Resources* 39(Spring 2004.), pp. 523~535.

19 Kurtz, "Death of marriage in Scandinavia".

20 아래 몇 개 단락에 제시된 혼외 출생률은 주로 1990년대 유로스타트 통계(Eurostat, 2004)를 이용하였다. eppeurostatec.europa.eu.

21 Statistics Denmark, *HISB3 Summary Vital Statistics*, www.statbank.dk/Statbank5a/SelectVarVal/define.asp?MainTable=HI583&Planguage=1&PXSIde=0.

22 Statistics Norway, "Live births and late fetal deaths: 1951.2007", www.ssb.no/fodte_en/tab-2008-04-09-01-en.html.

23 Statistics Netherlands, "Size and composition of household, position in the household"(January 1, 2004), http://www.statline.cbs.nl/StatWeb/publication/?VW=T&DM=SLEN&PA=37312eng&D1=31-50&D2=(1-11)-1&HD=081108-2206&LA=EN.

24 Stanley Kurtz, "Unhealthy half truths: Scandinavian marriage is dying", *National Review*

Online(2004. 5. 25.).

25 David Coleman and Joop Garssen, "The Netherlands: Paradigm or exception in western Europe's demography?", *Demographic Research* 7(2002. 9. 10.), pp. 433~468; Arno Sprangers and Joop Garssen, *Non-marital-fertility in the European economic area*(The Hague: Centraal Bureau voor de Statistiek, 2003).

26 Stanley Kurtz, "Going Dutch: Lessons of the same-sex marriage debate in the Netherlands", *Weekly Standard* 9(2004. 3. 31.), pp. 26~29.

27 Stanley Kurtz, "Dutch debate", *National Review Online*(2004. 7. 21.).

28 핀란드에서는 파트너십 등록법을 2001년에야 통과시켰기 때문에, 이 비교에서 는 파트너십 등록법 미도입국에 포함되었다.

29 Kathleen Kiernan, "The rise of cohabitation and childbearing outside marriage in Western Europe", *International Journal of Law, Policy, and the Family* 15(2001. 4.), pp. 1~21.

30 Joop Garssen, personal communication(2004. 6. 18.).

31 Statistics Denmark, *FAM4: Families by region, type of family, size, and number of children*(2004), http://www.statbank.dk/FAM4.

32 Statistics Norway, *Statistics Yearbook 2003*, "Population statistics, Marriages and registered partnerships(2002)"; Statistics Norway, *Statistics Yearbook 2004*, Table 2, "Families, by type of family. Children under 18 years of age, 1974~2004." p,

33 Joop Garssen and Lee Badgett, "Equality doesn't harm 'family values'", *National Post*(Canada)(2004. 8. 11.); Statistics Netherlands, "Size and composition of household, position in the household"(2004. 1. 1.), http://www.statline.cbs. nl/StatWeb/publication/?VW=T&DM=SLEN&PA=37312eng&D1=31- 50&D2=(1-11)-1&HD=081108-2206&LA=EN.

34 U.S. Bureau of the Census, "Households and families: 2000"(2001).

35 Kiernan, "The rise of cohabitation and childbearing outside marriage in Western Europe".

36 이 척도에 대한 네덜란드 자료는 없다.

37 Gunnar Andersson, "Children's experience of family disruption and family formation:

Evidence from 16 FFS countries", *Demographic Research* 7(2002. 8. 14.), pp. 343~364.

38 안데르손이 분석한 가족과 출산 연구는 앞에서 인용한 키어넌의 연구에서도 활용되었다.

39 이 비교를 위해 컬럼비아대학교의 아동청소년및가족정책국제개발센터(Clearinghouse on International Developments in Child, Youth, and Family Policies at Columbia University)의 데이터를 이용하였다. http://www.childpolicyintlorg/ (2006. 4.).

40 매기 갤러거의 블로그(http://www.marriagedebate.com/mdblog/2006_02_26_mdblog archive.htm)에서 나와 조너선 로치, 스탠리 커츠가 벌인 2006년 토론을 참고.

41 Eskridge and Spedale, *Gay Marriage*, p. 181.

42 같은 책, pp. 184~185.

43 모른다는 응답의 수는 제외했다. 어떤 해에는 이 응답을 포함하지 않고 질문했기 때문이다.

44 국가별로 이 변화가 통계적으로 유의미한지 검증하기 위해 국가 더미 변수와 1999년 설문 조사 더미 간의 상호 작용 변수로 회귀 분석 했다. 1990년과 1999년 사이의 변화가 10% 유의 수준이나 이보다 엄밀한 유의 수준에서 통계적으로 유의한 국가는 프랑스, 영국, 덴마크, 아일랜드, 미국, 캐나다, 폴란드, 체코, 슬로베니아, 터키다.

5장 빌린 것: 결혼이라는 옷 입어 보기

I Merriam-Webster online dictionary, www.m-w.com(2008. 7. 28.).

2 잠재적인 문화의 변화를 분석하기 위해 2006년 「가족의 변화와 변형을 보는 새로운 접근(New Approaches to Explaining Family Change and Variation)」 프로젝트의 일환으로 쓰인 다음의 여러 논문을 참고했다. Naomi Quinn, "*An Anthropological Perspective on Marriage*"; Jennifer Johnson-Hanks, S. Philip Morgan, Christine Bachrach, and Hans-Peter Kohler, "The American Family in a Theory of Conjunctural Action", http://www.socqukeedu/~esc/.

3 그러나 동성 커플이 결혼권을 얻는 데 대승적 차원에서는 찬성하면서도 개인적 차원에서는 거부하는 사람도 있다. 그들은 남편과 부인의 명시적인 사회적 역할이 존재하는 것이 여전히 결혼에 대한 개인적 선택을 거부하기에 충분한 이유라고 생각한다.

4 다음 예를 참고. Andrew J. Cherlin, "The deinstitutionalization of American marriage", *Journal of Marriage and the Family* 66(2004. 11.), pp. 848~861; P. Van den Akker, L. Halman, and R. de Moor, "Primary relations in Western societies", P. Ester, *The Individualizing Society. Value Change in Europe and North America*(Tilburg, The Netherlands: Tilburg University Press, 2004). pp. 97~127; Coontz, *Marriage: A History*; E. J. Graff, *What Is Marriage For?*(Boston: Beacon Press, 1999).

5 그러나 시간이 흐르면서 동성 커플이 경험하는 선택의 정도가 상당히 변할 수 있으며, 결혼해야 한다는 사회적 기대와 압력을 여전히 겪고 이성애자들의 처지와 훨씬 비슷해질 수도 있다고 나는 6장에서 주장한다.

6 이성 결혼식에서의 LGBT 경험을 분석한 러모나 페이스 오즈월드(Ramona Faith Oswald)에 따르면 LGBT는 결혼 예식이나 관련 행사의 맥락에서 배제되고 주변화된다고 느끼는 적이 많다고 한다. 다음을 참고. R. F. Oswald, "A member of the wedding? Heterosexism and family ritual", *Journal of Social and Personal Relationships* 12(2005), pp. 349~368.

7 캐슬린 헐은 동성 결혼 이슈에서 법적 요소와 문화적 요소를 구분하는 것이 "결혼에는 단 하나의 자연 발생적이고 천부적인 본질이 있다."라는 주장을 더 어렵게 만든다고 지적했다. 다음을 참고. Kathleen E. Hull, *Same-Sex Marriage: The Cultural*

Politics of Love and Law (Cambridge: Cambridge University Press, 2006), p. 202.

8   Coontz, *Marriage: A History*; Cott, Public Vows; Mary Ann Glendon, "For better or for worse?", *Wall Street Journal* (Eastern Edition)(2004. 2. 25.); Graff, *What Is Marriage For?*

9   Lawrence Kurdek, "The allocation of household labor in gay, lesbian, and heterosexual married couples", *Journal of Social Issues* 49(Fall 1993), pp. 127~139; Lawrence Kurdek, "Lesbian and gay couples", Anthony R. D'Augelli, *Lesbian, Gay, and Bisexual Identities Over the Lifespan: Psychological Perspectives* (New York: Oxford University Press, 1995); Philip Blumstein and Pepper Schwartz, *American Couples: Money, Work, Sex* (New York: Morrow, 1983); Raymond W. Chan, Risa C. Brooks, Barbara Raboy, and Charlotte J. Patterson, "Division of labor among lesbian and heterosexual parents: Association with children's adjustment", *Journal of Family Psychology* 12(1998. 9.), pp. 402~419; Charlotte J. Patterson, Erin L. Sutfin, and Megan Fulcher, "Division of labor among lesbian and heterosexual parenting couples: Correlates of specialized versus shared patterns", *Journal of Adult Development* 11(2004. 7.), pp. 179~189. 다음도 참고. Sondra E. Solomon, Esther D. Rothblum, and Kimberly F. Balsam, "Pioneers in partnership: Lesbian and gay male couples in civil unions compared with those not in civil unions and married heterosexual siblings", *Journal of Family Psychology* 18(2004. 6.), pp. 275~286; Christopher Carrington, *No Place Like Home: Relationships and Family Life Among Lesbians and Gay Men* (Chicago: University of Chicago Press, 1999).

10   이 통계는 경제협력개발기구(OECD)의 노동 시장 통계 데이터뱅크를 이용해 계산했다. www. oecd.org(2006. 5. 5.).

11   다음 예를 참고. Warner, *The Trouble With Normal*.

12   다음을 참고. Eskridge, *The Case for Same-Sex Marriage*, pp. 10, 82; Andrew Sullivan, *Virtually Normal* (New York: Vintage, 1996), pp. 105~107; Rauch, *Gay Marriage*, pp. 138~158; Richard Posner, *Sex and Reason* (Cambridge, MA: Harvard University Press, 1992).

13   다음 예를 참고. Allen, "An economic assessment of same-sex marriage laws"; Maggie Gallagher, "(How) will gay marriage weaken marriage as a social institution:

417

A reply to Andrew Koppelman", *University of St. Thomas Law Review* 2(2004), pp. 33~70.

14 Eskridge and Spedale, *Gay Marriage*, pp. 146~147.

15 Thomas S. Dee, "Forsaking all others? The effects of 'gay marriage' on risky sex", *Economic Journal* 118(2008. 7.), pp. 1055~1078.

16 Eskridge and Spedale, *Gay Marriage*, pp. 164~165.

17 Sondra E. Solomon, Esther D. Rothblum, and Kimberly F. Balsam, "Money, housework, sex, and conflict: Same-sex couples in civil unions, those not in civil unions, and heterosexual married siblings", *Sex Roles* 52(2005. 5.), pp. 561~575.

18 유럽 가치관 조사는 세계 가치관 조사 프로젝트의 일환이다. 정확한 질문 문구는 다음과 같다. "다음은 사람들이 성공적인 결혼에 도움이 된다고 생각하는 것들입니다. 각각의 항목이 성공적인 결혼을 위해 매우 중요한지, 다소 중요한지, 별로 중요하지 않은지 답해 주십시오."

19 Gilbert Herdt and Robert Kertzner, "I do, but I can't: The impact of marriage denial on the mental health and sexual citizenship of lesbians and gay me in the United States", *Sexuality Research & Social Policy* 3(2006. 3.), p. 39.

20 Naomi Quinn, "An anthropological perspective on marriage". 책 *Unions*를 준비하면서 쓴 논문으로, 가족의 변화와 다양함에 대해 설명한다.

21 같은 책, p. 19.

22 반 정도의 질문에 대해 같은 성의 동성애자, 양성애자와 이성애자의 차이가 5퍼센트 유의 수준에서 통계적으로 유의했다. 여성은 2번(이혼), 5번(보상), 6번(친밀함), 8번(가족) 질문, 남성은 2번(이혼), 6번(친밀함), 8번(가족) 질문에서 예외적이었다. 그러나 통계적 의미에서 평균적 응답에 차이가 있을지 몰라도 동성애자, 양성애자와 이성애자 사이에는 불일치하는 점보다 일치하는 점이 훨씬 많음이 확연하게 나타난다.

23 EOS Gallup Europe, "Homosexual marriage, child adoption by homosexual couples: Is the public ready?"(2003), http://www.ilga-europe.org/content/download/3434/20938/file/Gallup%20Europe%202003%20report.pdf.

24 독일에 거주하는 터키인과 모로코인 가운데 80%가 같은 국가 출신과 결혼

한다. R. P. W. Jennissen, "Ontwikkelingen in de maatschappelijke participatie van allochtonen", Central Bureau of Statistics(2007), http://www.cbs.nl/NR/rdonlyres/7DCAG4IA4-ED04-4511-8O23-BIBFFDB6E960/0/2007jaarrapport integratiepub.pdf.

25 "Dutch migrants-to-be must watch gay kiss"(2006. 3. 13.), www.gay.com/news/article.html?2006/03/12/3.

26 에스크리지와 스페데일의 저서(*Gay Marriage*, p. 104)에 따르면 덴마크의 커플소 수만이 결혼 압박을 느낀다고 조사되었다. 이성애자들에게 파트너십 등록제가 결혼과 달라 보이기 때문일 수도 있고, 결혼에 대한 절제된 문화적 기대 때문일 수도 있다.

27 이를테면 결혼식에서 '가족사진'을 찍을 때 파트너가 함께 찍지 못하는 것에 관한 오즈월드의 논의를 참고. Ramona Faith Oswald, "A member of the wedding Heterosexism and family ritual," *Journal of Social and Personal Relationships* 17(2000, 6. 1.), pp. 349~368.

28 Quinn, *An anthropological perspective on marriage*, p. 5.

29 에스크리지와 스페데일은 덴마크 커플에 대해 비슷한 결과를 발표했다. Eskridge and Spedale, *Gay Marriage*, p. 155.

30 Gallagher, "(How) will gay marriage weaken marriage as a social institution", p. 53.

31 Posner, *Sex and Reason*.

32 같은 책, p. 312.

33 네덜란드 통계청은 2005년에 약 700만 명이 결혼했다고 발표했다. 동성 커플은 2001년 이래 1만 명 정도만 결혼했으므로 기혼자의 0.3%에 해당한다. 이 수치는 네덜란드 기혼자 99.7%의 파트너가 이성이라는 의미다.

34 미국의 증거는 다음을 참고. Judith Stacey and Timothy J. Biblarz, "(How) does the sexual orientation of parents matter?", *American Sociological Review* 66(2001), pp. 159~183. 네덜란드의 증거는 다음을 참고. Henny Bos, *Parenting in Lesbia Families*(Amsterdam: University of Amsterdam Press, 2005).

6장 새로운 것: 결혼이 동성애자를 변화시킬까

1   Cherlin, "The deinstitutionalization of American marriage", p. 848.

2   같은 책, p. 851.

3   같은 책.

4   Katherine M. Franke, "The politics of same-sex marriage politics", *Columbia Journal of Gender and Law* 15(2006. 1.), pp. 236~248; Auchmuty, "Same-sex marriage revived", pp. 101~126; Ruthann Robson, "Resisting the family: Repositioning lesbians in legal theory", *Signs* 19(Summer 1994), pp. 975~995.

5   Bumpass et al., "The role of cohabitation in declining rates of marriage", pp. 913~927; Clarkberg et al., "Attitudes, values, and entrance into cohabitational versus marital unions", pp. 609~632.

6   Coontz, *Marriage: A History*.

7   Milton C. Regan, Jr., "Law, marriage, and intimate commitment", *Virginia Journal of Social Policy & the Law* 9(Fall 2001), pp. 116~152.

8   Chai R. Feldblum, "Gay is good: The moral case for marriage equality and more", *Yale Journal of Law and Feminism* 17(Spring 2005), p. 178.

9   남성과 여성 모두 이성 결혼 관계에서 이익을 얻는지에 대한 일부 논쟁은 남아 있다. 내가 증거들을 살펴본 바로는 비록 각각의 결과 측정에서 언제나 같은 정도는 아니더라도 남성과 여성 모두 이익을 얻는다.

10 일반적 검토를 위해서는 다음을 참고. Catherine E. Ross, John Mirowsky, and Karen Goldsteen, "The impact of the family on health: The decade in review", *Journal of Marriage and the Family* 52(1990), pp. 1059~1078; Linda J. Waite and Maggie Gallagher, *The case for marriage*(New York: Broadway Books, 2000). 결혼한 사람들이 더 오래 산다는 연구 결과는 다음을 참고. Lee A. Lillard and Constantijn W. A. Panis, "Marital status and mortality: The role of health", *Marital Status and Mortality: The Role of Health* 33(1996), pp. 313~327; John E. Murray, "Marital protection and marital selection: Evidence from a historical-prospective sample of American men", *Demography* 37(2000), pp. 511~521. 결혼한 사람 가운데 담배 피우는 사람이 더 적다는 연구 결과는 다음을 참고. Debra Umberson, "Gender, marital status, and

the social control of behavior", *Social Science and Medicine* 34(1992), pp. 907~917; Tarani Chandola, Jenny Head, and Mel Bartley, "Socio-demographic predictors of quitting smoking: How important are household factors?", *Addiction* 99(2004), pp. 770~777; Ulla Broms, Karri Silventoinen, Eero Lahelma, Markku Koskenvuo, and Jaakko Kaprio, "Smoking cessation by socioeconomic status and marital status: The contribution of smoking behavior and family background", *Nicotine Tobacco Research* 6(2004), pp. 447~455; S. Lee, E. Cho, F. Grodstein, I. Kawachi, F. B. Hu, and G. A. Colditz, "Effects of marital transitions on changes in dietary and other health behaviours in U.S. women", *International Journal of Epidemiology* 34(2005), pp. 69~78; C. A. Schoenborn, "Marital status and health: United States, 1999~2002", *Division of Health Interview Statistics, National Center for Health Statistics*(2004), p. 351. 결혼한 남성이 수익이 더 높다는 연구 결과는 다음을 참고. C. Cornwell, and P. Rupert, "Unobservable individual effects, marriage and the earnings of young men", *Economic Inquiry* 35(1997), pp. 285~294; S. Korenman and D. Neumark, "Does marriage really make men more productive?", *The Journal of Human Resources* 26(1991), pp. 282~307; K S. Korenman and D. Neumark, "Marriage, motherhood, and wages", *Journal of Human Resources* 27(1992), pp. 233~255; E. S. Loh, "Productivity differences and the marriage wage premium for white males", *Journal of Human Resources* 31(1996), pp. 566~589; J. Waldfogel, "Understanding the 'family gap' in pay for women with children", *Journal of Economic Perspectives* 12(1998), pp. 137~156; J. Hersch and L. S. Stratton, "Household specialization and the male marriage premium", *Industrial and Labor Relations Review* 54(2000), pp. 78~94; H. Chun and I. Lee, "Why do married men earn more: Productivity or marriage selection?", *Economic Inquiry* 39(2001), pp. 307~319; Donna Gunther and Madeline Zavodny, "Is the male marriage premium due to selection? The effect of shotgun weddings on the return to marriage", *Journal of Population Economics* 14(2001), pp. 313~328; L. S. Stratton, "Examining the wage differential for married and cohabiting men", *Economic Inquiry* 40(2002), pp. 199~212; P. N. Cohen, "Cohabitation and the declining marriage premium for men", *Work and Occupations* 29(2002), pp. 346~363.

결혼한 사람들이 덜 우울해한다는 연구 결과는 다음을 참고. Kathleen A. Lamb, Gary R. Lee, and Alfred DeMaris, "Union formation and depression: Selection and relationship effects", *Journal of Marriage and Family* 65(2003. 11.), pp. 953~962; R. W. Simon, "Revisiting the relationships among gender, marital status, and mental health", *American Journal of Sociology* 107(2002), pp. 1065~1096; S. L. Brown, "The effect of union type on psychological well-being: Depression among cohabitors versus marrieds", *Journal of Health and Social Behavior* 41(2002), pp. 241~255; A. V. Horwitz, H. R. White, and S. Howell-White, "Becoming married and mental health: A longitudinal study of a cohort of young adults", *Journal of Marriage and Family* 58(1996), pp. 895~907.

11 Umberson, "Gender, marital status, and the social control of behavior", pp. 907~917; Debra Umberson, "Family status and health behaviors: Social control as a dimension of social integration", *Journal of Health and Social Behavior* 28(1987), pp. 306~319; Linda J. Waite, "Does marriage matter?" *Demography* 32(1995), pp. 483~507.

12 Herdt and Kertzner, "I do, but I can't", pp. 33~49.

13 Ash and Badgett, "Separate and unequal", pp. 582~599.

14 차별과 배제라는 공통적인 경험은 동성애자 커뮤니티를 형성하고 동성애자의 정체성을 발전시켰다.(John D'Emilio, *Sexual Politics, Sexual Communities: The Making of a Homosexual Minority in the United States, 1940~1970*(Chicago and London: University of Chicago Press, 1984)) 그리고 배제의 종말은 7장에서 논의한 문화적 영향을 끼칠 것이다. 여기서 나는 배제가 개개인에게 끼치는 영향을 다룬다.

15 다음을 참고. Susan D. Cochran, "Emerging issues in research on lesbians' and gay men's mental health: Does sexual orientation really matter?", *American Psychologist* 56(2001), pp. 932~947; Ilan Meyer, "Prejudice, social stress, and mental health in lesbian, gay, and bisexual populations: Conceptual issues and research evidence", *Psychological Bulletin* 129(2003), pp. 674~697.

16 다음을 참고. Vickie M. Mays, Susan D. Cochran and Namdi W. Barnes, "Race, race-based discrimination, and health outcomes among african Americans", *Annual*

Review of Psychology 58(2007), pp. 201~225. 소수자 스트레스가 동성애자에게 미치는 영향에 대해서는 다음을 참고. Ilan Meyer, "Minority stress and mental health in gay men", *Journal of Health and Social Behavior* 36(1995. 3.), pp. 38~56; Vickie M. Mays and Susan D. Cochran, "Mental health correlates of perceived discrimination among lesbian, gay, and bisexual adults in the United States", *American Journal of Public Health* 91(2001), pp. 1869~1876.

17 다음을 참고. Glenda Russell, *Voted Out: The Psychological Consequences of Anti-Gay Politics*(New York: New York University Press, 2000); Glenda Russell, "The dangers of a same-sex marriage referendum for community and individual well-being: A summary of research findings", *Angles* 7(2004. 6.). 소수자 스트레스와 결혼 논쟁의 연결성에 대해서는 다음을 참고. Ellen D. B. Riggle, Jerry D. Thomas, and Sharon S. Rostosky, "The marriage debate and minority stress", *PS: Political Science and Politics*(2005), pp. 221~224.

18 Jonathan J. Mohr and Ruth E. Fassinger, "Sexual orientation identity and romantic relationship quality in same-sex couples", *Personality and Social Psychology Bulletin* 32(2006), pp. 1085~1099; Porche and Purvin, "Never in our lifetime", pp. 144~159.

19 서로 다른 맥락에서의 여러 연구가 동성애자는 다르다는 느낌을 삶의 배경으로 삼아 살아가는 방법을 배운다는 점을 포착한다. Meyer, "Prejudice, social stress, and mental health in lesbian, gay, and bisexual populations", pp. 674~697.

20 Lewin, *Recognizing Ourselves*. 다음도 참고. Hull, *Same-Sex Marriage*.

21 파트너로 등록한 덴마크 커플 역시 더 큰 헌신의 느낌을 표현했다. 다음을 참고. Eskridge and Spedale, *Gay Marriage*, pp. 139~145.

22 Robert-Jay Green, "Risk and resilience in lesbian and gay couples: Comment on Solomon, Rothblum, and Balsam", *Journal of Family Psychology* 18(2004), pp. 290~292.

23 Solomon et al., "Money, housework, sex, and conflict", pp. 561~575; Lawrence A. Kurdek, "Are gay and lesbian cohabiting couples really different from heterosexual married couples?", *Journal of Marriage and Family* 66(November 2004), pp. 880~900.

24 Solomon et al., "Money, housework, sex, and conflict", pp. 561~575.

25 그러나 결혼했다면 결혼 기간이 짧았을 커플이 애초에 결혼하지 않기로 결
    정했을 때의 선택 효과(select effect)를 분리해 내기는 어렵다. 다음을 참고.
    Lee A. Lillard, Michael J. Brien, and Linda J. Waite, "Premarital cohabitation and
    subsequent marital dissolution: A matter of self-selection?", *Demography* 32(1995.
    8.), pp. 437~457.

26 Kimberly F. Balsam, Theodore P. Beauchaine, Esther D. Rothblum, and Sondra
    E. Solomon, "Three-year follow-up of same-sex couples who had civil unions in
    Vermont, same-sex couples not in civil unions, and heterosexual married couples",
    Developmental Psychology 44(2008), pp. 102~116. 미국 커플 중 비무작위 집단
    에 대한 다른 연구로, 커덱(Kurdek)은 무자녀 게이, 레즈비언 커플이 헤어지
    는 비율은 유자녀 이성애 기혼 커플이 헤어지는 비율보다는 높지만 무자녀 이
    성애 기혼 커플이 헤어지는 비율과는 비슷하다고 밝혔다. Kurdek, "Are gay and
    lesbian cohabiting couples really different from heterosexual married couples?", pp.
    880~900.

27 Ross von Metzke, "Gay divorce rate in Netherlands equal to heterosexuals", http://
    amsterdam.gaymonkey.com/article.cfm?section=9&id=5853(2005. 4. 6.).

28 Andersson et al., "The demographics of same-sex 'marriages' in Norway and
    Sweden", pp. 79~98.

29 Eskridge and Spedale, *Gay Marriage*.

30 Rauch, *Gay Marriage*; Brooks, "The power of marriage"; Eskridge, *The Case for Same-Sex
    Marriage*; Warner, *The Trouble With Normal*.

31 미국과 호주의 최근 연구는 다음을 참고. Michael Bittman, Paula England, Liana
    Sayer, Nancy Folbre, and George Matheson, "When does gender trump money?
    Bargaining and time in household work", *American Journal of Sociology* 109(2003. 7.),
    pp. 186~214.

32 Kurdek, "The allocation of household labor in gay, lesbian, and heterosexual married
    couples"; Kurdek, "Lesbian and gay couples"; Lawrence A. Kurdek, "Differences
    between partners from heterosexual, gay, and lesbian cohabiting couples", *Journal of*

Marriage and Family 68(2006. 5.), pp. 509~528; Blumstein and Schwartz, *American Couples*; Carrington, *No Place Like Home*.

33   Chan et al., "Division of labor among lesbian and heterosexual parents", pp. 402~419; Patterson et al., "Division of labor among lesbian and heterosexual parenting couples"; Solomon et al., "Money, housework, sex, and conflict", pp. 561~575; Mignon R. Moore, "Gendered power relations among women: A study of household decision-making in black, lesbian stepfamilies", *American Sociological Review* 73(2008. 4.), pp. 335~356.

34   Jyl Josephson, "Citizenship, same-sex marriage, and feminist critiques of marriage", *Perspectives on Politics* 3(2005. 6.), pp. 269~284.

35   George Chauncey, *Why Marriage? The History Shaping Today's Debate Over Gay Equality*(New York: Basic Books, 2004), p. 70.

7장 동성애자 커뮤니티 내의 결혼 반대

1 Wyatt Buchanan, "Alternative to same-sex union", *San Francisco Chronicle*(2006. 7. 27.).

2 Robert George, "First things blog: Beyond gay marriage", http://www.firstthings. com/onthesquare/?p=330(2006. 8. 2.)(2008. 7. 29); Robert George, "First things blog: Same-sex marriage and Jon Rauch", http://www.firstthings.com/ onthesquare/?p=373(2006. 8. 10.)(2008. 7. 29); Stanley Kurtz, "The confession: Have same-sex marriage advocates said too much?", *National Review Online*(2006. 8. 3.).

3 Jonathan Rauch, "Independent gay forum: Not so fast, Mr. George", http:// www.indegayforum.org/blog/show/31025.html(August 2, 2006)(2007. 2. 15); Carpenter, "The Volokh Conspiracy: Left, right, and betwixt on gay marriage and polygamy"(August 3, 2006), http://volokh.com/archives/ archive_2006_07_30_2006_08_05.shtml/#1154616146.

4 Gert Hekma, "Queer: The Dutch case", *GLQ: A Journal of Lesbian and Gay Studies* 10(2004), pp. 276~280.

5 Pamela Lannutti, "The influence of same-sex marriage on the understanding of same-sex relationships".

6 Egan and Sherrill, "Marriage and the shifting priorities of a new generation of lesbians and gays".

7 Schoenberg, "Our love is here to stay"; D'Augelli et al., "Lesbian and gay youths' aspirations for marriage and raising children".

8 세계 여러 곳에서의 폴리가미의 보편성 논의에 대해서는 다음을 참고. Coontz, *Marriage: A History*. 이러한 종류의 가족 관계를 포함하는 이성애자 가족에 대해서 는 다음을 참고. Judith Stacey, "Backward toward the postmodern family: Reflections on gender, kinship and class in the Silicon Valley", Barrie Thorne, *Rethinking the Family: Some Feminist Questions*(Boston: Northeastern University Press, 1992).

9 Simmons and O'Connell, *Married Couples and Unmarried Partner Households*.

10 Franke, "The politics of same-sex marriage politics", p. 244.

11 "Beyond same-sex marriage: A new strategic vision for all our families & relationships"(2006), http://www.beyondmarriage.org/full_statement.html; Kath

Weston, "Families in queer states: The rule of law and the politics of recognition", *Radical History Review* 93(Fall 2005), pp. 122~141.

12 Robson, "Resisting the family: Repositioning lesbians in legal theory"; Richard Kim, "The descent of marriage", *The Nation Online*(2004. 2. 27.), http://www. thenation.com/doc/20040315/kim; Nancy D. Polikoff, "N.J.'s historic 'civil union' opportunity", Philadelphia Inquirer(2006. 10. 27.).

13 더 긴 논의에 대해서는 다음을 참고. Lee Badgett, *Money, Myths, And Change: The Economic Lives of Lesbians and Gay Men*(Chicago: University of Chicago Press, 2001).

14 Ash and Badgett, "Separate and unequal"; Badgett, Money, Myths, and Change; Nicole Raeburn, *Changing Corporate America From Inside Out*(Minneapolis: University of Minnesota Press, 2004).

15 블랜턴(Blanton)은 가정 동반자 혜택을 제공하는 뉴잉글랜드 고용주의 91% 가 혜택을 계속 제공하기로 했음을 제시하는 설문 조사를 인용한다. Kimberly Blanton, "Benefits for domestic partners maintained", *Boston Globe*(2004. 8. 22.). 다음도 참고. Steve Wasik, "State of the(same-sex) union: The impact of same-sex marriage on HR and employee benefits", Out & Equal Conference(2005. 9. 22.), http://www.outandequal.org/summit/2005/workshops/documents/ StateofSameSexUnion.pdf(2007. 2. 11.). 그는 매사추세츠에서 가정 동반자 관계 혜택을 제공하던 고용주의 1% 미만이 혜택을 철회했다는 휴잇협회(Hewitt Association) 설문 조사에 대해 보고한다.

16 Funders for Lesbian and Gay Issues, *Lesbian, gay, bisexual, transgender and queer grantmaking by U.S. foundations*(calendar year 2004)(2006), http://www.workinggroup.org/files/ LGBTQ_funding_20041.pdf.

17 Marci L. Eads and Matthew C. Brown, *An Exploratory Look at the Financial Side of the Lesbian, Gay, Bisexual, and Transgender Rights Movement*(Denver: Gill Foundation, 2005).

18 Funders for Lesbian and Gay Issues, *Lesbian, gay, bisexual, transgender and queer grantmaking by U.S. foundations*(calendar year 2004).

19 Independent Sector and the Foundation Center, *Highlights of Social Justice Grantmaking: A Report on Foundation Trends*(2005), http://foundationcenter.org/gainknowledge/

research/pdf/socialjustice.pdf.

20 Robert Wood Johnson Foundation, http://www.rwjf.org/about/mission.jhtml(2006. 11. 30.).

21 「동성 결혼을 넘어서」 선언문에서 이를 언급한다. 존 데밀리오(John D'Emilio) 는 미국에서의 변화에 대해 유사한 주장을 한다. John D'Emilio, "The marriage fight is setting us back", *Gay & Lesbian Review*(November/December 2006), pp. 10~11.

22 다음을 참고. Lisa Duggan and Richard Kim, "Beyond gay marriage", *The Nation*(2005. 7. 18.).

23 Evan Wolfson, *Why Marriage Matters: America, Equality, and Gay People's Right to Marry*(New York: Simon & Schuster, 2004), p. 136.

24 동성 결혼 허용은 트랜스젠더의 결혼을 더 쉽게 만들 텐데, 결혼을 할 때 국가가 더 이상 개인의 법적 성별을 결정할 필요가 없기 때문일 것이다. 예컨대 캘리포 니아에서는 이제 결혼 신청서에 성별을 표시할 필요가 없어졌다. 다음을 참고. Celia Kitzinger and Sue Wilkinson, "Genders, sexualities, and equal marriage rights", *Lesbian and Gay Psychology Review* 7(2006), pp. 174~179.

25 "우리가 선택한 가족"에 대해서는 다음을 참고. Kath Weston, *Families We Choose: Lesbians, Gays, Kinship*(New York: Columbia University Press, 1991). 다음도 참고. Green, "Risk and resilience in lesbian and gay couples".

26 예를 들어 다음을 참고. Warner, The Trouble With Normal; Judith Levine, "Stop the wedding! Why gay marriage isn't radical enough", *Village Voice*(2003. 7. 23~29.) (2007. 2. 15).

27 Arland Thornton and L. Young-DeMarco, "Four decades of trends in attitudes toward family issues in the United States: The 1960s through the 1990s", *Journal of Marriage and the Family* 63(2001), pp. 1009~1037.

28 같은 책, p. 1024.

29 교육 수준에 대해서는 다음을 참고. Christine R. Schwartz and Robert D. Mare, "Trends in educational assortative marriage from 1940 to 2003", *Demography* 42(2005. 11.), pp. 621~646. 소득에 대해서는 다음을 참고. Megan M. Sweeney

and Maria Cancian, "The changing importance of white women's economic prospects for assortative mating", *Journal of Marriage and the Family* 66(2004. 11.), pp. 1015~1028.

30 경제학자 게리 버틀리스(Gary Burtless)는 남편의 수입과 부인의 수입이 더 긴밀히 연결되면서 1979년부터 1996년 사이 개인 소득 불평등이 13퍼센트포인트가량 증가했음을 보여 주었다. Gary Burtless, "Effects of growing wage disparities and changing family composition on the U.S. income distribution", Center on Social and Economic Dynamics Working Paper no. 4(1999).

31 Lisa K. Jepsen and Christopher A. Jepsen, "An empirical analysis of matching patterns of same-sex and opposite-sex couples", *Demography* 39(2002. 8.), pp. 435~453.

32 Burtless, "Effects of growing wage disparities and changing family composition on the U.S. income distribution".

33 같은 책, 다른 연구도 동거의 증가를 고려해도 기혼자 비율의 하락이 가족 소득 불평등 증가의 주요 원인임을 확인해 준다. Mary C. Daly and Robert G. Valletta, "Inequality and poverty in United States: The effects of rising dispersion of men's earnings and changing family behaviour", *Economica* 73(2006. 2.), pp. 75~98.

34 Naomi Gerstel and Natalia Sarkisian, "Marriage: The good, the bad, and the greedy", *Contexts* 5(Fall 2006), pp. 16~21; Naomi Gerstel and Natalia Sarkisian, "Intergenerational care and the greediness of adult children's marriages", Timothy J. Owens, *Interpersonal Relations Across the Life Course*(Greenwich, CT: Elsevier/JAI Press, 2007), pp. 153~188.

35 Gerstel and Sarkisian, "Marriage".

36 Weston, *Families We Choose*, p. 209.

37 다음을 참고. Badgett, *Money, Myths, and Change*.

38 Coontz, *Marriage: A History*.

39 Lewin, *Recognizing Ourselves*.

40 Cherlin, "The deinstitutionalization of American marriage", p. 855.

8장 수상한 동업자들: 결혼의 대안에 대한 평가

1   Focus on the Family, "Focus on the family's position statement on same-sex 'marriage' and civil unions"(2004), http://www.family.org/cforum/fos.marriage/ssuap/a0029773.cfm(2006. 3. 26.).

2   Equal Rights Colorado, *ERC UPDATE: SB06-166 dies in committee*(2006).

3   365gay.com, "Colorado GOP domestic bill stalls"(February 28, 2006)(2006. 3. 23).

4   Steve Jordahl, "Focus on the Family explains endorsement of reciprocal benefits", *Family News in Focus*(2006. 2. 16).

5   Denver Post, "A fresh focus on domestic partners", 2006. 2. 6.), B-07, http://www.denverpost.com/search/ci_3479371(2006. 2. 22.).

6   캐머런의 웹사이트를 참고. http://www.familyresearchinst.org/Default.aspx?tabid=116(2006. 3. 23.).

7   Thomas Coleman, "Reciprocal beneficiary laws mask a larger political battle", *Column One: Eye on Unmarried America*(2006. 3. 13), http://www.unmarriedamerica.org/column-one/3-13-06-reciprocal-beneficiaries.htm(2006. 3. 23.).

8   Family Research Institute, "Dobson's bill rewards homosexuals", FRI Press Releases(2006. 2. 22.), http://covenantnews.com/familyresearch060224.htm(2006. 3. 23.). 다만 이것이 법안에 대한 캐머런의 주요 반대 논거는 아니었음에 유념해야 한다.

9   Warner, *The Trouble With Normal*; Nancy Polikoff, "Ending marriage as we know it", *Hofstra Law Review* 32(2003), pp. 201~232; Polikoff, *Beyond (Straight and Gay) Marriage*(Boston: Beacon Press, 2008).

10 에스크리지와 스페데일은 결혼이라고 불리지 않는 새로운 지위의 타협적 특징이 이성애자들을 위한 결혼 대안의 발전을 이끌어 이성 커플에게 있어 결혼의 매력을 감소시키리라고 주장했다. Eskridge and Spedale, *Gay Marriage*.

11 물론 미국에서의 결혼 접근권에 대한 판결이 종종 공정한 대우와 관련한 우려에서 기인했다고 해도, 형평성이 결혼 관련 정책을 제정하는 유일한 근거는 아니다. 1967년 미 대법원의 러빙 대 버지니아 주 판결은 주가 서로 다른 인종 간

커플의 결혼을 금지할 수 없다고 판시했다. 이어진 판결은 부양비 회피(자블로키 대 레드헤일)나 투옥(터너 대 새플리)도 이성 파트너와 결혼하고자 하는 개개인의 결혼권을 부인할 적법한 이유가 아니라고 밝혔다. 그러나 결혼 접근권에 대한 판결을 결정하기에는 형평성만으로 충분치 않음을 유념해야 한다. 모든 주는 결혼 최저 연령을 정하고, 가까운 친척과의 결혼을 금하고, 이미 결혼한 사람이 다른 사람과 결혼하는 것을 금한다. 이러한 사례는 결혼 정책에 있어 (형평성 논리에 기반하지 않은) 대안을 정당화할 수도 있다. 그럼에도 앞서 기술했듯 나는 형평성 논의에 초점을 맞추고자 한다. 왜냐하면 형평성 논의가 공적 논쟁의 과정에서 제기된 결혼 대안 논의의 배경이기 때문이다.

12 물론 미국 정부는 현재 결혼 수호법 때문에 매사추세츠의 동성 결혼을 인정하지 않는다. 또한 시민 결합을 허용하는 일부 주에서는 다른 주에서 행한 동성 결혼을 존중한다.

13 Yuval Merin, *Equality for Same-Sex Couples: The Legal Recognition of Gay Partnerships in Europe and the United States*(Chicago: University of Chicago Press, 2002), p. 281.

14 Avi Salzman, "Tying the half knot", *New York Times*(2005. 4. 17.).

15 예컨대 동성 커플에게 결혼을 개방하기 위해 로비해 온 단체인 코네티컷의 '사랑이가족을만든다'가 시민 결합에 대해 낸 입장서 참고. "시민 결합은 우리 주에서 커플과 가족을 위해 필요한 권리와 보호를 제공할 터다. 다만 이 법이 올바른 방향으로 가는 한 걸음이기는 해도 최종 결과로 남아서는 안 된다. 결혼 평등을 위한 싸움은 언제나 권리와 보호 이상에 관한 것이었다. 그것은 법 아래에서의 존엄과 존중, 평등한 대우에 관한 것이다. 시청에서 동성 커플의 혼인 신고 줄과 나머지 모두를 위한 혼인 신고 줄이 따로 있는 한 시민 결합은 한 집단 내에서 지위를 양분한다. '사랑이가족을만든다'는 결혼에 대한 마지막 차별적 장애가 완전히 없어지는 날을 위해 일하며, 계속 여기 있을 것이다." http://www.lmfct. org/site/PageServer?pagename=whoislmf)(2005. 10. 20.).

16 Wolfson, *Why Marriage Matters*, p. 136.

17 Mary Lyndon Shanley, *Just Marriage*(Oxford: Oxford University Press, 2004); Michael Lerner, "The right way to fight for gay marriage", *New York Daily News*(2006. 6. 8.).

18 Carl F. Stychin, "Civil solidarity or fragmented identities? The politics of sexuality

and citizenship in France", *Social & Legal Studies* 10(2001. 9.), pp. 347~375; Wendy Michallat, "Marions-nous! gay rites: The campaign for gay marriage in France", *Modern and Contemporary France* 14.0(2006. 8.), pp. 305~316.

19 Paula Ettelbrick, "Since when is marriage a path to liberation?" *OUT/LOOK National Gay and Lesbian Quarterly* 6(Fall 1989), pp. 14~17; Warner, *The Trouble With Normal*. 그러나 미국과 여타 국가에서의 연구에 따르면 이성 동거 커플은 상당히 이질적이고, 이러한 이질성은 이들이 정치적 변화에 동의하거나 변화를 위해 조직화하는 능력을 감소시킨다. 예컨대 일부 동거 커플은 장기적인 관계를 맺지만 관계가 단기간에 끝나는 커플이 많다. Kiernan, "Unmarried cohabitation and parenthood", p. 24; L. L. Bumpass and J. Sweet, "National estimates of cohabitation", *Demography* 26(1989), pp. 615~625.

20 James Alm, Lee Badgett, and Leslie Whittington, "Wedding bell blues: The income tax consequences of legalizing same-sex marriage", *National Tax Journal* 53(2000. 1.), pp. 201~214.

21 Ash and Badgett, "Separate and unequal", pp. 582~599.

22 Waaldijk, *More or Less Together*. 이 수치들은 이성 커플과 관련된다. 일부 국가에서만 동성 동거 커플과 이성 동거 커플 모두 이러한 동거의 혜택과 의무를 부여받는 것을 인정한다. 동거 동성 커플은 대개 혜택을 덜 받는데, 동성 커플에게 주어지는 출산과 양육의 권리가 극적으로 다르기 때문이다.

23 Grace Ganz Blumberg, "Unmarried partners and the legacies of Marvin v. Marvin: The regularization of nonmarital cohabitation: Rights and responsibilities in the American welfare state", *Notre Dame Law Review* 76(2001. 10.), pp. 1265~1310.

24 캐나다 법원의 판결 덕분에 동성 커플은 몇몇 주 법원에서 동성 커플에게 결혼을 개방하는 판결을 내리기 몇 년 전에도 이성 커플과 동일하게 대우받았다. Radbord, "Lesbian love stories".

25 다음 예를 참고. Fineman or Cossman in Shanley, *Just Marriage*.

26 Olivier De Schutter and Kees Waaldijk, "Major legal consequences of marriage, cohabitation and registered partnership for different-sex and same-sex partners in Belgium", *More or Less Together*, p. 50.

27 Law Commission of Canada, *Beyond Conjugality: Recognizing and Supporting Close Personal Adult Relationships*(2001), http://www.cga.ct.gov/2002/rpt/2002-R-0172.htm.

28 Deborah Stone, *Policy Paradox*(rev. ed.)(New York: Norton, 2001).

29 다음을 참고. Alliance Defense Fund Web site, http://www.alliancedefensefund.org/about/history/founders.aspx.(2006. 3 . 28.).

30 다음에서 인용. Pete Winn, "Focus explains support for Colorado benefits bill", *CitizenLink: A Website of Focus on the Family*(2006. 2 . 15.)(2006. 2. 22).

31 1998년 하와이 유권자들은 결혼을 이성 커플에게 제한하는 권한을 주 의회에 부여하는 주 헌법 개정안(제1조 23항)을 통과시켰고, 이에 따라 소송이 종결되었다.

32 Winn, "Focus explains support for Colorado benefits bill".

33 David Moats, *Civil Wars: A Battle for Gay Marriage*(Orlando, FL: Harcourt, 2004).

34 Badgett, Sears, Ho, "Supporting families, saving funds", pp. 8~93.

35 Merin, *Equality for Same-Sex Couples*.

36 Daniel Borillo, "The 'pacte civil de solidarite' in France: Midway between marriage and cohabition", Robert Wintemute, *The Legal Recognition of Same-Sex Partnerships: A Study of National, European and International Law*(Oxford: Hart, 2001), pp. 478~479; Martin and Thery, "The PACS and marriage and cohabitation in France".

37 Daniel Borillo and Eric Fassin, "The PACS, four years later: A beginning or an end?", paper presented at the conference "Same-sex couples, same-sex partnerships, and homosexual marriages: A focus on cross-country differentials", Stockholm, Sweden(2003); Martin and Thery, "The PACS and marriage and cohabitation in France".

38 Borillo, "The 'pacte civil de solidarite"; Eric Fassin, "Same sex, different politics: "Gay marriage" debates in France and the United States", *Public Culture* 13(Spring 2001), pp. 215~232; Stychin, "Civil solidarity or fragmented identities?", pp. 347~375; Martin and Thery, "The PACS and marriage and cohabitation in France".

39 Waaldijk, "Major legal consequences of marriage, cohabitation and registered partnership for different-sex and same-sex partners in the Netherlands"; Nancy G.

Maxwell, "Opening civil marriage to same-gender couples: A Netherlands-United States comparison", *Arizona Journal of International and Comparative Law* 18(Spring 2001), p. 150.

40   Waaldijk, "Major legal consequences of marriage, cohabitation and registered partnership for different-sex and same-sex partners in the Netherlands".

41   Eskridge, *Equality Practice*.

42   Waaldijk, "Major legal consequences of marriage, cohabitation and registered partnership for different-sex and same-sex partners in the Netherlands", pp. 450~451.

43   Ingrid Lund-Andersen, "The Danish registered partnership act", Katharina Boele-Woelki, *Legal Recognition of Same-Sex Couples in Europe*(Antwerp, Belgium: Intersentia, 2003), pp. 13~23.

44   Guðny Björk Eydal and Kolbeinn Stefánsson, "Restrained reform: Securing equality for same-sex couples in Iceland", paper presented at the conference "Same-sex couples, same-sex partnerships, and homosexual marriages: A focus on cross-country differentials", Stockholm, Sweden(2003).

45   Matti Savolainen, "The Finnish and Swedish partnership acts.similarities and differences", Katharina Boele-Woelki, *Legal Recognition of Same-Sex Couples in Europe*(Antwerp, Belgium: Intersentia, 2003), pp. 24~40.

46   Karin M. Linhart, "Decriminalization of homosexuality and its effects on family rights: A German-U.S.-American comparison", *German Law Journal* 6(2005. 6. 1.), pp. 943~966.

47   Badgett, Sears, Ho, "Supporting families, saving funds", pp. 8~93.

48   New Jersey Permanent Statutes, Title 26, Section 8:A-4.1.

49   De Schutter, Waaldijk, "Major legal consequences of marriage, cohabitation and registered partnership for different-sex and same-sex partners in Belgium".

50   다음 예를 참고. Linda Nielsen, *National Report: Denmark*, "Study on matrimonial property regimes and the property of unmarried couples in private international law and internal law". The Hague and Louvain-la-Neuve, 2003. 4. 30., http://ec.europa.

434

eu/justice_home/doc_centre/civil/studies/doc/regimes/denmark_report_en.pdf. 이
탈리아에 대해서는 다음을 참고. Elena Urso, "De facto families and the law:
Dealing with rules and freedom of choice", *International Society of Family Law*(Bristol:
Jordan, 2001), pp. 187~222. 노르웨이에 대해서는 다음을 참고. Turid Noack,
"Cohabitation in Norway: An accepted and gradually more regulated way of living",
International Journal of Law, Policy & the Family 15.0(2001. 4.), pp. 102~117; Waaldijk,
"Major legal consequences of marriage, cohabitation and registered partnership for
different-sex and same-sex partners in the Netherlands".

51 일반적으로는 다음을 참고. Waaldijk, *More or Less Together*, p. 52; Noack,
    "Cohabitation in Norway", p. 108.

53 Urso, "De facto families and the law", pp. 187~222; Walter Rechberger, *National
    Report: Austria*(The Hague and Louvain-la-Neuve: European Commission, 2001);
    Law Commission of Canada, *Beyond Conjugality*.

54 Noack, "Cohabitation in Norway", pp. 102~117.

55 Richard McCoy, Vermont Department of Public Health, personal communication,
    2007. 3. 19.

56 Office of Legislative Counsel, *Report of the Vermont Civil Union Review Commissi-
    on*(Montpelier, VT: Office of Legislative Counsel, 2002).

57 McCoy, 2007.

58 결혼에서의 강압과 선택에 대한 비슷한 분석은 다음을 참고. Nancy Polikoff,
    Beyond (Straight and Gay) Marriage(Boston: Beacon Press, 2008).

9장 변화의 속도: 우리가 너무 빨리 나아가고 있는가

1 Lerner, "The right way to fight for gay marriage".

2 Etzioni, "A communitarian position for civil unions", p. 66.

3 이 어구는 최종 법령 제목의 일부다.

4 Van Velde, *No Gay Marriage in the Netherlands*.

5 Waaldijk, "Small change".

6 같은 책, p. 440.

7 Merin, *Equality for Same-Sex Couples*, p. 309.

8 변화 원인에 대한 논의는 단순히 법과 관련된 것만은 아니다. 사회 과학자 및 역사학자들은 "특정한 방식으로 사회적 상호 작용을 구조화하는 규칙들"인 모든 사회 제도가 왜 존재하게 되었는지를 오랫동안 논의해 왔다. Jack Knight, *Institutions and Social Conflict*(Cambridge: Cambridge University Press, 1992), p. 2.

9 Gary S. Becker, *A Treatise on the Family*(Cambridge, MA: Harvard University Press, 1991).

10 Robert Pollak, "A transaction cost approach to families and households", *Journal of Economic Literature* 23.0(1985. 6.), pp. 581~608.

11 동성 결혼을 허용과 관련한 주장에 대해서는 다음을 참고. Badgett, *Money, Myths, and Change*.

12 Eskridge, *The Case for Same-Sex Marriage*.

13 Julie A. Nelson, "Household economies of scale in consumption: Theory and evidence", *Econometrica* 56(1988. 11.), pp. 1301~1314.

14 Nancy Folbre, "'Holding hands at midnight': The paradox of caring labor", *Feminist Economics* 1(Spring 1995), pp. 73~92.

15 경쟁력 압력을 설명하는 자료 하나는 플로리다(Florida)와 게이츠(Gates)의 연구에서 제시되었다. 이들은 미국 대도시 지역에서 동성 커플의 비율 및 집중도와 해당 지역의 최신 기술 산업의 성장 사이의 긍정적인 상관관계를 발견하였다. 이 발견은 사회적 다양성과 관용이 재능 있는 직원들을 끌어모았고 다양한 환경의 재능 있는 직원들이 경제적 발전을 이끌었다는 증거로 해석되었다. 파트너십 인정법이 성적 다양성 및 가족 다양성을 촉진하는 국가적 가치를 형성

하고 반영한다면 이 법을 만듦으로써 다양성에 가치를 두는 고학력의 이민자들을 훨씬 많이 끌어모을 수 있다. Richard Florida and Gary Gates, "Technology and Tolerance: The Importance of Diversity to High-Technology Growth", *The Brookings Institution Survey Series*(Center on Urban and Metropolitan Policy, June 2001). 다만 이 가설을 뒷받침하는 직접적인 증거는 없다. 플로리다와 타이나글리(Tinagli)가 이 논의를 국제적 맥락으로 확장했지만 이들의 모델인 "창의적 계층"에서 '유럽 관용도 지표'와 주요 경제 성장 요소의 크기 사이의 상관관계를 발견하지는 못한 듯하다. Richard Florida and Irene Tinagli, *Europe in the Creative Age*(London: Demos, 2004). 앨런은 반대 입장에서 주장했다. 즉 동성 커플의 결혼 허용은 필연적으로 최근의 이상적인 형태로 진화해 온 결혼에서 변화를 야기하리라는 것이다. Allen, "An economic assessment of same-sex marriage laws". 그러나 이전 장들에서 시사했듯 나는 동성 커플이 결혼을 변화시키리라는 그의 생각이 틀렸다고 생각한다.

16 법 역사학자 메리 앤 글렌던(Mary Ann Glendon)의 변화에 대한 관점은 나의 가시성 증가 가설과 유사하다. "둘째로, 급격하게 변화하는 관습이 더 오래된 법적 규범에 미치는 영향력을 검토해 보면 법적 규칙과 사회에서의 실제 결혼 행동 사이의 불일치는 확대된다. 결혼 제도의 그림자 윤곽은 사실상의 결합에 있어 대개 점점 확연해진다. 공식 결혼 제도의 그림자 농도와 중요성이 법체계가 어떻게든 이를 고려해야 하는 지점까지 증가하면 법과 행동, 개념 사이의 관계는 변화한다. Mary Ann Glendon, *Abortion and Divorce in Western Law*(Cambridge, MA: Harvard University Press, 1989), p. 15. 역설적이게도 글렌던은 동성 커플에 대한 결혼 허용을 강경하게 비판해 왔다. 하지만 글렌던이 설명하는 사회와 법의 역학 관계는 동성 커플이 결혼의 영역에 포함되도록 이끌었다. Glendon, "For better or for worse?"

17 다음에서 인용. Tobin Coleman, "Senate backs civil unions", *Stamford Advocate*(2005. 4. 7.).

18 Gosta Esping-Andersen, *Social Foundations of Postindustrial Economics*(Oxford: Oxford University Press, 1999). 다음도 참고. Francesca Bettio and Janneke Plantenga, "Comparing care regimes in Europe", *Feminist Economics* 10(2004), pp. 85~113.

19 예컨대 다음을 참고. Knight, *Institutions and Social Conflict*; Daron Acemoglu, "Root causes: A historical approach to assessing the role of institutions in economic development", *Finance & Development* 40(2003. 6.), pp. 27~30; Daron Acemoglu and James A. Robinson, "Political losers as a barrier to economic development", *American Economic Review Papers & Proceedings* 90(2000. 5.), pp. 126~130; Daron Acemoglu, Simon Johnson, and James Robinson, "Reversal of fortune: Geography and institutions in the making of the modern world income distribution", *Quarterly Journal of Economics* 117(2002. 11.), pp. 1231~1294; Nancy Folbre, *Who Pays for the Kids? Gender and the Structures of Constraint*(London: Routledge, 1994); Bina Agarwal, "'Bargaining' and gender relations: Within and beyond the household", *Feminist Economics* 3(1997. 3.), pp. 1~51.

20 Scott Barclay and Shauna Fisher, "The states and the differing impetus for divergent paths on same-sex marriage, 1990~2001", *Policy Studies Journal* 31(2003. 8.), pp. 331~352; Donald P. Haider-Markel and Kenneth J. Meier, "The politics of gay and lesbian rights: Expanding the scope of the conflict", *Journal of Politics* 58(1996. 5.), pp. 332~349; Donald P. Haider-Markel, Mark R. Joslyn, and Chad J. Kniss, "Minority group interests and political representation: Gay elected officials in the policy process", *Journal of Politics* 62(2000. 5.), pp. 568~577; Gregory B. Lewis, "Contentious and consensus gay rights issues: Public opinion and state laws on discrimination and same-sex marriage", Association for Public Policy Analysis and Management meeting, Washington, DC, November 2003; Kenneth D. Wald, James W. Button, and Barbara A. Rienzo, "The politics of gay rights in American communities: Explaining antidiscrimination ordinances and policies", *American Journal of Political Science* 40(1996. 11.), pp. 1152~1178.

21 이 파레토 효율성 논의는 가능한 물질적 이익과 손해에 주목한다. 포스너를 비롯한 연구진은 동성 결혼 허용에 대해 일부 사람들이 느낄 충격 때문에 물질적 자원은 아니더라도 효용이 감소될 수도 있다고 주장한다. Posner, *Sex and Reason*.

22 다음을 참고. Congressional Budget Office, "The potential budgetary impact of recognizing same-sex marriages"(2004), http://www.cbo.gov/doc.

cfm?index=5559(2008. 5. 26.); Lee Badgett and R. Bradley Sears, "Putting a price on equality? The impact of allowing same-sex couples to marry on California's budget", *Stanford Law & Policy Review* 16(2005), pp. 197~232.

23 다음은 동성 결혼과 파트너십 등록법에 대한 바티칸 문서의 일부다. "동거하는 동성애자들을 관용하는 데서 이들을 위한 권리를 법제화하는 것으로 나아가려는 이는, 악의 승인 혹은 법제화는 악에 대한 관용과는 매우 다르다는 점을 상기할 필요가 있다. 동성애자의 결합이 법적으로 인정되거나 결혼에 속하는 법적 지위와 권리가 주어지려는 상황에서, 이를 분명하고 단호하게 거부하는 것은 하나의 의무다. (……) 동성애자의 결합 인정을 찬성하는 법안이 의회에서 제안되면, 가톨릭교도 입법자는 명확하고 공개적으로 반대를 표현하고 반대투표할 도덕적 책임이 있다. Vatican, Offices of the Congregation for the Doctrine of Faith, Considerations Regarding Proposals to Give Legal Recognition to Unions Between Homosexual Persons(2003), http:www.vatican.va/roman_curia/congregations/cfaith/documents/re_con_cfaith_doc.20030731_homosexual-unions-en.html.

24 다음 예를 참고. David Kirkpatrick, "Conservatives use gay union as rallying cry", *New York Times*(2004. 2. 8.).

25 Eskridge, *Equality Practice*.

26 사회 과학자들은 특정한 사회 현상이나 변화를 야기하는 요소를 추론하기 위한 가장 적절한 실증적 방법론이 무엇인지에 대해 오랫동안 논의했다. Arend Lijphart, "Comparative politics and the comparative method", *American Political Science Review* 65(1971. 9.), pp. 682~693. 비교 연구는 질적 또는 양적 연구 방법론이나 두 가지의 혼합법을 활용한다. 연구의 범위는 개별 국가의 사례 연구부터 여러 국가에 걸친 비교까지다. 비교 연구에 대한 논의를 훌륭히 개괄하는 저서로는 다음을 참고. Charles C. Ragin, *The Comparative Method: Moving Beyond Qualitative and Quantitative Strategies*(Berkeley and Los Angeles: University of California Press, 1987).

27 예컨대 덴마크의 선구자적인 선택에 대한 설명으로는 다음을 참고. Eskridge and Spedale, *Gay Marriage*.

28 이 장을 쓴 목적을 이루기 위해 대개 영어 출판물에 의존했는데, 이것들은 주로 해당 국가의 연구자의 저술이었고, 중요한 문서 혹은 논의는 영어로 번역되었다.

29 Henning Bech, "Report from a rotten state: 'marriage' and 'homosexuality' in "Denmark", *Modern Homosexualities: fragments of lesbian and gay experience*(London: Routledge, 1992), pp. 134~147.

30 Fassin, "Same sex, different politics".

31 Karsten Thorn, "The German law on same-sex partnerships", Katharina Boele-Woelki and Angelika Fuchs(eds.), *Legal Recognition of Same-Sex Couples in Europe*(Antwerp, Belgium: Intersentia, 2003), pp. 84~98.

32 International Gay Association, IGA Pink Book 1985: *A Global View of Lesbian and Gay Oppression and Liberation*(Amsterdam: IGA, 1985).

33 Judith Schuyf and Andre Krouwel, "The Dutch lesbian and gay movement: The politics of accommodation", Barry D. Adam, Jan Willem Duyvendak, *The Global Emergence of Gay and Lesbian Politics: National Imprints of a Worldwide Movement*(Philadelphia: Temple University Press, 1999), pp. 158~183.

34 Ingrid Lund-Andersen, "The Danish registered partnership act", Katharina Boele-Woelki, *Legal Recognition of Same-Sex Couples in Europe*(Antwerp, Belgium: Intersentia, 2003), pp. 13~23.

35 Van Velde, *No Gay Marriage in the Netherlands*.

36 Rune Halvorsen, "The ambiguity of lesbian and gay marriages: Change and continuity in the symbolic order", *Journal of Homosexuality* 35(Autumn/Winter 1998), pp. 207~231; Karin Lutzen, "Gay and lesbian politics: Assimilation or subversion: A Danish perspective", *Journal of Homosexuality* 35(Autumn/Winter 1998), pp. 233~243.

37 Kees Waaldijk, "Towards the recognition of same-sex partners in european union law: Expectations based on trends in national law", Robert Wintemute, *The Legal Recognition of Same-Sex Partnerships: A Study of National, European and International Law*(Oxford: Hart, 2001), pp. 637~638.

38 데이비드 체임버스(David Chambers)는 미국에서 가정 동반자 제도의 확산에 에이즈 위기가 어떤 역할을 했는지 분석했다. David Chambers, "Tales of two cities: AIDS and the legal recognition of domestic partnerships in San Francisco and

New York", *Law & Sexuality* 2(1992), pp. 181~208; Borillo, "The 'pacte civil de solidarite' in France"; Steven Ross Levitt, "New legislation in Germany concerning same-sex unions", *ILSA Journal of International & Comparative Law* 7(Spring 2001), pp. 469~473; Stychin, "Civil solidarity or fragmented identities?"; Eskridge and Spedale, *Gay Marriage.*

39　Ingrid Lund-Andersen, "The Danish Registered Partnership Act, 1989: Has the Act meant a change in attitudes?" Robert Wintemute, *The Legal Recognition of Same-Sex Partnerships: A Study of National, European and International Law*(Oxford: Hart, 2001), pp. 417~426.

40　Hans Ytterberg, "'From society's point of view, cohabitation between two persons of the same sex is a perfectly acceptable form of family life': A Swedish story of love and legislation", Robert Wintemute, *The Legal Recognition of Same-Sex Partnerships: A Study of National, European and International Law*(Oxford: Hart, 2001).

41　Savolainen, "The Finnish and Swedish partnership acts".

42　Waaldijk, "Small change".

43　Borillo, "The 'pacte civil de solidarite' in France".

44　Eskridge and Spedale, *Gay Marriage*; Knut Heidar, "Norway", *European Journal of Political Research* 26(1994. 12.), pp. 389~395.

45　Fassin, "Same sex, different politics"; Borillo, "The 'pacte civil de solidarite' in France".

46　다음도 참고. Stychin, "Civil solidarity or fragmented identities?"

47　Waaldijk, "Small change".

48　Boris Dittrich, "Going Dutch", Speech to Williams Institute Annual Update, UCLA School of Law(2007. 2. 23.).

49　Ronald Schimmel and Stefanie Heun, "The legal situation of same-sex partnerships in Germany: An overview", Robert Wintemute, *The Legal Recognition of Same-Sex Partnerships: A Study of National, European and International Law*(Oxford: Hart, 2001), pp. 575~590; Thorn, "The German law on same-sex partnerships".

50　Erik Albaek, "Political ethics and public policy: Homosexuals between moral dilemmas and political considerations in Danish parliamentary debates", *Scandinavian Political Studies* 26(2003. 9.), pp. 245~267; Eskridge and Spedale, *Gay Marriage*.

51 Albaek, "Political ethics and public policy".

52 Kolbeinn Stefansson and Gudny Bjork Eydal, "Restrained reform: Securing equality for same-sex couples in Iceland", paper presented at the conference "Same-sex couples, same-sex partnerships, and homosexual marriages: A focus on cross-national differentials", Institut National d'Etudes Demographiques, Paris(2004).

53 Eskridge and Spedale, *Gay Marriage*; Borillo, "The 'pacte civil de solidarite' in France".

54 Eskridge and Spedale, *Gay Marriage*.

55 Borillo, "The 'pacte civil de solidarite' in France".

56 Alessandra Rizzo, "Same-sex union protest planned in Rome", http://www.gay.com/news/article.html?2007/05/11/2(2007. 5. 11.).

57 Bech, "Report from a rotten state", p. 143.

58 Ibid.; Eskridge and Spedale, *Gay Marriage*.

59 Schuyf and Krouwel, "The Dutch lesbian and gay movement".

60 Rydström, "From outlaw to in-law", p. 1.

61 Borillo, "The 'pacte civil de solidarite' in France"; Stychin, "Civil solidarity or fragmented identities?"; Camille Robcis, "How the symbolic became French: Kinship and republicanism in the PACS debates", *Discourse* 26.0(Fall 2004), pp. 110~135.

62 Fassin, "Same sex, different politics"; Stychin, "Civil solidarity or fragmented identities?"

63 이후에 기술하는 것처럼 헝가리와 포르투갈에서는 동성 커플을 비혼 이성 커플과 동일하게 대우한다. 이때 이들은 법의 일부 영역에서 결혼한 커플과 유사하게 대우받는다. 하지만 두 국가의 동성 커플은 적어도 결혼과 흡사한 방식으로라도 자신들의 관계를 명확하게 수립하고 공적으로 등록할 방법이 없었기 때문에 나는 이 두 국가를 동성 파트너십을 인정하지 '않는' 국가로 판단했다. 헝가리에서는 2009년에 동성 커플과 이성 커플을 위한 파트너십 등록제를 도입할 예정이다. 더 자세한 정보는 다음을 참고. Rosa Martins, "Same-sex partnerships in Portugal: From de facto to de jure?", *Utrecht Law Review* 4(June 2008), pp.

222~235; Orsolya Szeibert-Erdos, "Same-sex partners in Hungary: Cohabitation and registered partnership", Utrecht Law Review 4(2008. 6.), pp. 212~221.

64   일부 주와 지역에서는 등록제를 발전시켜 동성 커플이 사실혼 커플 또는 비혼 동거 이성 커플이 받는 권리를 얻을 수 있었다.

65   365gay.com Newscenter Staff, "Australia offers small olive branch to gays" (2008. 4. 29.).

66   Merin, *Equality for Same-Sex Couples*.

67   Human Rights Campaign, undated. 코네티컷 사례는 다음을 참고. Daniela Altimari, "A gay rights milestone: Rell signs civil unions bill; opponents call it a sad day", *Hartford Courant*(2005. 4. 21.).

68   Domestic Partnership Equality Amendment Act of 2006, D.C. Law 16~79, 2006. 4. 4. 발효.

69   자세한 사항에 대해서는 다음을 참고. Lee Badgett, "Predicting partnership rights: Applying the european experience to the United States", *Yale Journal of Law and Feminism* 17(Spring 2005), pp. 71~88.

70   Simmons and O'Connell, *Married Couples and Unmarried Partner Households*, p. 4.

71   Lewis, "Contentious and consensus gay rights issues."

72   조사 데이터는 다음에서 수집. Dale E. Jones, Sherri Doty, Clifford Grammich, James E. Horsch, Richard Houseal, Mac Lynn, John P. Marcum, Kenneth M. Sanchagrin, and Richard H. Taylor, *Evangelical Denomination-Total Adherents*(2000), http://www.glenmary.org/grc/RCMS_2000/method.htm(2005. 4. 18.)

73   이 데이터는 몇몇 큰 흑인 교회와 미국침례교연맹(National Baptist Convention) 의 수치가 생략된 것이다. 이들 집단의 일부는 복음주의적이라고 여겨지지만 이 책에서 사용된 척도는 주의 복음주의 종교를 고수하는 인구율을 과소 추정한다. 그러나 이 사라진 복음주의자들이 복음주의자의 비율이 높다고 보고되는 주에 살 경향이 높은 만큼 이러한 생략이 여기에서 사용된 비교에 큰 영향을 끼치지 는 않는다. 즉 이 책에서는 복음주의자의 비율이 평균보다 낮은 주를 주목하기 때문에 비교에 있어 주들의 상대적인 위치가 바뀔 것 같지는 않다. 다음을 참고. Jones et al., *Evangelical Denominations-Total Adherents*.

74 Senate Bill 597, "Recordation and Transfer Taxes-Exemptions-Domestic Partners", http://mlis.state.md.us/2008rs/bills/sb/sb0597e.pdf(2008. 5. 5.); Senate Bill 566, "Health Care Facility Visitation and Medical Decisions,Domestic Partners", http://mlis.state.md.us/2008rs/bills/sb/sb0566t.pdf(2008. 5. 5.)

75 다음을 참고. www.eqnm.org/legislation.html(2007. 5. 15.)

10장 마치며: 결혼은 수리 중?

1 Geert Mak, *Amsterdam*(Cambridge, MA: Harvard University Press, 2000).

2 Coontz, *Marriage: A History*; Glendon, *Abortion and Divorce in Western Law*.

3 다음 예를 참고. Chauncey, *Why Marriage?*; Coontz, Marriage: A History; Merin, *Equality for Same-Sex Couples*; Graff, *What Is Marriage For?*

부록 1 척도 구성 및 비교

1 Ronald Inglehart et al., *World Values Surveys and European Values Surveys, 1981~1984, 1990~1993, 1995~1997*(Ann Arbor, MI: ICPSR, 2000).

2 Inglehart et al., *World Values Surveys and European Values Surveys, 1997.*

3 International Gay Association, *IGA Pink Book 1985; International Lesbian and Gay Association, Second ILGA Pink Book: A Global View of Lesbian and Gay Liberation and Oppression,* Vol. 12(Utrecht: Interfacultaire Werkgroep Homostudies, Rijksuniversiteit Utrecht, 1988); Rob Tielman and Hans Hammelburg, "World survey on the social and legal position of gays and lesbians", Aart Hendriks, Rob Tielman, *The Third Pink Book: A Global View of Lesbian and Gay Liberation and Oppression*(Buffalo, NY: Prometheus Books, 1993), pp. 249~342.

4 표 A.2의 이혼율, 기독교 배경, 전국적 동성애자 단체 등의 변수는 통계적으로 항상 유의하지 않았기 때문에 표 A.2의 회귀 분석 결과 보고에서 제외했다.

5 동거는 동성애에 대한 긍정적 태도와 양의 상관관계를 보인다.

6 스위스와 폴란드에서는 이 문항이 포함되지 않았다. 따라서 표 A.4에서 동성애가 정당화될 수 있는지에 대한 질문에서 도출한 값으로 대체했다.

7 1990년에 모순되는 시기가 한 번 있었다는 점에 주의해야 한다. 즉 하나의 숫자 조합에 동성 파트너 인정법이 있는 나라와 없는 나라가 모두 포함되어 있다. 좀 더 자세한 논의는 본문을 참고.

부록 2 네덜란드 커플 연구 방법론

1 Boele-Woelki et al., *Huwelijk of Geregistreerd Partnerschap?*

2 Statistics Netherlands, "Population: Age, sex, and nationality, January 1", http://statline.cbs.nl/StatWeb/table.asp?LYR=G2:0&LA=en&DM=SLEN&PA=03743eng&D1=a&D2=0-7,60&D4=0,4,9,1&HDR=G3,T&STB=G1(2008. 2. 13.), "Population by origin and generation, January 1", http://statline.cbs.nl/StatWeb/Table.asp?STB=G1&LA=en&DM=SLEN&PA=37325eng&D1=a&D2=0-2,127,133,198,216&D3=0&D4=0&D5=0&D6=a,!0-5&HDR=T&LYR=G4:0,G3:0,G2:0,G5:5(2008. 2. 13.).

3 Statistics Netherlands, "More than 850 thousand Muslims in the Netherlands", *Web Magazine*(2007. 10. 25.), http://www.cbs.nl/en-GB/menu/themas/bevolking/publicaties/artikelen/archief/2007/2007-2278-wm.htm(2008. 2. 13).

4 Anselm L. Strauss, *Qualitative Analysis for Social Scientists*(Cambridge and New York: Cambridge University Press, 1987).

5, 6 같은 책, p. 28.

동성 결혼을 말하는 한 가지 방법

류민희 (감수자, 공익인권변호사모임 희망을만드는법 및
성소수자가족구성권보장을위한네트워크 소속)

동성 커플은 이미 전 세계 21개국*에서 결혼의 권리를 지닌다. 시민 결합과 가정 동반자 제도까지 포함한다면 "성숙한 민주주의"를 생각할 때 흔히 떠오르는 대부분 국가에서는 이러한 권리를 완전히 혹은 부분적으로 인정한다. 이러한 국가들의 동성 결혼 책은 더 이상 왜 이 권리가 필요한지를 이야기하지 않는다. 형식적 법적 평등은 결코 충분하지 않음(앤드루 파크의 *Equality is not enough*)을 이야기하고, 평등을 위한 싸움은 끝나지 않았으며 이제 새로운 비전을 품어야 한다(미켈란젤로 시그노릴의 *It's not over*)고 이야기한다. 한편 결혼

---

* 네덜란드(2001), 벨기에(2003), 스페인(2005), 캐나다(2005), 남아프리카 공화국(2006), 노르웨이(2009), 스웨덴(2009), 포르투갈(2010), 아이슬란드(2010), 아르헨티나(2010), 덴마크(2012), 브라질(2013), 프랑스(2013), 우루과이(2013), 뉴질랜드(2013), 영국(2014), 스코틀랜드(2014), 룩셈부르크(2015), 미국(2015), 아일랜드(2015) 등에서 동성 결혼이 가능하며, 핀란드에서는 2017년부터 가능하다.

권 운동을 승리로 이끈 전략을 이야기(마크 솔로몬의 *Winning marriage*)하고, 동성 결혼 운동에 몸담았던 변호사들의 회고(로버타 캐플런의 *Then comes Marriage*)도 있으며, 흑인 차별 철폐 운동의 역사에 비추어 시민권의 범위를 협소화했던 결혼권 운동의 한계를 지적(캐서린 프랭커의 *Wedlocked*)하기도 한다.

이에 반해 한국의 상황은 상당한 격차가 있다. 단순히 권리의 인정 차원에서의 격차가 아니라 대화 수준에서의 격차가 그렇다. 동성 결혼 소송을 하는 변호인단이 접한 동성 결혼 반대 측 서면은 주류 학계에서는 인정되기 힘든 터무니없는 논리와 주장으로 가득하다. 이러한 주장은 그 자체로 설득력은 없지만 사람들의 눈과 마음을 흐려 더 이상의 토론을 막는 데에는 일부 효과적이었다고도 할 수 있다. 그렇다. 진전을 위한 이야기를 하지 않는 것 자체가 우리의 더 큰 문제다.

이러한 차별에 정부와 사회가 눈감고 있었을 때 당사자들에게는 어떠한 일이 일어났는가? 배우자의 갑작스러운 사망 이후 수십 년간 함께 살아왔던 집의 명의가 전혀 연락도 없던 사망 배우자의 원가족에게 강탈당한다. 사기죄·절도죄로 고소를 당하기도 한다. '가족'이 아니라고 입원 시 보호자가 될 수 없어서 보증금을 내고 입원 절차를 밟았지만 의료 기록은 볼 수 없고 사망 후 각종 절차에서도 배제된다. 이는 그동안 성 소수자 커뮤니티 내에서 꾸준히 보고되었던 사례들이다. 이런 차별과 배제 앞에 "헌법이 용인하지 않았다." 같은 (정당성도 결여된) 주장이 논의의 장을 지배한다면 사회

448

로서 논의 순서가 대단히 잘못된 것이다.

자주 비교되는 이웃 나라 일본과 대만을 보자. 일본에서는 2015년 6월 이후 조례 혹은 구청장의 행정 명령에 근거하여 도쿄 시부야 구, 세타가야 구 등에서 동성 파트너십 인증서 발급을 시작하였다. 이 조례는 구내 사업자들이 동성 커플 역시 사실혼 이성 커플의 관계와 마찬가지로 대우하도록 정한 것이다. 주거 임대 계약이나 병원 면회 시 "결혼에 상당하는 관계"로 인정되어 그 권리를 행사할 수 있다. 이 관계는 많은 국가에도 존재하는 일종의 가정 동반자 제도다. 이러한 예들은 지방 자치 단체의 의지로 차별을 일부라도 시정한 좋은 예로 기록될 만하다. 파나소닉 등 기업에서 배우자 혜택을 동성 커플에게 확대한 예도 있다. 대만에서는 2012년 시민 사회가 동성 결혼, 파트너십 등록권, 비혈연·선택에 의한 다양한 가족 구성권 등 3가지 권리를 도입하는 민법 개정안을 공개하였고, 2013년 10월 동성 결혼이 포함된 민법 개정안이 발의되었다. 새 총통 당선자 차이잉원 민진당 주석은 지난 2015년 10월 31일 타이페이 프라이드 행사를 맞아 이 행사와 동성 결혼을 지지 선언한 바 있다. 대만의 동성 커플은 타이페이, 가오슝 등 몇 개 도시에서 동성 커플 등록이 가능하다.

한국은 일반적으로 봤을 때 결코 성 소수자와 그들의 권리에 적대적인 나라가 아니다. 다만 그 이해와 지지가 정책 차원에서 논의되고 연결되지 않는 것이 문제다.

그렇다면, 당신의 권리에 대하여 누군가가 공포와 패닉을 조장하며 그 권리의 진전을 막는다면 어떻게 해야 할까? 저자 리 배지트 교수는 사회 과학적 증거에 기반하여 비교 연구를 하였고 이를 토대로 합리적인 대화의 운을 뗐다.

동성 결혼을 말하는 99가지 방법이 있지만 한국에서 이 책으로 대화를 시작해 보는 것은 어떨까. 2009년에 출간된 책이지만, 결혼의 권리, 동성 커플·이성애자·사회·제도의 변화 등 다양한 측면을 다루는 이 책은 지금 이곳에 현재성을 지닌다. 저자가 잘 쓰는 표현으로 "현재까지의 데이터로 보자면" 사회는 무너지지 않았고 행복한 사람들이 늘어났을 뿐이다. 공역자들과 감수자는 저자의 노고와 인내심이 담긴 저작에 감사를 표하며 진심을 담아 이 책을 한국 사회와 독자에게 권한다.

동성결혼은 사회를 어떻게 바꾸는가

1판 1쇄 찍음 2016년 3월 4일
1판 1쇄 펴냄 2016년 3월 11일

지은이 리 배지트
옮긴이 김현경·한빛나
발행인 박근섭·박상준
펴낸곳 (주)민음사

출판등록 1966. 5. 19. 제16-490호
주소 (우편번호 06027) 서울특별시 강남구 도산대로1길 62(신사동)
강남출판문화센터 5층
대표전화 515-2000 팩시밀리 515-2007
홈페이지 www.minumsa.com

한국어판 ⓒ 김현경·한빛나, 2016. Printed in Seoul, Korea

ISBN 978-89-374-3266-8 (93330)